类案检索实用指南

刘树德 孙海波 主编　第二版

A PRACTICAL
GUIDE TO SEARCHING
SIMILAR CASES

SECOND EDITION

图书在版编目(CIP)数据

类案检索实用指南 / 刘树德，孙海波主编. —2 版. 北京：北京大学出版社，2024.8. — ISBN 978-7-301-35406-3

Ⅰ. D910.5-62

中国国家版本馆 CIP 数据核字第 2024QE1452 号

书　　　　名	类案检索实用指南（第二版） LEI'AN JIANSUO SHIYONG ZHINAN（DI-ER BAN）
著作责任者	刘树德　孙海波　主编
策 划 编 辑	陆建华
责 任 编 辑	陆建华　费悦
标 准 书 号	ISBN 978-7-301-35406-3
出 版 发 行	北京大学出版社
地　　　　址	北京市海淀区成府路 205 号　100871
网　　　　址	http://www.pup.cn　http://www.yandayuanzhao.com
电 子 邮 箱	编辑部 yandayuanzhao@pup.cn　总编室 zpup@pup.cn
新 浪 微 博	@北京大学出版社　@北大出版社燕大元照法律图书
电　　　　话	邮购部 010-62752015　发行部 010-62750672　编辑部 010-62117788
印 　刷 　者	天津中印联印务有限公司
经 　销 　者	新华书店
	730 毫米×980 毫米　16 开本　27 印张　467 千字 2021 年 7 月第 1 版 2024 年 8 月第 2 版　2024 年 8 月第 1 次印刷
定　　　　价	79.00 元

未经许可，不得以任何方式复制或抄袭本书之部分或全部内容。
版权所有，侵权必究
举报电话：010-62752024　电子邮箱：fd@pup.cn
图书如有印装质量问题，请与出版部联系，电话：010-62756370

作者简介及分工
ABOUT THE AUTHOR

刘树德（序言）

　　现任最高人民法院中国应用法学研究所副所长，审判员（法官），法学博士。2000年至今，先后在最高人民法院刑一庭、刑二庭、研究室、司改办、审管办、法研所从事刑事审判、司法解释起草、司法调查研究、司法改革、审判管理和法学研究工作；2004—2005年、2012年先后被借调到中央司法体制改革领导小组办公室工作。现兼任湘潭大学教授、博士生导师。出版专著《宪政维度的刑法思考》（荣获首届"钱端升法学研究成果奖"三等奖）、《实践刑法学》《政治刑法学》《司法改革：小问题与大方向》（荣获第一届"方德法治研究奖"二等奖）、《裁判文书说理原论》（荣获第四届"方德法治研究奖"三等奖）等三十余部；合著《刑法分则专题研究》《规则如何提炼》《贪污贿赂罪类案裁判规则与适用》《侵犯财产罪类案裁判规则与适用》等十余部；合编《注释刑法全书》《类案检索实用指南》等；先后在《法学研究》《中国法学》《中国应用法学》等刊物发表论文一百六十余篇。

孙海波（第一、三、十一章）

　　中国政法大学比较法学研究院教授、博士生导师，兼任中国政法大学外国法查明研究中心执行主任、《比较法研究》编辑部副主任。曾为最高人民法院（第四批）法律研修学者、南加州大学访问学者、台湾地区"中研院"法律学研究所访问学人。著有《裁判对法律的背离与回归：疑难案件的裁判方法新论》《疑难案件与司法推理》，译有《法官如何裁判》《法理学简读》等，在《中国法学》等期刊发表论文五十余篇。

高尚（第七章）

法学博士，中国政法大学法学院副教授、硕士生导师，中国应用法学研究所博士后。曾为慕尼黑大学访问学者，著有《德国判例使用方法研究》，在《法律科学》《环球法律评论》等刊物发表论文十余篇，并译有《德国法中的判例》。

赵英男（第四、五、八章）

同济大学法学院助理教授，中国政法大学法学博士后，北京大学法学博士、法学学士，美国圣路易斯华盛顿大学人文访问学者。研究方向为比较法与西方法哲学。

孙跃（第六、九章）

法学博士，山东工商学院法学院副教授、硕士研究生导师。担任山东大学法学院（威海）法律方法与立法学研究中心兼职研究员、山东省法学会法律方法研究会理事、山东省哲学社会科学青年人才团队"司法审判现代化建设研究"成员、山东省律师协会大数据与人工智能法律专业委员会委员。在《法学家》《法制与社会发展》《法学》等刊物发表论文多篇，主持国家级课题、省部级课题各一项。

雷槟硕（第二、十章）

上海财经大学法学院讲师，研究方向为判例法与司法裁判理论。在《法制与社会发展》《华东政法大学学报》《法学杂志》等刊物发表论文十余篇，并译有《孩子为什么遵守规则：法律社会化与合法性发展》。

序言[1]
法律适用统一视域的类案检索及运用

随着越来越多的裁判文书被集中在中国裁判文书网公开,人们比以往任何时候都更能便利地比较案件的裁判结果,法律适用不统一的现象进一步凸显,而且日益受到实务界和理论界的高度关注。此点可由最高人民法院近年来制发的若干司法文件和推出的有关司法举措得到印证:

一是在一些改革性文件中对完善法律统一适用机制提出要求,例如:(1)2015年2月4日《最高人民法院关于全面深化人民法院改革的意见——人民法院第四个五年改革纲要(2014—2018)》提出,"23.完善法律统一适用机制。完善最高人民法院的审判指导方式,加强司法解释等审判指导方式的规范性、及时性、针对性和有效性。改革和完善指导性案例的筛选、评估和发布机制。健全完善确保人民法院统一适用法律的工作机制"。(2)2019年2月27日《最高人民法院关于深化人民法院司法体制综合配套改革的意见——人民法院第五个五年改革纲要(2019—2023)》提出,"26.完善统一法律适用机制。加强和规范司法解释工作,健全司法解释的调研、立项、起草、论证、审核、发布、清理和废止机制,完善归口管理和报备审查机制。完善指导性案例制度,健全案例报送、筛选、发布、评估和应用机制。建立高级人民法院审判指导文件和参考性案例的备案机制。健全主审法官会议与合议庭评议、赔偿委员会、审判委员会讨论案件的工作衔接机制。完善类案和新类型

---

[1] 本版序言已结合人民法院案例库的建设对相关内容进行了补充。

案件强制检索报告工作机制"。(3)2020年7月31日《最高人民法院关于深化司法责任制综合配套改革的实施意见》提出,"9.完善统一法律适用机制。进一步完善关联案件和类案检索机制、专业法官会议机制和审判委员会制度,确保各项机制有机衔接、形成合力。通过类案检索初步过滤、专业法官会议研究咨询、审判委员会讨论决定,有效解决审判组织内部、不同审判组织以及院庭长与审判组织之间的分歧,促进法律适用标准统一。承办法官应当按照相关文件要求,对于应当类案检索的案件,在合议庭评议、专业法官会议讨论和审理报告中说明情况,或制作专门的类案检索报告。各级人民法院可以根据案件类型、所涉事项,视情召开跨团队、跨庭室的专业法官会议。上级人民法院为推动法律统一适用,可以就类型化案件组织辖区法院召开跨审级、跨地域的专业法官会议。对于依法应当提交审判委员会讨论决定、但不存在内部分歧的案件,可以不提交专业法官会议讨论。各级人民法院应当建立务实管用的法律适用分歧解决机制,探索建立当事人和其他诉讼参与人反映法律适用不一致问题的渠道,配套完善监测、反馈和公开机制。各高级人民法院应当进一步规范办案指导文件、参考性案例发布程序,及时向最高人民法院备案,杜绝不同地区办案标准的不合理差异"。

二是专门出台有关法律统一适用方面的文件,即:(1)2019年10月11日《最高人民法院关于建立法律适用分歧解决机制的实施办法》(以下简称《分歧解决实施办法》);(2)2020年7月15日《最高人民法院关于统一法律适用加强类案检索的指导意见(试行)》(以下简称《类案检索意见》);(3)2020年9月14日《最高人民法院关于完善统一法律适用标准工作机制的意见》(以下简称《统一法律适用意见》)。

三是专门建设人民法院案例库。2023年8月29日,最高人民法院分别向各省、自治区、直辖市高级人民法院,解放军军事法院,新疆维吾尔自治区高级人民法院生产建设兵团分院和本院各部门发出《关于建设人民法院案例库的通知》(法〔2023〕141号、法〔2023〕142号)。2023年11月21日,又印发《关于加快推进人民法院案例库建设的通知》(法〔2023〕209号)。经过数月的努力,人民法院案例库正式于2024年2月27日上线运行。

这无疑属于改革推进过程中出现或者突显的问题,自然需要继续通过改革思维和办法来加以破解。此处主要立足于法律统一适用的视域,重点结合《类案检索意见》对类案检索及运用相关问题进行分析。①

一、类案的界定及判断标准

类案同判既是法律统一适用的内在要求,也是人们衡量司法公正的重要标准。但是,对于类案的判断标准,当前理论界和实务界还存在一定的争议,个别观点甚至以"世界上不存在两片相同的叶子""人不能两次踏进同一条河流"为由否认类案的存在。实际上,类案在司法实践中大量而广泛地存在,这些案件虽然在具体情节上千差万别,但总会在法律适用过程中的基本事实、争议焦点、法律适用问题等方面存在相似之处。《类案检索意见》将这些案件称为类案,既是着眼于一种相互参酌的裁判方法之考虑,又是服务于法律统一适用的整体目标之所需。

对于类案的界定及判断标准,目前国内理论界和实务界提出七种观点:一是类似案例,指与待决案件具有类似因素的案例,包括案件事实相类似、法律关系相类似、案件的争议点相类似、案件所争议的法律问题相类似②;二是对类似案件的判断有四种途径,即案件争议焦点的比较、案情的比较、关键事实的比较,以及是否属于狭义的指导性案例③;三是"同样案件",指在定性分析中确定待决案件的事实与指导性案例的事实在整体性质上是否涉及相同的法律问题,以及在定量分析上看两个案件的具体情节是否可以视为相同④;四是案件相似性比对,主要从案件事实构成和所涉法律关系入手⑤;五是判例的三个重要元素为要点事实、裁判规则、结论,一般以要点事实来识别同类案件⑥;六是案件类似,指比对先例与待决案件诉讼争点所陈述的事实特征,并加以相同或相似性判断,而不是笼统地认定全案事实类似⑦;七是类似案件的判断,既有事实问题,又有法律问题,既不是单纯的事实比较,也不是单纯从定义、概念出发进行类比的逻辑作业,而是更多地从案件和法律的意义,从法律拟规范的生活事实的本质中

---

① 本文有关《类案检索意见》主要内容的介绍系刘树德与胡继先合作完成,以《关于类案检索制度相关问题的若干思考》为题刊载于《法律适用·司法案例》2020 年第 18 期。
② 参见王利明:《成文法传统中的创新——怎么看案例指导制度》,载《人民法院报》2012 年 2 月 20 日。
③ 参见张骐:《再论类似案件的判断与指导性案例的使用——以当代中国法官对指导性案例的使用经验为契机》,载《法制与社会发展》2015 年第 5 期。
④ 参见张志铭:《中国法院案例指导制度价值功能之认知》,载《学习与探索》2012 年第 3 期。
⑤ 参见孟祥磊、徐平:《论类比推理在案例指导制度中的适用》,载《法律适用》2015 年第 8 期。
⑥ 参见北京市第三中级人民法院课题组:《中级法院司法裁判中判例遵循工作实施办法》(建议稿),载《法律适用》2018 年第 8 期。
⑦ 参见冯文生:《审判案例指导中的"参照"问题研究》,载《清华法学》2011 年第 3 期。

得出①。

上述观点虽然对类案的判断标准认识不一,但多数认为案件事实、案件争点、法律问题是判断是否构成类案的重要因素。《类案检索意见》在综合考虑国内外各种观点的基础上,采用了相对客观的定义方式:一是围绕案件的主要特征,将案件基本事实、争议焦点和法律适用问题等方面是否具有相似性作为类案的判断标准;二是考虑类案的可参考性和检索的现实性,将类案范围限定于"已经人民法院裁判生效的案件",将正在审理中的案件排除在外。

二、类案强制检索的具体情形

近年来,"类案不同判"的现象在民商事、行政、刑事审判中时有发生,如对"知假买假"行为的不同法律认定、对"许霆案"等类案的不同处理、对借名买房中房屋产权的不同归属等。这些案件高度相似却得到不同处理,受到社会的广泛关注,进而使司法的公正性备受质疑。实际上,所谓"类案不同判"或"类案异判",只是民众对裁判不公的一个形象说法,实质是法律适用不统一的问题。为解决这一问题,最高人民法院除加强司法解释和案例指导工作外,近年来日益重视发挥类案检索的作用。2015年《最高人民法院关于完善人民法院司法责任制的若干意见》(以下简称《司法责任制的若干意见》)提出,"通过类案参考、案例评析等方式统一裁判尺度"。此后,最高人民法院先后出台《最高人民法院关于落实司法责任制完善审判监督管理机制的意见(试行)》(以下简称《审判监督管理机制的意见》)、《最高人民法院司法责任制实施意见(试行)》(以下简称《司法责任制试行意见》)、《最高人民法院关于深化人民法院司法体制综合配套改革的意见——人民法院第五个五年改革纲要(2019—2023)》等规范性文件,进一步对创建类案检索机制提出工作要求。

我国是成文法国家,判例虽不具有正式的法源地位,但对于法官审理案件具有重要的指导或参考价值。因此,类案检索对案件裁判而言具有很重要的意义:一方面,类案检索是一种辅助法官作出司法判断的重要裁判方法。一般而言,对于大多数案件,法官完全可以依照法律和自身的审判经验作出正确的判决;但对于一些重大、疑

---

① 参见〔德〕亚图·考夫曼:《类推与"事物本质"——兼论类型理论》,吴从周译,学林文化事业有限公司1999年版,第91页。

难、复杂案件,法律适用问题存在争议的案件或者新类型案件等,法官自身可能难以作出正确裁断,有必要通过类案检索,进而参照或参考在先案例作出妥当判决,以提高司法裁判的确定性和可预测性。另一方面,类案检索有助于统一法律适用,促进司法公正。与判例法相比,成文法既具有很多优点,也具有自身的模糊性、不周延性和滞后性等缺点。受此影响,不同法官在司法过程中可能对同一法律产生不同理解和认识,从而导致法律适用不统一。类案检索制度在坚持我国成文法体系的前提下,借鉴英美法系及大陆法系其他国家判例制度的优点,旨在充分发挥类案的指导或参考作用,规范和限制法官的自由裁量权,使法官在类案检索的基础上作出更加慎重妥当的裁判,促进法律的统一适用和司法的公平公正。基于此,《类案检索意见》结合人民法院工作实际,规定了类案强制检索的四种情形,即拟提交专业(主审)法官会议或者审判委员会讨论的;缺乏明确裁判规则或者尚未形成统一裁判规则的;院长、庭长根据审判监督管理权限要求进行类案检索的;其他需要进行类案检索的。

三、类案检索的平台及信息化建设

近年来,随着司法工作与互联网、大数据技术的融合发展,法律法规、裁判文书、法律观点、审判案例等法律检索平台不断涌现。目前,可供类案检索的平台既有官方平台,又有非官方平台。官方平台主要包括最高人民法院建设的中国裁判文书网、人民法院案例库,以及地方人民法院创建的检索平台,如北京市高级人民法院建立的"睿法官系统"、重庆市高级人民法院建立的"类案智能专审平台"、贵州省高级人民法院建立的"类案裁判标准数据库"、安徽省高级人民法院建立的"类案指引项目"、广西壮族自治区高级人民法院办案系统嵌入的"刑事案件智能研判系统""法律资源服务系统""法智罗盘操作系统"等。非官方平台有北大法宝、Alpha案例库、Openlaw、威科先行法律信息库等。

类案检索的过程就是对法律适用问题进行研究的过程。为方便法官进行类案检索,法律文件明确了类案检索的平台,即中国裁判文书网、人民法院案例库、审判案例数据库等。中国裁判文书网是最高人民法院主导的全国法院裁判文书统一公布平台[①],初步具备案由、案号、法院名称、法院层级、法律依据等多个信息项及关键词检

---

① 中国裁判文书网自2013年创建以来,截至2024年7月3日,共公布全国四级法院裁判文书1.4亿篇,已成为世界最大的裁判文书数据库,访问量达1118亿人次。

索,已成为法官、律师、当事人、学者及社会各界检索裁判文书的重要平台。人民法院案例库是最高人民法院建立的权威的全国性案例检索平台,入库案例主要包括入库编号、标题、副标题、关键词、基本案情、裁判理由、裁判要点、裁判要旨、裁判结果、相关法条以及关联索引。随着入库案例的逐步增加,该库必将成为法律人检索案例的重要平台。审判案例数据库是各地方人民法院正在积极探索建立的检索平台,实践中业已成为法官进行类案检索的重要工具。此外,从文义解释角度看,《类案检索意见》规定的检索平台不仅包括官方主导的检索平台,还包括非官方创建的各种平台。当然,在类案检索中需要注意在非官方平台检索到的类案的真实性、准确性。

"工欲善其事,必先利其器"。目前,中国裁判文书网仅具有初步的检索功能,尚不具备精准检索及智能推送功能。人民法院案例库亦刚刚上线运行,2024年2月27日首批入库案例仅3711件,满足法律人的检索需求尚需努力。审判案例数据库尚在探索之中,检索的便捷化、智能化也有待提升。因此,开展类案检索工作的首要任务是积极推进检索平台及信息化建设。一方面,各级人民法院要加强技术研发和应用培训,提升类案推送的智能化、精准化水平,各高级人民法院要建立审判案例数据库,为建设全国统一、权威的人民法院案例库奠定基础;另一方面,各级人民法院还要注意类案检索情况的归纳整理,将类案检索报告或类案裁判规则上传检索平台,进一步丰富和完善检索平台的内容,实现类案检索的便捷化、系统化。

四、类案检索的范围及顺序

为确保类案检索工作取得实效,避免检索过泛、过滥,《类案检索意见》规定了类案检索的范围。

一是最高人民法院发布的指导性案例。2018年修订的《人民法院组织法》明确了指导性案例的法律地位;《最高人民法院关于案例指导工作的规定》(以下简称《案例指导工作规定》)及《〈最高人民法院关于案例指导工作的规定〉实施细则》(以下简称《案例指导实施细则》)明确赋予了指导性案例约束力,要求对于最高人民法院发布的指导性案例,各级人民法院审判类似案例时应当参照。因此,指导性案例对法官审理案件具有明显的约束力。

二是最高人民法院发布的典型案例及裁判生效的案件,本省(自治区、直辖市)高级人民法院发布的参考性案例及裁判生效的案件。多年来,最高人民法院十分重视案例指导工作,除公布指导性案例以外,还编辑了以下案例类书刊:《最高人民法院公报》《人民法院案例选》《人民司法·案例》《中国审判案例要览》以及有关业务庭编辑的其他典型案例书籍。这些案例对全国法院的审判工作发挥了重要的指导作用。为做好案例指导工作,近年来各高级人民法院还编有参考性案例,这些案例一般经各高级人民法院审判委员会讨论通过,并公开对外发布,对本辖区审判工作也发挥着一定的指导作用。

三是上一级人民法院及本院裁判生效的案件。此种案件代表了上一级人民法院及本院对类似案件的裁判意见,受审级制度及本院(专业)主审法官会议制度、审判委员会制度等因素的影响,一般会成为法官裁判案件的参考依据。

实际上,我国司法实践中遵循判例的习惯一直客观存在,遵循上级人民法院的判例是保证法律统一适用和司法权威的必要条件,其作用及约束力自然而然地产生于司法的结构和过程中。[1]

一般情况下,类案检索可在以上范围内进行检索,但也不限于以上检索范围,比如在本省(自治区、直辖市)高级人民法院发布的参考性案例及裁判生效的案件中没有检索到类案的,也可以从外省(自治区、直辖市)高级人民法院发布的参考性案例及裁判生效的案件中进行检索;在上一级人民法院及本院裁判生效的案件中没有检索到类案的,也可以在其他先进地区法院裁判生效的案件中进行检索。

除检索的案件或案例范围外,《类案检索意见》还规定了检索的时间范围及检索顺序,明确"除指导性案例以外,优先检索近三年的案例或者案件;已经在前一顺位中检索到类案的,可以不再进行检索"。这一规定主要是基于两方面考虑:一方面,随着社会生活的快速发展,立法观念、司法理念在不断更新,一些远期案例或者案件的裁判观点可能因法律法规、司法解释的修改而失去参考价值,优先检索近期生效的类案可能更有助于对待决案件的审理。另一方面,类案检索的目的主要是帮助法官办案,不能给法官带来过多工作负担,因此有必要明确类案检索的顺序,适当压缩检索的范围。当然,这一规定属于倡导性规定,只要有助于公正高效地办理案件,必要时法官除检索近期的类案之外,也可以检索远期的类案;在前一顺位中检索到类案的,也可以继续在后顺位中检索。

---

[1] 参见欧阳明程:《从案例到判例之路——从判例制度的视角看我国案例指导制度之局限》,载《山东审判》2012年第5期。

五、类案的判断

类案的判断是类案检索的一个关键环节,也是检索结果运用的基础和前提。实践中,法官可能会检索到大量案件,这些案件与待决案件是否构成类案,则需要进行认真判断。从比较法的角度来看,在判例法国家,法官主要运用类比推理的方法,通过比对案件的相似性来决定是否援用判例;而我国以成文法为主,法官主要运用演绎推理的方法,遵循"法律规范—案件事实—裁判结论"的三段论模式适用法律,而不习惯运用类比推理的方法裁判案件。《类案检索意见》在充分考虑我国司法实际的前提下,适当借鉴判例法国家的相关做法,以列举的方式明确了类案比较的多个维度,即案件基本事实、争议焦点、法律适用问题等,为案件相似性识别和比对提供了比较的基点,为类案的判断提供了基本指引。

类案的判断不只有一个方向、一个维度,而是需要从多个方向、多个维度进行比较。首先,需要将检索到的案件与待决案件的基本事实进行相似性识别和比对,这是判断是否构成类案的基本比对点。① 案件事实有法律事实和非法律事实之区别,基本事实主要是能够引起法律关系产生、变更和消灭的法律事实,包括主体、行为、客体、事件、因果关系、主观过错等。实践中,法官需要对案件的法律事实,尤其是对裁判结论有直接影响的主要事实进行比较,以判断案件事实是否具有相似性。如果案件的基本事实相似,再对争议焦点进行比较。有学者认为,案件的争议点是联结待决案件与指导性案例等的桥梁或中间项。② 争议焦点是当事人之间形成纠纷的关键,是案件的核心问题,也是案件相似性识别和比对的核心点。法官在类案判断中,需要重点对案件的争议焦点进行比对。其次,分析比较两案的法律适用问题是否具有相似性。法律适用问题是案件裁判中需要重点考量的问题,也是影响裁判结论的关键问题。法律适用问题及其解决一般会在裁判文书说理中充分体现,类案检索中需要对法律适用问题进行认真比对,并对裁判观点予以分析,以作为判断类案的重要依据。

类案判断是一个类比推理的过程。长期以来,我国法官的思维是演绎式的,习惯于"大前提—小前提—结论"的演绎推理,运用类比推理的方法较少。由于类比推理是

---

① 在判例法国家,案件事实上的相似性也是先例与待决案件之间相似性的一个重要判断标准。
② 参见张骐:《再论类似案件的判断与指导性案例的使用——以当代中国法官对指导性案例的使用经验为契口》,载《法制与社会发展》2015年第5期。

一个"从特殊到特殊"的推理,因此相较于演绎推理"从一般到特殊"的推理,前者在逻辑上面临的问题更多,其可证成性需要克服逻辑上的困难。[1] 在缺乏系统比较训练和相关能力的背景下,我国法官普遍对案例识别的技术与方法相对陌生,对案件事实分析的框架、法律推理的起点等问题缺乏具体认知。[2] 因此,我国法官需要在实践中不断积累案例识别经验、不断增强类比推理能力,认真学习借鉴判例法国家的判例区别和援引技术,为类案的识别判断及参考借鉴奠定坚实基础。

六、类案检索报告

类案检索报告既是类案检索结果及运用的重要表现形式,也是类案检索机制发挥作用的重要载体。2017年7月,最高人民法院发布《司法责任制试行意见》,明确要求本院承办法官在审理案件时对相关类案进行检索并制作类案检索报告,为合议庭、主审法官会议、审判委员会研究讨论案件提供必要参考。2019年2月,最高人民法院发布《最高人民法院关于深化人民法院司法体制综合配套改革的意见——人民法院第五个五年改革纲要(2019—2023)》,进一步提出完善类案强制检索报告工作机制。在此基础上,《类案检索意见》结合审判工作实际,对类案检索报告的制作、内容及应用等作出进一步规定。

一是类案检索报告的制作。近年来全国法院案件数量不断增加,法官办案压力加大,人案矛盾突出。考虑这一审判工作实际,《类案检索意见》没有对制作类案检索报告作统一、强制的要求,而是明确类案检索情况既可以口头说明,也可以专门制作书面的类案检索报告,并随案归档备查。但无论哪种形式,都要力求客观、全面、准确。

二是类案检索报告的内容。《类案检索意见》对类案检索报告的内容进行了详细的规定,要求检索报告应当包括检索主体、时间、平台、方法、结果,并对类案裁判要点以及待决案件争议焦点进行提炼,旨在真实反映类案检索的过程和结果。对此,一些地方人民法院制作了类案检索报告的模板,进一步明确了检索报告所应包括的内容。

三是类案检索报告的应用。一方面,承办法官在合议庭评议、专业(主审)法官会议讨论中需要报告类案检索情况,并对是否参照或者参考类案等结果运用情况予以分析说明。这对案件的公正裁判、促进类案同判和法律的统一适用将起到非常重要的作

---

[1] 参见高尚:《司法类案的判断标准及其运用》,载《法律科学》2020年第1期。
[2] 参见孙光宁等:《指导性案例如何参照:历史经验与现实应用》,知识产权出版社2020年版,第12页。

用,否则,类案检索将失去其意义。另一方面,各级人民法院应当定期归纳整理类案检索报告,通过一定形式在本院或者辖区法院予以公开,供法官办案参考;同时,要将整理好的类案检索报告上传本院或者上级人民法院的检索平台,不断丰富审判案例数据库等检索平台的内容,方便法官更加高效地进行类案检索。

七、诉讼参与人提交类案与法官回应

近年来,随着司法工作与信息技术的融合发展,类案检索已成为现实。司法实践中,一些案件当事人、律师及其他诉讼参与人在诉讼中进行类案检索,并向法院提交检索的案件或者检索报告,以支持自己的诉请或抗辩。从实践效果上看,诉讼参与人提交类案,既有利于当事人对案件裁判结果有一个合理的预期,又能对法官公正裁判起到一定的监督和促进作用。《类案检索意见》结合这一实际,对诉讼参与人提交类案及法官回应方式等作了两个方面的规定。

一方面,明确公诉机关、案件当事人及其辩护人、诉讼代理人等可以提交类案,作为控(诉)辩理由。提交类案的时间,可以是立案到结案阶段的任一时间,既可以是庭审前,也可以是庭审中,还可以是庭审结束后案件裁判前。当事人在庭审前或庭审中提交案件或者检索报告的,应当允许庭审阶段对是否构成类案、能否作为案件裁判的参照或参考等问题进行辩论。提交类案的形式,既可以是一个或多个案件,也可以是类案检索报告,但一定要确保提交案件的真实性。

另一方面,明确人民法院的回应方式。一是公诉机关、案件当事人及其辩护人、诉讼代理人等提交指导性案例作为控(诉)辩理由的,人民法院应当在裁判文书说理中回应是否参照并说明理由。这一规定延续了《案例指导实施细则》的相关规定[1],与我国的案例指导制度相配套。二是提交其他类案作为控(诉)辩理由的,人民法院可以通过释明等方式予以回应。针对此种情况,法官既可以在裁判文书说理中回应,也可以在庭审中通过释明等方式回应。这一规定对诉讼参与人提交其他类案的回应方式作出了比较灵活的规定,既充分考虑了当事人及其辩护人、诉讼代理人等诉讼参与人的诉求,又综合考虑了我国的法律制度、法院的工作实际等因素,以增强裁判的可接受性。

---

[1] 《案例指导实施细则》第11条第2款规定:"公诉机关、案件当事人及其辩护人、诉讼代理人引述指导性案例作为控(诉)辩理由的,案件承办人员应当在裁判理由中回应是否参照了该指导性案例并说明理由。"

八、类案的定位

判例是英美法系国家的主要法律渊源,这一点是英美法系和大陆法系的明显区别。但是,随着两大法系的互相吸收和借鉴,近年来大陆法系国家日益重视判例在审判实践中的作用,并建立起自己的判例制度。比如,德国联邦宪法法院的判例具有法定的约束力,联邦所有宪法机关、州以及所有法院和机构都应当遵循;其他判例虽不具有正式的约束力,但在德国法中仍然扮演着主要角色。最高法院公布的大多数判决都会引用判例,如果一个法院偏离了自己的判例,则一般会注意到并且加以论证,下级法院通常遵循上级法院的判例。① 又如,法国的判例制度对行政法、劳动法、家庭法和继承法等法律的发展发挥了十分重要的作用。"法国法院尽管没有正式的遵循先例原理,但仍像其他国家一样,具有一种遵循先例的强烈倾向,特别是对高级法院的判决。下级法院对待法国最高法院判决的态度,实质上颇类似于普通法各国下级法院对待上级法院判决的态度。"②

制定法是我国基本的法律渊源,法官依照法律而非判例对案件作出裁判。但是,与多数成文法国家一样,在我国判例虽不具有法源性质,没有正式的约束力,但事实上会对法官裁判案件存在一定的约束性和参考性。近年来,随着案例指导制度的建立和发展,案例对法院审判工作的作用越来越重要。《类案检索意见》在坚持我国现行法律制度体系框架的前提下,将我国的类案检索定位为成文法体系下的具体制度,以充分发挥类案在规范法官自由裁量权、促进法律统一适用等方面的重要作用。一是基于指导性案例的现实地位,规定检索到的类案为指导性案例的,人民法院应当参照其作出裁判,但与新的法律、行政法规、司法解释相冲突或者为新的指导性案例所取代的除外。二是考虑其他类案的参考借鉴价值,明确检索到其他类案的,人民法院可以其作为裁判的参考。当然,检索到的类案是否可以作为裁判的参考,还需要合议庭或者独任法官斟酌类案的案情、审级、裁判要点、裁判时间等因素,作出综合判断。

需要进一步研究的问题是,如果法院没有参照检索到的指导性案例或者参考其他类案作出裁判,应当如何处理,法院是否应当承担责任,《类案检索意见》没有对此作出

---

① 参见〔德〕罗伯特·阿列克西、拉尔夫·德莱尔:《德国法中的判例》,高尚译,载《中国应用法学》2018 年第 2 期。
② 〔德〕K.茨威格特、H.克茨:《比较法总论》,潘汉典等译,法律出版社 2004 年版,第 382 页。

明确规定。但是，日本的判例制度已有相应规定。日本《裁判所构成法》第49条规定，"下级法院必须遵循上级法院的判例"。为了确保这一法律得以贯彻落实，日本将违反判例作为上诉的绝对理由，并规定最高法院要在一定程度上受自己在先判决的约束，从而赋予上级法院及最高法院在先判例实际约束力。这一制度值得我们参考借鉴。

九、类案裁判冲突的处理

类案裁判产生冲突，主要有两种情形：一是在先类案的裁判尺度之间存在冲突；二是待决案件拟作出的裁判结果与在先类案裁判尺度存在冲突。在类案检索中发现类案裁判冲突时如何处理，这是困扰人民法院的一个难题。

对于在先类案的裁判尺度之间存在冲突的，实际上是在先类案的法律适用不一致，这涉及法律适用分歧解决的问题。2019年10月28日正式施行的《分歧解决实施办法》，对解决最高人民法院生效裁判之间业已存在的法律适用分歧问题提出了解决办法，为各高级人民法院解决法律适用分歧问题提供了很好的示范指导作用。与此相适应，《类案检索意见》设置了一个引致条款，规定检索到的类案存在法律适用不一致的，人民法院可以综合法院层级、裁判时间、是否经审判委员会讨论等因素，依照《分歧解决实施办法》等规定，通过法律适用分歧解决机制予以解决。

对于上述第二种情形，《司法责任制试行意见》第40条已有规定①，主要内容是：(1)在办理新类型案件中，拟作出的裁判结果将形成新的裁判尺度的，应当提交专业法官会议讨论，由院、庭长决定或建议提交审判委员会讨论；(2)拟作出的裁判结果将改变本院同类生效案件裁判尺度的，应当报请庭长召集专业法官会议研究，就相关法律适用问题进行梳理后，呈报院长提交审判委员会讨论；(3)发现本院同类生效案件裁判尺度存在重大差异的，报请庭长研究后通报审判管理办公室，由审判管理办公室配合相关审判业务庭室对法律适用问题进行梳理后，呈报院长提交审判委员会讨论。这一规定对待决案件拟作出的裁判结果与在先类案裁判尺度存在冲突的处理程序、处理方法等予以明确，在实践中取得了良好的效果。一些地方人民法院对此也作了尝试和探索，如2020年8月，湖南省高级人民法院印发的《关于规范法官裁量权行使 保障裁

---

① 《最高人民法院司法责任制实施意见(试行)》系针对最高人民法院本院的规定，而不是针对地方各级人民法院的规范性文件。

判尺度统一的实施意见(试行)》第12条①对此作了相关规定。这些制度、机制的建立,将有助于类案裁判冲突的解决,在更大程度上促进法律适用的统一。

结语

立足于我国成文法传统和现行立法——司法体制的安排,建立具有中国特色的案例指导制度对于推进国家治理体系和治理能力现代化、建设社会主义法治国家是非常必要的。为了确保案例指导制度的真正落地生根、切实发挥其在社会主义法治体系中的应有作用,除认真落实好《类案检索意见》的规定外,还有必要建立健全裁判文书说理等相关配套机制。比如,从便于裁判文书说理和健全案例指导制度的角度出发提出有必要对现行裁判文书样式进行调整的建言无疑是值得实务界考虑借鉴的②,对此在本书第十一章有详细的讨论。

刘树德

2021年3月26日上河村初记

2024年7月15日补记

---

① 《湖南省高级人民法院关于规范法官裁量权行使 保障裁判尺度统一的实施意见(试行)》第12条规定:"经检索类案,对待决案件按照以下程序办理:(一)拟作出的裁判结果与检索到的类案裁判尺度一致,且案件不属于监督案件的,承办法官、合议庭作出说明后即可按规定制作、签署裁判文书,承办法官、合议庭也可以对意见分歧较大的案件提请专业(主审)法官会议讨论;(二)拟作出的裁判结果与检索到的类案裁判尺度一致,但案件属于监督案件的,承办法官、合议庭作出说明后按规定将案件报请院、庭长监督;(三)拟作出的裁判结果与检索到的类案裁判尺度存在重大差异的,应当将案件报请院、庭长监督,由院、庭长提交专业(主审)法官会议讨论;(四)在审理新类型案件中,拟作出的裁判结果将形成新的裁判尺度,应当将案件报请院、庭长监督,由院、庭长提交专业(主审)法官会议讨论。"

② 参见李红海:《案例指导制度的未来与司法治理能力》,载《中外法学》2018年第2期。

目 录

第一章 两大法系判例制度的比较 ······ 001
- 第一节 法律渊源理论概述 ······ 002
- 第二节 英美法系法律渊源中的判例 ······ 010
- 第三节 大陆法系判例制度发展概况 ······ 016
- 第四节 两大法系法律思维方法比较 ······ 022
- 第五节 本章小结 ······ 028

第二章 两大法系案例检索和适用的比较 ······ 029
- 第一节 英美法系中的案例检索与区分技术 ······ 030
- 第二节 大陆法系中的案例检索与运用
  ——以德国为例 ······ 037
- 第三节 中国案例指导制度语境中的类案 ······ 041
- 第四节 本章小结 ······ 048

第三章 检索类案的前提和情形 ······ 049
- 第一节 类案检索的目的 ······ 050
- 第二节 类案检索的前提 ······ 052
- 第三节 类案检索的情形 ······ 060
- 第四节 本章小结 ······ 065

第四章 类案检索的范围 ······ 067
- 第一节 我国案例体系的结构 ······ 068
- 第二节 确定检索范围的基本原则 ······ 073
- 第三节 需要额外注意的事项举例 ······ 080

第四节　本章小结 …………………………………………… 083

第五章　类案检索的方法 ………………………………………… 085
　　第一节　类案检索的三大方向 …………………………………… 086
　　第二节　类案检索的五大思路 …………………………………… 090
　　第三节　类案检索方法的书面表达 ……………………………… 101
　　第四节　类案检索的实操演练 …………………………………… 102
　　第五节　类案检索机制的现状与发展方向 ……………………… 104
　　第六节　本章小结 ………………………………………………… 106

第六章　类案检索中案例数据库平台的使用 …………………… 107
　　第一节　概　述 …………………………………………………… 108
　　第二节　类案检索中案例数据库平台的使用方法 ……… 111
　　第三节　本章小结 ………………………………………………… 130

第七章　类案的判断标准与判断方法 …………………………… 131
　　第一节　确定比较点 ……………………………………………… 133
　　第二节　类案的判断标准 ………………………………………… 136
　　第三节　类案的判断方法 ………………………………………… 140
　　第四节　类案判断的实例分析 …………………………………… 144
　　第五节　本章小结 ………………………………………………… 150

第八章　类案检索报告的制作 …………………………………… 153
　　第一节　类案检索报告的基本要素 ……………………………… 154
　　第二节　类案检索报告的形式要求 ……………………………… 158
　　第三节　类案检索报告的实质要求 ……………………………… 162
　　第四节　类案检索报告撰写示范 ………………………………… 165
　　第五节　本章小结 ………………………………………………… 173

第九章　当事人、律师或公诉机关检索和使用类案 … 175

第一节　概　述 … 176
第二节　当事人、律师或公诉机关检索类案的方法 … 178
第三节　当事人、律师或公诉机关使用类案的方法 … 189
第四节　本章小结 … 195

第十章　类案法律适用分歧的协调 … 197

第一节　引　言 … 198
第二节　类案法律适用分歧解决工作组织体系 … 199
第三节　类案法律适用分歧解决程序 … 202
第四节　类案法律适用分歧协调的标准 … 209
第五节　本章小结 … 217

第十一章　类案的参照与说理 … 219

第一节　类案的参照 … 220
第二节　裁判要点的性质与裁判规则的提炼 … 224
第三节　法官背离类案的说理论证 … 228
第四节　本章小结 … 237

附录一　类案检索相关规范性法律文件 … 239

人民法院案例库建设运行工作规程 … 239
指导性案例编写体例 … 243
最高人民法院统一法律适用工作实施办法 … 246
最高人民法院关于完善统一法律适用标准工作机制的意见 … 250
最高人民法院关于统一法律适用加强类案检索的指导意见（试行） … 256
《最高人民法院关于案例指导工作的规定》实施细则 … 258

最高人民法院关于案例指导工作的规定 …………………… 260

附录二　最高人民法院指导性案例目录
　　　　（截至 2024 年 6 月）………………………… 263

附录三　最高人民检察院指导性案例目录
　　　　（截至 2024 年 6 月）………………………… 275

附录四　国外裁判文书选登 …………………………… 285

附录五　案例与法宝引证码、二维码对照索引表 ……… 393

附录六　关于健全改革完善案例指导制度促进严格
　　　　公正司法的研究报告 ………………………… 397

后记 ……………………………………………………… 409

第一章

两大法系判例制度的比较

判例是一种法律渊源形式,在两大法系中都占据一定的位置,但法律地位有根本性的不同。

判例是英美法系和大陆法系中共通的法律制度,作为司法活动的重要产物,既是对过去审判经验的凝结,同时其所蕴含的规则和经验方法又能指导未来案件的处理。从比较法的视角来看,判例制度在两大法系中既有区别又有联系,即便在英美法系内部,英国法和美国法在遵循先例方面也有细微的差异。就法律渊源而言,两大法系的法律渊源的类别形式大同小异,都包括制定法和判例法,其根本区别在于这些不同类别的渊源在两大法系中的地位是不一样的。比如说,成文法在大陆法系国家占据着主导性的地位,判例充其量只是一种辅助性的法律渊源——当然,个别国家(比如德国)赋予部分判例以正式法律渊源之地位除外。而在英美法系国家,判例则属于正式且主要的法律渊源,制定法也是正式法律渊源的一个重要类别。从最近几十年的发展来看,两大法系在法律渊源方面有不断融合的趋势,这表现在大陆法系越来越注重判例的地位和作用;英美法系也开始加快成文立法的速度、增加成文立法的数量,甚至赋予成文法以更高的法律效力。

我国的案例指导制度也正是在这种背景之下建立起来的,它以成文法体系作为生长土壤,同时又在具体机制和方法上借鉴英美法中的一些资源,以至于被某些学者称为"中国式的普通法"(common law in China)[①]。为稳健地推进我国案例指导制度的发展,对两大法系判例的基本情况、法律渊源类别与法律思维就不得不察。有鉴于此,本章将分别概述英美法系和大陆法系的判例和法律渊源,在此基础上进一步揭示两大法系在法律思维方面的差异。

第一节 法律渊源理论概述

法律渊源(sources of law),也称"法的渊源",简称"法源",是法学的基本概念范畴之一。它与法律的适用密切相关,弄清楚这一概念及其相关理论学说,有助于准确把握法律的来源。学习法律渊源,既能丰富已有的相关法源理论和学说,又能指引法官高效、精准地找到可供适用的法律。

[①] See Mark Jia, "Chinese Common Law? Guiding Cases and Judicial Reform", *129 Harvard Law Review*, 2213 (2016).

一、法律渊源释义

法律渊源,作为一个专门的法学术语,源自古罗马法的"Fontes juris",意为"法的来源"或"法的源泉"。学者们对法律渊源一词有不同的理解,因此提出了形形色色的法源概念。凯尔森就曾指出,法律渊源是一个含混、模糊的概念,以至于它在实践中几乎毫无用处,为了让它具有更清晰的含义,提议人们应以一个明确并直接地说明人们心里所想现象的说法来代替这一令人误解的比喻语。[①]

与此同时,罗马法中的"Fontes juris"包括两层含义:第一层含义是,法律渊源概括出了古罗马的法官在司法裁判过程中可以作为裁判规范和裁判理由的规范的来源;第二层含义是,法律渊源既是对国家制定法法律效力的肯定,也是对制定法以外的能够成为法官纠纷解决依据的规范具有司法适用价值的认可。[②] 归纳起来,法律渊源的核心内容在于它构成了法律适用者借以形成裁判依据之来源。

《元照英美法词典》对法律渊源作出了五方面的解释,其实涉及人们在五个不同层面对该术语的使用:

(1)法律的历史渊源。

意指历史上发生的引发法律原则及规则之产生的行为或事件。在英国和西欧法律制度中,此类渊源包括罗马法、教会法、封建主义的原则、封建习惯、商事法等。

(2)法律的理论或哲学渊源。

一些重要的原则或理论,对法律的形成和发展起到了决定性的作用,比如自然法理论对衡平法的影响,又如功利主义思想对19世纪英格兰法律改革的影响。

(3)法律的正式渊源或形式渊源。

某个机关的公认权威使得其所颁布的规则具有了法律效力,主要是从具备法律权威形式和效力的角度界定法律之来源。

(4)法律的文献渊源。

意指法律文件记录以及法律著作文献,前者包括制定法汇集、判例报道集,后者包括法律家的权威性著作。

---

① 参见〔奥〕凯尔森:《法与国家的一般理论》,沈宗灵译,商务印书馆2013年版,第204页。
② 参见彭中礼:《法律渊源论》,方志出版社2014年版,第36—41页。

(5)法律的文化渊源。

此类渊源包括学者著述、法学教科书、百科全书,它们可以帮助法官认识法律,但此种说明并无法律上的约束力,法官并无义务适用它们。[1]

以上五种关于法律渊源的界定各有侧重,体现了这一术语的多样性和复杂性,当我们谈论法律渊源时,须明确是在何种意义上使用该概念的。本书拟从司法的角度界定法律渊源,专指在司法裁判过程中能够被用作裁判依据的权威性理由。

学界中有不少学者从法律形式或立法论立场描述法律渊源的概念,本书从司法中心主义的角度切入,对此有两点需要加以说明:

第一,由于出发点或切入视角的不同,学者们往往会形成"立法中心主义"和"司法中心主义"两种不同法律渊源观。前者将法律渊源看成立法机关制定法律所依据的材料,而后者把法律渊源看作司法机关裁判纠纷所依据的材料。[2] 对于法律渊源概念的整体把握须同时兼顾这两个视角,尽管如此,由于法律渊源主要是法律适用过程中的概念范畴,因此本书将重点仍然放在"司法中心主义"的视角之上。

第二,法律渊源与法律形式存在关联,但所指涉的并非同一事物。法律渊源是法律借以形成的来源或源泉,是一个蕴含着"可能性"的概念,法律的渊源从本质上讲并不等同于法。法律形式是实在法的外在表现形式,采用这种形式表达自身的规范通常已属于实在法的范畴,因此它更多是一个"现实性"或"实然性"的概念。对此,有学者提出不宜用法律形式随意替换法律渊源的两点理由:其一,在汉语中,渊源一词指根源、来源、源流的意思,将法和渊源连用,其含义主要应指法的根源、来源、源流,这同法的表现形式不是一回事;其二,法的渊源一词在国外法学著述中包括多种含义,其中只有法的形式渊源的含义才相当于国内学界所说的法的形式的含义。基于此类原因,讲到法律形式如果使用法律渊源这个概念,对中国读者来说,容易误解或生出歧义。对外国读者来说,也会用他们理解的法律渊源一词的含义,理解我们特指的法律形式的含义。[3] 基于以上原因,不宜混同使用这两个意思接近但性质不同的术语。

二、法律渊源的属性

与法律形式等有关概念相比,法律渊源有其自身的独特属性,这体现在它具有较

---

[1] 参见薛波主编:《元照英美法词典(缩印版)》,北京大学出版社2013年版,第1273页。
[2] 参见张文显主编:《法理学(第五版)》,高等教育出版社2018年版,第87页。
[3] 参见周旺生:《法的渊源与法的形式界分》,载《法制与社会发展》2005年第4期。

为鲜明的法律适用导向性、权威性以及分量性。

第一,法律适用导向性。

法律渊源旨在帮助法官确定个案中可适用的法是什么,它难免要与法概念打交道,涉及法律发现及法律解释方面的内容,但从根本上讲它与法律的适用密切相关,离开了司法裁判或法律适用的活动场景,法律渊源这一概念将会失去自身存在的意义。因此,须明确法律渊源的法律适用导向性,其最终目的是服务于裁判依据的发现及适用。

第二,权威性。

一个事物算不算法律渊源,或者什么样的事物才能够算作法律渊源,这是法律渊源理论首先要回答的问题。由于法律渊源最终要充当根据,问题进一步转化为哪些事物有资格成为裁判依据。很显然,具有权威性的法律理由才能从形式上推导出裁判结论,这就是法律渊源的权威性。准确而言,这种权威是一种形式或制度的权威性,以区别于实质性的权威。制度性权威源自立法和司法的直接或间接性确认,它为司法裁判提供了一种权威性的法律理由,并且是一种有法律效力的理由。与之不同,实质理由更侧重于一种内容上的合理性所产生的说服力,通常并无法律上的强制约束力。

第三,分量性。

除以上两点特征外,法律渊源还具有分量性。在实践中,有些法律渊源的分量更重,另一些法律渊源的分量较轻,甚至在个别时候不同层级、类型的法律渊源还可能出现彼此冲突的现象,为此需要按照法律渊源分量的大小决定其优先适用顺序。法律渊源分量的大小取决于其权威性的强弱,一般来说制度性权威强的法律渊源具有较强的规范约束力,其相应地具有更重的分量。法律渊源分量的意义,除了能够协调法律渊源冲突、决定不同法律渊源的适用序位,还决定着司法裁判中法官运用实质理由偏离法律渊源的难度[①],随着法官想要偏离的法律渊源分量的增加,所承受的论证负担也会相应地加大。

三、法律渊源的分类

法律渊源的表现形式多样化,既有学说和理论从不同角度提出了各种各样的分

---

① 参见雷磊:《指导性案例法源地位再反思》,载《中国法学》2015年第1期,第278页。

类。明确分类标准及具体类别,有助于人们认识不同层面或不同类型的法律渊源,同时也能展现诸种分类所可能存在的问题。

(一)法律渊源的一般分类

1. 正式法律渊源与非正式法律渊源

从学理上看,如果以是否具有直接的适用效力为标准,可以将法律渊源分为正式法源和非正式法源。正式渊源与非正式渊源是一种最常见、也最具影响力的分类,基本上成为中国法理学教科书中的通说。这一分类最早受到美国学者博登海默的影响,正式法源是那些可以从体现为权威性法律文件的明确文本形式中获取的渊源,在美国普通法体系下包括宪法和法规、行政命令、行政法规、条例、司法先例等;非正式法源体现为虽具有一定法律意义但并未在权威性法律文件中得到明确阐述和体现的材料,其涵盖正义标准、推理和思考事物本质的原则、衡平法、公共政策、道德信念、社会倾向和习惯法。①显然,在中国法治语境下,正式法律渊源主要指向那些具有权威法律文本表现形式的规范性法律文件。

2. 直接法律渊源与间接法律渊源

根据与制定法的关系,直接还是间接具有法的效力,可将法律渊源分为直接法源与间接法源,直接法源是指在制定法中有体现,并且可以直接产生法的约束力,比如法律、法令、条例等。间接法源间接具有法的效力,其效力的发挥依赖于国家特定机关的认可,包括法理、习惯、学说、一般道德、宗教戒律、外国法等。

3. 成文法法律渊源与不成文法法律渊源

以外在表现形式为标准,将其分为成文法源和不成文法源。所谓"成文法源",是指由有权专门机关制定、以成文形式表现的具有普遍约束力的规范性法律文件。成文法源有时也被称为"制定法",其形式包括宪法、法律、法规、规章、法令、条例等。"不成文法源"是指通常并不采纳成文或法典形式的规范性法律文件,在此意义上学者有时也使用"判例法"这个称谓。当然,我们也注意到,判例法有时候也会采取成文的形式,尤其是在英美法系国家中有进行判例编撰的传统;另外,"不成文法源"的范围要比"判例法"更广,除判例法这种主要内容外,还包括习惯、条约、法理、学说、公平正义、乡规民俗等。

---

① 参见〔美〕E. 博登海默:《法理学:法律哲学与法律方法》,邓正来译,中国政法大学出版社1999年版,第415页。

4. 法定法律渊源与酌定法律渊源

根据法律是否有规定,可分为法定法源和酌定法源。由法律直接规定的内容,并且法官必须适用的就是法定法源,在大陆法系国家制定法就是法定法源,英美法系国家中判例和制定法都是法定法源。法律中未明确规定,由法官根据实际需要决定是否适用的就是酌定法源,包括习惯、公认价值和社会观念等。法定法源与酌定法源的区别是:第一,前者是法律本身,后者是非法律性因素;第二,前者由法律直接规定,后者由法官自由裁量;第三,前者相对确定,后者在内容上具有较大的不确定性。[①]这一划分,以法源的司法适用为中心,将一些与司法裁判的无关要素排除在外了。

5. 主要法律渊源与次要法律渊源

以在司法裁判中适用的优先地位,可分为主要法源和次要法源。主要法源是在裁判中优先使用的法源,包括制定法、判例法和习惯法三种,次要法源居于一种附属性或次要性地位,包括权威的理论和公认的价值等。通常情况下,法官优先适用主要法源,在穷尽主要法源时可考虑以次要法源填补空缺。在个别时候,次要法源可纠正主要法源的失误[②],比如在主要法源存在严重的实质缺陷时,法官可考虑直接适用次要法源。

6. 必须法律渊源、应当法律渊源与可以法律渊源

瑞典学者佩策尼克提出了必须法源(Must-Sources)、应当法源(Should-Sources)和可以法源(May-Sources)三个概念,其区分标准在于法源约束力的性质。[③]具有较强的权威性,法官必须予以适用的是必须法源。如果说法官有较强的义务适用必须法源,那么对于应当法源仅具有相对弱的适用义务,对可以法源则具有完全的裁量权,可根据个案情境需要决定适用或不适用该种法源。

以上诸种分类都多少存在一定的缺陷,未能清晰解释法源的概念边界,具体来说主要存在两方面问题:

第一,过度延展法源边界,将某些本不属于法源的事物归置到本范畴之中。如学者所指出的,既有法源分类没有恰当地区分裁判依据与裁判理由之间的关

[①] 参见周安平:《法律渊源的司法主义界定》,载《南大法学》2020年第4期,第39页。
[②] 参见周永坤:《法理学——全球视野(第四版)》,法律出版社2016年版,第44—45页。
[③] 参见〔瑞典〕亚历山大·佩策尼克:《论法律与理性》,陈曦译,中国政法大学出版社2015年版,第298—300页。

系。法源指向的是裁判依据,解决的是"依法裁判"的问题,而裁判理由主要用以辩护司法裁判结果的公正性或合理性。①非正式法源、次要法源中的不少内容,其实所扮演的是裁判理由的角色,出现了与裁判依据的混同。如此一来导致的结果是,裁判者误将裁判理由当作裁判依据,从根本上背离依法裁判的基本立场。

第二,混淆法的渊源与法的形式,论者凭借自身喜好交替使用这两个概念。

之所以会这样,主要是因为站在一种立法中心立场上看待法的渊源,法律渊源站在'已立之法'的立场来看就成了法律的表现形式。② 以至于认为法源就是具有权威表达的法的形式,而采纳权威形式的法就能充当裁判的依据。法源从字面上理解是那些能够形成法的质料来源,法的形式则是已然的、实际存在的法,二者的区别是明显的,法源是一个可能的、未然的概念,而法的形式则是已然和现实的存在。③不划清二者的界限,就会导致人们错把法源等同于法本身。

正式法源的概念未跳出法律形式论和立法中心论的视角,非正式法源的概念是否合适?那些时常被人们添加至非正式法源列表中的规范因素,虽然可能会对法官的法律选择或裁判结果的形成产生一定影响,但这种影响并不会产生决定性或依据性意义上的效果,故而"非正式法源"可能会成为一个单调且冗余的概念。严格来讲,非正式法源并不是真正意义上的法源。

(二)效力法源与认知法源

鉴于这种随意使用法源概念的混乱局面,有一种声音主张干脆放弃这个模糊的概念,转而用其他的概念取而代之。还有一种声音,倡导重新锻造法源的概念,以缓解概念上的混乱及其制造的困惑。

一些学者提出了一种新的法源分类,即效力法源与法认知源。效力法源系对法律适用者来说具有约束力的法规范,包括宪法、法律、法规、规章等。法认知源也叫认知法源,是一种修辞性的或社会意义上的法源,虽然其自身并无法律上的约束力却能够帮助法官恰当地认知或识别生效之法④,其效果基础建立在理性而非权威的基

---

① 参见雷磊:《法的渊源:一种新的分类法及其在中国语境中的运用》,载《河北法学》2021年第11期,第6页。
② 参见彭中礼:《论习惯的法律渊源地位》,载《甘肃政法学院学报》2012年第1期,第38页。
③ 参见周旺生:《法的渊源与法的形式界分》,载《法制与社会发展》2005年第4期,第128—130页。
④ 参见〔德〕托马斯·M.J.默勒斯:《法学方法论(第4版)》,杜志浩译,北京大学出版社2022年版,第64—65页。

础之上。①这种分类固然新颖,但是哪些影响司法的因素可以作为认知法源呢?是否可凭法官的喜好或需求而定?如若这样的话,认知法源也将变成一个过度膨胀的概念。

认知法源聚焦于为提供裁判依据发掘有效力之法,而并不直接生产对裁判产生约束力的法。效力法源与认知法源是一对对应概念,前者能够产生法律之约束力,直接拘束法官的裁判,后者则更多地引导法官发现和鉴别法律,仅提供法律的内容来源。认知法源能否作为裁判的根据?对此也有一定争议。

有些论者会想当然地认为既然认知法源已是"法源",自然可以直接作为裁判依据。假若如此的话再煞费苦心地区分效力法源与认知法源似乎意义不大。也有论者主张认知法源可以附条件地成为裁判依据,在司法过程中不得被单独使用,必须与效力法源结合在一起才可能充当裁判依据。②我们赞同后一种主张,认知法源论唯有和效力法源结合起来,才有可能扮演裁判依据的角色,在未经过效力法源转化或者未与效力法源结合的情形下,法官不得径直将其援用为裁判依据,但这并不妨碍将其作为裁判理由使用。可以说,认知法源在司法实践中既有可能被作为附条件的裁判依据,又有可能被作为普通的裁判理由。

效力法源专指那些具有效力来源的规范依据,它们表现为法律命题的形式,能够实际用作证立裁判结论的依据,这可以走出在正式法源下将所有法体系内部的东西都当作法源的误区,也是新法源二分法的进步之处。

认知法源依赖于内容而非得到效力认可的特性,帮助人们从内容上认识法规范。除作为法规范的内容来源这一点外,它还设定了一项门槛条件,即需要得到权威性法律文件直接或间接的认可,才能真正获得认知法源的身份。只有效力法源可充当裁判依据,认知渊源,比如习惯,多数时候只能以裁判理由的角色影响司法裁判。然而,也有可能出现从认知法源向效力法源转变的情形,习惯被立法机关认可或被司法机关确认为习惯法,此时它便超越认知法源成了严格意义上的效力法源。在施加限定条件这一点上,认知法源的概念比非正式法源看起来要严格和明确一些,等于通过条件限制缩小了裁判依据以外的法源的范围。

---

① 参见〔奥〕恩斯特·A.克莱默:《法律方法论》,周万里译,法律出版社2019年版,第221页,脚注865。
② 参见雷磊:《重构"法的渊源"范畴》,载《中国社会科学》2021年第6期,第157—158页。

第二节　英美法系法律渊源中的判例

一、制定法

顾名思义,制定法是通过专属立法以成文的形式表现出来的规范性法律文件。制定法的制定、修改和废止过程,也被称为"立法"。纵观英美法系,制定法的形式主要包括以下几种：

1. 宪法及宪法性法律

美国有成文宪法,美国联邦宪法由立宪会议制定和通过,1789 年 3 月 4 日生效的《美国联邦宪法》,是世界上最早的成文宪法,由序言和 7 条正文组成。它确立了三权分立与制衡、人民主权、限权政府、联邦和州的分权等原则。迄今为止,已先后通过了 27 条宪法修正案。英国奉行议会至上原则,虽然并无一部统一的成文宪法,但是它有一些非常重要的成文的宪法性文件,比如 1679 年的《人身保护法》、1689 年的《权利法案》、1700 年的《王位继承法》、1911 年的《议会法》、1918 年的《国民参政法》、1928 年的《国民参政(男女平等)法》、1931 年的《威斯敏斯特条例》,以及 1948 年的《人民代表法》等。

2. 法规

法规是由享有立法权的联邦政府、州政府或地方政府依照法定程序所制定的法律。提议的法规一般称为"草案"(bill),必须经专门立法委员会审查和行政首长同意,才能成为法规。联邦法规的合辑称为联邦法典,而州法规的合辑称为州法汇编或州法规。[①]

3. 国际条约

国际条约,是指国际法主体间缔结的相互权利义务关系的书面协议。广义的条约除以"条约"为名的协议外,还包括公约、宪章、盟约、规约、协定、议定书等。狭义的条约仅指重要的以条约为名的国际协议,如同盟条约、边界条约、通商航海条约等。国际条约在英国一律需由国会的立法履行,因此,条约在英国法上并无直接的效力,所以并

---

① 参见 Wiliam Burnham：《英美法导论》,林利芝译,中国政法大学出版社 2003 年版,第 35—36 页。

不能成为法源。但在美国法上,则可区分为自动履行与非自动履行的条约,前者无须等待美国国会立法便可在美国境内生效,因此可以成为法源的一种。①

二、判例法

判例(case)是英美法领域中的一个核心概念,是指法院在判决类似案件时可以援引已经生效的判决为先例,这种被援引的先例即判例。先例(precedent)一般是指可以用来作为后来事件或案件的范例或规则的先前事例,或者可以用来支持或证明某些相似情况或行为的先前事例,即在后来案件中作为法律渊源的先前的司法判决。判例与先例非常接近,判例主要侧重于对整个案件的叙述和报告,包括作出该判决的法官对该法律问题的意见;先例主要是指可以作为判例的先例判决中所包含的法律原则,能够对今后审理同样或类似的案件起到指导作用。在英美法中,判决与判例是一种包含关系,判例是从既有判决中产生的,但并非所有的判决都能成为判例,只有刊载在判例集上并被后案法官援引的判决才能成为判例。

英美法系正是在遵循先例的实践中逐步发展起来的,"先例原则"或"遵循先例原则"——照字面意思来说就是"遵从先例,切勿破坏已有定论"(stare decisis et non quieta movere)或者说是"遵守先例,且不要扰乱已经确立的要点"(to adhere to decided cases and not unsettle established things),所表达的基本上是同一个意思。就英美法系来说,判例法一般是指高级法院的判决,确切地说,是指一个判决中所含有的法律原则或规则,对其他法院(甚至对本法院)以后的审判具有约束力(binding effect)或者说服力(persuasive efect)。所谓"约束力"是指必须遵守,即法官在审理案件时应考虑上级法院甚至本级法院在以前类似案件判决中所确立的法律原则和规则;"说服力"是指某种影响力,仅仅具有说服性或参考性,不具有要求法律适用主体强制参照的效力,这种影响的程度取决于多种因素,比如:作出判决的法院的地位、法官本人的声望、作为先例的那一原则或规则自身的表达、先例与待决案件的相似性程度等。

三、英美普通法内部的相似与差异

我们对于英美法系与大陆法系之间的差异已经熟知,然而对于英美普通法内部的

---

① 参见王泽鉴主编:《英美法导论》,北京大学出版社2012年版,第123页。

差异,事实上缺乏深入的了解和研究。一方面是由于资料的匮乏,另一方面则受到外部视角的限制。站在英美法的内部,以一种内在视角来审视英国法和美国法,我们会发现一个很有意思的结论,即英国法律人在法律推理方面更加注重形式,而美国法律人在法律推理方面更加注重实质。英国长期占统治地位的法实证主义传统也加剧了英国法的形式性色彩,美国的新自然法理论、实用主义法理论、法律经济学及现实主义法学共同导致了美国法的实质主义取向。

法律推理有着两种相异的进路:一种是形式性进路,旨在强调对规则的服从、程序的强调、逻辑的遵守和概念的重视,而对结果的公正与否不作过多的价值评判,因此本质上拒绝或排斥实质性依据在推理中的运用;另一种是实质性进路,注重实质性依据在推理中的运用,更关注法律背后的立法目的、价值观念和推理结果的正当性。英国法律体系倾向于使用形式性依据,而美国法律体系更加倾向于使用实质性依据。或者说,英国法官和律师的推理更加具有形式性,而美国法官和律师的推理更加具有实质性。

这种现象的产生,主要由于以下四种原因:

(一)法律观念不同

所谓法律观念,是指人们所持的对于法律之概念的观点。德沃金区分了概念(concept)与观念(conception),比如说,尊敬提供了礼仪的概念,而对尊敬实际上要求什么的各种相互竞争的立场,则是对于礼仪概念的一种观念。他进而指出,法律观念是一种关于法律根据的理论,它并没有要求我们接受关于"公民应该如何行为"或"法官应该如何裁判"的任何特定或具体主张。① 换句话说,不同群体或个人对于法律可以拥有不同的看法和评价。

就此而言,我们来审视英、美两国法律人法律观念的异同。

受法实证主义传统的影响,英国法律人长期沉迷于一种形式化的概念认识中,认为法律就是某个机关或主体通过一定程序创制出来的东西,只要相关主体权限和程序合格,那么作为这一行动创制的东西就是法律,这是一种"谱系性"的合法性标准,奥斯丁的独立政治社会中的"主权"、凯尔森所预设的"基础规范"以及哈特所构造的"承认规则",都是一类帝王式的基准,顺其而下定能找到法律和规则。而在美国,由于长期

---

① See Ronald Dorkin, *Law's Empire*, Havard University Press, 1986, pp.71-72.

受到自然法理论以及实用主义思潮影响,他们对于法律之判准更多的是一种实质主义的取向,某规则之所以能够成为法律规则不仅是因为符合形式标准,还在于它要承载某些更为重要的东西。

在英国,由于法律规则出自一种严格的程序,因而具有较高的形式性,这种规则是一种刚性规则,它要求推理者尽可能地进行严格的形式推理。而在美国,法律规则相对是一种富有弹性的标准,它要求法官在使用时进行自由裁量和灵活解释。如果说英国的裁判图景可以被界定为"规则裁判论"的话,那么美国的司法裁判图景则可以被界定为一种"原则裁判论",那些能够在美国司法和宪政发展史上产生深远影响的伟大判决,无不是以原则裁判所著称。

(二)制定法的解释

相较于英美法而言,制定法必然展现出更高的形式性。如果把此处比较的对象转换为大陆法的话,那么基本论断也会随之改变,亦即英美法更加具有实质性,而大陆法更加具有形式性。但是由于今天无论是在英国法还是在美国法中,制定法都是两国法律体系中不可或缺的一项重要内容,那么在这种背景之下比较英美两国法的特点就显得更加具有意义了。为什么说英国的法律制度比美国更具有形式性?下文将从两个角度来思考:

第一,从制定法本身所具有的一系列特质来论证英国法的形式性。与判例法相比,制定法具有较强的等级形式性、内容形式性、强制形式性、解释形式性以及渊源形式性五个方面的特质。即便如此,我们仍然无法得出英国法比美国法更具有形式性的结论。对此必须提供证据证明,制定法在英国法中发挥了更加重要的作用。这种判断必须要基于"量的优势"与"质的优势"这两个维度,二者缺一都无法有效地证立上述结论。我们认为试图通过数据来对比英美法中制定法的比重大小,虽然难度很大但并不意味着完全不可能。另外,可以通过研究制定法的立法技术和规范类型,来发现它们二者之间的"刚性"与"柔性","原则"与"具体"之别。再者,从英国议会至上的原则以及长期立法的传统,也可以推断英国法官在法律适用中的克制性,这更多的是一种"质的优势"。据此可以得出一个基本判断:如果英国法果真比美国法更加具有形式性,那么充其量也不过是一种"弱的形式性"而已。

第二,从制定法的解释来证立英国法的形式性结论。在制定法出现语义模糊或冲突的情形时,便产生对其解释的必要,无论在任何国家的任何司法实践中,这都是一种必然的要求和选择,个中原委可能是纷繁复杂的,但并不属于此处所关注的内容。与前一点紧密相连,制定法的适用也不可避免地会带来解释,这种解释可以有不同的态度和方法,与此处论证主旨相关的主要是文义解释和目的解释。如果能够证明,英国的法官在解释成文法时更多地使用文义解释的方法,而美国的法官更多地使用目的解释,那么上述关于英国法之形式性的结论也就得以成立了。一些学者给出了三点理由:其一,英国法官一般远比美国法官更强调制定法言辞的重要性;其二,除非制定法所使用的言辞没有确定的通常含义,从而不具有清晰的字面意义,否则法院不得去探寻立法者的目的;其三,英国法官在考虑目的证据时,一般都会将范围严格限定在制定法本身、同一制定法的其他部分、先前的普通法或制定法的言辞所构成的界限之内。[①]

除此之外,还可以再补充两点理由——当然,它们并不是不重要的:一点理由是英国议会至上的立法传统,强调法官的分内职责就是依法裁判,至于法律出现了问题,那是立法机关的事情,因而在法官对法律解释的形式和限度上进行了很大的限制。尽管他们事实上也在从事大量的成文法解释工作,但出于"政治正确"的心理障碍,会习惯性地"撒谎"。另外一点理由是,由于长期在两国占据主导之势的法学思潮对于政治及法律实践的影响,英国法官对待规则、法律解释、法律推理及司法立法更为敏感和保守,相比而言,他们的美国同行走了一条截然相反的道路。因而,上述理由基本上可以证立英国法在法律解释过程中因对文义的过度依赖而不敢越雷池半步,最终也就证立了英国法律解释的形式性。

(三)法院与审判程序

同英国的法院相比,美国的法院在重新构造19世纪的法律以适应工业化的需要方面,起到了更大的作用。美国的宪法使得许多问题被当作法律问题来对待,甚至一切问题最终都可以上升至法律问题;而在英国,这些问题绝大多数是被当作政治问题来解决的。这种情况部分是因为英国的法官习惯于尊重英国的立法机关(议会至上),部分原因在于他们认为用立法方法进行改革更为高明。就审判方法而言,美国的法官更为能动和灵活,英国的法官则相对消极和保守。在判例法的适用上,"遵循先例原则"的运行在美国受到了诸多限制,因而实际操作起来更为灵活,整体上属于一种比较宽松意义的遵循先例观;而在英国,当下流行的遵循先例原则观虽然没有以前那么

[①] 参见〔美〕阿蒂亚、萨默斯:《英美法中的形式与实质——法律推理、法律理论和法律制度的比较研究》,金敏等译,中国政法大学出版社2005年版,第85—88页。

严格了,但较之于美国的标准仍然属于比较严格的。遵循先例原则在一个法律体系中的运作受到的限制愈多,该法律体系的形式性就愈低。正因此,也凸显了英美法中形式与实质的差异。

(四)法官职能与司法角色

与英美法系法官略有不同的是,英美法系的法官除适用法律外,某种程度上还发挥着创造法律的功能。美国法学家艾森伯格从三个方面分析了法官造法的原因:首先,立法机构制定法律的能力是有限的,而其大部分能力都被配置于制定与政府事务有关的法律制度;其次,立法机构在某种意义上并没有人员可以让它们行使全面立法职能以管制私人部门的行为;最后,在许多领域里,司法规则的灵活形式比立法规则的规范形式更可取。故而,社会要求法院发挥作用以充实法律规则的供给。相对于大陆法系的法官来说,英美两国的法官在造法方面的作用也有明显的差异,他们在造法上的权限或能动性的大小,与遵循先例的严格度是紧密联系在一起的,前文对此已经多多少少介绍过了。总而言之,就是前者更为积极而后者更为消极一些。这一差异不仅源自英美两国长期殊异的司法传统、法律文化及政治结构,此外一个很重要的原因还在于,美国的法院及法官除审判职能外,还扮演着政策(有时或很多时候是重大政策)制定者的角色。

达玛什卡教授对司法程序和权力组织"科层理想型"(hierarchical ideals)和"协作理想型"(coordinate ideals)的分类,对此处理解英美法官在造法角色方面的差异也很有帮助,它们并非一一对应于大陆法系和英美法系国家的司法程序,只不过大陆法系国家司法程序的影子在"科层理想型"中更浓厚一点罢了。事实上,现今英国的司法程序位于二者之间,是一种"协作式官僚理想型","常规的上诉法院在20世纪初的时候开始设立起来,因此为更加严格的科层关系的发展创造了空间。主要在20世纪逐渐展开的一系列改革简化了法院系统,使它更接近于欧陆模式"[1]。而美国的司法程序和权力组织是一种更加典型的"协作理想型"。达玛什卡教授认为这些特征源于以下三个方面:其一,从一开始就严重依赖陪审团,并且将陪审团的重要地位在宪法中予以固化,认为真理和正确存在于民众的常识和知识中;其二,认为法院内部的专业分工是一种缺陷而非优点,故而一直对官僚机构和科层组织保持着反感的态度;其三,即使是

---

[1] 〔美〕米尔伊安·R.达玛什卡:《司法和国家权力的多种面孔——比较视野中的法律程序》,郑戈译,中国政法大学出版社2004年版,第66页。

从英国的角度来观察,行使权力的强烈个性化风格也一直是美国司法机构的标志性特征。在这样一种风格的对比下,"异议更多地出现在美国法院而不是英国法院作出的判决中"①。

此外,美国法官还在很大程度上书写着美国的法律历史。比如,在1916年《美国产品责任法》诞生之前,由产品引发的案件只能按照合同责任来解决,后来卡多佐大法官在"麦克佛森诉别克汽车公司案"的判决中,推翻了长期支配美国法院的"契约当事人关系"原则,确立了制造商对有缺陷的产品承担过错责任的原则,至此开创了美国法制史的新时代。另外,沃伦法院通过灵活的司法解释而孜孜追求正义,也在美国的法律史上树立了一座丰碑。总结起来,美国法官在遵循先例、推翻先例、解释法律和创制法律方面比他们的英国同行更加积极、开放和能动。

第三节 大陆法系判例制度发展概况

一、大陆法系国家判例存在的必要性及功能

在英美法系国家,判例作为正式法律渊源的地位是不容置疑的,先例规则是从先前的已决判例中提炼和归纳出来的,后案法官除非能够证明当前案件与先例案件存在实质性的区别,否则都应坚持和遵守先例规则。在大陆法系国家,判例通常不被认为是正式的法律渊源,它虽然是重要的法律研究和法律教学素材,但却难以作为法律渊源在裁判中被法官引用。

尽管如此,在大陆法系国家判例仍有存在的空间,甚至在一些国家,特定的判例可以取得正式法律渊源的地位,比如德国联邦宪法法院的判例就具有正式的法律约束力,和一般法的效力是一样的,对于这些判例的背离必须有法律上充足的理由,否则便可能构成法律适用错误。大陆法系国家的法治土壤中生发出判例,具有一定的必要性,可以从以下三个方面加以说明。

1. 成文法的未完成性需要判例加以填补

大陆法系国家多以成文法来架构法律体系,成文法在表达上必然存在一定局

---

① See P. S. Atiyah, "Lawyers and Rules: Some Anglo-American Comparisons", *37 Southwest Law Journal*, 545(1983).

限。成文法从其制定的那一刻起,就已经滞后于社会生活了。立法者由于具有有限的理性能力,不可能事先预料到未来社会生活中的一切事项,在法律制定之后,总是不可避免地会出现一些新的案件,其事实与法律规范的要件事实无法对应起来。比如,1997年全国人民代表大会在修订《刑法》之时,并未预料到未来社会中会出现利用 ATM 机故障多次取款的行为,"许霆案"的出现在一定程度上超出了原有法律条文调整的范围。

在大陆法系国家,成文法是主导性的法律渊源,判例是一种重要的辅助性法律渊源,法律中的很多规定为判例的存在提供了空间。根据一些学者的归纳,在大陆法系国家的民法典中,至少有以下四种情况规定了判例法与法律渊源的关系:

其一,有些法典并未对法律渊源作明确规定,但却采用反向的方式规定了判例法的存在空间,比如《法国民法典》第 4 条规定"法官不得以法无明文规定为借口而拒绝审理提交给他的案件",虽然立法调整出现了局限,但法官仍应尽心竭力裁判案件,判例便成为可资利用的重要渊源。2014 年江苏无锡发生了"中国首例冷冻胚胎继承案",在此之前立法对冷冻胚胎之性质并未作任何规定,法官在审理案件时除了诉诸传统情理、学说,还考察了域外的相关判例。

其二,有些法典明确列举了法律渊源,比如《意大利民法典》第 1 条规定,法律渊源包括法律、条例、行业规则、惯例。[①]

其三,一些法典除列举法律渊源外,还赋予法官一定的自由裁量权选择判例。典型的是《瑞士民法典》第 1 条,"(1)凡依本法文字或释义有相应规定的任何法律问题,一律适用本法。(2)无法从本法得出相应规定时,法官应依据习惯法裁判;如无习惯法时,依据自己如作为立法者应提出的规则裁判。(3)在前一款的情况下,法官应依据公认的学理和惯例"[②]。在这种情况下,判例就成为一种重要的补充性法律渊源。

其四,还有些法典虽对法律渊源不作明确规定,但是在法典中规定了一些一般性条款和概括性规定,为法官发展法律提供了重要基础。[③] 对于一般性条款或概括性规定的具体化,很重要的一个途径就是通过判例加以类型化和具体化,故而它们也为判例的存在创造了空间。

---

① 参见《意大利民法典》,费安玲、丁玫译,中国政法大学出版社 1997 年版,第 3 页。
② 《瑞士民法典》,殷生根、王燕译,中国政法大学出版社 1999 年版,第 3 页。
③ 参见张骐:《法律推理与法律制度》,山东人民出版社 2003 年版,第 86—91 页。

2. 类似案件应类似处理

《案例指导工作规定》第 7 条规定："最高人民法院发布的指导性案例,各级人民法院审判类似案例时应当参照。"这实际上是"等者等之,不等者不等之"的形式正义原则在司法工作中的具体要求和体现。用拉伦茨的话来说,法律的性质之一就是要"平等处理"或"平等对待",即对于本质上相同的事物或现象,法律应给予相同的法律评价。① 某个案例如果想要取得指导性案例的身份,它首先必须具有较强的典型性或代表性,比如指导案例 1 号直接针对的是房屋买卖合同中的"跳单"现象,它所确立的解决思路或裁判要点是,"同一房源信息经多个中介公司发布,买方通过正当途径获取该房源信息的,有权在多个中介公司中选择报价低、服务好的中介公司交易,此行为不属于'跳单'违约"。此后所产生的类似案件,法官应当参照指导性案例中已确立的裁判要点和思路来裁决。

每一个判决都有一种"生殖力",即按照它自己的面目进行再生产,对未来同类或类似性质的案件产生某种指导力量。类似案件应类似审判就不仅仅停留于抽象的道德观念或精神层面,而是已经上升为一种法律原则,这意味着法院对于使用或拒绝使用指导性案例必须给出充分的理由,不得恣意为之。除此之外,在实践中当事人或代理律师对案例也是十分敏感的,"总是把活动重点放在对大量判例的研究上,并在论辩中加以引证"②。可以说,当事人将相关案例以证据的形式提交法院已经成为一种经常性的做法。

3. 司法体系的科层制结构

相关主体在实践中积极使用指导性案例,还和科层制的司法结构紧密相关。"科层理想型"这个概念最早是由美国耶鲁大学法学院达玛什卡教授提出来的,与其对应的概念是"协作理想型"。根据达玛什卡教授的描述,科层制的司法组织表现为一种金字塔结构,处于上层的人权力越来越大,级别相同的官员则是平等的,但是当他们之间产生争议或遇到疑难问题时,往往会将争议事项提交共同的上级去处理,下级的决策、裁决必须接受上级的全面检查和监督。③ 中国上下级法院之间的监督与被监督关系也

---

① 参见〔德〕卡尔·拉伦茨:《法学方法论》,陈爱娥译,商务印书馆 2003 版,第 39—42 页。
② 〔美〕约翰·亨利·梅利曼:《大陆法系(第二版)》,顾培东、禄正平译,法律出版社 2004 年版,第 47 页。
③ 达玛什卡教授认为科层制司法包括三个要素,分别是官员的职业化、严格的等级秩序和决策的技术性标准。相应地,科层制下的法律程序呈现出按部就班的递进式程序、卷宗管理、渐进式的审判、官方程序的排他性逻辑法条主义与程序规制等特征。参见〔美〕米尔伊安·R. 达玛什卡:《司法和国家权力的多种面孔——比较视野中的法律程序》,郑戈译,中国政法大学出版社 2004 年版,第 28—29、76—83 页。

呈现出了一种鲜明的科层制色彩,法官审判的自主性在一定程度上会受到审判委员会、庭长、院长、上级法院的制约或影响。法官(尤其是基层法院的法官)在裁判中对于指导性案例的使用,同样也无法逃脱这张巨大的、隐形的"权力—关系"网络的限制。

一些学者注意到了这一点,他们在调研中发现上级法院、本级法院的院长和审判委员会在对指导性案例的使用等诸多方面都拥有很大的权威。① 从理论上讲,对于是否使用案例以及如何使用案例这些问题,虽然法官个人拥有决定权(因为他是待决案件的裁判者,最清楚对于某个指导性案例的使用是否必要、妥当);但是前述权力网络所催生的潜在的制约性因素,迫使法官在很多时候持一种被动的"观望"态度,如果当事人在庭审过程中提出了某个指导性案例而自己不参照审判,当事人可能会以此为由提起上诉。而对于一些热点、疑难案件,审委会、庭长、院长或上级法院可能会直接或间接地要求法官参照相关案例。梅利曼教授也指出,实践中法官断案也会经常参照判例,这主要是因为:"第一,法官深受先前法院判例的权威的影响;第二,法官不愿独立思考问题;第三,不愿冒自己所作判决被上诉审撤销的风险"②。此外,有的法院也可能会将"是否使用指导性案例"作为绩效评判的一个重要标准。

我国学者对指导性案例的功用提出了各种各样的观点,常见的比如落实司法公开原则进而促使当事人息诉服判、保障法律的统一适用、增强裁判的说理性以及提高司法的公信力③,又比如填补法律漏洞和限制法官的自由裁量权④,再比如还可以补充和发展既有的法律等。⑤ 这和英美法系中先例的存在理由有相似之处,法官之所以遵循先例是考虑"确定性""信赖""平等""效率""实践经验的运用""对法官个性的限制""特定诉讼的终结"⑥等因素。总体而言,判例作为某类案件的一个典型,因其蕴含了对某类法律问题的解决思路(裁判规则),而能够对未来类似案件发挥示例性的典范作用,既能实现类似案件类似处理、落实形式正义,又能在一定程度上限制法官的自由裁量权。

---

① 参见张骐:《指导性案例中具有指导性部分的确定与适用》,载《法学》2008年第10期。
② 〔美〕约翰·亨利·梅利曼:《大陆法系(第二版)》,顾培东、禄正平译,法律出版社2004年版,第47页。
③ 参见于同志:《论指导性案例的参照适用》,载《人民司法·应用》2013年第7期。
④ 参见王利明:《我国案例指导制度若干问题研究》,载《法学》2012年第1期。
⑤ 参见汪世荣:《补强效力与补充规则:中国案例制度的目标定位》,载《华东政法学院学报》2007年第2期。
⑥ See Richard A. Wasserstrom, *The Judicial Decision: Toward a Theory of Legal Justification*, Stanford University Press, 1961, pp.60-79.

二、中国特色案例制度化

司法解释和案例是我国最高人民法院协调全国法院审判工作的重要形式,对帮助各级法院和广大法官准确理解法律、正确处理案件起到了重要的作用。我国尽管不像英美法系国家那样存在着判例制度,但是在我国一直有案例的遴选、编撰和公布的传统。新中国成立以后,案例制度逐步确立并得到发展,新中国成立初期最高人民法院就重视运用案例总结经验,指导全国法院的审判工作,比如在董必武同志的带领下,1955 年起开展了总结审判经验的活动,主要通过收集、整理和研究大量案例总结经验,规范法院的审判工作。1985 年以前,最高人民法院通过内部文件下发案例的形式,指导全国法院的审判工作。1985 年以后,最高人民法院决定在《最高人民法院公报》上定期发布案例,指导全国法院的审判工作。2010 年 7 月最高人民检察院发布了《最高人民检察院关于案例指导工作的规定》,2010 年 11 月最高人民法院发布了《案例指导工作规定》,这标志着案例指导制度在我国的正式确立。此后,两机关不定期地发布一定数量的指导性案例,并要求下级机关在处理类似案件时予以参照。

与这种正式的案例制度相关联,还存在着一些非正式的案例制度。针对前述各种案例制度,一些专门从事案例研究、分析和评价的专门性组织、机构相继建立,例如在中国法学会下专门成立了一个案例法学研究会;最高人民法院司法案例研究院也挂牌成立;另有五家高校也成立了专门的案例研究机构。最高人民法院的有关部门为研究、指导审判工作以及教学也制作了多种形式的审判案例汇编,包括各种《审判参考》(比如刑一庭和刑二庭等编的《刑事审判参考》、审监庭编的《审判监督指导与研究》、行政庭编的《行政执法与行政审判》)和《人民法院案例选》《中国审判案例要览》等。一些地方人民法院也在定期推出一些案例分析与汇编,比如北京高院的《北京法院指导案例》、天津高院的《天津审判》、上海高院的《上海法院案例精选》、浙江高院的《案例指导》、四川高院的《审判指导》、山东高院的《案例参阅与指导》、江苏高院《江苏省高级人民法院公报》中的参阅案例、重庆四中院的《案例参考与研究》、珠海中院的《示范案例》等。中国案例法学研究会每年都会评选"影响性诉讼案例",中国法学会宪法学研究会等研究会也在陆续推出一些具有影响力的案例或精品案例。此外,学界学者为了教学和研究所主编的案例分析就更不计其数了。案例是一种记录过去审判经验与智慧的载体,在实践中有着解释和补充法律、指导审判工作、维护司法公正和提高司法效率、有效应对疑难案件、推进法制宣传、推动法学教育以及丰富法律理论等诸多方面的价值和功用。

在实践中，中国法院对案例或判例做了非常有益的探索；在理论上，学者对我国是否适宜建立判例制度在20世纪末有过许多争论。多数学者认为，我国不宜建立像普通法那样的判例制度，但是不容忽视案例在司法实践中的重要作用。2010年"两高"有关案例指导工作规定的出台，标志着中国特色案例指导制度正式落地，同时，各级人民法院在审理类似案件时都应参照最高人民法院发布的指导性案例。截至2023年12月，最高人民法院已先后发布了27批共计224个指导性案例。为推进法官在实践中参照指导性案例，2015年出台了《案例指导实施细则》，进一步明确了指导性案例的标准、推荐主体和程序，并对如何参照适用指导性案例作出了说明。

《最高人民检察院关于案例指导工作的规定》和《案例指导工作规定》，均赋予指导性案例以"应当参照"的地位，指导性案例指导性效力的发挥能够获得实质合理性和形式权威性的双重保证。裁判论证说理的合理性确保其具有实质性的说服力，而两高依照法定程序选编和发布指导性案例则赋予其一种弱的形式权威性，张骐教授称此为"具有一定制度支撑的说服力"[1]。

对于最高人民法院和最高人民检察院的指导性案例如何定位，学界历来存在争议。常见观点主张指导性案例并不具备法律上强制约束力，而仅仅只有一种事实上的说服力。言外之意，指导性案例无法获得正式法源或效力法源的地位，而只一种认知法源，认知法源聚焦于为提供裁判依据发掘有效力之法，而并不直接生产对裁判产生约束力的法。

值得一提的是，2018年修订的《人民法院组织法》和《人民检察院组织法》，均增补了一点新内容，即两高除能够发布司法解释之外，还可以发布指导性案例。有学者认为，指导性案例的法律效力有了宪法性法律方面的依据，可以获得与司法解释同等的地位。[2]既然指导性案例包括其裁判要点具有类似于司法解释的效力，那么"在司法实践中，指导性案例的裁判要点既可以作为裁判说理依据引用，也可以作为裁判根据引用"[3]。对于这种新观点，我们应该予以重视。当然，有关指导性案例效力定位的争议

---

[1] 参见张骐：《再论指导性案例效力的性质与保证》，载《法制与社会发展》2013年第1期，第93页。
[2] 参见张骐：《论裁判规则的规范性》，载《比较法研究》2020年第4期，第151页。
[3] 胡云腾：《打造指导性案例的参照系》，载《法律适用·司法案例》2018年第14期，第4页。

仍然存在并继续。

本书暂且将指导性案例的效力定位于一种认知法源,它一方面受到相关法律规定以及司法政策内容的影响,亦即与正式法律制度发生了勾连。另一方面,又不能直接当作裁判根据来援用。但可以与效力法源结合在一起发挥作用,或者转变为效力法源之后再发挥法源性功能,比如,个别指导性案例确立的裁判要点后来被新的法律或司法解释所吸收,则该裁判要点就演变成为了效力法源。

《类案检索意见》进一步以制度化的方式强化指导性案例的效力。它要求办案人员应检索是否存在与待决案件相似的指导性案例,人民法院对于检索到的指导性案例应当参照作出裁判。如欲偏离相关指导性案例,应承担相应的论证责任,比如论证该指导性案例与新的法律、行政法规、司法解释相冲突或者为新的指导性案例所取代等。

第四节　两大法系法律思维方法比较

"方法"指通向某一目标的路径。在科学上,方法是指这样一种路径,它以理性的、可检验的和可控制的方式导向某一理论或实践上的认识,或导向对已有认识之界限的认识。法律思维方法,便是用以思考法学问题的形式来寻找答案的方法或路径。用更加专业的术语来讲,即法律人根据现行有效的法律规范解决个案争议的方法。

在法律思维方法方面,两大法系在主要的方法类型上基本类似,法律实践中都会用到演绎推理和类比推理的方法。其不同之处在于,大陆法系国家的法官更习惯或主要使用演绎推理,这是由成文法法律体系自身的内在特点和结构所决定的,法律条文往往构成法官思考的出发点,通过一般性的法律规范,结合个案中所提取的案件事实,从而推导出判决结论。英美法系国家中的情形则有所不同,法官通常并不是从抽象的法律条文入手,而是从具体的个案切入,从既往判决的先例中抽取具有一般化表现形式的法律规则,进而将该规则适用到当前的类似案件中,这是一种"从特殊到一般再到特殊"的归纳式思维。故而,可以说类比推理在英美法系国家中是一种主导性的法律思维方法。

一、演绎推理

演绎推理也被称作三段论式推理,是法律思维方法中最常规的形式。它以既有法律规则作为出发点,通过涵摄技术将案件事实置于特定规则之下,进而演绎推导出结论。这是一种正统的"基于规则的推理"(reasoning with rules)模式,离开了法律规则这一大前提,整个推理就无法进行下去。尽管这一推理模式在后来受到了来自类比推理、等置理论以及法律论证等方法的挑战,但是如果离开了规则、抛弃了逻辑,这后面的三种推理方法均难以自足。

正是在这个意义上,麦考密克才极力捍卫三段论的基础性地位,"有些人极力否认法律推理从来都是严格的演绎性活动,如果这种否定试图走向极端,认为法律推理从来不是或者根本不可能是以演绎推理的形式而存在,那么这种质疑就是大错特错的"①。演绎推理的基本构造如下:

T→R(规则 T 的每个事例均可以产生法律后果 R);

S=T(因为事实 S 是 T 的一个事例);

S→R(所以对于 S 也可以推导出法律后果 R)。

根据这一模式,全部的司法活动就集中于为法律推理准备大、小前提,结论的得出不过是一种涵摄技术的运用,并且这一过程就是一种"规则→后果"的顺向推理。演绎性推理的核心环节有二:其一是找法,其二就是将案件事实与法律规范进行等置,以推导出案件的裁判结论。

以"四川泸州情妇遗赠案"为例,案件的基本事实是,遗赠人黄永彬与被告蒋伦芳于 1963 年结婚,1996 年遗赠人黄永彬与原告张学英相识并在外租房同居。2001 年年初遗赠人黄永彬被确诊为肝癌晚期并在临终前立下书面遗嘱,将其所得的住房补贴金、公积金、抚恤金和出售泸州市江阳区住房所获款项的一半及自己所用的手机一部,全部赠与原告张学英所有。在遗赠人黄永彬去世以后,原告张学英诉至法院要求判令被告蒋伦芳执行遗嘱内容。泸州市纳溪区人民法院以及泸州市中级人民法院均以遗嘱内容有悖于《民法通则》(已失效)第 7 条所规定的"公序良俗"原则为由,并结

---

① See Neil MacCormick, *Legal Reasoning and Legal Theory*, Oxford University Press, 1978, p.19.

合《立法法》关于"上位法效力高于下位法效力"之规定,判决遗嘱无效。① 按照演绎性思维来看,大体上可以将法官推理的思路还原为以下几个方面:

第一,法官的首要工作是"找法"(discovery of law)。也可以说是"法律发现"或者"法律检索",法官在本阶段的工作就是检索出所有能够调整本案或可能适用于本案的法律(这是广义的法律,既包括法律规则也包括法律原则)。很显然,由于本案是一个关于遗嘱继承的争议,那么法官的目光很快便会锁定《继承法》(已失效),并能够轻易地找出其中关于遗嘱设定和效力的条文。同时,法官也会检索《民法通则》(已失效),从中可以发现两个重要的原则:一个是自愿原则,另一个是公序良俗原则。也就是说,这三者都有可能成为该案裁判适用的法律渊源。

第二,分析案件的法律争点。这一步其实就是在法律规定与案件事实之间建立起联系,使法律规定与案件事实从"不相适应"到"基本适应"再到"完全适应",为下一步裁判结论的作出打铺垫。所谓"争点"就是大家存在争议、意见不一的问题,具体到本案即是"情妇或二奶能否成为合法的遗嘱继承人"。法官不能简单地凭借道德直觉认定该遗嘱因为违背社会公德而无效,单就遗赠这个法律行为来说,一个与被继承人有非法同居关系的情妇与正常情况下一个普通的继承人(比如说被继承人的近亲属、照顾被继承人生活的保姆等)的本质区别,在于其"道德上"受到非难的尴尬身份。问题的关键在于该遗赠行为的动机究竟为何,是"为了增进与维护和情人张学英的性关系"还是"为了感恩张学英对自己生活的照顾"。根据中央电视台法律栏目的采访,黄永彬是因与蒋伦芳的婚姻关系不合才离家出走的,结识张学英后两人同居并育有一女。此外,在黄永彬住院期间,张学英不但一直在身边照顾还拿出了自己一万多元的积蓄为其支付医药费,从常情、常理以及法理可以推断:一个将死之人立下遗嘱将其财产遗赠给予其同居的第三者,并不是(也无法)为了增进和维护二者的性关系,而更可能是出于感谢后者对其生活上的照顾以及对两人私生女未来生活的考虑才作此行为。无论怎样进行评价,这都难以构成违背社会公德或善良风俗的情形。

第三,结合大小前提推导出案件裁判结论。在澄清案件的法律争点之后,就进入案件裁判的最后一个阶段了,这时案件的裁判方向已经十分明了,法官要做的就是通

---

① 参见四川省泸州市纳溪区人民法院(2001)纳溪民初字第 561 号民事判决书,以及四川省泸州市中级人民法院(2001)泸民终字第 621 号民事判决书。

过法律推理得出裁判结论。再次回到"四川泸州情妇遗赠案",由于对黄永彬遗赠的法律行为的评价,并没有致使遗嘱违背公序良俗原则,因此可以初步排除对于《民法通则》(已失效)中公序良俗原则的适用,而径直适用《继承法》(已失效)的相关规定判决遗嘱有效,支持张学英主张获得黄永彬有处分权部分之财产的诉讼请求。

二、类比推理

1. 类比推理的一般模式

由于世界上并不存在两个完全一致的事物,所以区分相似性就显得必要且更加有意义。现存多种关于类比推理的模式,为我们所熟悉的有:

(1)孙斯坦的五段论。

第一,某种事实模式 A(来源案件)有特征 X、Y 和 Z;

第二,事实模式 B(目标案件)有特征 X、Y 和 M,或者 X、Y、Z 和 M;

第三,A 在法律中是以某种方式处理的;

第四,在思考 A、B 及其相互关系的过程中建立或发现了一些能解释为何 A 那样处理的原则;

第五,因为 B 与 A 相似,所以 B 也应得到同样的处理。①

(2)伯顿的三部曲。

第一,识别一个权威的基点或判例;

第二,在判例和一个问题案件间识别事实上的相似点或不同点;

第三,判断是事实上的相似点还是不同点更为重要,并以此决定是区别先例还是依照判例。②

(3)布鲁尔的"A-W-R"模式。

第一,从所选择的先例中溯因推理出一个规则;

第二,通过反思均衡来确证或否证由类比保证的规则;

---

① 参见[美]凯斯·R.孙斯坦:《法律推理与政治冲突》,金朝武、胡爱平、高建勋译,法律出版社2004年版,第77页。

② 参见[美]史蒂文·J.伯顿:《法律和法律推理导论》,张志铭、解兴权译,中国政法大学出版社1998年版,第49页。

第三，将由类比保证的规则通过演绎适用到目标案件中去。①

仔细观察不难看出，上述三种类比推理的模式中，至关重要的一步就是判断先例案件与当前争议案件之间存在相似性，离开了这一步，整个推理就无法继续进行下去。通过比较研究，我们可以提出类比推理的一般模式，大致包括三个步骤：

第一，寻找出一个合适的基点案件并从中提炼出一个规则或原则，一般而言对该规则或原则表述得愈是具体，能够类推适用的盖然性也就愈高，反之亦然；

第二，通过区分技术寻找先例案件与当前争议案件之间的相似点与不同点，并通过比较来判断前述相似点与不同点何者更为重要，这是类比推理的核心；

第三，根据同等对待的原则，将第一步中提炼的规则或原则类推适用到当前争议案件中。

2. 类比推理的核心环节

找到了一个先例案件或基点案件只是完成了类比推理的第一步，接下来法官便需要从先例中归纳或提炼出一个规则或原则，也即通常所说的裁判理由或先例理由。为了决定是否将其适用于当前的争议案件，就需要区分先例案件与争议案件的相似点与不同点，这种区分技术的使用在某种程度上成了类比推理成功与否的关键。

类比推理最为核心的环节在于区分先例与当前争议案件之间的相似性与不同点，这里需要注意一个更为细致的划分，亦即"相似性"还需进一步细分为"相关相似性"与"非相关相似性"。由于非相关相似性对于判断两个案件在实质上是否相似并无助益，故它并不阻碍类比推理的运用，就此而言，在类比推理的过程中可以过滤掉这部分事实要素，减轻案件比较的负担，从而把大量的精力投入对相关相似性的检索和比较中去。

所谓不同点，是指两个案件所不为对方所共享的那些属性。对于不同点同样可以再细分为"正面不同点"和"负面不同点"，其中后者在对案件的实质区分上同样无太大意义，因此类比推理过程中只需重点甄选正面不同点。因而类比推理的过程就可以进一步精细化为：其一，识别出进行推理的一个基点情况；其二，描述基点情况与问题情况之间的相似性和不同点；其三，判断这些事实上的相似点和不同点何者更为重要。

---

① See Scott Brewer, "Exemplary Reasoning: Semantics, Pragmatics, and the Rational Force of Legal Argument by Analogy", *109 Harvard Law Review*, 923 (1996).

对类比推理来说,是否能够准确地区分出先例案件与争议案件在事实上的相关相似点与不同点,在很大程度上决定着类比推理的方向,也关系到推理结论的妥当性。

以"亚当斯诉新泽西轮船公司案"为例,该案事实大致如下:亚当斯所携带的个人财物在新泽西轮船公司所经营的轮船包舱中被窃,而恰巧轮船门窗当时都是紧闭的,因此无须证明新泽西轮船公司对此存在过失,原告亚当斯一纸诉状将被告新泽西轮船公司诉至法院,要求被告承担赔偿责任。[①]该案的裁判理由是:轮船公司的责任类似于普通法中旅店经营者的责任,因此无须证明轮船公司方面的过失,被告应对原告在轮船包舱中所丢失的财物承担赔偿责任。

判断先例案件与争议案件之间是否相似,要深入判例的内部结构之中,仔细比对相关事实:

以"亚当斯诉新泽西轮船公司案"为例,我们可以找到两个与之类似的先例,一个是"火车卧铺车厢案",另一个是"旅馆案"。当前争议案件的争点在于"在无法证明轮船公司存在过失的情况下,轮船公司是否需要对顾客的财物损失承担赔偿责任",故与此相关的相似点有:(1)顾客的财物在享受服务的过程中受到损失;(2)轮船包厢、旅店以及火车卧铺车厢均为旅客提供服务,而且此种服务是有偿的;(3)公共服务的经营者基于契约和信任关系需要对顾客承担安全保障的义务。对比和区分之下,两案的不同点在于:(1)服务的提供主体不尽相同;(2)提供的具体服务有明显差异;(3)服务的价格悬殊。

如果经过比较和分析,认为相似性对于两个案件在实质上而言更为重要,那么就作出将先例规则类推适用于争议案件的决定;相反,如果认为不同点对于两个案件在实质上更为重要,就要作出放弃将先例规则类推适用于争议案件的决定。

判断重要程度仍然是一项十分艰难而棘手的工作,在"亚当斯诉新泽西轮船公司案"中,我们已区分出了相关相似点和正面不同点,接下来的工作便是判断何者更为重要。由于"火车卧铺车厢案"的裁判理由是"火车经营者只对开放式卧铺车厢乘客的财物损失承担过错赔偿责任","旅馆案"的裁判理由是"旅馆经营者要对顾客的财物损失承担严格赔偿责任",两个先例裁判理由最大的区别在于是否需要以经营者的过失为必要条件,因此"亚当斯诉新泽西轮船公司案"的关键就变成了轮船包舱更像是旅馆包

---

① See Adams v. New Jersey Steamboat Co., 151 N.Y. 163 (1896).

房还是火车开放式卧铺车厢。

从提供的服务来看,轮船和火车更加接近,因为它们都是一种交通运输工具,都是将顾客从一个地点运送到另一个地点,但是这并不构成类比推理的理由,不要忘记"亚当斯诉新泽西轮船公司案"的核心争点在于在无法证明轮船公司存在过失的情况下是否判令其承担赔偿责任。以此来再次审视争议案件与两个先例案件的相似点和不同点,法官们发现"亚当斯诉新泽西轮船公司案"和"旅馆案"更加相似,因为轮船包舱和旅馆包房不仅在构造上类似,同时由于这是一种不同于一般服务的高档服务,基于特殊的信任关系,经营者负有一种高度注意义务,因此要对顾客的损失承担一种严格的责任。基于这种判断和考量,法院认为"应当依据'旅馆案'的裁判理由来类推裁决本案,唯独一个受损的事实足以判令被告对原告的损失承担赔偿责任"。

第五节 本章小结

判例是一种法律渊源形式,在两大法系中都占据一定的位置,区别之处在于,判例的法律地位有根本性的不同。在英美法系国家,判例是一种正式法源,具有法律上的约束力,可以当作司法裁判的根据。而在大陆法系国家,判例是一种非正式法源,更多地发挥的是一种事实上的影响力。两大法系在法律思维方法上也有微妙差异,大陆法系国家更多地采纳演绎性的思维,这与其以成文法为主要法源相关,法官更擅长从法条到案件事实再到结论的三段论推理方式;而在英美法系国家中,法官则更多地运用以案件事实比对为核心的类比思维。从比较法的视角来看,两大法系有趋同之势,在法律渊源和法律思维方法方面也相互借鉴、互相融合。

第二章
两大法系案例检索和适用的比较

两大法系的案例检索与适用虽有不同,但在寻求裁判规则解决待决案件问题上可以达成一致。

在法系融合背景下,学习、研究境外案例检索与适用方法,可以为我国案例指导制度背景下的类案检索与适用提供借鉴。英美法系的判例检索与适用方法源远流长,能够为我国案例适用提供精细化的技术与方法参考;大陆法系的成文法背景,以及在成文法制度语境下适用案例的经验,可以为我国案例指导制度提供思路借鉴。①

第一节 英美法系中的案例检索与区分技术

一、先例数据检索

判例法制度以及"遵循先例原则"的有效运行,建立在大量先例素材的基础之上。待决案件承办法官若要遵循先例进行裁判,首先需要存在可以用于援引的先例。否则,"人们就无从了解法院先前的做法和何为法律,所谓遵循先例也就成了空谈"②。在判例即法(case is law)理念的支持下,律师、法官都必须检索先例以支持己方的诉讼主张或裁判结论。

(一)判例汇编(Law Reports)的使用

在成文法不彰的时代与地区,人们必须考虑从何处寻找规范以支持其主张。在英国早期司法实践活动中,人们面临着从何处寻找"法律"的问题。基于英国的普通法传统,法院的实践本身便是"法律"的最佳来源。在这个意义上,人们可以寻找法院的裁判文书,或者关于案件审判的档案。但在早期的英国法院中:一方面,缺乏连续的、公开的判决档案,人们无法接触到这些档案,便无法从这些判决档案中获取裁判规则或理由,用于支持己方主张;另一方面,早期档案采取格式化的拉丁文、省略裁判理由等裁判关键内容,使得档案作为规范素材缺乏实用性。③ 相反,公开的私人判例汇编作为早期的先例素材,因公开性等优点为人们所关注,使得人们可以接触、了解普通法实践的一些做法。早在13世纪末期,英国的《年鉴》(Year Books)便以诉答与程序指引的形式为人们所关注,即使没有律师援引《年鉴》,但《年鉴》的可接触性等优点使其被人们认为是早期的判例汇编。如果1282—1537年是《年鉴》时期,1537—1865年则是私人

---

① 本章第二节写作素材由孙跃老师提供,在此表示感谢!
② 李红海:《英国普通法导论》,北京大学出版社2018年版,第216页。
③ 参见李红海:《英国普通法导论》,北京大学出版社2018年版,第218—220页。

判例汇编时期。此时的私人法律汇编开始包含律师诉答与法官判决意见的摘要,并被越来越多地援引。著名的如柯克的法律汇编。再到1865—1980年,英格兰威尔士法律报告委员会成立,该委员会开始有组织地发布判例汇编,使得前一时期的法律汇编性质发生转变,由私人性质转为行业性质。① 在大西洋彼岸的美国,最早在1789年出现了第一部判例汇编(Kirby's Reports in Connecticut),改变了美国的律师、法官完全援引英国先例的现状。并且,与英国不同,早在19世纪初,美国的几个州就出现了官方的法院判例汇编。②

这一时期可以被称为判例汇编的纸质时代。正是判例汇编的出现,使得"遵循先例原则"及其早期实践能够有效运作。在自发性的判例汇编援引中,先例援引的相关内容、模式、方法逐渐成形,且反向影响了现在判例的内容。

(二)判例数据库运用

随着信息技术的推广,关于判例的数据库开始涌现,诸如 Westlaw、LexisNexis、Bloomberg Law 等专业数据库的建立,使得法学院、执业律师能够更广泛、方便地检索案例数据,极大地便利了判例使用者、研究者。从寻找纸质判例汇编转向通过搜索引擎检索判例数据库,促使先例信息获得从纸质时代或印刷品时代进入电子时代。

以 LexisNexis 为例。在 LexisNexis 数据库主页上,既可以采用一般用语(plain language)进行检索,也可以使用布尔(Boolean)术语进行检索。首先以一般用语检索为例。检索栏可用于输入关键词,或者直接检索特定案例。在检索栏后有两项高级选项可供选择,一项为数据范围,其中包括判例、制定法、新闻、法律新闻等内容;另一项为司法管辖区,司法管辖区分为联邦法院系统与州和地区法院系统,前者如联邦最高法院,后者如纽约州法院。确定管辖区后,通过关键词进行检索。以"亚当斯诉新泽西轮船公司案"为例,在检索栏输入"Adams v. New Jersey"为关键词③,选择检索范围为判例"cases",可以检索获得367个判例资源。④ 显然,此时的检索范围过大,检索用户可以通过修改关键词来缩小检索范围,如"Adams v. New Jersey S.B.Co."便可以精准定位

---

① 参见李红海:《英国普通法导论》,北京大学出版社2018年版,第220—221页。
② 参见〔美〕莫里斯·L.柯恩、肯特·C.奥尔森:《美国法律文献检索(第12版)》,夏登峻、缪庆庆译,北京大学出版社2020年版,第51页。
③ 输入关键词后,输入栏会根据字词联想功能提供备选项,输入"Adams v. New Jersey",弹出"Adams v. New Jersey,419 U.S. 816"等联想内容供检索用户选择。在特定案例检索中,该功能可帮助检索用户找到目标案例。
④ 检索时间:2020年10月29日。

到"亚当斯诉新泽西轮船公司案"。或者检索用户知道该案所在的司法管辖区,可以将检索管辖区限定在纽约州管辖区,便能更精准地定位到"亚当斯诉新泽西轮船公司案"。检索获得特定判例后,进入特定判例页面,检索用户可以在页面右侧发现谢泼德信号(Shepard's signals)。谢泼德信号被用于标识案例的状态。检索用户通过识别不同颜色和标志,可以了解该案例是否被遵循、区分或推翻,确认援引案例的效力情况的同时,还可以根据遵循、区分或推翻该案例的裁判理由,更准确地了解特定裁判规则的适用范围。最后,检索用户根据检索结果以及案件相似性判断是否援引判例。

其次,检索用户可以用布尔术语和连接词进行搜索。该种方法与一般用语检索不同,尤其适合提高群案检索的精确性。如律师或法官并不知道是否存在特定案例处理类似问题,或者不存在典型案例作为参考。此时,检索用户可以通过布尔术语提高检索的精确性,如连接词"and""or"等。检索用户还可以使用截词符,如"!""?"等。比如输入"dog!",就可以查到"dog""dogie""doggy"等以"dog"为开头的任何单词。在检索结果不尽如人意的情况下,还可以通过"检索结果搜索""高级检索页面"等功能提升检索精确性,如将检索范围限定在标题、限定检索日期等内容。

相关检索方法同国内主流案例检索工具的检索方法大同小异,对于学习、借鉴判例而言,更为困难的地方在于检索获得判例之后的相似性判断。

二、先例区分技术使用——以"麦克洛克林夫人案"为例

(一)"麦克洛克林夫人案"基本案情

1973年10月19日下午4时左右,原告麦克洛克林夫人从邻居处获悉她的丈夫和三个孩子遭遇车祸,她于下午6时赶到医院,目睹了她丈夫和孩子的惨状;并且,她的一个女儿已经身亡。麦克洛克林夫人因此备受打击。随后,她起诉了车祸事故中的司机以及其他当事人,向他们主张精神损害赔偿。她的律师援引了两个先例:一个是 Marshall v. Lionel Enterprise Inc 案[1],该案的案情是一位妻子在丈夫事故发生后立即赶到现场,这位妻子看到丈夫的尸体,因此受到了精神打击;另一个是 Chadwick v. British Transport 案[2],该案的案情是一位男子——与事故受害人无亲属关系——在救助受害人过程中受到精神损害。两案的裁判结论都是支持相关精神损害赔偿主张。基于此,麦克洛克林夫

---

[1] Marshall v. Lionel Enterprise Inc〔1972〕O.R.177.
[2] Chadwick v. British Transport〔1967〕1W.L.R.912.

人的律师援引这两个先例,用以支持当事人麦克洛克林夫人主张的精神损害赔偿金。①

(二)"麦克洛克林夫人案"中的区分技术使用

"麦克洛克林夫人案"进入初审法院后,法官认为麦克洛克林夫人的情况与律师主张援引的两个先例不同,其他两个案件的原告都是在事故现场,而麦克洛克林夫人则是在事故发生两个小时后接到通知赶到医院的,而非事故现场。初审法院认为这意味着麦克洛克林夫人不在事故现场,因此,麦克洛克林夫人的精神损害不具有可预见性(foreseeable)。根据"过失行为人只对具有可预见性的第三人损害负责"的规则,本案的被告无法预见事故发生两小时后赶到医院的人会受到精神损害,因此被告无须对麦克洛克林夫人的精神损害负责。最终,初审法官认定本案区别于麦克洛克林夫人的律师援引的两个先例,驳回了麦克洛克林夫人的索赔主张。

因对初审结果不服,麦克洛克林夫人上诉到上诉法院。上诉法院肯定了初审法院的结论,维持原判,驳回了麦克洛克林夫人的诉求。但上诉法院认为,麦克洛克林夫人的精神损害是可以预见的。即是说,上诉法院并未采用初审法院的理由,而是选择了其他理由,它的理由是"政策"(policy)。上诉法院认为,如果判决支持麦克洛克林夫人,裁判结果就会扩大赔偿责任的范围,进而导致更多的人寻求精神损害赔偿,会令法院面对大量本来不会进入法院的类似案件,使法院案件积压的压力变大。并且,非事故现场的精神损害不易证明,诉讼上的不确定性会导致当事人病情拖延乃至恶化。所以,上诉法院的裁判结论仍是区分前后案。

麦克洛克林夫人不服上诉法院的裁判,上诉到上议院②,上议院撤销了上诉法院的裁判,并指令其重审。上议院一致认为:该案的政策理由不足以区分前后案,并对上诉法院的理由进行了相应的辩驳。

通过梳理该案可以发现,英美法系法官并非绝对"遵循先例"。尤其是1966年惯例陈述之后,上议院修正了严格先例原则,允许法官背离先例。③ 但法官背离先例需要

---

① Mcloughlin v. O'Brian〔1983〕1.A.C.410.
② 2005年英国的宪法改革,创设了联合王国最高法院,继受上议院的司法职能。在此之前,上议院起到最高法院的功能。
③ 参见〔美〕罗纳德·德沃金:《法律帝国》,许杨勇译,上海三联书店2016年版,第19—20页。"遵循先例原则"形成之后,在18—19世纪出现僵化的问题,在20世纪早期出现绝对化倾向。而在1966年,上议院基于过于严格地遵循先例可能导致个别案件不正义,而且不适当地限制了法律的发展[参见〔英〕鲁伯特·克罗斯、J.W.哈里斯:《英国法中的先例(第四版)》,苗文龙译,北京大学出版社2011年版,第116页]的考量,在惯例陈述中,修正了"遵循先例原则",允许例外情况下,法官区分、推翻先例。

区分待决案件与先例，区分待决案件与先例需要法官对比待决案件与先例的事实要点。初审法院法官将"是否在事故现场"作为对比的事实要点，并且认为该点具有决定性作用。如果原告"在事故地点"，则意味着过失行为人能够预见受害人会受到精神损害，过失行为人就需要负精神损害赔偿责任；如果原告"不在事故地点"，则意味着过失行为人无法预见受害人会受到精神损害，过失行为人就不需要负精神损害赔偿责任。初审法院认为麦克洛克林夫人并不在事故现场——最狭窄的字面含义范围内——所以过失行为人无法预见麦克洛克林夫人会受到精神损害。而上诉法院认为麦克洛克林夫人的精神损害具有可预见性，这意味着该点仍属于一个需要对比的事实要点。并且，上诉法院法官认定麦克洛克林夫人在事故现场——知晓后立即赶往医院——这是可以合理预见的。所以，无论是初审法院、上诉法院，还是上议院，都回应了该问题，说明遵循先例需要法官对比两案的事实要点。

再者，在该案中，法官不仅要对比事实要点，还需要给出理由。给出理由是指法官选取了某个特定事实作为对比要点，无论法官认定两案相似，还是认定两案不同，都需要给出认定的理由。尽管上诉法院推翻了初审法院法官对过失行为人无法预见非事故现场的损害的认定，但初审法院提出该论点的目的是为证成提供实质理由：第一，过失行为人只对可以预见的第三人损害负赔偿责任；第二，不在事故现场使过失行为人无法预见第三人的损害。两条实质理由构成案件事实对比的关键。因此，当上诉法院反对初审法院的第二条实质理由时，经由这两条实质理由论证的区分先例就不再成立。为此，上诉法院为论证待决案件与先例不相似，或者为了区分先例，提出了另外一个实质理由。无论如何，通过观察两级法院对案件区分的方法可以看出，区分技术有两个基本要点：第一，合适的对比事实；第二，支持该要点的实质理由。

(三)判例法区分技术的核心

"麦克洛克林夫人案"给出了法官适用区分技术的两个基本要点，但区分技术实质上更加精细。换言之，区分技术具有更细致的内容。

第一，案件事实分为基本事实与非基本事实。判例法国家的法官裁判案件需要着眼于案件事实。一者，待决案件承办法官援引判例解决待决案件，是援引判例裁判规则。判例裁判规则是判例裁判法官针对判例事实形成的裁判规则，判例案件事实构成裁判规则适用的前提；而且，针对案件事实形成的裁判规则往往是具体的，缺乏涵摄待决案件事实的包摄性。二者，"从当事人的角度来看，如果要受未参与审判的裁判拘束时,其程序上权利即属受到剥夺"①。即待决案件当事人受制于自己未参与的判例裁判的约束,可能损害当事人的程序权利。在不能通过涵摄的方式将裁判规则适用于待决案件时,为保证待决案件当事人的程序权利,可行的办法是通过论证与逻辑方法证成待决案件与判例事实相似,进而借助"类案同判"的形式正义理念证成判例裁判规则适用于待决案件的正当性。并且,与成文法规则不同,判例是具体的案例文本,法官无法直接将判例作为涵摄的大前提。证成两案事实相似的逻辑方法是类比推理,判例法国家的法官一般以类比推理的方式对比案例。因为类比着眼于两案具体事实之间的相似性,法官在两案事实相似的基础上,解决判例裁判规则因非普遍性而无法适用于待决案件的困境。只有两案事实相似,待决案件承办法官才能将判例中的裁判规则适用于待决案件。

因此,问题从采用何种方法对比待决案件与案例推进到采用类比推理对比哪些案件事实。对于需要面对大量案件的法官而言,一个案件中包含的事实信息繁多,任一案件都要求法官在繁多的案件事实信息中重新寻找与最终决定对比哪些事实,会导致法官的负担过重。案件当事人的姓名、公诉机关的地址、肇事逃逸者驾驶车辆的品牌、过失致人死亡中被害人的性别等细节,法官无疑会逐渐了解。但法官无须将这些细节作为类比推理的要点。对于案件处理来说,有些细节或者事实是不重要的。相反,从提升裁判正义、诉讼效率、减轻裁判负担的角度来看,待决案件承办法官无须对比所有或数量巨大的案件事实,只需对比基本事实即可。

第二,法官选取特定事实需要有实质理由支撑。在案件对比中,法官选取对比案件事实需要提供理由支撑。待决案件承办法官认为特定事实是重要的,本身就是一个价值判断,价值判断活动需要依赖法官提供的实质理由。而且,司法裁判并非一个单纯的决断性活动,法官需要获得当事人甚至公众认可。因此,裁判说理就是必然要求。相应地,待决案件承办法官选取特定对比事实,需要给出其选取该事实的实质理由,以期获得当事人的认同。再者,判例制度之所以能在1066年诺曼征服之后扎根英国,并传播发展成现在的判例法系,正是得益于其在习惯法转化为判例规则的实践中赢得了公众的认可。故此,法官选取对比案件事实的工作需要说明事实要点选取的实质理由。如"麦克洛克林夫人案"中,初审法院之所以选择"不在事故现场"作为对比要

---

① 台湾法学会民事法委员会、台湾大学法律学院民事法中心:《"民事判例制度的过去、现在和未来"座谈会会议综述》,载《月旦裁判时报》第23期。

点,是因为该要点得到了"过失行为人只对具有可预见性的第三人损害负责"这一理由支持。

第三,待决案件承办法官负责抽取裁判规则。真正用来裁判待决案件的案例裁判规则由待决案件法院作出。从先例的裁判理由中所蕴含的规则到最终可适用于待决案例的裁判规则的转换过程正是判例法制度下法律推理的实质与核心。① 如果从案例裁判理由中抽取裁判规则由待决案件承办法官负责,意味着区分工作全部交由待决案件承办法官进行。既然待决案件承办法官负责对比案件对比与抽取裁判规则,在不特定的后案发生时,如何保证不同法官能在类似案件中选择相似的案件事实就成为区分技术的另一个难点。在惯例陈述之后,英国的严格先例原则转化为柔性先例原则,上议院赋予了法官更大的自由裁量权。与成文法国家不同,判例法中不存在唯一确定的规则给法官设定范围,法官必须采取其他措施解决这一困难。解决这一问题的方案是:首先,陪审团与法官分享判决权,通过陪审团进行事实判断,约束法官的权力。其次,借助法律职业共同体分享的法感以及法律概念、法律价值体系等共同知识,使得法官不会选择明显违背常识、法律概念与价值判断的事实。因为"法官是在社会之中,而不是在社会之外思考法律;普遍的知识环境,以及反映和保护该环境的共同语言,对特异性(idiosyncrasy)施加了现实性的制约,对想象力施加了概念上的限制。正规法律教育及挑选法律人担任司法、行政官员之过程不可避免的保守性,进一步增强了向心力压力(centripetal pressure)"②。为此,无充分理由的,待决案件承办法官一般不会背离先例。最后,审级与裁判说理的双重作用。"遵循先例"不仅仅依靠判例内容的说服力,还凭借审级产生约束力。同时,在审级制度的基础上,如果法官背离先例需要进行裁判说理。即是说,待决案件承办法官选取先例的对比事实需要实质理由支撑。同样,要点对比之后的背离工作更需要说理。判决书说理的关键在于,基于案件的基本事实找到适用于本案的规范依据。③

综上所述,判例法国家的区分技术是"遵循先例原则"指导下的司法适用技术。该原则包含"类案类判"与"异案异判"两种内涵。无论何种内涵的实现,法官都需要对比判例与待决案件,这是区分技术的作用所在。区分技术要求待决案件法官对比其选取

---

① 参见黄泽敏、张继成:《案例指导制度下的法律推理及其规则》,载《法学研究》2013 年第 2 期。
② 〔美〕罗纳德·德沃金:《法律帝国》,许杨勇译,上海三联书店 2016 年版,第 73 页。
③ 参见李红海:《案例指导制度的未来与司法治理能力》,载《中外法学》2018 年第 2 期。

的待决案件与先例的基本事实,满足相似性要求的,提炼判例裁判规则解决待决案件的规范问题;否则,法官需要背离先例,并给出背离的实质理由。而且,案件相似与否与待决案件承办法官对判例裁判规则的认识密切相关,事实相似性判断与个案裁判规则相似性判断是联结在一起的。

第二节 大陆法系中的案例检索与运用——以德国为例

判例的援引不仅是一个静态视角下的形式与内容问题,还是一个司法技术运用的动态过程,这一动态过程主要由若干思维步骤和法律方法组成。故此,基于动态视角,本节着重探讨德国法官在司法实践中援引判例的法律方法及运用步骤。

一、案件分析与判例检索

从司法过程中法律方法运用的顺序来看,裁判的第一步起始于法官对待决案件事实和可能涉及法律问题的初步分析,并在这一基础上检索可能解决该案件的相关法律条文。[1] 对判例的援引和对法律条文的援引在过程和方法上有一定的相似之处,在援引某一或某些判例之前,也要完成一个"对案件的初步分析"和"判例检索"的步骤。

援引判例前对待决案件进行初步分析的目的有二:第一,确定是否有必要援引判例,由此决定是否需要启动对判例的援引程序。对于事实情节和法律关系相对简单的案件,法官对法律适用的解释和论证负担较轻,这种情况下法官就可以较少地(甚至无须)援引判例;而对于相对疑难复杂的案件,法官对其作出的法律判断就负有较重的解释和论证责任,即援引判例的概率、数量与案件的复杂程度基本呈现出正相关关系。但结合大陆法系国家判例的特点来看,判例(特别是判例要旨)本身就是一种法律解释,而法律的适用离不开解释,只是解释的程度有所区别。在德国,制定法虽然没有明确授权法官通过援引判例解释法律,但也没有明确禁止上述做法,因此法官通常是基于一种实用主义的司法态度,结合自身的审判经验和案件的具体情况,灵活地掌握在何种情况下需要援引判例以及具体援引哪些判例、援引多少判例。第二,在援引判例前对案件进行初步分析是为了在检索判例时能够适当缩小检索范围,做到"有的放

---

[1] 参见黄茂荣:《法学方法与现代民法(第五版)》,法律出版社2007年版,第222页。

矢",从而提升判例检索和相似性论证的效率。

以德国的《联邦最高法院判例集》和《新法学周刊》为例,上述期刊在判例的汇编中充分运用了法律教义学的类型化和体系化方法。上述期刊中所有刊载的判例都会以"标题"和"判例要旨(引导语)"的形式将其涉及的核心法律问题进行抽象和归类。其中,标题是对判例中核心法律问题的抽象总结,例如德国《联邦最高法院民事判例集》第 40 卷第 91 页(BGHZ 40,91)刊载的一起由联邦最高法院第八民事审判庭于 1963 年 7 月 10 日判决的民事损害赔偿纠纷类案件,其标题即"第三人损害赔偿的界限"。类似的可能还有如"共同侵权者的对外连带责任""不同情形下的法定提示义务"等。① 可见,标题不仅比较抽象,而且只是对法律问题的概括与描述,并不包括具体的事实和法律判断。判例要旨(引导语)是兼有具体性与抽象性的中间性规则,其本身不仅包括对法律问题的描述和概括,还包括对类似事实的法律判断。例如,在(BGHZ 40,91)判例要旨中,"买方""卖方""顾客""损失""赔偿请求"等概念均属于类型化的法律事实要件,既不像标题中的"第三人"概念一样抽象,也不像案件事实中的"皮革供应商""皮革经销商"等概念那样具体。此外,在《新法学周刊》的判例汇编中,还会根据案件的事实和理由总结出判例的关键词、引用法条,并尽可能地保留判例的理由部分,对事实部分则进行必要的精简和概括。由此,判例在法律教义学方法指导的汇编加工之后,也形成了"标题—判例要旨(引导语)—具体的法律解释和判断(引用法条、事实、理由)"这样从抽象到具体的层级结构体系。经过多次汇编的判例,往往具备了类似于判例所依据的制定法的结构体系,法官在对判例进行检索时,只需参照和模仿对制定法进行检索的基本思路和方法展开即可。

二、构成要件相似性分析

在完成对待决案件的初步分析和对判例的初步检索后,法官要进行援引判例最为关键的一步,即分析待决案件与案例的相似性。只有完成了这种相似性的分析和推理,法官才能从初步选取的判例范围中进行更为精确的筛选,从而最终确定可以援引哪些判例以及援引判例的用途。在分析待决案件与判例相似性的方法层面,英美法系国家常用的是类比推理方法。法官经常要从先例中寻找或抽象出基本原则,即通过个

---

① 参见高尚:《德国判例的结构特征与制作技术研究——以〈新法学周刊〉为研究对象》,载陈金钊、谢晖主编:《法律方法(第 17 卷)》,山东人民出版社 2015 年版。

别的判例归纳出具有一般性和普遍性裁判理由(ratio decidendi),为司法裁判提供依据。① 大陆法系的裁判文书中也有裁判理由部分,但此处的"理由"是对判决相关的法律问题进行的解释和论证,与英美法系中"裁判理由"的意义不尽相同。事实上,德国判例中的"判例要旨"在本质上与英美法系判例中的"裁判理由"更为相似。不同之处在于,德国有着较为发达的法律教义学所构建的制定法体系,法律条文是正式的、主要的法律渊源。作为制定法的补充,判例在逻辑结构上也应该向制定法的逻辑结构"靠拢"。而制定法推理所常用的"司法三段论"方法,以及民法中的"请求权基础分析方法"等具体分析、推理模式都始终贯穿着一个概念:构成要件。因此,不同于英美法系法官侧重于关注案件与先例的事实相似性,德国的法官更加关注兼有事实和法律评价双重属性的构成要件,只有构成要件相似的两个案件,才能作出同样或相似的法律评价。

以编号为(BGHZ 40,91)的判例为例,为了阐明"因照管他主物引起的涉及第三人的损害赔偿责任"这一法律规定,法官在裁判理由的第二部分援引了两个具有相似性的判例,这两个判例在主要事实和构成要件方面的对比如表2-1所示。

表2-1　两起案件的主要事实和构成要件对比

案件编号 \ 构成要件	原被告之间的法律关系	赔偿请求权人(原告,选任人)	赔偿责任人(被告,执行事务人)	第三人(可能向原告请求赔偿的主体)	产生损害赔偿的侵权行为
RGZ 170,246	定作、承揽合同	城区政府	负责维修冷藏库的承揽经营者	储藏肉制品的屠户	维修冷藏的承揽经营者的疏忽造成的损害
II XR 266,56	定作、承揽合同	包租公司	负责供水和在船舶上安装锅炉的人	船舶所有人	供水人安装锅炉时的疏忽造成的损害

通过对比我们可以发现,尽管两起判例中诸如"城区政府"与"包租公司"、"冷藏库承揽经营者"和"供水人"、"屠户"与"船舶所有人"看似风马牛不相及,但如果结合《德国民法典》第831条规定的"选任他人执行事务的人,对他人在执行事务时给第三人造成的不法损害,负有赔偿的义务",则两起案件的争议点均包括:其一,合同双方

---

① 参见〔美〕本杰明·卡多佐:《司法过程的性质》,苏力译,商务印书馆1998年版,第10页。

当事人之间是否属于"选任他人执行事务"（即定作人与承揽人的关系）；其二，是否因"执行事务"给第三人造成损害。法官对上述两个争议点均给予了肯定的法律评价，进而支持原告提出的涉及第三人的损害赔偿请求，即认定两个判例是"相似的"。

可见，要件事实需要符合两个方面的特性：其一，该事实必须具备争议性，例如在上述两起判例中，各方当事人虽然在身份、职业、从事的行业和具体执行的事务等方面不尽相同，但这些并非导致案件产生争议的事实，即都可以经抽象和归纳为"执行事务人""选任人"和"第三人"。其二，该事实必须要经过法律的评价才能够形成，假如没有《德国民法典》第831条的规定作为参照系和评价标准，法官将很难对上述两个判例的相似性进行对比。基于制定法规范提供的评价标准，法官对案件的事实进行剪裁和解释，从而将日常事实构造成作为构成要件的法律事实。① 故此，作为相似性对比关键的要件事实并非客观的生活事实，而是可能会影响法官对案件争议点判断的法律评价事实。所谓的"相似"也不是指构成事实的各种要素都相似，而是指事实在法律的评价下被"视为相似"，本质上是一种"法律拟制"。

由此，上述两个判例之间的相似性主要体现在两点：其一，侵权赔偿请求人和责任人之间存在承揽合同关系，承揽人对定作人负有注意义务。其二，承揽人因自己的侵权行为给第三人造成了损害。如果按照《德国民法典》第831条的规定，将这两个判例和待决案件（BGHZ 40,91）进行对比就会发现：其一，（BGHZ 40,91）中原被告之间的法律关系属于买卖合同关系，并不存在承揽合同关系，即被告不负有代替原告照管第三人财物的义务。其二，（BGHZ 40,91）中的原告并没有通过授权的方式与被告达成类似（II XR 266,56）中冷藏库维修人和城区政府达成的合意，故二审法院不能运用合同的补充解释原理干涉当事人之间的意思表示自由。综上，法官认定（BGHZ 40,91）中原被告与第三人之间的侵权赔偿请求关系与（RGZ 170,246）（II XR 266,56）中的侵权赔偿请求关系不具备相似性，因而不能支持原告的诉讼请求。

三、论证援引案例

在完成对判例的检索及对待决案件与案例的相似性分析之后，法官基本可以确定需要援引哪些判例，但判例的援引并非一劳永逸的。判例中具有约束力的部分（如判例要

---

① 参见胡学军、涂书田：《司法裁判中的隐性知识论纲》，载《现代法学》2010年第5期。

旨)在本质上是一种与制定法相似但相对更为具体、事实针对性更强的法律规范。正如对制定法条文的援引需要说理和论证一样，法官在援引判例后也要进行类似的工作。

基于判例的三段论推理与基于制定法规范的三段论推理有相同或相似之处，也有明显的不同。两者的相同或相似之处体现在：在构建三段论推理的大小前提方面，两者并无明显差异。通常，司法三段论的大前提由法律规范构成，而判例中提炼出的判例要旨在结构上与法条（特别是完全法条）并无本质区别，两者都是由构成要件和法律后果组成。不同之处在于，判例要旨往往比法条的规定更为具体，这虽然缩小了判例的适用范围，但也提高了其事实针对性，降低了法官的论证负担。在三段论的小前提方面，制定法规范和判例要旨针对的都是待决案件的事实，这一点在两者之间亦无明显差异。最大的差异体现在对大小前提的连接进而得出结论的过程和方法上。基于制定法规范的推理和论证经常使用的方法是涵摄，即将要件事实归于法律规范之下。但判例的援引则有所不同：判例推理和论证的前提在于其与待决案件具备相似性，因此法官在援引判例时需要运用类比推理的方法，基于这种相似性反复"拉近"事实与规范（判例要旨）之间的距离。例如，在（BGHZ 40,91）判例中，法官并没有直接根据《德国民法典》第831条的规定得出该判例是否可以适用"因照管他主物引起的涉及第三人的损害赔偿责任"这一法律规定，而是通过与两个判例的对比，得出了（BGHZ 40,91）与判例在要件事实上不同的结论，进而认定了（BGHZ 40,91）不适用《德国民法典》第831条的规定，实现了对在先判例的"反向适用"。在该裁判理由的第三部分，法官为了反驳二审法院关于合同补充解释的法律判断，再次如法炮制地援引了两个判例，来说明该案件的观点与其援引判例的要旨之间不具备相似性。通览上述论证过程，显然不是基于"大前提对小前提的涵摄"，而是基于"大前提中的构成要件与小前提中的构成要件是否等置"而作出的判断，判例的援引所运用的是一种在连接大小前提时的"类推改造版三段论"。

第三节　中国案例指导制度语境中的类案

20世纪50年代以来，最高人民法院便发布案例指导人民法院审判。2000年以来，最高人民法院的"案例指导"制度逐渐正式化。① 尤其是2010年，最高人民法院发

---

① 参见周伟：《通过案例解释法律：最高人民法院案例指导制度的发展》，载《当代法学》2009年第2期。

布《案例指导工作规定》,案例指导制度正式成为我国司法制度的重要内容。随后发布的《类案检索意见》《最高人民法院关于深化司法责任制综合配套改革的实施意见》《最高人民法院关于进一步全面落实司法责任制的实施意见》(以下简称《司法责任制实施意见》)等文件,则进一步将案例指导制度提升到"统一法律适用"的高度,为实现"类案同判"的目标,推进案例适用。

一、类案概念的层次

"类案同判"以"类案"成立为前提,但"类案"在各类文献中存在表述不准确的问题,这在某种程度上是因为"类案"可以在多个层次上使用。

(一)类似案件

"类案同判"可被具体表述为"类似案件相同裁判"或"类似案件类似裁判"。在"类似案件类似裁判"的意义上,类案是指"类似案件"。参考判例法国家区分技术运用实践可以看出:"遵循先例"或"类案同判"的展开以待决案件与判例相似为前提。待决案件与判例相似的,可以将两案称为"类案"。类案的认定结论保障判例裁判规则可以超出判例事实范围适用于待决案件,这也是"类案同判"的内涵所在。《类案检索意见》第1条规定:"本意见所称类案,是指与待决案件在基本事实、争议焦点、法律适用问题等方面具有相似性,且已经人民法院裁判生效的案件。"即是说,我国案例指导制度背景下的类案是指与待决案件构成相似的案例,该种类案的定义不仅强调案例与待决案件在相互关系意义上被称为"类案",或指称案件类似,还强调"案例是待决案件的类似案件"。在类似案件的意义上,类案包含三项内容:其一,认定案件类似的方法、标准;其二,认定案件类似的结论;其三,可以用于辅助解决待决案件问题的类案裁判规则、裁判思路等内容,指向具体问题解决。

首先,案件类似并非法官肆意认定的结论;相反,类似案件意义上的类案认定包含着案件相似性判断的标准与方法。在标准问题上,何种案例构成待决案件的类似案件。根据《类案检索意见》第1条的规定,依据基本事实、争议焦点、法律适用问题等标准,待决案件承办法官可以认定案例构成待决案件的类似案件。在方法上,如何认定案例构成待决案件的类似案件。根据《类案检索意见》第1条、第6条的规定,待决案件承办法官需要具体选取特定要素、选取多个要素判断案例是否构成类案。选取特定要素判断案例构成待决案件的类案的,待决案件承办法官需要给出判断的理由。

其次，法官在判断案例与待决案件的相似性时，需要借助类比推理方法。作为逻辑方法的类比推理，内核是对个体内部要素进行相似性判断。两个个体内部包含多个要素，假设个体 A 包含要素 a、b、c、d、e，个体 B 包含要素 a、b、c、d、f，因为两个个体在要素 a、b、c、d 上具有相似性，可以基于此推定包含这些要素的个体 A 与个体 B 相似。相应地，将类比推理方法借鉴到案例与待决案件相似性判断活动中；因为案例中的法律事实 c_1、c_2、c_3、c_4、c_5 与待决案件中的法律事实事实 c_1、c_2、c_3、c_4、c_6 总体相似，待决案件承办法官可以基于此得出两案相似以及案例构成待决案件之类案的结论，进而将案例裁判规则适用于待决案件。至于选取哪些事实、怎么选取事实，以及如何认定事实相似，则是类案对比的标准与方法问题。

综上，类案不仅在类似案件意义上构成一个法律概念，还作为一个法律范畴存在，包含类案判断的方法与标准、通过类案进行法律论证、认定类案的论证等诸多问题。

（二）类型案件

类案不仅可以在类似案件意义上使用，还可以在类型案件意义上使用，尤其在类案裁判规则的使用上。待决案件承办法官适用类案并不是适用类案本身，而是适用类案所包含的裁判规则。但类案裁判规则既可以指类似案件的裁判规则，也可以指类型案件裁判规则。

首先，在类似案件意义上，类案裁判规则是指案例所包含的裁判规则。根据《类案检索意见》第 2 条的规定，法官应在特定情形中进行类案检索。但法官检索以及适用类案本质上并非适用类案本身，而是试图通过检索到类案，在确认案例构成待决案件之类案的前提下，适用类案中的裁判规则。因为类案裁判规则有助于解决待决案件中出现争议的法律规范问题。因此，类案裁判规则可以在类似案件意义上使用，如指导案例 23 号的"裁判要点"："消费者购买到不符合食品安全标准的食品，要求销售者或者生产者依照食品安全法规定支付价款十倍赔偿金或者依照法律规定的其他赔偿标准赔偿的，不论其购买时是否明知食品不符合安全标准，人民法院都应予支持。"

其次，在类型案件意义上，类案裁判规则是指一系列案例包含的共识性裁判规则。与类似案件裁判规则不同，类型案件裁判规则可能是来源于类似案件判断过程中，也可能不是。前者是指司法实践中存在法律适用问题，法官通过检索类似案件，解决待决案件的法律适用问题。在自发援引类案过程中，法官群体对相应裁判规则形成司法共识,逐渐形成群案的类似裁判方案,而类似裁判方案又使得群案在特定标准下构成类型案件。后者是指面对司法实践中存在的法律适用问题,法官裁判待决案件,但未通过类似案件检索,随着相关案件裁判的增多,本院审判管理部门、审判委员会或者上级人民法院认识到相关问题的重要性,总结审判经验,归纳出相应裁判规则。无论是前者,还是后者,类型案件裁判规则都不再局限于特定案件,而是在群案中归纳出具有共识性,且为法官群体广泛认同的裁判规则,该类裁判规则更具有普遍性与正当性。

最后,类型案件裁判规则亦非自然形成的,而是相应主体通过归纳推理的方法,从群案中归纳总结共性问题形成的。所谓归纳推理是指,在诸多个案中,因问题的一致性与相似性,总结出类似规则,最终形成类型案件裁判规则。而且,许多通过立法活动形成的法律规则就是来自类型案件裁判规则的总结。

综上,类案可以在类似案件与类型案件两个层次上使用。前者是指具体个案事实相似意义上的类案,关注的是案件相似性判断,范围较为狭窄;后者是指特定法律问题意义上的相似性,关注的是规模案件的问题相似性,范围更为宽泛。但根据《类案检索意见》第 1 条的规定,类案检索中的类案是指个案事实相似意义上的类似案件。

二、成文法语境决定类案适用的范围与方式

(一)法律规范构成类案适用的前提与目的

待决案件承办法官适用类案存在一个根本性阻碍:我国属于成文法国家,法官适用类案不能脱离成文法规范。判例法国家的法官可以根据后案需要寻找案例裁判理由,并在裁判理由基础上总结裁判规则,用于处理待决案件。与判例法国家不同,我国的待决案件承办法官在确定待决案件与案例类似的前提下,可以抽取案例中的裁判规则,用以解决待决案件的法律问题。但待决案件抽取类案裁判规则需以待决案件出现法律适用的争议为前提。待决案件承办法官检索类案的原因是法律适用出现争议,检索的目的是试图借助案例裁判规则解决待决案件出现争议的法律适用问题。若待决案件承办法官抽取的裁判规则脱离法律规范、法律规范不同,则用于解决案例法律适用问题的案例裁判规则无法适用于待决案件,因为两案的法律问题不同,案例裁判规则最终无法有效服务于待决案件之法律规范问题的处理。因此,类案裁判规则需要附着于法律规范,法律规范是类案适用的目的或落脚点。

而且,相对于判例法国家中的法官,成文法体制决定了案例指导制度下法官的自由裁量权将受到更大的限制。在判例法中,待决案件承办法官如何确定一个适当大小的实质理由可能决定了前后案是否相似。如"麦克洛克林夫人案"中关于"事故现场"概念内涵的界定,初审法院与上诉法院是否认定"原告两个小时后赶到医院"为事故现场存在对立的观点。而且,"麦克洛克林夫人案"还反映了一个问题,初审法院、上诉法院,以及最终的上议院选择的对比事实仅有一个,就得出类比推理相似与否的结论,这反映出在相似性认定上,法官具有较大的自由裁量权。初审法官并未充分解释为何该法律事实要点属于决定性的事实,以及该法律事实要点是否能够在权重比上对其他法律事实要点形成压倒性优势。但我们必须对事实与规范之间的关系进行充分说明,"防止边缘事实不同而彻底'架空'指导性案例"①。因此,在成文法体制下,法官必须受到成文法规范的限制。

由此,成文法规范在类案适用中具有以下四个作用:第一,限制待决案件承办法官的自由裁量权,防止法官任意地选择对比事实要点与实质理由,"规范我们的判断、防止进行类似判断时的专断和失误"②。第二,减轻法官的论证负担。通过法律规范限定裁判规则寻找的范围,无须待决案件承办法官在待决案件中盲目寻找新的类案裁判规则。第三,提供实质理由支撑。判例法区分技术的使用,依靠待决案件承办法官寻求实质理由支撑,但类比推理不纯粹是逻辑推理活动。第四,提供比较中项。"缺少比较的中项(tertium comparationis),缺乏一个一般性规范(类比)是行不通的;狮子与狗彼此相同还是不同?每个人都会说,在'哺乳动物'的视角下是相同的,而在'大猫'的视角下是不同的。"③从判例法到案例指导制度,比较中项由实质理由变更为以法律规范为中心,不仅可以提供前三项的优势,还符合后文论证的类比推理需要附着于演绎推理的要求。如指导案例23号的"相关法条"是《食品安全法》第148条第2款(案件审理时为2009年《食品安全法》第96条第2款)。

(二)类案类比推理需要附着于演绎推理

类案判断采取的逻辑方法为类比推理,但待决案件承办法官并不能通过类比推理直接作出最终裁判结论。待决案件承办法官运用类比推理只能解决待决案件与案例

---

① 周光权:《刑事案例指导制度:难题与前景》,载《中外法学》2013年第3期。
② 张骐:《论类似案件的判断》,载《中外法学》2014年第2期。
③ 〔德〕阿图尔·考夫曼:《法律获取的程序——一种理性分析》,雷磊译,中国政法大学出版社2015年版,第12页。

的相似性判断,以及获得类案裁判规则的问题。待决案件承办法官获得类案裁判规则之后,仍要将裁判规则附着于待决案件出现争议的成文法规范之上,以补充的形式辅助成文法规范涵摄待决案件事实。因此,与类案裁判规则需要附着于成文法规范之上相同,类案类比推理最终需要附着于演绎推理之上。

以指导案例23号为例(案例2.3.1①),该案例基本案情是:2012年5月1日,原告孙银山在被告南京欧尚超市有限公司江宁店(以下简称"欧尚超市江宁店")购买"玉兔牌"香肠15包,其中价值558.6元的14包香肠已过保质期。孙银山到收银台结账后,即径直到服务台索赔,后因协商未果诉至法院,要求欧尚超市江宁店支付14包香肠售价十倍的赔偿金5586元。该案涉及的法律规范是2009年《食品安全法》第96条第2款:"生产不符合食品安全标准的食品或者销售明知是不符合食品安全标准的食品,消费者除要求赔偿损失外,还可以向生产者或者销售者要求支付价款十倍的赔偿金。"依据法律涵摄(三段论)的过程,大前提:法律规范(2009年《食品安全法》第96条第2款:非达标食品十倍赔偿)+小前提:案件事实(孙银山买到非达标食品)→结论:裁判结果(被告欧尚超市江宁店于判决发生法律效力之日起10日内赔偿原告孙银山5586元)。但该案件的顺利解决以法律规范无争议为前提,若待决案件承办法官对法律规范理解存在分歧,则不同待决案件承办法官可能基于他们对法律规范的不同理解得出不同的裁判结论。如《食品安全法》第148条第2款规定是否包括消费者"明知"的情形。指导案例23号的"裁判要点"明确了"法院支持消费者'明知'食品不符合安全标准仍购买情形的十倍赔偿",但若在后续其他案件的裁判中,待决案件承办法官认为《食品安全法》第148条第2款不包括消费者"明知"的情形,则会出现"类案不同判"现象。为此,根据《类案检索意见》第2条的规定,待决案件承办法官需要检索类案。但待决案件承办法官检索获得类案并不意味着类案能直接适用于待决案件,根据《类案检索意见》第6条的规定,待决案件承办法官需要进一步识别与对比案例,确定案例是否属于类案,这一过程便是类比推理的过程。类比推理的完成并非类案适用的结束,在某种意义上,类案判断解决的是类案适用的前提问题,保证类案裁判规则适用的正当性。

仍以指导案例23号为例。假定待决案件的案件事实同样为消费者明知食品不

---

① 案例详情可根据案例编号,通过本书附录五"案例与法宝引证码、二维码对照索引表"查询。"案例2.3.1"指本书第二章第三节第一个提供法宝引证码、二维码对照的案例,后文同。

符合食品安全标准仍购买食品。待决案件承办法官对于该案是否适用《食品安全法》第 148 条第 2 款存在疑义。为此,该法官检索案例,获得指导案例 23 号。在对比(类比)待决案件与指导案例 23 号之后,发现两案之间满足相似性要求。此时,待决案件承办法官并不是直接比照指导案例 23 号的裁判结果对待决案件作出裁判。相反,待决案件承办法官是将"裁判要点"传递到待决案件,作为裁判理由,用以补充说明《食品安全法》第 148 条第 2 款,证成消费者明知食品不符合安全标准仍购买的,法院支持消费者的十倍赔偿主张。在此基础上,消除当事人、代理人关于《食品安全法》第 148 条第 2 款的理解分歧,结合待决案件事实进行演绎推理,作出符合待决案件事实情形的裁判结论,并在裁判效果上实现"类案同判"。简化上述论证,存在五个步骤:

第一,待决案件进入法院,法官发现《食品安全法》第 148 条第 2 款适用于该案件,但本案中的消费者是明知食品不符合食品安全标准仍购买的,《食品安全法》第 148 条第 2 款并未明确如何处理该类情形,引发不同诉讼参与人的理解分歧;

第二,通过关键词、法条关联、案例关联等方法检索,于案例检索平台检索到指导案例 23 号,其中指导案例 23 号裁判要点明确了"法院支持消费者明知食品不符合安全标准仍购买情形的十倍赔偿";

第三,通过类比推理的方法对比待决案件与指导案例 23 号,判断两案的相似性;

第四,待决案件与指导案例 23 号相似的,指导案例 23 号裁判要点便可以适用于待决案件;

第五,仍以相关法条(《食品安全法》第 148 条第 2 款)为演绎推理的大前提,对于存在理解分歧的"明知"情形,承办法官则在裁判说理时将指导案例 23 号裁判要点作为裁判理由用于说明"明知"的处理,辅助说明相关法条。

至此,案例的类比推理与演绎推理实现融合:作为演绎推理大前提的法律规范同时作为检索指导性案例的关键词/连接点,在类案检索平台通过法律规范等方法搜寻能够解决大前提争议问题的案例。在满足演绎推理大前提的规范性要求后,将待决案件与案例进行事件相似性对比。达到相似性要求的,可将案例裁判规则作为裁判理由,补充说明法律规范。通过演绎推理与类比推理的衔接实现统一法律适用的"类案同判"目标。

第四节　本章小结

通过对两大法系的案例检索与适用进行比较可以发现，案例适用虽有不同，但在寻求裁判规则解决待决案件问题上可以达成一致。英美法系裁判规则的获得侧重于法官的自由裁量权，大陆法系裁判规则的获得则侧重于法律规范之构成要件的范围限定。同样作为成文法国家，我国借鉴两大法系的案例适用，在以法律规范为前提与目的的基础上，可以充分借鉴判例法国家的判例区分技术，通过类比推理的方式确定待决案件与案例是否相似。若对比结论为相似的，则待决案件承办法官可将类案裁判规则用作待决案件裁判理由，用以补充说明待决案件出现争议的法律规范。

第三章

检索类案的前提和情形

并不是在所有情形下,法官都须检索类案。案件承办法官需注意《类案检索意见》规定的四类应当检索类案的情形,严格把握每一类情形的边界。

注:最新规定参见附录一之《最高人民法院统一法律适用工作实施办法》。

在司法责任制改革的背景下,最高人民法院确立了类案检索机制。2017年7月发布的《司法责任制试行意见》,明确规定了"类案与关联案件检索","承办法官在审理案件时,均应依托办案平台、档案系统、中国裁判文书网、法信、智审等,对本院已审结或正在审理的类案和关联案件进行全面检索,制作类案与关联案件检索报告。检索类案与关联案件有困难的,可交由审判管理办公室协同有关审判业务庭室、研究室及信息中心共同研究提出建议"。2018年发布的《司法责任制实施意见》,进一步提出要健全完善法律统一适用机制,"各级人民法院应当在完善类案参考、裁判指引等工作机制基础上,建立类案及关联案件强制检索机制,确保类案裁判标准统一、法律适用统一。存在法律适用争议或者'类案不同判'可能的案件,承办法官应当制作关联案件和类案检索报告,并在合议庭评议或者专业法官会议讨论时说明"。再到2020年7月31日正式实施的《类案检索意见》,在具体的机制和方法上对类案检索加以制度化和体系化。为了更好地理解类案检索,我们应将其放置在司法责任制改革以及案例指导制度建设的大背景下,类案检索实质上是为了便于法官在实践中发现和参照类案。

第一节 类案检索的目的

在司法责任制改革的过程中,人们曾担忧过类案检索是否会成为一项普遍的义务被强加给案件承办法官,如此一来不仅会大大增加法官的审理负担,与之相伴的还有相关司法责任。但从目前最高人民法院的制度设计来看,并未强制法官全面检索类案。因此,为更好地让类案检索机制落地,就需要吃透它的目的和精神,同时需要弄清楚在何种情形下法官需要检索类案,而不是不加区分地盲目检索,否则不仅浪费司法资源,还会让简单问题复杂化。

弄清楚类案检索在司法实践中的目的,有助于帮助法官树立正确的类案检索观,指导法官在实践中更精确地检索到相关类案。归纳一下,类案检索机制主要有以下四个目的:

一、统一法律适用标准

近些年来,随着司法大数据的发展,裁判文书公开上网,社会新闻媒介对于各种热点案例的报道,让人们能够更加便捷地获取相关案件的裁判结果。随之而来的问题是,类似的案件却未得到类似的处理。比如,实践中有的经过改装的玩具枪被认定为"枪支",有的则未被认定为"枪支",使得涉案当事人最终走向了不同的命运。同案不同判的现象日益严重,这在一定程度上降低了司法公信力,让人民群众在个案中感受不到公平正义。类案凝结了审判经验和智慧,提炼并固化了统一的裁判规则。裁判过程中对类案的检索和参照,有助于在类似案件中统一法律适用标准。

二、实现司法公正

类案检索背后的司法哲学基础,在于类似案件应类似处理,给予同样的情形同样的对待,不同的情形不同的对待。司法实践中,当事人可以直观地比较自己的案件与其他类似案件的结果,如果发现裁判的结果不一致,就会感到自己受了不公平的对待,开始怀疑司法公正。为了让人民群众在每一个司法案件中都能感受到公平正义,就必须做到平等对待。尤其在处理社会影响重大或复杂疑难案件时,要谨慎地检索类似案件,研究类似案件中所既已确立的裁判规则,在裁判过程中作出大体一致的判决。

三、节约司法资源和提高审判效率

实现司法公正主要是从正义的角度来看类案检索所可能具有的价值;从效率的角度来看类案检索有助于节约司法资源,并提高司法审判的效率。类案的重要特征,在于其典型性或代表性,既然能被划归为一类案件,就意味着它们在争议焦点以及关键性事实方面是相似的,其裁判结果或思路自然也应是类似的。如果针对同类问题,以往类案已经确立了统一的裁判思路,那么检索类案并鉴别出其中的裁判规则,可以减轻后案中法官的论证负担,可以径直采纳类案中的裁判思路,进而大大提高审判的效率。

四、助推案例指导制度

案例指导制度的核心要求是,在类似案件中参照指导性案例裁判。但问题在于,哪些案件是类似案件? 如何发现或寻找类似案件? 这正是类案检索机制所要解决的问题。案例指导制度是一个综合的体系,可以将类案检索视为其中一个组成部分。从逻辑上讲,参照指导性案例的前提是证明指导性案例与待决案件相似,那么在处理待决案件时,就需要检索是否有与之相似的指导性案例。根据《类案检索意见》的规定,对于检索到的指导性案例,法官应当予以参照。类案检索的逻辑结果,就是参照或不参照类案。从这个意义上来看,类案检索制度构成了案例指导制度的核心环节之一。

第二节 类案检索的前提

一、简单案件中的类案检索

司法实践中大部分案件都是简单案件,可以说这是一种常态。所谓简单案件,是相对于疑难案件而言的,也称常规案件、简易案件、普通案件,意指法律适用并不存在疑问或困难的案件。简单案件所争议的问题,被既有法律清晰地调整,法官只需要借助演绎性的形式逻辑思维,将法律规范(推理之大前提)与案件事实(推理之小前提)对应起来,就能推导出案件的裁判结论。在简单案件中,一般并未给法官留下太多自由裁量的余地。从规范与事实之间的关系看,简单案件呈现出两种基本情形:案件事实与规范事实完全对应、案件事实与规范事实基本对应。

1. 案件事实与规范事实完全对应

这是最为理想的情形,案件事实恰好与法律规范的要件事实完全一致,此时案件事实构成了规范要件事实的一个标准实例,可将规范要件所蕴含的后果转推给该争议案件。以交通事故为例,《道路交通安全法》第76条第1款第(二)项及第2款规定:"机动车与非机动车驾驶人、行人之间发生交通事故,非机动车驾驶人、行人没有过错的,由机动车一方承担赔偿责任;有证据证明非机动车驾驶人、行人有过错的,根据过错程度适当减轻机动车一方的赔偿责任;机动车一方没有过错的,承担不超过百分之十的赔偿责任。交通事故的损失是由非机动车驾驶人、行人故意碰撞机动车造成的,机动车一方不承担赔偿责任。"该条基本划清了机动车与非机动车驾驶人、行人发生交通事故时的责任分担规则,下面通过一个简单的案例加以透视。

被告王某驾驶小型客车沿阳枫线由阳新县大桥头往枫林镇方向行驶,该车行驶至阳新县某路段时,与原告何某所骑自行车发生碰撞,造成何某受伤、两车不同程度受损的交通事故。阳新县公安局交警大队作出《道路交通事故认定书》,认定王某负本次事故的全部责任,何某无责任。何某受伤后住院治疗,花费医疗费用55037.77元。经司法鉴定,何某构成十级伤残。王某驾驶的小型客车在被告平安财保广东分公司处购买了交强险和商业三者险。王某支付给何某医药费、残疾器具辅助费、鉴定费,但其他各项损失均未赔偿。① 何某多次与被告协商无果,遂诉至法院。(案例3.2.1)

该案事实清晰、明确,在交通事故中原告的生命健康权遭受侵害,且自身无过错,而被告对损害结果的产生负有过错,应对原告的损害承担全部侵权责任。法院依照《道路交通安全法》和《侵权责任法》(已失效)之规定,即可直接认定被告的侵权责任,相关赔偿项目与数额可以依法和酌情认定。

2. 案件事实与规范事实基本对应

案件事实与规范事实虽然并不是完全一一对应,但整体上呈现出了基本对应的关系,"它意谓规范总体明确,但存在一定扩张或缩小及自由裁量的例外,如在规范中有较为清楚定义的概念(武器、法人)、幅度规定(从重从轻减轻)、程度规定(如重伤的法定标准)、明文示例事项(如合同实质性变更)"②。这类案件中,法律规定个别内容存在一定弹性空间,但通过形式解释(扩大或限缩)便可澄清文义,案件的法律适用方案相对明确,对依靠形式逻辑推导出的结果通常也无太大争议。

我们通常认为交通事故要发生直接的冲突或碰撞,从而造成相应的损害。然而,实践中可能会发生一些特殊的情况,事故双方并未发生直接接触,但却造成非机动车一方人身伤害的结果。来看如下这个案例:

赵某驾驶货车途中,因故障抛锚停放在道路上,赵某遂在车后方的道路上摆放了石头等物品作为警示设施,但在车辆驶离时并未及时清理障碍物。翁某在未取得机动车驾驶证的情况下驾驶无号牌轻便二轮摩托车途经该路段,受障碍物影响而发生翻车,造成翁某受伤和车辆损坏的交通事故。事后,交警部门认定翁某未取得机动车驾驶证,夜间行驶未采取有效避让措施,承担本次事故的主要责任;赵某未及时清理摆放在道路上的障碍物,承担事故的次要责任。翁某向浙江省永嘉县人民法院提起诉讼。③ (案例3.2.2)

显而易见,该案事实与规范事实呈现出了些微的紧张,只能勉强算得上是基本适

---

① 参见湖北省阳新县人民法院(2020)鄂0222民初3984号民事判决书。
② 郑永流:《法律判断形成的模式》,载《法学研究》2004年第1期。
③ 参见浙江省温州市中级人民法院(2018)浙03民终2776号民事判决书。

应。案件争议焦点在于,本案的事故是否属于交通事故,如果属于则适用相关规定来解决侵权赔偿问题。《道路交通安全法》第119条第(五)项规定:"'交通事故',是指车辆在道路上因过错或者意外造成的人身伤亡或者财产损失的事件。"赵某在道路上摆放石头等障碍物的行为与其驾驶的车辆直接相关,也是造成翁某受到伤害的次要原因。2012年最高人民法院《关于审理道路交通事故损害赔偿案件适用法律若干问题的解释》(已被修改)第10条规定,"因在道路上堆放、倾倒、遗撒物品等妨碍通行的行为,导致交通事故造成损害,当事人请求行为人承担赔偿责任的,人民法院应予支持"。《民法典》第1256条规定:"在公共道路上堆放、倾倒、遗撒妨碍通行的物品造成他人损害的,由行为人承担侵权责任。公共道路管理人不能证明已经尽到清理、防护、警示等义务的,应当承担相应的责任。"据此,法官可以通过解释将这种虽未和车辆直接接触但却造成客观伤害的事件涵摄至既有法律调整的交通事故之内。

通过以上描述,我们可以直观地看到简单案件的基本样貌。对于第一类案件事实与规范事实完全对应的案件,基本上没有进行类案检索的必要,法官比照法律就能作出妥当的裁判;而对于第二类简单案件,已经稍微具有一点疑难性,案件事实与规范事实基本对应,为形成统一的裁判尺度,此类案件根据具体案情和事实的特殊性,法官可自主决定是否进行类案检索。

二、疑难案件中的类案检索

疑难案件是司法裁判的一种非常规状态,通常是案件事实之确定或法律之适用存在争议的案件。疑难案件的解决,考验法官的专业判断能力,同时也检验现有法律体系的完整性和体系性。由于疑难案件一般尚未形成统一的裁判尺度,因而理应成为类案检索的重点对象。

疑难案件所打破的是法律规范与案件事实之间的严格对应关系,一定程度上事实与规范关系不相适应、事实缺乏相应规范标准、事实与规范关系形式相适应实质不适应都会使得案件的裁判陷入艰难境地。从表现形态上来看,尽管实践中的疑难案件纷繁复杂、千姿百态,但我们仍然可以对其进行类型化处理,最为常见的主要是规范缺失型、理由冲突型和法律模糊型这三类。伴随着科技的发展和社会的变迁,新型案件也慢慢开始增多。当然,并非所有的新型案件都一定是疑难案件,只有不被既有法律所完整规范的新型案件才能称得上疑难,那些虽然事实新颖但仍受既有法律调整的案件仍属常规案件。

1. 规范缺失："广西驴友案"

梁某用"色狼回心转意"的网名在南宁市某驴友网站发帖，征集驴友前往赵江进行户外探险，费用是 AA 制，每个人大概 60 元，并且留下了自己的联系电话。受驴友陈某的邀请，骆某答应与陈某一同参与此次户外探险活动。后来，梁某一共召集了 12 名成员，他们每人向梁某交付了 60 元的活动费用。当日晚上，由于活动区域周围的地势比较险峻，该探险团队就决定在赵江河谷裸露的较为平坦的石块上安扎帐篷露营休息，陈某与骆某住在一个帐篷里。当晚至次日凌晨该地区一连下了数场大雨，次日早上 6 时许，覃某和梁某起床去查看周围的水情。上午 7 时许，连续几场大雨导致赵江暴发了山洪，这导致在河谷中安扎的帐篷突然被山洪冲走。面对此种险峻的情况，梁某等 12 名驴友在混乱中通过自救或互救基本脱离了危险，但最后发现骆某已经失踪，于是打电话报了警。此后，搜救队在赵江下游距离事发地大概 3 公里的河谷石缝中找到了骆某的遗体。受害人骆某的父母骆某1、黄某遂向南宁市青秀区法院提起诉讼，请求法院判令梁某等 12 人赔偿各项经济损失（计 191068 元）的 80%（152854 元），并请求 12 人赔偿精神损害抚慰金 20 万元。①

这是一例驴友自助游死亡赔偿案件，该案发生后在全社会引起了广泛关注和强烈反响。一种观点认为这是一起自发组织的"自助户外探险"，且参加者均是成年人，在参加之前已充分知悉该活动所存在的人身安全隐患，并应对自己的行为、人身和财产负责，21 岁的骆某受害是大家均不愿意看到的场景，在发现骆某失踪之后梁某等 12 人即刻进行了搜救并在第一时间报了警。梁某等人对于骆某的死亡并不存在主观上的过错，因此不应承担过错的侵权责任，但从情理上看对受害者家属进行一定的补偿是必要的。另一种观点则认为，"驴头"梁某的发帖行为本身就是一个要约，而"驴子"数人的回应则构成承诺，"驴头"和"驴子"在约定的地点集合则意味着合同的正式确立。在本案中各"驴子"向"驴头"梁某缴纳一定的活动费用，"驴头"对各"驴子"便负有了安全保障的义务，这包括保证交通工具和相关设备的安全性，对潜在危险的说明和提请注意义务，以及遇险时的组织救助义务等。② 在连下数场暴雨后，"驴头"梁某应当能

---

① 参见广西壮族自治区南宁市青秀区人民法院（2006）青民一初字第 1428 号民事判决书；广西壮族自治区南宁市中级人民法院（2007）南市民一终字第 124 号民事判决书。

② 参见张丽娜、张浩、陈钉、马荣：《"驴友"间民事法律关系初探》，载《学习月刊》2009 年第 6 期。

够预见到河水暴涨可能会引发山洪,并且也应预见到在河谷裸露石块上安扎的帐篷有被洪水冲走的危险和可能,但是梁某并没有完全尽到这一安全保障义务,因此应由其承担相应的侵权责任。这两种观点中的哪一种有道理?

可以说,案发时自助游才刚刚兴起不久,对于其性质人们还没有完全搞清楚,而民事立法对于自助游中的人身伤害并未有明确的调整,因而对此问题出现了所谓的法律空白或法律漏洞。法官在审理伊始就遇到了这种麻烦,因为他们翻遍了法条也找不到直接调整该事实的法律规范,正如主审法官在接受记者采访时所谈到的,"我们积极查找资料,一是希望能找到'自助游'性质的明确界定;二是看看这类纠纷有没有相关法律规定可以依照或是法学专家的观点可供参考。结果让人失望!几天下来,我们虽然熬红了双眼,但还是没能找到法律上对'自助游'的定义,也没能找到可以依据的法律规定或者其他法院的判决"①。可见这是一个典型的规范缺失型的疑难案件,既有法律并未对自助游的相关事项尤其是责任认定作出任何规定。

2. 理由冲突:"四川泸州情妇遗赠案"

在个案裁判中,可供选择适用的法律有多个,且彼此提供的理由存在竞争关系,依照不同的法律裁判会得出不同的结果,这类案件被称为理由冲突型疑难案件。第一章中曾提及的"四川泸州情妇遗赠案",就是一个典型的疑难案件。在审理该案时,法官首先找到的是《继承法》(已失效)中关于遗嘱之效力的条款,与此同时又面临着备选法律渊源,即《民法通则》(已失效)中关于不得违背公共秩序和善良风俗的原则,显然这二者为法官提供了两种指示方向不同的法律规范。

该案属于典型的法律理由冲突型疑难案件。它受两个以上的法律规范调整,依据这些法律所得出的裁判结果是复数的,并且诸结果之间存在着不可调和的冲突。法官面临着"适用《继承法》(已失效)之规则判令遗嘱有效"和"适用公序良俗原则确认遗嘱无效"的两难选择。也就是说,当《继承法》(已失效)之规则与《民法通则》(已失效)之公序良俗原则发生冲突之时,法官应如何在二者之间进行选择呢?本案的争议焦点在于"情妇"或"二奶"这个特殊的主体身份能否成为合法的受赠主体。我们注意到为一、二审法院所忽视的一些重要细节,黄永彬与张学英事实上还育有一女,黄永彬离家出走系蒋伦芳所逼,她不仅对黄永彬不好,而且在经济上也对其严加控制。在黄

---

① 陈华婕、田波:《"驴友"案:主审法官"吃螃蟹"》,载《法律与生活》2007年第1期。

永彬生病期间,也是张学英一直在床前细心照料、不离不弃,为此还花去自己一万多元的积蓄。如果说张学英的身份在道德上是可憎的,那么她对于黄永彬的情感和照顾在道德上是否也应受到责备?黄永彬生前向张学英做出遗赠的真正目的是什么?是为了促使情妇继续保持性付出或者想对性付出表示酬谢,还是为了感激女方对自己临终前生活的照顾?在面对相互冲突的法律规则与法律原则时是否一定要放弃法律规则?这将是法官在处理理由冲突型疑难案件时不得不考虑的问题。

3.法律模糊:"许霆案"

法律模糊导致案件疑难是实践中最为常见的,"许霆案"就是一个例子。许霆在广州市天河区黄埔大道西平云路的广州市商业银行离行式单台柜员机(ATM机)提款,当用自己的广州市商业银行银行卡(当时该卡内还有余额170多元)提取工资时,碰巧银行系统出现了故障,结果取出1000元后,他惊讶地发现银行卡账户里只被扣掉了1元,狂喜之下,许霆连续取款5.4万元。当晚,回到住处便将此事告诉了同乡郭安山。两人随即再次前往提款,之后反复操作多次。后经警方查实,许霆先后取款171笔,合计17.5万元;郭安山则取款1.8万元。事后,二人各携赃款潜逃。所得赃款后来被挥霍一空。① 实践中,对于这种利用ATM机发生故障多次恶意取款的行为该如何定性产生了重大的争议。

一审法院认为,被告人许霆主观上以非法占有为目的,客观上采取了秘密手段,盗窃国家金融机构的财物,且数额特别巨大,其行为已经构成了盗窃罪,故依法判处其无期徒刑。一审判决作出之后,迅速在全社会引发了热议,公众对于这个裁判结果表示难以接受。一些人认为许霆的行为尚不构成犯罪,而应交由民事法律规范来调整,不应直接运用刑法作跳跃式的分析认定,许霆的行为应定性为不当得利;另一些人认为许霆的行为肯定已经构成了犯罪,至于构成了哪一种罪名则需进一步斟酌和推敲,在此之下又有了盗窃罪说(主流观点)、信用卡诈骗罪说、侵占罪说等。(案例3.2.3)

本案中,许霆行为的特殊性在于他利用了ATM机的故障多次恶意取款,这种行为在此之前并不常见,即使之前出现过也很少被公开报道出来。我们转换一下场景,如果许霆在银行柜台取款,在其并未实施任何欺骗、敲诈、暴力、强迫或窃取等行为的前提下,由于银行工作人员的疏忽或失误向他错误地支付了款项,他只是被动地接受了

---

① 参见广东省高级人民法院(2008)粤高法刑一终字第170号刑事裁定书。

这笔款项并将其据为己有。这种取款行为虽然也具有非法占有的目的,但是很难说它能构成一种犯罪,充其量只是一种无效交易行为。① 在实践中,的确也是这么操作的,银行工作人员通常会以工作失误为由要求取款人无条件归还多收的款项。ATM 机作为银行的延伸,它和银行工作人员一样均是按照银行的指令对外开展业务,二者所代表的均是银行的意志,在这个意义上二者并无实质性的差异,那么本案中许霆在 ATM 机上多次恶意取款的行为能否按照民法上的不当得利来定性?这是本案的一个重要的争议焦点。陈兴良教授认为,许霆的第一次取款行为可被看作是不当得利,而后续的 170 次取款在客观上是作为,在主观上是恶意,且有非法占有之目的,已经不再符合不当得利的构成要件了。② 区分罪与非罪,是法官要跨越的第一道屏障。

若是承认许霆的行为已经侵犯了刑法所保护的法益,那么对于该行为是否符合盗窃罪的构成要件则是本案的第二个争议点。法官应该从正、反两个方面展开推理活动,具体来说,他既要从正面论证许霆利用 ATM 机的故障多次恶意取款的行为符合盗窃罪的构成要件,又要从反面排除许霆的行为符合其他相似之罪(本案中主要是侵占罪、诈骗罪、信用卡诈骗罪)的构成要件的可能。首先,利用 ATM 机故障多次恶意取款的行为构成侵占罪吗?侵占罪的特点之一在于行为实施之前财物已在行为人的占有或控制之下,而在 ATM 机发生故障之时 ATM 机内的资金是否仍属于银行的控制之下?如果是的话,那么我们可以首先排除侵占罪。其次,许霆的行为是否符合诈骗罪或信用卡诈骗罪的构成要件?机器(ATM 机)并不具备人类所有的意志和意识,它能够作为被诈骗的对象吗?信用卡诈骗罪的主张基于这一原因还能站得住脚吗?最后,即便排除许霆的行为构成侵占罪、诈骗罪或信用卡诈骗罪的可能性之后,我们仍然无法得出结论说许霆的行为就一定构成盗窃罪。以上种种疑难点乃根源于刑法中对于盗窃罪之客观行为方面的模糊,亦即利用 ATM 机故障多次恶意取款的行为是否具有一般盗窃罪所要求的"私密性"或"秘密性"?这一取款行为从客观上来看是否符合刑法上的"窃取"?这一行为是否又进一步地构成所谓的"盗窃金融机构"?法律并未直接就这些问题给出明确的答案。

4. 新型疑难案件:"冷冻胚胎继承案"

这里的最后一类案件是新型疑难案件,新型案件(novel case)之"新"主要在于案件事实之新,有些新型案件虽然事实新颖但仍受既有法律调整,只有那些不受既有法

---

① 参见陈瑞华:《脱缰的野马——从许霆案看法院的自由裁量权》,载《中外法学》2009 年第 1 期。
② 参见陈兴良:《利用柜员机故障恶意取款行为之定性研究》,载《中外法学》2009 年第 1 期。

律所调整的案件才是新型疑难案件。虽然从类别上也可以勉强将其区分为规范缺失型,但由于这类案件的特殊之处在于案件事实之"新",这种"新"又突出地和网络、科技等新生事物联系在一起,如果说疑难案件主要是和简单案件、常规案件对应而言的,那么新型疑难案件则主要是相对于传统的、一般意义上的疑难案件来说的。伴随着科技和网络的发展,各类新型疑难案件被推向了司法的竞技场,比如说近些年时兴的网络代购,一些国际航班空姐的大额网络代购行为在性质上是否属于走私,对此有人坚持认为此种代购无异于走私,货物进出口没有报关如果不是走私又会是什么,同时也有人认为网络代购作为一种新兴的电子商务模式,尚处于法律的灰色地带,需要法律给予规范,不能一竿子打死一船人。① 新型疑难案件之新在于案件事实的新颖性,其之"难"则在于既有法律相对于这种新颖事实的滞后性及不全面性。可谓前无古人、后无来者,法官处于一种无所适从的艰难局面。接下来,我们来窥探"中国首例冷冻胚胎继承案"所展现的司法的艰难一面。

沈某与刘某于 2010 年 10 月 13 日登记结婚。2012 年 8 月,沈某与刘某因"原发性不孕症、外院反复促排卵及人工授精失败",要求在南京市鼓楼医院(以下简称"鼓楼医院")施行体外受精——胚胎移植助孕手术;鼓楼医院在治疗过程中,获卵 15 枚,受精 13 枚,分裂 13 枚;取卵后 72 小时为预防"卵巢过度刺激综合征",鼓楼医院未对刘某移植新鲜胚胎,而于当天冷冻 4 枚受精胚胎。2013 年 3 月 20 日 23 时 20 分许,沈某驾驶汽车途中在道路左侧侧翻,撞到路边树木,造成刘某当日死亡,沈某于同年 3 月 25 日死亡的后果。现沈某、刘某的 4 枚受精胚胎仍在鼓楼医院生殖中心冷冻保存。② 后双方父母因对上述 4 枚受精胚胎的监管权和处置权发生了争议,沈某的父母遂向法院提起了诉讼,主张其子沈某与儿媳刘某死亡后,根据法律规定和风俗习惯,胚胎的监管权和处置权应由其行使。(案例 3.2.4)

该案引发了不小的社会热议,以至于被称为是"中国首例冷冻胚胎继承案"。它是由人工生殖技术所引发的新型法律纠纷,对于人工胚胎的法律属性在法律上并没有明确的界定,相关主体对于胚胎所享有的权利究竟是监管权还是处置权也不甚明了,这是科技发展带给全人类的一种新型疑难案件。可以想象,法官在处理本案时所面临的各种压力。

---

① 参见烨泉:《网络代购,司法面对新型案件的摇摆》,载《法制日报》2013 年 12 月 18 日,第 7 版。
② 参见江苏省无锡市中级人民法院(2014)锡民终字第 01235 号民事判决书。

解决本案的关键在于准确界定胚胎的法律地位。当既有法律尚未对此类新型问题进行明确的界定和调整时,法官该诉诸何种资源来辅助裁判?学理上对于胚胎的法律地位主要有三种代表性观点:(1)主体说,该说认为人类胚胎自受孕起就成为人,即认为胚胎具有完整之人格;(2)客体说,认为胚胎不具有特殊的道德地位,而应被视为创造它们的夫妻的财产,因此夫妻可以任意处置他们所拥有的胚胎;(3)中间说,主张胚胎既非人亦非物,而是介于二者之间的一个中间体。① 第一种观点混淆了人和胚胎的概念,人是现实存在之物,而胚胎只是一种可能性的存在。第二种观点将胚胎完全视为一种财产,抽空了胚胎所具有的可能人格意义,缺乏对胚胎的必要尊重,因此也不足以取。相比之下,第三种观点是较为可取的,即是将人工胚胎视为一种中间之物。"受精胚胎具有发展为生命的潜能,是含有未来生命特征的特殊之物","是介于人与物之间的过渡存在,具有孕育生命的潜能,比非生命体具有更高的道德地位,应受到特殊尊重与保护"。

相关权利人是否对胚胎享有继承权?如果不能像继承财产那样来继承胚胎,那么法院将如何处置胚胎?它会以何种理由、基于何种根据判决权利人对胚胎享有监管权和处置权?这种监管权或处置权的具体内容是什么?这种权利的行使在遇到障碍或被侵犯时又该如何救济?法官在作出决定时必须要考虑这些问题。

以上四种疑难案件类型化的理论分析,有助于我们在实践中甄别案件到底在何种意义上疑难,进而采取相应的破解之策。疑难案件中,法律规定与案件事实之间产生了一定的距离,二者无法再像简单案件那样能够直接或基本对应。故而,为了有效应对疑难案件,保证在这些案件中裁判尺度的统一,法官应主动检索相关类案,为裁判提供一个有效的参照和指引。

第三节 类案检索的情形

前文从理论上界分了疑难案件与简单案件,只有个别特殊的简单案件才需要进行类案检索,而疑难案件才对类案检索有着真正的内在需求。《类案检索意见》明确规定了四类应当进行类案检索的情形,其第 2 条规定:"人民法院办理案件具有下列情形之

---

① 参见李昊:《冷冻胚胎的法律性质及其处置模式——以美国法为中心》,载《华东政法大学学报》2015年第 5 期。

一,应当进行类案检索:(一)拟提交专业(主审)法官会议或者审判委员会讨论的;(二)缺乏明确裁判规则或者尚未形成统一裁判规则的;(三)院长、庭长根据审判监督管理权限要求进行类案检索的;(四)其他需要进行类案检索的。"我们注意到,《类案检索意见》使用的措辞是"应当",这意味着在以上四种情形下检索类案成了一种司法义务。换言之,这四种情形成为类案检索的直接范围和重点内容。

一、拟提交专业(主审)法官会议或者审判委员会讨论的案件

1. 拟提交专业(主审)法官会议讨论的案件

司法责任制改革的背景下,为应对同案不同判的问题,各地法院都在积极为法官搭建交流平台,发挥集体智慧的力量来促进法律的统一适用。2015年《司法责任制若干意见》规定:"人民法院可以分别建立由民事、刑事、行政等审判领域法官组成的专业法官会议,为合议庭正确理解和适用法律提供咨询意见。合议庭认为所审理的案件因重大、疑难、复杂而存在法律适用标准不统一的,可以将法律适用问题提交专业法官会议研究讨论。专业法官会议的讨论意见供合议庭复议时参考,采纳与否由合议庭决定,讨论记录应当入卷备查。建立审判业务法律研讨机制,通过类案参考、案例评析等方式统一裁判尺度。"在确保合议庭独立行使审判权的前提下,专业法官会议能够发挥专业法官的业务专长,帮助合议庭正确地理解和适用法律。

对于专业法官会议如何建置,各地法院都在自主探索,具体做法也不尽一致。2021年1月12日实施的最高人民法院印发的《关于完善人民法院专业法官会议工作机制的指导意见》第4条规定了专业法官会议讨论的案件范围,即:(1)独任庭认为需要提交讨论的;(2)合议庭内部无法形成多数意见,或者持少数意见的法官认为需要提交讨论的;(3)有必要在审判团队、审判庭、审判专业领域之间或者辖区法院内统一法律适用的;(4)属于《最高人民法院关于完善人民法院司法责任制的若干意见》第24条规定的"四类案件"范围的;(5)其他需要提交专业法官会议讨论的。

2. 拟提交审判委员会讨论的案件

在法律体制中设置审委会的一个重要初衷,就是为了应对一些重大、复杂的案件,它试图运用集体的智慧、平等的商讨来解决疑难法律问题。就其本质而言,它是一种建立在个人决策基础之上的群体决策。以上这种优势很明显、直观、实用,但是这种群体决策也存在一些问题,比如效率不高、责任不清、少数控制多数、容易出现随大

流的现象等。《人民法院组织法》对于审委会之设立有明确的规定。该法第36条规定:"各级人民法院设审判委员会。审判委员会由院长、副院长和若干资深法官组成,成员应当为单数。"实践中审委会人数一般是9人或11人,会议通常是在院长的主持下进行。

审委会的任务主要集中在两个方面:一是讨论重大的或者疑难的案件;二是总结审判经验和处理审判中的其他问题。《人民法院组织法》第37条具体规定了审委会的职能:"(一)总结审判工作经验;(二)讨论决定重大、疑难、复杂案件的法律适用;(三)讨论决定本院已经发生法律效力的判决、裁定、调解书是否应当再审;(四)讨论决定其他有关审判工作的重大问题。"我们面临的一个重要问题在于,什么样的案件有资格送至审委会讨论?《人民法院组织法》规定的是"重大""疑难"或"复杂"案件究竟指向何种案件?

2019年8月2日实施的最高人民法院印发的《关于健全完善人民法院审判委员会工作机制的意见》第8条规定:"各级人民法院审理的下列案件,应当提交审判委员会讨论决定:(1)涉及国家安全、外交、社会稳定等敏感案件和重大、疑难、复杂案件;(2)本院已经发生法律效力的判决、裁定、调解书等确有错误需要再审的案件;(3)同级人民检察院依照审判监督程序提出抗诉的刑事案件;(4)法律适用规则不明的新类型案件;(5)拟宣告被告人无罪的案件;(6)拟在法定刑以下判处刑罚或者免予刑事处罚的案件;高级人民法院、中级人民法院拟判处死刑的案件,应当提交本院审判委员会讨论决定。"第9条规定:"各级人民法院审理的下列案件,可以提交审判委员会讨论决定:(1)合议庭对法律适用问题意见分歧较大,经专业(主审)法官会议讨论难以作出决定的案件;(2)拟作出的裁判与本院或者上级法院的类案裁判可能发生冲突的案件;(3)同级人民检察院依照审判监督程序提出抗诉的重大、疑难、复杂民事案件及行政案件;(4)指令再审或者发回重审的案件;(5)其他需要提交审判委员会讨论决定的案件。"这些规定虽然细化了《人民法院组织法》的规定,但是仍然为实践中扩大送审委会讨论的案件范围留下了解释空间。然而在实践中,提交至基层人民法院审委会讨论的案件包括法律适用疑难、法律关系复杂、事实疑难、人数多影响大、领导重视、证据调查困难、涉诉信访等诸多类型的案件。

二、缺乏明确裁判规则或者尚未形成统一裁判规则的案件

裁判规则是法律规则在具体案件中的适用形式，它构成了一种对法律规则的具体适用。实践中，法官在找法过程中直接找到的是法律规则（当然个别案件中也会涉及法律原则的问题），但其通常最想看到的却是裁判规则，因为裁判规则能够直接为裁判指明方向。也正因如此，最高人民法院通过多种出版物编撰和发布了各类案件的裁判规则，由于编撰主体不同，这些裁判规则之间时常也会出现彼此冲突的现象。

缺乏裁判规则或尚未形成统一裁判规则的案件，显然都属于前文所称的疑难案件，对于这些案件的解决，法官需要发挥一定的能动性，检索和发现类案自然成为一种必要。

缺乏明确的裁判规则，意味着法律的调整出现了缝隙，既有法律并未将特定争议问题纳入裁判方向，故而在实践中会出现"无法可依"的现象，比如上一节我们讨论的"冷冻胚胎继承案"就属于这种类型的例子。再举一个例子，公务员去世以后政府发放的抚恤金能不能当作遗产来处理，在实践中争议很大，对此法律并未作明确规定。在遇到这种案件时，法官就需要把握好遗产的性质和范围；发放抚恤金发生在死亡节点之后，它是否符合或具备遗产的各项条件；发放抚恤金的目的是什么。对于这类法律并未明确调整的问题，法律适用必然会呈现出不统一的局面，有待案件承办法官积极检索相关类案，在探讨和分析类案中裁判规则的情况下，作出与法律目的及精神相一致的判决。

尚未形成统一裁判规则，意味着存在多种可能的裁判规则，从而裁判结果也是不尽一致的。正是如此，才导致了同案不同判的现象。这方面的例子不胜枚举，可以说是一种较为常见的现象。以案外人执行异议的案件为例，其涉及的争议问题是：在未完成不动产转移登记的情况下，法院能否认定房屋买受人可以对抗第三人对房屋的查封与执行。实践中较为常见的是，法院已经按照当事人的申请查封了房屋作为执行标的，但房屋买受人以房屋权利已经转移给自己为由提出执行异议，买受人虽不能提供产权证等不动产转移证明，但能够拿出买卖合同、交房证明、付款证明等证据。此类执行异议是否能够得到法律上的支持，人民法院对于类似的案件处理的结果不太统一。

与此类争议直接相关的是《最高人民法院关于人民法院办理执行异议和复议案件

若干问题的规定》第 28 条和第 29 条的规定。①《最高人民法院关于人民法院办理执行异议和复议案件若干问题规定理解与适用》一书指出,第 28 条是关于无过错不动产买受人物权期待权的保护条件,第 29 条是关于房屋消费者物权期待权的保护条件。就保护标准而言,第 29 条既不要求主观上无过错,也不要求交付全部价款,更不要求占有房屋,总体比第 28 条宽泛。② 但是,"所购商品房系用于居住且买受人名下无其他用于居住的房屋"这一条件又较为严苛,该书并未明确指出两条规定如何适用。对此有两种可能的方案:(1)第 28 条与第 29 条之间是并列关系,只能择其一而适用;(2)第 28 条与第 29 条之间是一种一般与特别的关系,当事人可以自行选择适用。

三、院长、庭长根据审判监督管理权限要求进行类案检索的案件

为全面落实司法责任制改革,正确处理充分放权与有效监管的关系,规范人民法院院庭长审判监督管理职责,切实解决不愿放权、不敢监督、不善管理等问题,2017 年最高人民法院发布了《审判监督管理机制的意见》,对完善人民法院审判监督机制提出了一些具体的意见。其中,第 6 条规定,"院庭长应当通过特定类型个案监督、参加专业法官会议或者审判委员会、查看案件评查结果、分析改判发回案件、听取辖区法院意见、处理各类信访投诉等方式,及时发现并处理裁判标准、法律适用等方面不统一的问题"。院长、庭长根据审判监督管理权限要求进行类案检索的主要是以下几类案件:"(1)涉及群体性纠纷,可能影响社会稳定的;(2)疑难、复杂且在社会上有重大影响的;(3)与本院或者上级法院的类案判决可能发生冲突的;(4)有关单位或者个人反映法官有违法审判行为的。"以上四类案件,也可以提交专业法官会议来讨论。

---

① 第 28 条规定:"金钱债权执行中,买受人对登记在被执行人名下的不动产提出异议,符合下列情形且其权利能够排除执行的,人民法院应予支持:(一)在人民法院查封之前已签订合法有效的书面买卖合同;(二)在人民法院查封之前已合法占有该不动产;(三)已支付全部价款,或者已按照合同约定支付部分价款且将剩余价款按照人民法院的要求交付执行;(四)非因买受人自身原因未办理过户登记。"
第 29 条规定:"金钱债权执行中,买受人对登记在被执行的房地产开发企业名下的商品房提出异议,符合下列情形且其权利能够排除执行的,人民法院应予支持:(一)在人民法院查封之前已签订合法有效的书面买卖合同;(二)所购商品房系用于居住且买受人名下无其他用于居住的房屋;(三)已支付的价款超过合同约定总价款的百分之五十。"
② 参见江必新、刘贵祥主编:《最高人民法院关于人民法院办理执行异议和复议案件若干问题规定理解与适用》,人民法院出版社 2015 年版,第 432 页。

四、其他需要进行类案检索的案件

这是一个兜底性条款,法官对此存在一定自由裁量权。其他需要检索类案的情形,仍然主要和疑难案件相关。除了法律适用上疑难的案件,可能还包括一些特殊类型。我们发现在讨论中国司法实践中的疑难案件时总会面对一些特殊的案件,它们在法律的理解与适用上并不疑难,只是由于一些法律之外因素的介入使案件变得难办。为了兼顾这类案件,一些学者提出了"难办案件"的概念,并意图取代疑难案件的一般提法。如侯猛认为难办案件包括事实难办案件(案件事实认定或确定存在困难)、法律难办案件(法律不清晰、不确定或有漏洞)、影响难办案件(社会影响重大,以刑事案件居多)以及关系难办案件(当事人一方或双方托关系来影响案件的办理)这四类①,依此将法律自身所导致的疑难案件仅仅视为难办案件的一部分。不难看出,以上这种对难办案件之外延的界定更广,其不仅包括法律上的疑难案件,也包括事实、社会影响等因素所导致的棘手案件。如果实践中遇到了这些类别的案件,法官需要谨慎地检索类案,注意把握好裁判的整体尺度。

第四节 本章小结

并不是在所有情形下,法官都须检索类案。检索类案的目的在于统一法律适用,实现类似案件类似处理。通常,只有在疑难案件中,法律裁判尺度不统一的情况下,法官才有检索类案的必要。案件从理论上被分为简单案件和疑难案件,实践中法官对于二者的界限会有具体把握,只要对法律适用或裁判结果持有疑义,事实上都有必要去检索类案,研究类案中既已确立的裁判规则,来指导眼下待决案件的裁判。案件承办法官应注意《类案检索意见》规定的四类应当检索类案的情形,严格把握每一类情形的边界,如果需要检索类案而事实上并未检索类案,则可能构成对检索义务的违反。只有准确和适时地检索类案,才能真正向着统一法律适用的理想目标迈进。

---

① 参见侯猛:《案件请示制度合理的一面——从最高人民法院角度展开的思考》,载《法学》2010 年第 8 期。

第四章

类案检索的范围

依据我国案例体系结构,我们可以大致将确定类案检索范围的原则归纳为纵向优先原则、顺位优先原则、时间临近原则和横向相近原则。

注:最新规定参见附录一之《最高人民法院统一法律适用工作实施办法》。

《类案检索意见》第 4 条规定,"类案检索范围一般包括:(一)最高人民法院发布的指导性案例;(二)最高人民法院发布的典型案例及裁判生效的案件;(三)本省(自治区、直辖市)高级人民法院发布的参考性案例及裁判生效的案件;(四)上一级人民法院及本院裁判生效的案件"。据此,本章讨论我国案例体系的基本结构、确定类案检索范围的基本原则及检索时应当注意的事项。

第一节 我国案例体系的结构

案例在我国语境下指的是法院审理案件后形成的范例,囊括法院既往作出裁判的一切案例,亦即以法院裁判文书为载体的所有案例。① 它主要作为一种理解法律的辅助方法用于法学教育和法学研究领域,当然在司法实践中具有指导和启发意义,不过我们应当明确,案例本身并不是我国正式的法律渊源,不具有法律效力。② 但正如诸多学者指出的,不可否认的是,案例在客观上具有事实约束力。③ 这种约束力与发布案例的法院层级、案例包含的说理方法及内容等因素密不可分。

在我国,案例在补充法律与辅助司法裁判中发挥重要作用的历史可谓源远流长。我国古代虽然不存在现代意义上的判例法制度,但历朝历代的审判活动和法律规定都离不开对案例的关注。④ 其中较具代表性的,一个是中国古代逐渐确立的法典简约化理念与条例成文化技术,形成"律为正文,例为附注"的传统⑤;另一个是清代的"因案修例"现象,也即根据司法案件对《大清律例》中的相关条例进行修改完善。⑥ 民国时期,北洋政府制定的《法院编制法》第 45 条明确规定,"凡大理院所作出之判词,都具有法律效力,下级法院不得争论"⑦。中华人民共和国成立后,案例的重要性也得到了党和国家的高度重视。1954 年的《人民法院组织法》中规定,总结与编纂典型案例,是各

---

① 参见顾培东:《判例自发性运用现象的生成与效应》,载《法学研究》2018 年第 2 期。
② 参见张骐:《建立中国先例制度的意义与路径:兼答〈"判例法"质疑〉——一个比较法的视角》,载《法制与社会发展》2004 年第 6 期。
③ 参见章剑生:《论制定法体系中判例的展开》,载《南大法学》2020 年第 1 期。
④ 参见汪世荣:《中国古代的判例研究:一个学术史的考察》,载《中国法学》2006 年第 1 期。
⑤ 参见张生:《中国律例统编的传统与现代民法体系中的指导性案例》,载《中国法学》2020 年第 3 期。
⑥ 参见黄雄义:《清代因案修例的现象还原与性质界定——兼论其对完善案例指导制度的启示》,载《政治与法律》2020 年第 2 期。
⑦ 孙跃:《案例指导制度的改革目标与路径——基于权威与共识的分析》,载《法制与社会发展》2020 年第 6 期。

级人民法院审判委员会总结审判经验,讨论重大的或者疑难的案件和其他有关审判工作的问题的方式之一。改革开放后,最高人民法院发布了《人民法院案例选》《中国审判案例要览》以及各类审判参考案例。2010年开始建立案例指导制度,2020年确立类案检索制度。这些都体现出案例在我国法律沿革与发展中的重要作用。

《类案检索意见》第4条规定,"类案检索范围一般包括:(一)最高人民法院发布的指导性案例;(二)最高人民法院发布的典型案例及裁判生效的案件;(三)本省(自治区、直辖市)高级人民法院发布的参考性案例及裁判生效的案件;(四)上一级人民法院及本院裁判生效的案件"。这一规定可以说从两个维度归纳和总结了我国现有法律制度下案例体系:其一,该规定将案例分为指导性案例和非指导性案例,两者的区分标准在于效力层级不同;其二,该规定依照案例所属的法院层级划分了案例层级。因此,要明确类案检索的范围,我们首先应当明确我国案例体系的结构。

一、以指导性案例为龙头的案例体系

从第一个维度,即指导性案例与非指导性案例的划分来看,我国案例体系的一个突出特征,就是指导性案例处于"龙头"的地位。这是由指导性案例所依托的案例指导制度及其效力基础决定的。

指导性案例是由最高人民法院确定并统一发布、各级人民法院审判类似案件时应当参照的案例。它的法律或制度依据主要包括以下文件:(1)《人民法院第二个五年改革纲要(2004—2008)》规定:"建立和完善案例指导制度,重视指导性案例在统一法律适用标准、指导下级法院审判工作、丰富和发展法学理论等方面的作用。最高人民法院制定关于案例指导制度的规范性文件,规定指导性案例的编选标准、编选程序、发布方式、指导规则等。"(2)2010年最高人民法院发布《案例指导工作规定》,标志着我国案例指导制度初步建立。(3)2015年最高人民法院发布《案例指导实施细则》,进一步细化了有关案例指导工作的实施方法。(4)2018年修订的《人民法院组织法》第37条第2款规定:"最高人民法院对属于审判工作中具体应用法律的问题进行解释,应当由审判委员会全体会议讨论通过;发布指导性案例,可以由审判委员会专业委员会会议讨论通过。"《人民法院组织法》第37条第2款的意义不但在于明确案例指导制度为《人民法院组织法》所确认,而且明确指导性案例与司法解释处于并列地位。至2023年12月,最高人民法院发布39批共计224个指导性案例。笼统来说,指导性案例具有

如下四个特征①：

第一，指导性案例是经过改写和编辑的案例，与以裁判文书为载体的英美法系国家的判例法或大陆法系国家的先例制度有根本区别。在一些情况下，与原判决相比，指导性案例的案件事实、裁判理由会有所增删。

第二，指导性案例要经过行政性的挑选过程，案例指导制度的确立离不开行政权威的参与。指导性案例的遴选和发布，要经过法院逐级上报、层层挑选，经由最高人民法院案例指导办公室的专家改写、加工、编辑，最终由最高人民法院审判委员会决定，并以最高人民法院的名义公布。

第三，指导性案例中具有"指导性"的部分被认为集中在裁判要点。这主要体现在《案例指导实施细则》第9条，"各级人民法院正在审理的案件，在基本案情和法律适用方面，与最高人民法院发布的指导性案例相类似的，应当参照相关指导性案例的裁判要点作出裁判"。

第四，指导性案例具有特殊的法律效力地位以及独特的使用方式。有关指导性案例的效力，《案例指导工作规定》第7条规定，最高人民法院发布的指导性案例，各级人民法院审判类似案件时应当参照；《案例指导实施细则》第10条规定："各级人民法院审理类似案件参照指导性案例的，应当将指导性案例作为裁判理由引述，但不作为裁判依据引用。"如何理解这里的"应当参照"，学界有不同看法。大体上来说，大家都比较接受指导性案例是一种非正式法源，它不能作为裁判的依据，但是应当作为裁判说理时的理由，具有事实上的约束力或具有制度支撑的说服力。此外，《人民法院组织法》第18条规定："最高人民法院可以对属于审判工作中具体应用法律的问题进行解释。最高人民法院可以发布指导性案例。"这就在事实上将指导性案例的地位与司法解释并列起来。在实践中，如果司法解释被视同为具有准法律的地位，那么指导性案例也应当得到同等对待。更何况从学理角度来说，案例的"指导性"或"合理性"不仅源自案例的效力地位，更源自案例本身所包含的裁判规则。比如，有学者指出，裁判规则构成了案例的灵魂，为人们解决同类疑难案件提供了法律解决方案，为法官的裁判提供了理由，是一种建立在理性基础上的事实上的权威。② 这种裁判规则是司法经验与

---

① 参见张骐：《论中国案例指导制度向司法判例制度转型的必要性和正当性》，载《比较法研究》2017年第5期。

② 参见张骐：《论裁判规则的规范性》，载《比较法研究》2020年第4期。

智慧的智识载体,更凸显实践中对于案例的自发性运用。① 因此,我们在实践中不应过多纠结于指导性案例和其他类型案例的法源地位,而应将关注点集中于我们对于案例所包含的理性因素的借鉴和运用。

从这个角度来说,根据最高人民法院相应的司法文件规定,对指导性案例的参照主要包括三方面内容:首先,它指的是主动查询。在办理案件过程中,案件承办人员应当查询是否存在与本案构成类案的指导性案例。其次,它包括书面回应。在办理案件过程中,当事人如果提出"参照"主张,法院在裁判理由中不可以不提及或不予置评。根据《案例指导实施细则》第11条第2款的规定:"公诉机关、案件当事人及其辩护人、诉讼代理人引述指导性案例作为控(诉)辩理由的,案件承办人员应当在裁判理由中回应是否参照了该指导性案例并说明理由。"最后,它还包括裁判引述。这指的是:一方面,法官要通过指导性案例说理,增强裁判理由;另一方面,在裁判文书中要引述指导性案例的编号和裁判要点。

非指导性案例指的是我国司法体系中指导性案例之外的案例。② 它们可以被笼统地划分为最高人民法院的案例和地方人民法院案例。

其中最高人民法院的案例可以进一步细分为:(1)《最高人民法院公报》发布的案例,即"公报案例"或"典型案例",它是最高人民法院在地方人民法院生效裁判文书基础上编写而成的③;以及最高人民法院自己审理的案件的裁判文书;(2)最高人民法院各业务审判庭编印的书籍中刊登的案例(裁判文书)或者编写的案例,比如《中国行政审判案例》《行政执法与行政审判》等;(3)最高人民法院在"中国裁判文书网"上发布的裁判文书。

地方人民法院案例又可以分为:(1)由高级人民法院或者中级人民法院编写的案例,这些案例不得使用"指导性案例"或"指导案例"的称谓,一般被称为"参考性案例";(2)地方人民法院在"中国裁判文书网"发布的裁判文书。

与指导性案例相比,非指导性案例并不具有那样强的约束力,也缺乏相应的制度性支撑或司法文件的规定。不过,《类案检索意见》明确了"类案与关联案件"对于审判

---

① 参见顾培东:《效力抑或效用:我国判例运用的功利取向》,载《法商研究》2022年第5期。
② 参见章剑生:《论制定法体系中判例的展开》,载《南大法学》2020年第1期。
③ 在《类案检索意见》中,并没有提及公报案例,只列出了典型案例。但是根据最高人民法院对公报案例的表述,它可以被视为典型案例的一种表现形式,因此在检索中我们也可以运用公报案例。

的意义,提出类案检索的范围应当包括非指导性案例。这在一定程度上承认了非指导性案例对于司法裁判的作用,使之具有一定限度的事实上的约束力。但无论如何,非指导性案例和指导性案例在使用中,存在着明显差别。我们通过一些司法文件规定的表述可以非常明确地体会到这一点。比如,《人民法院五年改革纲要》规定,"2000 年起,经最高人民法院审判委员会讨论、决定有适用法律问题的典型案例予以公布,供下级法院审判类似案件时参考";2010 年最高人民法院《关于规范上下级人民法院审判业务关系的若干意见》第 9 条第 1 款规定:"高级人民法院通过审理案件、制定审判业务文件、发布参考性案例、召开审判业务会议、组织法官培训等形式,对辖区内各级人民法院和专门人民法院的审判业务工作进行指导。"对于非指导性案例,这些规定都没有认为司法裁判中法官"应当参照",更多的是一种"参考",其地位显然要弱于指导性案例。

二、案例体系的纵横结构

依据案例所属的法院层级,我国法律体系中的案例可以被划分为一个金字塔式的纵横结构。纵向上,案例依照所属法院层级由低到高逐级排列,直至最高人民法院发布或审理的案例,这一序列中指导性案例居于金字塔顶端。横向上,每个层级的案例包括了该层级法院发布和审理的所有案例,它们处于相同的效力位阶。依据《类案检索意见》,我们会发现在这个纵横结构中,最为关键的是纵向结构:检索类案时,根据案例效力层级构成的顺位,从上至下依次检索,在前一顺位中检索到类案的,可以不再进行检索。

这一规定是符合我国司法实践的,并与我国法院体系的审级制度密不可分。《宪法》第 132 条规定:"最高人民法院是最高审判机关。最高人民法院监督地方各级人民法院和专门人民法院的审判工作,上级人民法院监督下级人民法院的审判工作";《人民法院组织法》第 10 条第 2 款规定:"最高人民法院监督地方各级人民法院和专门人民法院的审判工作,上级人民法院监督下级人民法院的审判工作";同时该法第 18 条第 2 款规定:"最高人民法院可以发布指导性案例。"根据上述规定,下级人民法院在审理案件时,为了确保自己的判决不被改判,就要在遇到类似问题时,关注上级人民法院对此问题的看法,尽量使得自己的判决同上级人民法院相一致。因此,我们可以说,上述规定虽然针对的是法院的审级,但却对案例效力层级意义重大。我国的法院体系是一个由纵向和横向关系组织起来的行使审判权的架构。在此架构下,保证法律适用的统一,必然要求下级人民法院服从上级人民法院已有的案例。

以上,是我们根据《类案检索意见》第 4 条对我国现有案例体系进行的概括式分析。接下来,我们来看面对根据上述逻辑建立起来的案例体系,在确定检索类案范围时所应当遵循的原则。

第二节　确定检索范围的基本原则

在实务中,检索待决案件的类案时,我们遇到的问题往往不是找不到可供参照或参考的类案,而是检索到的案例数目太多,难以取舍、缺乏头绪。这个现象一般来说是由如下两个因素造成的:其一,我们没有清晰界定类案检索的范围,导致检索好似大海捞针,自然事倍功半,难以收获满意效果;其二,我们没有明确类案检索的方法,无论是检索思路还是数据库检索技术,都存在一定不足,导致我们无法得到满意结果。本书第五章和第六章将会分别解决检索思路和技术方面的问题,现在我们来讨论如何清晰界定类案检索的范围。这就涉及我们在检索时应当遵循的原则。

一、纵向优先原则

如前所述,《类案检索意见》第 4 条规定了我国法律体系中案例的层级顺位,并明确指出,在类案检索中,如果上一顺位中已经检索到类案,就可以不再进行检索。在地方性人民法院的规定中,比如 2016 年《重庆市第四中级人民法院关于类案检索参考的规定(试行)》也规定在检索时要"分类检索""逐层检索"。这提示我们在检索时,应当按照我国案例体系的结构依次有序进行。

首先,我们可以按照指导性案例与非指导性案例的划分来检索类案。如果能够在最高人民法院已发布的指导性案例中找到类案,我们就可以停止检索;如果没有找到,就继续检索工作。

其次,继续检索工作时,我们可以按照法院层级来确立不同案例的顺位关系。依次关注最高人民法院发布的典型案例和裁判生效的案件,本省(自治区、直辖市)高级人民法院发布的参考性案例及裁判生效案件,以及上一级人民法院和本院裁判生效的案件。

按照上述逻辑顺位展开,可以做到不重不漏,避免无用功,提高工作效率。我们来看一个实际的例证:比如,我们需要检索民事案例中"交通事故中受害人体质因素对侵权责任认定的影响",就可以登录数据库平台(如,中国裁判文书网、北大法宝等),根据关键词或案由展开检索(具体方法参见本书第六章、第八章)。我们以"北大法宝"为例。在其"类案检索平台"中输入关键词"交通事故""体质"这两个关键词,我们立刻能够看到指导案例24号与我们所要检索的问题有关,可能与待决案件构成类案。经过判定,如果两者确实构成类案,我们的检索就到此结束,非常简单、快捷。

但实际上很多时候类案检索并不会这么简单,因为指导性案例毕竟数量有限,供给和需求之间存在较大出入。实务中我们不可避免要检索非指导性案例。我们以民事案例中的"工伤保险待遇纠纷"为例,来看这时如何运用纵向优先原则。我们同样在"北大法宝"的"类案检索平台"输入"工伤保险待遇",选择"民事"案由。此时,我们可以看到一共有128857个类案检索结果。① 我们当然不是参照或参考所有案例,也不需要判断它们是否全部与待决案件构成类案。我们先用"纵向优先原则"对之加以筛选,这就涉及从案例层级角度对之加以分类。网络数据库平台往往会自动做好这一工作。我们只需要点开相应类别进一步甄别确认即可。比如,此时我们会看到如下界面。数据库已经依照案例层级归纳好案例。

图4-1 纵向优先原则示例

① 为便于举例与理解,数量均为检索当时的检索结果数,而非实时检索结果数。检索时间:2023年12月11日。

此时我们需要做的就是点开不同层级的案例,比如"公报案例""典型案例""参考性案例""普通案例",逐层甄别判断是否有与待决案件构成类案的案例。当我们找到后,检索即可停止。个别情况下,即使我们遍寻"公报案例""典型案例""参考性案例",恐怕也无法找到待决案件的类案。此时,我们就需要查看"普通案例"。如图所示,这类案例数目非常庞大。此时,我们可以根据"审理法院"这一因素来遴选案例。在本省(自治区、直辖市)的高级人民法院、上一级人民法院或本级人民法院裁判生效的案件中进一步检索类案。这是《类案检索意见》中列明的检索范围。但在实务中,如果我们无法在本省(自治区、直辖市)的高级人民法院、上一级人民法院中找到类案,可以在其他省(自治区、直辖市)的高级人民法院、上一级人民法院中寻找。

二、顺位优先原则

顺位优先原则与纵向优先原则类似,但它更强调我们在检索中应当以《类案检索意见》第4条规定的检索顺序为主。在实务中我们特别要注意不能颠倒顺序,这种颠倒可能有两种情况:

其一,我们为了方便,会首先关注本院或上一级人民法院对于类似问题的看法与立场,根据本院或上一级人民法院的处理方式裁判案件,没有首先考虑指导性案例与最高人民法院的公报案例及其他裁判生效的案件。一般来说,这种检索顺序得出的结果大概率不会出现问题,但由于各种因素,地方各级人民法院同最高人民法院指导性案例和公报案例在法律适用方面可能会有出入。没有按照《类案检索意见》固定的顺位进行检索,检索结果可能并不准确,会影响我们判断类案、作出裁判。

其二,我们在处理类似问题时,可能倾向于首先考虑本院所在地下级人民法院对该问题的已有看法,其他地区同级人民法院对该问题的既有判断,以及其他地区上一级人民法院的看法或对该地与本院同级人民法院的指示。实务中这类情况也不少见,往往是法官学习和吸收既有审判经验与法律政策的重要方式。但是在类案检索时,这种做法会打乱我们依据案例层级顺位安排的检索范围,稍有不慎就会导致检索工作出现重复和遗漏,反而影响效率和准确度。

我们还是以两个例子来说明这个问题。比如,北京市某中级人民法院遇到了涉及交通事故中受害人体质与侵权责任认定的待决案件。根据"交通事故""受害人体质""侵权"三个关键词在"北大法宝"的"类案检索平台"检索,截至2023年12月11日,北京市三个中级人民法院审理与此问题类似或相关的案例共计22个。如果检索中我们没有遵循"顺位优先原则",先去查找这20多个案例中哪些与待决案件构成类案,那么工作量是非常大的,而且得出的结论也没有意义。因为我们首先要判断指导案例24号是否与待决案件构成类似,如果它们构成类案,我们就没必要再分析这22个案例;即使它们不构成类案,我们也要说明两者存在差异的理由。

再比如,上海市某中级人民法院遇到涉及工伤保险待遇纠纷的待决案件。根据上海市第一中级人民法院在其网站公布的"类案总结"(2020年第38期),该法院对这类问题已经有了相对成熟的应对方案和审判思路。作为与之同级的上海市某中级人民法院,是否可以直接参考它的方案和思路呢?根据《类案检索意见》确立的"顺位优先原则",并不可以这样。法官依旧需要按照案例层级顺位,依次逐级检索类案。如果寻找到类案,还是当以该类案为主,当然同时也可以吸收上海市第一中级人民法院类案总结中提出的成熟方案和思路。

坚持顺位优先原则,能够保证我们案例结构的稳定,避免各级人民法院层出不穷的案例架空我国以指导性案例为龙头的案例体系。正是与审级制度紧密相关的案例体系结构的稳定、完整,确保了最高人民法院在统一法律适用、公正司法方面发挥的作用。[①]

三、时间临近原则

法律被制定并公布后,会受到修改和废止,因此它具有时效性。依据法律作出的裁判和案例,也具有类似的特征。在法律依据受到修改、废止或替代后,相应的案例也就不再有效,失去了被后来法官参考借鉴的价值。我国正处于社会转型时期,经济社会飞速发展,法律法规的制定非常快,更新周期短,检索类案时,难免会遇到已有案例和当下待决案件所处的社会情境有所差异甚至不相匹配的情形。对此,《类案检索意见》规定,除指导性案例外,优先检索近三年的案例或案件。这就为我们的类案检索提出了一项"时间临近原则"。

时间临近原则主要服务于三个目的:

首先,它可以充当类案法律适用的分歧解决机制(详见第十章)。当我们在检索中

[①] 参见刘树德、胡继先:《关于类案检索制度相关问题的若干思考》,载《法律适用》2020年第18期。

发现几个类案在法律适用上有所差异时,可以优先考虑类案的时间因素,看是否能从时间上排除对一些类案的参考,以此解决法律适用上的分歧。

其次,它可以作为法律适应社会发展变化的一种策略。相较于成文法或法典,案例的核心特征在于同案件事实联系紧密,其裁判规则能够很好地体现案件事实与法律规则的协调一致、法律规范对当事人需求的回应。时间临近原则强化了案例的这一特征和功能,更有助于人民群众在每一个案件中感受到公平正义。

最后,它还体现了法律变迁、政策革新以及时代任务对法官的要求。我国正处于社会转型时期,法律法规变化相对频繁,法律政策的发展也比较迅速,不同历史时期法官的历史使命也有所差异。时间临近原则能够让法官更好地聚焦于当下的法律法规、政策要求以及历史任务。司法裁判中难免需要价值判断,通过关注近三年的案例或案件,把握和领会当下政策走向和发展趋势,有助于法官在类案判断和司法裁判中作出正确选择。

指导性案例并不受时间临近原则约束,是因为我国案例指导制度的确立本身就是相对晚近的事情。结合现在情况来看,并没有发生指导性案例与法律和社会需求明显脱钩的情形。同时,指导性案例本身的特性决定了它具有一定的价值导向、政策引领和宣法释法的意义。比如,指导案例12号"李飞故意杀人案",其裁判要点指出:"对于因民间矛盾引发的故意杀人案件,被告人犯罪手段残忍,且系累犯,论罪应当判处死刑,但被告人亲属主动协助公安机关将其抓捕归案,并积极赔偿的,人民法院根据案件具体情节,从尽量化解社会矛盾角度考虑,可以依法判处被告人死刑,缓期二年执行,同时决定限制减刑。"这就从司法政策层面对死刑及减刑问题作出了规定,并提出应当从"化解社会矛盾"这个角度考虑相关问题。

又比如指导案例4号"王志才故意杀人案",其裁判要点指出:"因恋爱、婚姻矛盾激化引发的故意杀人案件,被告人犯罪手段残忍,论罪应当判处死刑,但被告人具有坦白悔罪、积极赔偿等从轻处罚情节,同时被害人亲属要求严惩的,人民法院根据案件性质、犯罪情节、危害后果和被告人的主观恶性及人身危险性,可以依法判处被告人死刑,缓期二年执行,同时决定限制减刑,以有效化解社会矛盾,促进社会和谐。"该案例同样从"化解社会矛盾"这个角度出发,提出相应的刑事司法政策和价值导向。

这些例证表明,指导性案例不仅包含法官应对具体问题的法律方法,还体现了最高人民法院在宏观上对我国刑事司法政策、司法价值导向的引领,以及宣法释法的功能。政策、价值导向以及对法律的解释和理解，都具有一定程度的稳定性或恒定性，确保一定时期内法律适用的统一。此外，当指导性案例与我国制定法存在矛盾、冲突或重复时，指导性案例往往会得到及时的清理。比如，我国《民法典》颁布后，最高人民法院发布通知，指出"经最高人民法院审判委员会讨论决定，9号、20号指导性案例不再参照"。但是该指导性案例的裁判以及参照该指导性案例作出的裁判仍然有效。

因此，指导性案例并不适用时间临近原则。当然，随着案例指导制度的完善以及社会经济的发展，会出现一些指导性案例不再适应现实需求或与现行法律不再匹配的情况。这也要求我们做到未雨绸缪，积极探索指导性案例退出机制。否则，随着指导性案例数量的增加，最高人民法院在分析和判定指导性案例是否适应时代发展、是否与相关法律规定一致方面的工作量也会不断增多。不过这都是后续关注的问题，眼下我们需要注意的是时间临近原则只适用于非指导性案例。

四、横向相近原则

实务中，难免会遇到如下比较复杂和棘手的情况，就是根据《类案检索意见》所列的类案检索范围与顺序，从我国案例体系的纵向结构中无法找到待决案件的类案。现实中这种情况并不多见，但未必不会出现。此时我们就要将目光投向本院及同级人民法院裁判生效的案件。这一层级顺位中的案件同样数量庞大，我们依然需要一定原则来限定检索范围，这便是"横向相近原则"的用武之地。具体来说，它至少包含如下三个含义：

1. 专业相近原则

在同一级别的法院中，难免会出现在不同案例中对同一法律问题有不同解释和适用的现象。这种情况下，我们在检索和判断类案时，可以从负责审理案件的专业审判庭角度，寻找与审理本案相同的专业审判庭的案例。以此方法，能够解决我们检索到的案例中有关法律适用的分歧，尽可能保证类案判断以及司法裁判的准确性，同时也在一定程度上提高了工作效率。

2. 地区相近原则

如果在纵向结构上我们无法找到类案而只能诉诸本院或同级人民法院的案例时，则要注意选择的案例所属法院或地区尽可能与本案所属法院或地区情况类似。这可以是地理方位的接近，但更主要是文化、历史、风俗和经济社会发展方面的趋同。这些法律之外因素的类似,使得两地法院与法官在解释法律、适用法律和裁判案件时,会形成类似的习惯与规则。法官参考这类案例作出裁判,既容易得到当事人的接受,通常也会得到上级人民法院的尊重与认可。

3.当事人或案件标的相近原则

这种情况往往出现在一些保险公司赔偿纠纷中,同一家保险公司可能是许多案件的被告,这些案件中可能有一些案件与待决案件构成类案。我们可以任意寻找一个案例,比如"靳某某与中国平安财产保险股份有限公司北京分公司等机动车交通事故责任纠纷案",然后在"北大法宝"数据库的"司法案例"平台中输入该案例,可以看到如下界面:

图 4-2 当事人或案件标的相近原则示例

然后我们点击该检索结果下方的"相似案例"栏,会检索到可能与之构成类案的案例。在这些案例中,又有许多案例是"中国平安财产保险股份有限公司"的分公司作为原告或被告的。此时,我们就可以从原告或被告入手,先从与待决案件原被告相同或类似的案例展开分析判断,从中筛选可供参考的类案。

以上是我们在进行类案检索时确定检索范围时大体上应当遵循的原则。总体来说,要以我国案例体系结构为核心展开检索,以纵向优先原则、顺位优先原则为基础,辅以时间临近原则,在一些特殊情况中,还可以考虑横向相近原则。在实务中妥当把握和灵活运用这些原则,能够帮助我们准确框定类案检索范围,为构思检索思路并具体展开类案检索和判断提供基础。但需要指出的是,我们在确定类案检索范围时,除要牢记上述原则外,还有一些需要额外注意的事项。

第三节 需要额外注意的事项举例

规则总有例外,原则更是如此。在实务中,简便起见,有时我们可能并不会严格按照上述原则展开检索,而是依靠一些自己在工作中形成的经验法则。本部分会简单讨论三个与确定类案检索范围有关的经验法则,并提示它们可能存在的风险。当然,需要指出的是,这里的讨论只是尝试性的,有关需要额外注意事项的提及只是列举而非全面罗列。

一、近因原则有效但未必可靠

如前所述,在实践中检索类案时,一个比较便利快捷的方法就是先判断指导性案例中是否包含待决案件的类案,如果不包含,再继续寻找非指导性案例中的类案。此时,从效率角度出发,法官往往会依赖"近因原则",也即优先考虑与自己法院审级相近(比如本省上级人民法院、本省同级人民法院)、专业相近(同属一个专业审判庭的案例)或时间相近的案例。简言之,他们会优先在同自己法院关系密切的法院或审判庭审理的案件中寻找类案。

不可否认,这一方法往往是有效的,而且是便捷的。按照《类案检索意见》规定的顺位展开检索,最后结果很可能与依赖近因原则得出的结论一致,但是却大费周章、效率低下。这是因为"近因原则"更准确地把握了我国法院审级制度及案例体系的纵横结构。不过一如前文指出的,一定要注意近因原则有效的前提,是所参考的法院或审判庭适用法律正确、理解政策到位。

换言之,法官在实践中可以通过近因原则来提高工作效率、减轻工作负担,是因为他们默认通过该原则遴选出的案例能够体现法律发展动向和政策趋势,这有助于更好地通过司法回应社会需求。但正因如此,我们才不能在运用该原则时忽略对案例进行实质考察,要对其法律适用及体现的司法政策或方针加以分析,确认无误方可列为可供参考的类案。这是因为类案检索机制的核心,在于统一法律适用,确保公正司法,这需要我们认真把握法院审级和以此为依据的我国案例体系结构,遵照最高人民法院和上级人民法院对法律的理解适用和政策安排。

二、一定数量的类案方能具有说服力

在确定类案检索范围时,除指导性案例具有"一言九鼎"的地位外,如果需要检索的是非指导性案例,那么要注意最后框定的案例要具备一定体量。案例数目过多,会导致没必要的重复劳动和过于繁重的工作压力;但案例数目过少,则会影响类案检索的意义,削减类案对裁判待决案件的辅助作用,影响其说服力。因此在实务中要注意把握类案检索结果的数量。比较合适的数量并无一定之规,但应当足以体现出该类案件的裁判规则,以及相对全面呈现出该类案件所涉及的全部法律问题及解决方案。只要满足了这两个条件,不论最后检索到的案例是5个、15个还是50个,都不成问题。这其实意味着如下两点:

其一,无论检索到多少案例,都需要依照前文提出的原则来逐步限定检索范围,减轻工作负担。同时要有清晰的检索思路和方法,保证检索结果的精准有效。在此基础上,要对检索出的类案按照逻辑顺序加以排列,使之能够体现出其裁判规则和相应法律问题与解决方案。可以参考上海市第一中级人民法院网站上有关类案裁判的总结,针对每类法律问题,应包含如下具体内容,即典型案例案情(简略概述案件关键事实与法律问题)、审理难点(提炼实践中难以处理的问题)、审理思路和裁判要点(针对审理难点提出解决方案,往往附以思维导图或审判思路图)以及其他需要说明的问题(交代相关注意事项)。每份总结报告中包含的典型案例数量并不多,但它们都准确地呈现出该报告涉及的法律问题下具体的法律争议和关键事实要件,裁判要点也是围绕这些争议和要件展开分析的。如果检索结果能够具有这一效果,类案检索的目的便能够得到有效实现。

其二,在实践中,类案检索的范围与类案检索的方法、数据库使用技术乃至类案的判断和检索报告的撰写等问题彼此关联,难以清晰区分。在进行类案检索时,我们很难明确划分在哪一阶段确定检索范围,哪一阶段构思检索思路,哪一阶段展开检索然后作出判断并撰写报告。实际上不同阶段所使用到的法律方法和思维类型是紧密相联的。我们通过一些原则来确定案例检索的范围、框定一定数量的案例,同时也与我们展开类案检索的思路密不可分,因为我们总要依据一定方法才能展开检索进而落实这些确定检索范围的原则;同时,这一过程离不开我们对数据库的熟练运用,在信息时代智慧司法大背景下的工作中,案例数据库和检索平台可谓如影随形。以上这些工作过程最终又会呈现在我们撰写的检索报告中。因此,我们要注意类案检索工作的系统性和完整性,虽然本书是将不同环节分开阐述的,但实务中却未必如此。

三、在类案检索中体会原则与政策的动态平衡

如前文一再强调的,进行类案检索时,一定要以发现类案中包含的裁判规则、法律政策为目的。这要求我们体会围绕同一法律问题,不同案件的处理方式中体现出来的一致性与差异性,并探究这背后的法律原则与政策之间的互动。这不仅对理解检索到的类案至关重要,还对把握类案判断标准、裁判待决案件很有帮助,同时对知悉法律发展动态和政策趋势、通过司法回应社会需求、通过个案实现公平正义具有积极意义。

法律原则与法律政策,是司法裁判中的经与权。经者,恒久之道也;权者,应变之策也。两者如何能够彼此一致,做到经不离权、权不离经,需要我们认真总结裁判经验与司法智慧。通过类案检索,我们能够更好地汲取前人的经验,体会法律原则和政策之间的动态平衡。这既能避免机械司法的弊端,也能避免自由裁量的恣意,真正实现统一法律适用和公正司法的目的。

这些说法虽然看起来比较宏大和抽象,但实务中不可避免地会涉及相应问题。这就需要法官在理解是非曲直的基础上,做到法律原则、法律政策的融汇贯通,而这背后便是要作出妥当的价值判断。以上海市第一中级人民法院有关"工伤认定行政案件"的类案审判思路和裁判要点为例,说明这一点。①

工伤认定是社会保险行政部门根据职工及用人单位的申请,按照《工伤保险条例》规定的条件,在法定期间内作出是否赔付工伤保险待遇的行政确认行为。工伤认定行政案件主要围绕认定或者不予认定工伤行为的合法性进行审查,以监督社会保险行政部门依法行政、维护职工和用人单位的合法权益。在实务中,这类案件的难点在于职工从事的行业类型相对多样,不同工种面临的职业环境风险亦存在差异,工伤认定行为的司法审查比较棘手。这一难点的背后体现着工伤保险在社会中的多重价值:一方面注重对受伤职工的关怀,另一方面考虑督促用人单位改善劳动保护条件,实现社会利益的最大化。事实复杂,加之需要衡量的价值多元,使得工伤认定行政案件在实务

---

① 参见上海市第一中级人民法院审委会办公室编:《工伤认定行政案件的审理思路和裁判要点》,载上海市第一中级人民法院类案总结 2020 年第 36 期(网址:http://www.a-court.gov.cn/platformData/infoplat/pub/no1court_2802/docs/202006/d_3618022.html),访问日期:2020 年 11 月 17 日。

中相对棘手。

这就非常需要法官在处理具体案件时,对细节有准确把握,同时要真正体会和了解职工工作的现状,不仅包括在案件中呈现出的事实要素,也包括这些事实要素背后体现出的职工或用工单位为何"不得不如此"行为或选择的理由与原因。这不仅要求法官具有一般性的常情常理与常识,还要对每个案件具体的特殊情况认真对待。

比如,上海市第一中级人民法院指出,在工伤认定行政案件中,有四大难点有待解决:"三工"(工作时间、工作地点、工作原因)因素判断难、工伤认定特殊情形把握难、事实劳动关系证明难,以及职工和用人单位之间权益平衡难。其中"三工"因素判断难是因为实务中总会遇到职工主动加班、因工外出以及"八小时"工作制外的时间能否认定为工作时间的难题。在当下行业环境中,加班文化盛行、职场竞争激烈,此时是否应当对"三工"加以严格解释就颇成问题。工伤认定特殊情形把握难,主要体现在实践中用工形态非常多样,不同领域工作内容差异明显,案件涉及的事实要比法律所列举的情形更加复杂,法官难以把握合适的司法审查标准。事实劳动关系证明难,体现在部分职工受无用工主体资格的单位或个人指派进行工作,只能提供证明效力较低的关联材料,用人单位往往以劳务、承包、租赁、代理等关系否认事实劳动关系存在,甚至以职工在岗前培训期、试用期或招工时提供虚假个人信息等作为否认事实劳动关系的依据。职工和用人单位之间权益平衡难,主要是因为工伤认定行政案件的审理要考虑相应的社会效果,坚持预防为主、康复优先、救助及时的原则,要在保障职工合法权益和减低用人单位负担之间实现平衡。此时,涉案行政争议的实质性化解阻力较大。

这些难点和涉及的价值权衡与判断,都说明了通过类案检索法官需要发现的不只是单纯的裁判规则,更重要的是把握和领会裁判规则背后体现出的有关法律原则、政策和价值选择,以此才能够促使案件得到妥善解决,实质性化解争议。

第四节 本章小结

当明确一个待决案件应当进行类案检索后,我们就需要考虑类案检索的范围、思路、方法以及检索报告的撰写。本章讨论如何确定类案检索的范围。大体来说,检索类案的范围离不开对我国案例体系结构的掌握。在我国当下法律体系中,依托法院审级制度和案例指导制度,我国案例体系结构特征可以被概括为以指导性案例为龙头的纵横架构。其中指导性案例的效力是一种事实上的约束力或具有制度支撑的说服力,法官在裁判类案时应当对之加以参照;非指导性案例则依托审级制度而具有一定程度的事实上的约束力,在司法裁判中供法官参考。

依据我国案例体系结构,我们可以大致将确定类案检索范围的原则归纳为纵向优先原则、顺位优先原则、时间临近原则和横向相近原则,其中前三个原则最为主要,是实务中常见的可能情形。横向相近原则往往针对的是特殊情形或例外情况,即类案检索中非常少见的无法在上级人民法院或本院找到类案的情形。

除却这四个原则,确定类案检索范围时还有一些值得我们注意的事项。比如,采用近因原则得到的结果未必可靠,需要谨慎检验;对案例的检索要以明确裁判规则和相应法律问题为标准,尽量勾勒出一系列而非单个或几个孤立的案例;确定类案检索范围还要注重把握类案背后体现的法律原则与政策等。

通过以上分析,我们希望读者能够大体上掌握确定类案检索范围的基本原则。但要想在浩如烟海的案例中不迷路,除了解检索范围外,还需要熟稔检索思路与方法。相关内容请见第五章。

第五章

类案检索的方法

通过分析类案检索的三大方向以及具体的五大思路,示范我们在实践中如何一步步缩小检索范围并最终确定与待决案件构成类似的案件。

《类案检索意见》第 5 条规定:"类案检索可以采用关键词检索、法条关联案件检索、案例关联检索等方法。"本章据此规定,详述类案检索中,法官寻找案例的基本方向与思路。同时,《类案检索意见》第 6 条规定:"承办法官应当将待决案件与检索结果进行相似性识别和比对,确定是否属于类案。"因此,寻找案例是类案判断的基础与前提。本章结合以上规定,讨论如何通过类案检索为类案判断做准备。

第一节 类案检索的三大方向

根据《类案检索意见》的相关规定,法官与律师在处理待决案件时,要注意该案件是否属于应当进行类案检索的情形。如果属于《类案检索意见》所列情形,则应当依据规定展开类案检索。在前面章节,本书依次分析了类案的概念、类案检索的前提与范围。接下来主要讨论如何展开类案检索,也即法官如何寻找到可能与待决案件类似的案例,为类案判断做准备。这一环节涉及两个层面的问题,其一是面对海量案例,法官依据何种方向与思路展开检索(本章);其二是在检索方向和思路既定的前提下,法官如何运用数据库收集案例(第六章)。

法官检索案例的方向与思路,概括来说,指的是比较待决案件和既有案例是否构成类案时所依据的标准或角度。有学者称之为"比较点"。① 只有从比较点出发,据此检索案例,得出的结果才更有可能与待决案件构成类案,既提高了检索效率、减轻了法官负担,同时又为法官进行类案判断提供了基础和准备。

那么我们如何理解比较点、如何寻找比较点呢?

《类案检索意见》第 1 条规定:"本意见所称类案,是指与待决案件在基本事实、争议焦点、法律适用问题等方面具有相似性,且已经人民法院裁判生效的案件。"根据该规定,判断类案的标准主要包括案件的基本事实、争议焦点、法律适用问题等因素。我们可以将这些因素视为"比较点",它是案件事实与法律规则的混合体,法官与律师往往需要往返于法律与事实之间便说明了这一点。

《类案检索意见》第 5 条规定:"类案检索可以采用关键词检索、法条关联案件检索、案例关联检索等方法。"我们在寻找比较点时,不妨先从这一条文中列举的要素入

---

① 参见张骐:《论类似案件的判断》,载《中外法学》2014 年第 2 期。

手展开思考。

一、关键词检索

我们往往可以根据待决案件包含的关键词来确定与之相关的类案。关键词可以是案件事实的核心信息,也可以是案件涉及的重要法律关系、法律问题。这一点在我国案例指导制度中体现得非常明显。在我国最高人民法院公布的每一个指导性案例的标题下都附有"关键词"一栏,提示了该案例的核心案件事实与法律关系。从算法角度来说,类似性的判断就是类似程度的计算,而计算的基础就是关键词的匹配度。不同的关键词组合会指向不同的案例。信息越少,指向的范围就越大;信息越多,指向的范围就越小。在这个意义上,关键词发挥着信息指令的作用,算法会根据指令进行案例匹配。①

以指导案例 1 号为例,本案例名称为"上海中原物业顾问有限公司诉陶德华居间合同纠纷案",其关键词为"民事""居间合同""二手房买卖""违约"。假如需要寻找该案例的类案,那么这四个关键词就是展开检索时必须考虑的信息。但在司法实践中,更常见的情形是待决案件并不存在现成的关键词,需要我们在展开检索前,学会从案件中提取关键词。这就涉及我们在研读案件后,对其核心案件事实与法律关系的判断。

一般来说,在储备一定法律知识和实务经验后,对这些因素作出基本判断并不困难。可是由于缺乏清晰的指引,加上司法实践千变万化,其实很难获得统一的指引规则,我们对于自己的判断往往不够确定,缺乏足够自信。为了消除这种不确定性,可以通过一些方法来验证自己的判断,检验自己的结论是否正确。一种比较便利和稳妥的方法,就是参考其他法官的做法,看其对我们提取关键词检索类案是否有启发。这就涉及"支持性案例"的概念。② 它指的是某个先前判决会给法官裁判待决案件提供启发、借鉴与参照。支持性案例与待决案件未必构成类案,但是它所包含的法官裁判说理过程、法官判案的思路以及裁判结果体现的政策性考量,会为我们理解待决案件、识别其核心要素并提炼关键词提供借鉴。

---

① 参见曹磊、刘晓燕:《类案检索应用的困境与破解——以助力法官裁决及文书撰写为视角》,载《中国应用法学》2021 年第 5 期。
② 参见张骐:《论寻找指导性案例的方法:以审判经验为基础》,载《中外法学》2009 年第 3 期。

实务中需要格外留意的是,关键词的选取要以法官在撰写裁判文书时经常使用的词汇和术语为依凭,而不能简单套用法学研究中的概念。比如,有学者就发现根据关键词"法律漏洞"展开检索,效果往往不尽如人意。但这并不意味着司法实践中填补法律漏洞的情形罕见,而是法官往往会以"法律对此明确规定"或"缺少法律依据"这类表述来描述法律漏洞的存在。又比如,根据关键词"比较法"检索,会发现几乎没有可供匹配的案例。这也不是因为实践中法官不会参照国外法,而是因为在裁判文书撰写中法官会直接写明所参照的具体条款,不会使用相对学术化的"比较法"这个概念。[1] 在这个意义上,我们会发现关键词检索看似简单,但实际上操作起来相当复杂。关键词的提炼、排列与组合,可以说没有一定之规,非常依赖法官个人的业务能力水平和经验。

二、法条关联案件检索

在裁判过程中,有关法律的分析其实贯穿于各个环节。这里所说的法条关联案件检索,指的是我们在检索待决案件的类案时,可以分析待决案件涉及的核心法条,通过法条找到指导性案例以及以往生效判决中涉及该法条的案例,进而顺藤摸瓜找到待决案件的类案。

我们仍以在司法实践中遇到有关机动车和行人之间发生交通事故的案件为例。《民法典》第 1173 条规定:"被侵权人对同一损害的发生或者扩大有过错的,可以减轻侵权人的责任。"这就需要我们判定待决案件中行人是否有过错。这个问题涉及《道路交通安全法》第 76 条第 1 款第(二)项的规定:"机动车与非机动车驾驶人、行人之间发生交通事故,非机动车驾驶人、行人没有过错的,由机动车一方承担赔偿责任;有证据证明非机动车驾驶人、行人有过错的,根据过错程度适当减轻机动车一方的赔偿责任;机动车一方没有过错的,承担不超过百分之十的赔偿责任。"在确定上述核心法条后,我们可以检索适用该法条的案例,从检索结果中再进一步判断哪些与待决案件构成类案。

以真实案例"中华联合财产保险股份有限公司北京分公司诉曹文等机动车交通事故责任纠纷案"为例。这个案件的事实同样是一起机动车和行人之间的交通事故,涉

---

[1] 参见曹磊、刘晓燕:《类案检索应用的困境与破解——以助力法官裁决及文书撰写为视角》,载《中国应用法学》2021 年第 5 期。

及的法律规定同样是上述条文。该案中法官需要判断的是交通事故受害人曹文的体质原因,能否成为其承担一定责任的理由。从法条出发,我们可以检索到指导案例24号与之涉及同样的法条,同时两者也构成类案。因此,有关该案的裁判应当参照指导案例24号作出。

法条关联案件检索的一个优势在于,它相对来说比较精确,可以克服关键词检索所带来的不确定性。在实务中,算法会通过裁判文书中所描述的案情相似度来筛选和推送类案。这种方法通常会将文本中词项的出现频度作为统计标准。但是自然语言本身就具有含混性、模糊性以及歧义性,而且自然语言中词语的排列组合,特别是在文本中出现的位置,会对我们理解词语概念有很大的影响。这些因素使得根据关键词检索得来的结果未必符合我们的要求。这种不确定性源自算法技术在处理自然语言时的力有未逮,更高级的算法能够使此种情况有所改善,但难以彻底将之消除。法条关联案件检索方法就有效克服了这种不确定性,帮助法官更快捷和准确地识别所需的类案。

三、案例关联检索

实践中不乏一种可能,就是通过关键词和法条检索,都没能得出充足的或令人满意的结果。这时就需要我们调整思路,综合运用待决案件提供的各种信息,同以指导性案例为龙头的我国案例体系中的众多案例展开比对。

仍以指导性案例为例。每个指导性案例包含七个要素,分别是案例名称、关键词、裁判要点、相关法条、基本案情、裁判结果、裁判理由。据此启发,我们也可以将待决案件划分为这七个部分。从每个部分出发,检索可能与之构成类案的案例,最后将结果整理汇总起来,为类案判断提供丰富的素材准备。

这一过程看似烦琐,但在一些情况中也为我们带来不少便利。比如,经过要素整理,待决案件涉及买卖合同纠纷,在现有指导性案例中,2号、9号和17号案例的名称都涉及买卖合同纠纷。我们就可以判断待决案件与这三个指导性案例是否构成类案,如果结论是肯定的,那么根据《类案检索意见》便不必再检索。可以说,案例关联检索的前提,是对待决案件要素的整理。经过整理过程,我们对待决案件的理解更加清晰,在类案检索和判断上也更加便利。

以上是我们通过确定和寻找比较点来检索类案时,可以思考的三大方向。总体来说,这些讨论还比较笼统。要想在实践中贯彻《类案检索意见》的要求,充分挖掘待决案件的可能类案,还需要一些具体思路的辅助。当然,这里需要表明的是,本章提到的思考方向或思路都是启发式和示范式的,实务中我们当然可以在领会类案检索制度的精神的基础上有所发挥与创造。

第二节 类案检索的五大思路

一、辨析案例的性质

从以上讨论中,不难看到检索类案的核心在于从关键词、法条与案例本身信息出发确定比较点。实践中,如果我们能够准确把握指导性案例、典型案例、公报案例等既有生效判决的性质,有时会帮助我们更快更准确地寻找到比较点,进而为判定待决案件是否与之类似打下基础。

以指导性案例为例,我们不妨将之划分为造法型案例、释法型案例与宣法型案例。① 造法型案例指的是指导性案例补充和发展了既有法律规定;释法型案例是对既有法律规则的细化说明;宣法型案例是对既有法律规则的肯认,也是对司法政策的强调。针对不同类型的案例,我们提取比较点的方式也稍有差异。②

先谈造法型案例。针对它的特征,我们在确定比较点时一定要注意将该类案例对法律的补充和发展包括进来。仍以指导案例24号为例,这一案例可以被视为对《道路交通安全法》第76条的补充和发展。它明确指出,交通事故受害人个人的体质因素,并不构成受害人过错。我们在确定比较点时万不可忽略这一点。

再看释法型案例。针对它的特征,我们在确定比较点时一定要注意该类案例对法律抽象规则的具体化或细化。这往往体现为该类案例会在适用某一法律规则时,区分不同事实情形,或者具体化法官在适用规则时应当考量的因素。比如,指导案例47号"意大利费列罗公司诉蒙特莎(张家港)食品有限公司、天津经济技术开发区正元行销有限公司不正当竞争纠纷案",提出了法官在分析何为"知名商品"时应当考虑的因素。该案涉及的法条为1993年《反不正当竞争法》第5条第(二)项的规定,即使用与知名

---

① 参见周光权:《刑事案例指导制度:难题与前景》,载《中外法学》2013年第3期;资琳:《指导性案例同质化处理的困境及突破》,载《法学》2017年第1期。
② 参见赵英男:《类似案件判断中比较点的确定:原则、路径与运用》,载《法律适用》2020年第6期。

商品相似的包装、装潢,构成不正当竞争。但是该法条并没有具体界定"知名商品"的范围。这一指导性案例指出,我们应当结合商品在中国境内的销售时间、销售区域、销售额、销售对象、宣传时间等因素作出综合判断。与之属于同样类型的指导性案例非常多。又比如针对《侵权责任法》(已失效)第 36 条第 2 款规定的"网络服务提供者接到通知后所应采取的必要措施包括但并不限于删除、屏蔽、断开连接"中的"必要措施",指导案例 83 号"威海嘉易烤生活家电有限公司诉永康市金仕德工贸有限公司、浙江天猫网络有限公司侵害发明专利权纠纷案"指出,"必要措施"应遵循审慎、合理的原则,根据所侵害权利的性质、侵权的具体情形和技术条件等加以综合确定。这类案例中对于法律规则的限定和细化,应当是我们确定比较点时特别注意的内容。

最后是宣法型案例。针对它的特征,我们在确定比较点时一定要注意这类案例传达的政策信息与价值导向。非常明显的例子是指导案例 4 号和 12 号。这两个案例都涉及故意杀人罪,案件情节都涉及犯罪手段极其残忍、社会危害性极大但同时罪犯个人或其家属有坦白、悔过、赔偿等情节。这两个案例的裁判要点指出,从化解社会矛盾出发,判处被告人死刑,缓期两年执行同时限制减刑。其中"化解社会矛盾"就是刑事政策的体现,这一政策指引着法官的价值选择。面对这类案例,这种政策性和价值性因素,我们不可忽略。

指导性案例如此,典型案例、公报案例乃至各级人民法院的生效判决都可以从上述三种类型出发加以归纳和梳理,从宏观上把握它们各自的核心特征,进而为我们确定比较点和类案判断奠定基础。至 2023 年 12 月,我国最高人民法院已经发布 39 批共计 224 个指导性案例。直观起见,可以将它们的类型划分如表 5-1 所示。当然,依旧需要提醒的是,这种划分是尝试性的,仅供参考。

表 5-1 224 个指导性案例类型划分

案例类型	案例特征	案例编号
造法型案例	补充和发展了既有法律规定	2、6、8、15、16、18、19、21、22、23、24、29、34、38、40、42、45、48、49、50、54、56、57、58、59、70、73、86、88、90、91、95、96、116、117、118、119、120、121、123、124、125、157、159、161、163、164、165、169、170、171、172、178、180、181、182、188、189、192、198、199、202、204、205、206、208、210、211、212、216、217、220、224

(续表)

案例类型	案例特征	案例编号
释法型案例	对既有法律规则的细化说明	1、3、5、10、11、13、17、25、26、27、28、30、31、32、33、35、36、37、39、41、43、44、46、47、51、52、53、55、61、62、63、64、65、66、67、68、69、71、72、74、75、76、77、78、79、80、81、82、83、84、85、87、92、93、94、97、100—113、115、122、126—141、143—156、158、160、162、167、168、173、175、179、183、184、185、187、190、191、193、194、195、196、197、200、201、203、213、218、219、221、222、223
宣法型案例	对既有法律规则的肯认,对司法政策的强调	4、7、12、14、60、89、98、99、114、142、166、174、176、177、186、207、209、214、215

二、把握案例的裁判规则

(一) 注重指导性案例的裁判要点

裁判要点是制作指导性案例时对案件体现的法律规则的归纳,也是最高人民法院在相关规定中认为指导性案例具有效力或"指导性"的部分。它是《类案检索意见》第5条规定的类案检索方法中关键词、法条和案例三大核心要素的综合。同时又是对指导性案例法律问题的提炼、概括与抽象。相较于指导性案例的基本案情和裁判理由部分,裁判要点更为凝练简洁,对我们理解一个案例关联的法律问题与关键事实很有帮助。

我们以指导案例24号"荣宝英诉王阳、永诚财产保险股份有限公司江阴支公司机动车交通事故责任纠纷案"为例,来分析实践中研读指导性案例的裁判要点如何为我们提供类案检索的思路。假定实践中遇到的待决案件涉及交通事故侵权,根据《类案检索意见》的规定,裁判时需要进行类案检索。我们展开检索的第一序列案例,便是最高人民法院发布的指导性案例。通过简单的关键词检索(比如,交通事故、侵权、过错责任)、法条关联案件检索[比如,《侵权责任法》(已失效)第26条、《道路交通安全法》第76条第1款]以及案例关联检索(实践中一些与我们待决案件涉及同样法律问题的案件,指向了对某一指导性案例的参照),我们可以将与待决案件可能构成类似的案例定位为指导案例24号。接下来我们需要判断,这两者是否确实构成类案,或者说如何判定待决案件应否参照该指导性案例。

这时对裁判要点的分析就派上了用场。该案例的裁判要点指出,"交通事故的受害人没有过错,其体质状况对损害后果的影响不属于可以减轻侵权人责任的法定情形"。这一表述中有两个核心要素值得关注。

其一,它表明该指导性案例的裁判要点所针对的是交通事故中受害人没有过错的情形。如果待决案件中受害人有明显过错,就与该指导性案例所针对的情况有所不同,即便两者都涉及交通事故情形与侵权问题,也并不构成类案,待决案件的裁判就不应参照该指导性案例。可是如果待决案件中受害人也无过错,那么待决案件与该指导性案例便有构成类案的可能。

其二,它表明该指导性案例的裁判要点所针对的是受害人的体质状况,以及体质状况和侵权人责任确定之间的关系。受害人的体质状况指的是受害人本身的身体健康情况,涉及受害人由于先天遗传以及年龄、性别、生活习惯与营养状况等因素影响下的生理状态。这一状态一方面是高度个人化的,因为每个人的先天遗传因素和后天生长发育及衰老过程是彼此有别的,但另一方面从统计意义上说每个人高度个人化的生理状态差异又是在一定平均幅度或范围内的。当然,也不乏一些人由于疾病,生理状态超出常人平均变化幅度或范围。从该指导性案例的裁判要点来看,这两种生理状态或体质状况,都不构成受害人本人过错责任的理由,与侵权人责任的减轻并无关联。在实践中,我们通过研读裁判要点得出如上信息后,将其与待决案件加以比对。如果待决案件也涉及受害人体质因素以及是否减轻侵权人责任的判断,那么指导案例24号就成为我们裁判待决案件时应当参考的类案,也是我们在检索报告中应当予以记述和阐明的内容。

简单总结,指导性案例的裁判要点其实是对该案例涉及法律问题与关键事实的提炼,把握住裁判要点其实就是把握住了判断待决案件是否与之类似的关键要素。同时我们也能够看到,根据《类案检索意见》第5条的规定,我们检索类案可以从关键词、法条以及案例入手,这三个大方向虽然正确但难免抽象,根据这些方向确定的待决案件的类案,在仔细考察之下可能会发现它们并不真正构成类似。这也是我们为什么要在这三个方向下细分不同检索思路的理由。

根据裁判要点来检索甚至判断类似案件虽然方便,但在实践中往往会遇到如下情形,即大量待决案件其实没有被最高人民法院公布的指导性案例涵盖,因此寻找裁判要点也就无从谈起。这一情形比较常见,毕竟我国案例指导制度正处于起步和发展阶段,指导性案例的供给与实践需求之间确实存在一定差距。接下来就来分析,如果待决案件的可能类似案件并不是指导性案例,那么我们该如何进一步检索并判定类案。

(二)注重其他生效判决的裁判规则

当我们发现依据待决案件涉及的法律问题与关键事实,在指导性案例中无法检索到与之可能构成类案的案例时,就需要扩大检索范围,将目光投向指导性案例之外的其他生效判决。《类案检索意见》第 4 条规定,类案检索的范围除指导性案例外,还有最高人民法院发布的典型案例和裁判生效的案件、本省(自治区、直辖市)高级人民法院发布的参考性案例及裁判生效的案件、上一级人民法院及本院裁判生效的案件。这些不同层级的案例都可以成为检索的备选案例。

相较于指导性案例,这些案例(除典型案例外)的特征在于它们并没有经过"裁剪",并不是经过最高人民法院遴选和加工发布的,而是在裁判生效后便原样公布。典型案例是最高人民法院发布以阐明法律问题、法律政策的案例,与指导性案例相比,在案件事实、判决理由等方面的表述又过于简略。因此从发布过程来看,这些案例与指导性案例都有实质性不同。发布过程上的差异,最终体现为这些案例的形式与结构与指导性案例有所不同。指导性案例具有统一的格式与结构,对于案例涉及的事实与法律问题的表述也非常简练规整。面对指导性案例,我们需要做的仅仅是找到所需信息运用即可。但对其他生效判决来说,他们的呈现样态主要就是裁判文书或最高人民法院发布的对典型案例的表述,不同法官、不同层级法院的裁判文书风格和体例虽然整体上保持一致,但并不如指导性案例那样整齐划一。这时我们要提取所需信息,就颇费工夫,特别是当我们想要找到这些判决中类似于指导性案例的裁判要点时,就需要自己去提炼和概括。

面对这种情形,又该何去何从呢?

我们可以寻找这些生效判决中的裁判规则。裁判规则通常也可以被表述为裁判规范,指的是司法机关在司法过程中所形成、存在于案例或司法解释中的对某种争议问题的法律解决方案。[①] 简言之,裁判规则首先是存在于个案中的、针对个案涉及的争议的解决方案,因此它是法官对于一般性法律规则或原则在个案中的具体解释与适用;其次,正是在此意义上,具有具体性和个别性的裁判规则,同时又具有一般性与普

---

① 参见张骐:《论裁判规则的规范性》,载《比较法研究》2020 年第 4 期。

遍性。它虽然针对的是个案涉及的问题,但却能够加以普遍化并适用于与该个案类似的案件之中。从这个角度理解,指导性案例的裁判要点其实是生效判决的裁判规则在指导性案例中的具体体现。

那么我们如何寻找裁判规则呢?

根据以上分析,裁判规则在逻辑上包含两个要素,即争议问题和法律解决方案。① 我们希望从生效判决中寻找到争议问题,就应当从其涉及的案件事实入手。通过分析案件事实,寻找其中包含的制定法没有明确规定、需要法院裁判的问题。这里可以看出,法律与事实是彼此交融的:只有熟稔相关法律才能够体会到哪些事实构成了有待解决的争议;同时,只有详细把握事实的不同层次和要素,才能够发现哪些要素的存在或缺失,使得现有法律无法为解决该问题提供指引。要寻找法律解决方案,就要关注针对争议问题,该判决中法官是如何提供解决该类问题的行为模式或行为方向的。以下我们通过前文提及的"中华联合财产保险股份有限公司北京分公司诉曹文等机动车交通事故责任纠纷案"(案例5.2.2)来阐明如何从一个生效判决中寻找其裁判规则。

根据前文分析,本案其实与指导案例24号构成类案。根据《类案检索意见》第4条的规定,类案检索时,如果在前一顺位中检索到类案,可以不再进行检索。因此在实践中,如果我们处理机动车交通事故中受害者个人体质与侵权人责任认定问题,直接援引指导性案例即可,并不会用到本案。但由于多次提及,我们对该案涉及核心法律问题比较熟悉,这有助于简化论证的同时将分析重点放在如何寻找裁判规则这一核心问题上面,同时也有助于我们理解在裁判说理中如何援引指导性案例,因此我们仍以该案为例。

以"北大法宝"数据库中可检索到的本案终审——天津市第二中级人民法院的民事判决书为基础展开分析。从判决书来看,终审解决的主要问题涉及一审中对护理期、营养期的认定以及鉴定费是否属于保险赔偿范围,这与我们讨论的责任认定并无关联。我们集中分析二审判决书中有关一审对于交通事故责任认定部分的交代。根据一审认定的事实,当事人刘雄与曹文驾车相撞,造成曹文受伤。事故发生后,曹文被送往武警后勤学院附属医院、天津市北辰医院住院,经诊断为颈部颈髓损伤、四肢不全

---

① 参见张骐:《论案例裁判规则的表达与运用》,载《现代法学》2020年第5期。

瘫等。曹文对自己的医疗费、误工费等提出赔偿请求。同时根据天津市河西医院法医司法鉴定所出具的鉴定意见,曹文的损伤是"事故外力及自身疾病共同造成"的。

针对这一情形,一审判决认为,根据最高人民法院指导案例24号,个人体质状况虽然对损害后果有一定影响,但并不是法律规定的过错,曹文不应因个人体质状况对交通事故导致的伤残存在一定的影响而自负相应的责任。因此,曹文的请求得到法院支持。二审法院肯定了这一判决。

通过该案判决书,我们可以发现该案初审中的争议之一,在于曹文提出的赔偿请求是否合理,能否得到法院支持。要判定这一问题,就需要对交通事故中曹文受到的损害的责任加以确定。根据一审确认的事实,曹文的损害源自事故外力和个人体质。因此,问题就转化为个人体质是否影响对其责任的判定。

这个问题是我们在研读案例判决书中,逐渐梳理出来的争议点,可以说它就是我们要寻找的裁判规则的争议问题部分,对于该争议的解决也相应构成了裁判规则的法律解决方案。根据该案例的判决书,我们看到法院认为个人体质并不属于法律规定的过错。这一法律解决方案,不仅适用于本案,也可适用于同类型的问题,兼具特殊性和一般性。由此,我们可以认为"交通事故侵权责任确定中,受害方个人体质并不影响责任判定"是该案的一个裁判规则。

在面对指导性案例之外的案例时,我们通过研读判决书想要寻找的就是这种规则。它既适用于非常具体的个案,是对个案问题的针对性解决,也借助对个案提出的法律问题的解答而具有了一般性,可以适用于同样或类似的法律问题。在寻找和检索类案中,注意把握裁判规则,可以起到"画龙点睛"与"事半功倍"的效果。

(三)研读案例的法律解释方法

在大陆法系国家的法律传统中,司法判例虽然对法官判决具有约束力,但准确来说,拘束法官的不是判例本身,而是判例体现的对法律规范、原则、规则的具体化适用。简言之,它的约束力是一种说服力,依靠的是判例本身的合理性、正当性。在我国,指导性案例并不是正式法源,其他生效判决则更是如此。可以说,指导性案例的"指导性"以及其他生效判决的可参照性,也体现为他们本身具有的合理性和正当性。对于一个判决而言,在某种意义上其合理性和正当性的集中体现,就是法官的说理或推理;更具体地说,就是法官对于法律的解释。通过研读生效判决的法律解释,吃透先前法官的说理思路和解释具体法律概念或规定的侧重点,对于我们把握案例涉及的法律问题,进而寻找和发现类似案件,具有辅助作用。

　　这里我们还是依托指导性案例,尝试说明如何从法官的法律解释中读出说理思路和解释法律规定的侧重点。比如,我们可以看指导案例47号"意大利费列罗公司诉蒙特莎(张家港)食品有限公司、天津经济技术开发区正元行销有限公司不正当竞争纠纷案"。该案涉及的核心法律问题是法官如何判定一种商品是"知名商品",由此来确定生产类似产品企业是否构成不正当竞争。根据该案发生时所适用的1993年《反不正当竞争法》第5条第(二)项的规定,使用与知名商品相似的包装、装潢,构成不正当竞争。这里的问题在于法官如何理解"知名商品"这个概念。

　　该指导性案例明确指出,在判定知名商品时要结合如下要素作出综合判断,即该商品在中国境内的销售时间、销售区域、销售额、销售对象、宣传时间等因素。这一表述有三点值得注意。首先,这一解释并非穷尽列举,而是示范性列举,这意味着法官在判断"知名商品"时,也可以考虑列举之外的因素。其次,这一解释要求法官作出综合判断。所谓"综合判断",指的是法官在理解"知名商品"时,切不可只从这些因素中挑选一个或两个,径直得出结论。相反,法官在判断时需要尽可能多地考虑各方面因素,同时又要在内心权衡不同因素在不同情境下的权重比例关系,反复比较考虑后得出稳妥的结论。最后,每一种因素都有一定弹性空间,法官要根据所判断商品的具体特质作出最终决定。譬如,电动牙刷产品中的"知名产品"和普通牙刷产品中的"知名产品"可能在销售时间这一判定标准上并不一致。前者是晚近随着科技发展出现的事物,在衡量"知名"与否时对时间标准的要求一定更为宽松,但普通牙刷是长久以来人们日常生活中几乎必不可少的用品,对其"知名"与否的判断在时间标准上则会更为严格。

　　简言之,在寻找类似案件时,我们不仅要看法律解释所针对的法律问题是什么以及指向了什么结论,还要像上文这样体会在展开解释时,法官内心的想法与思路可能是怎样的,一些方法选择的背后体现了法官对于具体问题的何种理解等。只有在这个层面吃透一个案例所使用的法律解释方法,才能够"透过现象看本质",从更高层面、更深层次把握两个案件是否构成类案,否则单纯进行事实与法律的比较,极易陷入琐碎的对比和甄别之中,容易只见树木不见森林。有时我们甚至为了"稳妥",会强调"案案有别、件件不同",导致类案类判的想法被架空。

　　这种方法,在实践中有时也可以被简化为对立法目的的体会与理解。立法者很少完备地解释自己的立法目的,即使解释也往往使用抽象的语言,唯有如此方使法律的生命鲜活而不死板。但在实践中,这往往会让我们无法即刻体会到法律规定背后的考量。具体到对某一个特定条文或概念的理解时,尤为如此。这时也需要我们细致解读既有判例中对于法律概念和规定的理解,甚至对于整部法律背后目的的说明,以此作为我们自己工作的指引和抓手。

比如,指导案例40号"孙立兴诉天津新技术产业园区劳动人事局工伤认定案",该案涉及个人主观过失是否影响工伤认定的问题。法官对该案的推理是:工伤事故中,受伤职工有时存在疏忽大意、精力不集中等过失行为,但工伤保险正是分担事故风险、提供劳动保障的重要制度。这意味着,将个人主观过失作为认定工伤的排除条件,并不符合保障劳动者合法权益的立法目的。因此,劳动者在工作中确实有过失,并不影响其工伤认定。这里其实就体现了在理解具体法律规定乃至整部法律时,法官对于立法目的的体会。更进一步说,借由立法目的,法官在解释法律时作出了价值判断和利益取舍,体现了某种思路以及侧重点。如果我们能在实务中把握住这些内容,同样对于我们检索与判断类案大有裨益。

(四)巧妙运用假设

前文已经提及,我们在检索类案时,构思检索思路的关键,在于提炼出案件中可以用作比较点的信息。这个比较点兼具事实与法律因素,可以是案例的性质、裁判规则或法律解释方法。这三种方法都是一种正向思维,即我们遇到案件、解析案件,通过案件寻找相关法律与事实,进而为我们在案例库中检索类案提供指引。在实践中,有时为了节省时间抑或遇到待决案件相关法律与事实问题不甚清晰明了的时候,我们不妨逆向思考,将上述思维过程颠倒过来,作出如下思考或假定:当某一事实或法律因素发生变动或不复存在时,对于裁判案件是否有所影响?

这种逆向思维方法,不仅对于我们解析待决案件颇有帮助,对于理解既有生效判决,从中提取有效信息来建立比较点也非常有利。在学理上,我们会将之术语化为"反事实推理",意思是说进行推理的前提是建立在某种假设之上,和实际发生的事实相反,也即假定实际发生的某个事实并不存在。英美法系国家的学者与法官在法律推理与司法裁判中相对强调这一点。我国案例指导制度虽然与之有别,但在判断决定案件结果的关键事实和法律问题时,道理却是相通的。以下还是用指导案例24号来阐明这个问题。

指导案例 24 号主要解决的争议问题是交通事故中受害人的体质因素是否影响侵权责任的判定。根据案情,我们可以看到,在指导性案例所依托的案件以及适用该指导性案例的类案中,受害人都是行人。可以设想,如果在实践中我们遇到的待决案件的事实是,交通事故中交通工具的一名司机或乘客受到了损害,那么司机或乘客的体质因素是否会影响侵权责任的判定呢?

这时我们就需要作出判断:在指导案例 24 号中,受害人是行人这个事实因素,是否对指导性案例的裁判结果造成影响?

当我们捕捉到这一问题时,其实就是不自觉地作出了假设,并以此展开反事实推理。它基本的步骤是这样的:

首先,我们看到指导性案例的法律推理逻辑如下:(1)交通事故中受害人的体质因素是其受伤原因的一部分,侵权人的外力侵害也是其受伤原因的一部分;(2)法官排除了受害人体质因素对侵权责任判定的影响,认为它并非《侵权责任法》(已失效)中规定的过错情形;(3)法官得出结论,受害人体质不影响侵权人责任的轻重,也不影响侵权人对受害人损失的赔偿。

其次,我们放入提出的反事实假设:如果在该案例中受害人不是行人,而是一名司机或乘客,是否会导致上述推理走向不同的结论? 此时,我们就要考察,上述推理中,受害人"身份"状态是否影响了法官推理。我们其实可以看到,受害人无论是行人、司机还是乘客,都不影响上述推理的成立。法官判定体质因素不属于《侵权责任法》(已失效)规定的过错情形,并不是因为受害人是行人,而是基于对事理的判断,也即一个人虽然体质状况与常人平均状态相比可能略有偏差而使得同样外力作用下更可能受伤,但这并不是他个人的过错,将责任附加在其身上,反而会导致造成外力的他人免除了本该担负的注意义务和安全责任。这种对于事理的判断和洞察,在大陆法系传统下又是被称为对"事物本质"的理解和把握。这一概念在学理上或许复杂且无定论,但实践中总是体现为我们对于常情常理的理解。[①] 就此而言,在反事实假设中,我们离不开这一点。

最后,我们可以判定,根据指导案例 24 号的推理和我们所作出的反事实假设性考察,行人的身份并不构成影响该案例结果的重要因素。这意味着当待决案件中,交通

---

① 参见[德]卡尔·拉伦次:《法学方法论》,黄家镇译,商务印书馆 2020 年版,第 523—528 页。

事故受害人一方是司机或乘客时,也可以适用该案例确定的规则,即受害人的体质因素并不影响责任的判定。通过以上列示,我们可以看到,反事实假设在分析案例的关键法律问题与事实时,特别是当实践中面对待决案件提出的新的可能情形时,有助于我们化繁为简地理解既有生效判决,把握决定其裁判结果的核心要素。

(五)留心指导性案例与原案例的差异

以上四种方法都是我们推荐各位读者在实践与研讨中优先使用的,也是我们在实践中可能主要运用的方法,它们不仅适用于对待决案件、指导性案例的分析,也适用于其他一切生效判决。不过,由于指导性案例所具有的"指导性",我们在实践中往往会优先检索并使用它。此时,难免会遇到这样一种情况,即由于指导性案例的制作和发布过程,我们会发现最终公布的指导性案例的裁判要点与基本案情之间有一定出入:原案例包含的信息在指导性案例中可能没有体现,或者指导性案例的裁判要点中包含着原案例中并未体现的内容,还有可能是指导性案例的裁判要点超出了其所归纳的基本案情。这时可能会在实践中给我们带来困惑:我们是完全按照指导性案例中的要素来判定该案例的裁判规则,还是也要兼顾原案例中的要素?

在实践中,这可能需要分情况来看。

比如,已有学者指出,指导案例9号中,案件事实涉及的是有限责任公司中清算义务人怠于履行义务,但在裁判要点中还规定了股份有限公司的董事和控股股东的清算义务。这说明指导性案例的裁判要点其实超出了原案例所涉及的内容。类似的还有指导案例8号和10号,它们的裁判要点都包含与基本案情无关的部分。[①] 法官此时需要从原案例中确认超出指导性案例基本案情的裁判要点,是否同样也不属于原案件事实。如果答案是肯定的,那么在确定指导性案例比较点时,法官就应当忽略这些与基本案情无关的裁判要点。虽然法官应当参照指导性案例的裁判要点,但裁判要点是对案例裁判理由、结果的总结,与案件事实密不可分。脱离案件事实的裁判要点,与案例指导制度的性质背道而驰。[②]

又比如,指导性案例往往会对原案件加以裁剪。指导案例1号中,基本案情与裁

[①] 参见曹志勋:《论指导性案例的"参照"效力及其裁判技术——基于对已公布的42个民事指导性案例的实质分析》,载《比较法研究》2016年第6期。

[②] 参见吴建斌:《指导性案例裁判要点不能背离原案事实——对最高人民法院指导案例67号的评论与展望》,载《政治与法律》2017年第10期。

判理由都是对于原案例的节选(指导性案例并未提及被告事先获知房屋信息等事实)。① 但通过比对裁判要点和指导性案例的基本案情,我们看到两者可以彼此结合、支持。此时,尽管指导性案例和原案例有所出入,法官仍应当以指导性案例为准。原案例只起到扩大信息源,补充指导性案例中未提供的信息的作用。②

以上,针对《类案检索意见》第5条规定的类案检索方向,我们展开了相对充分的讨论和列示。接下来我们要处理的一个问题是,当通过上述方法进行类案检索时,如何表述我们的检索结果或如何以书面形式体现我们的检索思路。根据《类案检索意见》第7条的规定,这是我们在制作"检索报告"时应当注意的问题。相关内容将在本书第八章详细讨论。这里只解决一个前提问题:我们该如何表述自己寻找到的比较点,如何表述自己的类案检索思路。

第三节　类案检索方法的书面表达

类案检索的核心在于寻找比较点,寻找到可供我们判断哪些指导性案例及生效判决与待决案件可能构成类案的标准。寻找这一标准的路径,便是上文讨论的基本方向和思路。我们可以看到,无论是考察案例的性质、关注裁判规则、注重法律解释方法,还是反事实假设以及对指导性案例及其原案例差异的把握,核心都在于寻找影响甚至决定案件裁判结果的那个法律与事实要素。因此,我们在表述自己的类案检索方法时,未必会明确指出自己到底运用了何种方法(在实践中,我们往往是"多管齐下",而且各种方法之间的界限也并不完全清晰),但必须指出,通过考察,我们认为何种法律与事实是影响甚至决定该案件裁判的关键要素。

这里推荐各位读者通过研读待决案件、指导性案例以及既有生效判决,找到案例的比较点也即影响其判决的核心法律与事实要素时,应当按照如下模式表述:

事实要件+法律后果

这一表述的好处体现为三个方面:

第一,它从形式与结构上可以提醒我们留心自己的提炼与结论是否妥当。当我们

---

① 参见曹志勋:《论指导性案例的"参照"效力及其裁判技术——基于对已公布的42个民事指导性案例的实质分析》,载《比较法研究》2016年第6期。

② 参见赵英男:《类似案件判断中比较点的确定:原则、路径与运用》,载《法律适用》2020年第6期。

将事实与法律后果通过上述方式加以表述和关联后,言下之意则是我们认为该事实要件导致或引发了该法律后果。简言之,该事实是该法律后果的充分条件。如果我们的结论有误,通过这一表述形式有助于暴露我们在推理过程中尚未察觉的逻辑问题,提升结论的正确性。

第二,它可以帮助我们检查自己对案件关键事实与法律问题的提取是否没有冗余。在一些情况下,我们往往由于谨慎而将过多内容列为关键信息,使得检索思路比较臃肿和杂乱。用这种表述方式,可以帮助我们厘清思路,删繁就简。

第三,它有助于我们在进行类案判定时使用。在判定类案时,我们需要找到待决案件与指导性案例及其他生效判决在关键事实与法律问题上的类似性。比如,我们知道指导性案例的关键事实与法律问题为 a、b、c,而待决案件包含的事实与法律要素为 a_1、b_1、c_1、d、e,如果我们又知道 a、b、c = a_1、b_1、c_1,就可以判定待决案件和指导性案例构成类案,在裁判时就应当参照该指导性案例。

简言之,我们通过"事实要件+法律后果"的形式来表述我们在类案检索时运用到的方法及其结论,同时它也构成我们在检索类案时的思路,并为类案判定奠定基础。接下来,我们将前文谈到的类案检索方法运用到具体案例之中,以相对连贯明确的展示,更直观地阐明应当如何检索类案、构思检索思路。

第四节 类案检索的实操演练

出于阐明方法的目的,我们仍以假设的待决案件为基础,寻找与之可能构成类案的案件。我们设定遇到如下待决案件:在 2020 年的某一天,张某驾车从南向北行驶,撞上当时正从东向南转弯的王某驾驶的公共汽车,造成乘客李某在车上摔倒骨折。经过交通事故认定,张某对交通事故承担主要责任,公共汽车司机王某承担次要责任;同时查明李某的骨折除了外力因素,也与其体质相关。

面对这一案件,根据《类案检索意见》的相关规定,我们在裁判中应当展开类案检索。基于前文分析,我们需要做的有三个步骤:其一,确定类案检索的方向;其二,由方向而确定我们类案检索的方法与思路;其三,我们将自己的方法与思路加以整理后,进行书面表述。下面依次来看该如何操作。

首先,根据《类案检索意见》第 5 条的规定,我们知道类案检索的大方向不外乎就是从关键词、案例以及法条入手。从关键词来看,这个案件涉及的是交通事故、责任认定、体质因素等;从案例入手,我们可以发现指导性案例与生效判决中都有类似的案例。比如,涉及交通事故的指导性案例,就有指导案例 19 号、24 号和 25 号;根据"北大法宝"数据库"类案检索"平台,以此为关键词的民事案例中,公报案例就有 21 个,典型案例 54 个,参考性案例 74 个,普通案例 276000 余个。再从关联法条入手,该数据平台显示,判决书全文涉及"《侵权责任法》第二十六条"的民事案例共计 311 个,其中截止到 2020 年 8 月 5 日便有 22 例。①

以上检索印证了本章中的两个判断:其一,《类案检索意见》提供的大方向有助于我们定位与待决案件可能构成类似的案件;其二,从大方向入手,需要筛选比对的案例过多,业务负担略重,这就需要我们构思更具体的类案检索思路。这时,本章提出的五个方法就派上用场了。当然,这不意味着我们在实践中要用尽所有方法,更多情况下是通过一到两种方法来限缩类案检索范围,找到可以使用的类案,再通过其他方法来验证。不过出于展示的目的,我们不妨多尝试几种方法。

其次,就需要我们通过具体方法来构思类案检索的思路了。根据刚才通过大方向划定的案例群,我们可以先使用第一种方法,即从案例性质出发来寻找类案。根据案例层级划分,我们当然要先从指导性案例入手。我们发现,指导案例 19 号、24 号和 25 号属于不同类型的指导性案例。其中指导案例 19 号和 24 号是造法型案例,指导案例 25 号是释法型案例,指导案例 19 号和 25 号分别阐明了机动车交通事故中的"套牌使用"情形的责任归属以及保险人代为行使被保险人对第三者请求赔偿的权利而提起诉讼时的法律适用问题。从与待决案件相关角度,这两个指导性案例都被排除了,只剩下指导案例 24 号有待我们辨析是否与待决案件构成真正的类案。此时,我们就要从其"造法"的主要内容入手,看到它所解决的核心问题在于交通事故中受害人体质因素是否影响责任归属。这一问题正是我们待决案件需要解决的。因此,指导案例 24 号与待决案件构成类案。根据《类案检索意见》的规定,在这一层级案例中找到类案后,则无须继续寻找。

除了根据案例性质,我们也可以从案例包含的裁判规则,抑或指导性案例的裁判要点,来缩小类案检索的范围。根据前文分析,裁判规则指的就是案件中具有决定性

① 检索时间:2020 年 11 月 17 日。

的争议问题以及对此问题的法律解决方案。待决案件中,争议点在于乘客李某的个人体质是否构成减轻肇事者张某与王某责任的理由。我们将这一问题带入搜寻到的案例群中,当然也是先从指导性案例入手判断。我们看到正是指导案例24号包含了对这一问题的法律解决方案。由此,我们也可以轻松判定两者构成类案。

接着我们还可以从法律解释方法这个角度入手。待决案件毫无疑问涉及《侵权责任法》(已失效)第26条和《道路交通安全法》第76条第1款第(二)项的规定。这里的核心在于,法官如何理解"过错",也即个人体质是否属于法律规定的过错情形。通过阅读指导案例24号的裁判理由,我们可以看到法官认为机动车应当遵守文明行车、礼让行人的一般交通规则和社会公德。体质因素虽然是造成损害后果的客观因素,但却不具有法律上的因果关系。因此,我们在解释"过错"时,应当从这两部法律中相关规定体现的目的,也即社会公德角度出发。根据这一角度,我们也可以判定待决案件与指导案例24号构成类案。

此外,我们还可以运用假设方法来得出结论。这一过程与前文中的分析完全相同,不再赘述。需要补充的是,我们在实践中可以通过反事实假设来验证自己已经得出的结论,以此保证我们对案件关键事实与法律问题的正确理解和把握。

最后,在确定上述检索类案的思路后,我们可以将研究的结论通过"事实要件+法律后果"的形式表达出来。比如,当我们认为待决案件与指导案例24号构成类案时,可以将指导性案例的关键事实与法律问题表述为:"交通事故中受害人个人体质因素客观上造成其损害的事实,并不是法律规定的过错,不影响侵权责任的确定。"这不仅清晰地表明我们判定两个案件构成类案的理由,也为裁判待决案件提供了基础。

第五节 类案检索机制的现状与发展方向

前述讨论主要围绕《类案检索意见》第5条展开。作为方向性指引与原则性方案,该意见为类案检索机制的实施搭建了基本框架。回顾2020年7月31日该意见实施以来类案检索的机制的实践效果,我们可以从功能与困境两个角度对之加以总结。

从功能角度来看,类案检索机制发挥了如下作用:其一,统一法律适用。《类案检索意见》出台以来,进一步类案检索系统的发展完善,便利了法官在司法大数据技术的帮助下进一步提炼各类案件的审判经验,并在此基础上归纳出各类案件的裁判规则。

依据该意见的规定,对于应当进行检索的案件,检索结果对于法官具有强制性。这有效地约束了法官"同案不同判"的权力。其二,提高审判质效。[1] 在类案检索机制带动下,各级人民法院的智审系统迅速发展完善,有力地减轻了法官的案头工作和事务性工作。办案效率的提升,有助于法官将更多精力投入对案件本身涉及的法律与事实问题的分析和判断上来。这为审判质量的提高提供了时间方面的保障。其三,增强裁判说服力。类案检索结果并不能够作为法官裁判的依据,但却是法官裁判说理时的重要组成部分。在实践中,法官如果要偏离同类案件的裁判结果,则需要进行充分的论证。在这个意义上,法官通过类案检索以及援引类案裁判结果,增强了裁判说理进而增强了司法公信力。

从困境角度分析,《类案检索意见》虽然提供了类案检索的框架性指引和操作方法,但也存在诸多有待进一步思考和解决的问题。这些问题有的是技术层面的,有的是制度设计层面的,有的则是结构层面的。

从技术层面分析,类案检索机制目前缺乏高级人工智能与大数据技术的支持和深度嵌入。类案检索系统所依托的知识图谱技术还有自然语言处理技术无法充分满足当下司法实践中法官、检察官、律师和当事人精准定位类案的需求。在数据库建设方面,裁判文书的录入和标记仍需要繁重的人工作业,这也使得数据库的使用成本高昂。

在制度设计层面,类案检索机制目前依旧缺乏得到普遍认同的检索规则细则与类案识别标准。比如,《类案检索意见》只是规定了法官应当进行类案检索,但具体如何展开类案检索,学术界与实务界有各自的观点和方法,似乎并无统一方案。同时,类案识别标准本身在学理层面存在争议,而 2015 年颁布的《案例指导实施细则》第 9 条中有关"类案"的界定,似乎也没有得到普遍认同。

在结构层面,类案检索机制所依托的不同制度设计有待进一步衔接和完善。比如,《类案检索意见》强调法官应当在一些情形中检索类案,但却未明确规定法院应当公开自己主动进行类案检索的结果,只是要求"公诉机关、案件当事人及其辩护人、诉讼代理人等提交指导性案例作为控(诉)辩理由的,人民法院应当在裁判文书说理中回应是否参照并说明理由"。在司法实践中,法院如果不明示类案检索的具体信息,当事

---

[1] 参见高一飞、相晓璐:《类案检索机制的设计原理与实施评估》,载《时代法学》2021 年第 1 期。

人或律师可能就无法查询到具体案件,也就难以验证裁判活动的正确性。① 这就有违通过类案检索统一司法裁判尺度进而增强司法公信力的初衷。

又比如,目前我国类案检索机制所依托的标准检索系统是"中国裁判文书网"。但是自2021年起,该网站每年收录的新增裁判文书数量大幅下降。2023年11月,最高人民法院办公厅印发了《关于建设全国法院裁判文书库的通知》。该通知指出,为进一步规范和深化司法公开,拟建设全国法院裁判文书库,并于2024年1月上线运行。这就涉及两方面的问题:一方面是"中国裁判文书网"与"全国法院裁判文书库"是并列关系还是相互替代?另一方面是如果仅强调法院系统内部裁判文书数据库的建设,是否会导致由于当事人或律师无法查到具体案件而不利于对当事人诉讼权利的保障、对类案裁判活动的监督以及案例对社会公众行为的规范性指引?② 当然,建设法院系统内统一的案例数据库是必要的,这对于统一司法裁判尺度不可或缺。但这同样会引人思考:未经公布的判例是否具有约束力? 由此可见,在建立和完善类案检索机制的过程中,我们不应忽略不同制度设计之间的衔接配套,否则本就羸弱的指导性案例效力基础以及类案检索结果的约束力就会雪上加霜。

第六节 本章小结

本章主要针对《类案检索意见》第5条展开,分析类案检索的基本方法。更具体地说,本章侧重类案检索时检索方向和思路的确定与厘清,并在此基础上对类案检索机制实施的效果与现实困境略作梳理。本章通过分析类案检索的三大方向以及具体的五个方法,试图为我们示范在实践中如何一步步缩小检索范围并最终确定与待决案件构成类案的案件。接下来,我们将要讨论如何运用数据库来检索案例。

---

① 参见孙跃:《类案检索的司法适用及其完善》,载陈金钊、谢晖主编:《法律方法》第39卷,研究出版社2022年版,第272页。

② 2023年12月22日,最高人民法院相关部门负责人就征集人民法院案例库参考案例有关问题答记者问中指出,自2021年以来,优化裁判文书公开机制的工作一直在有序开展,人民法院案例库建成后也会向包括专家学者、律师、当事人等在内的社会公众开放,两者并非相互替代的关系。这一观点虽然是当下相对正式且能够得到学者与公众接受的立场,但似乎并没有完全澄清设立人民法院案例库的深层考量。这种深层考量可能是,司法判例全部公开还是有所选择地部分公开,以及向所有社会群体公开还是向特定社会群体公开? 参见澎湃新闻报道,《裁判文书网何去何从?最高法回应》,https://m.thepaper.cn/baijiahao_25751540,最后访问日期:2024年1月22日。

第六章

类案检索中案例数据库平台的使用

智慧司法已成为一大趋势,正确、熟练地使用案例数据库平台辅助类案检索工作将成为我国法律人的基本职业技能。

第一节 概 述

一、国内案例数据库平台建设现状

《类案检索意见》第 12 条规定:"各级人民法院应当积极推进类案检索工作,加强技术研发和应用培训,提升类案推送的智能化、精准化水平。各高级人民法院应当充分运用现代信息技术,建立审判案例数据库,为全国统一、权威的审判案例数据库建设奠定坚实基础。"早在《类案检索意见》出台之前,我国就已经意识到案例数据库和智能化建设的重要性。2013 年 7 月,《最高人民法院裁判文书上网公布暂行办法》正式实施。依据该办法,除法律规定的特殊情形外,最高人民法院发生法律效力的判决书、裁定书、决定书一般均应在互联网公布。2014 年 1 月,《最高人民法院关于人民法院在互联网公布裁判文书的规定》正式实施并于 2016 年修订。根据这一司法解释的规定,"最高人民法院监督指导全国法院在互联网公布裁判文书的工作。高级、中级人民法院监督指导辖区法院在互联网公布裁判文书的工作"。此后,最高人民法院就开始通过中国裁判文书网公开各级人民法院的生效裁判文书。与此同时,各地方人民法院系统以及第三方案例数据库平台也开始研发和使用案例数据库。

经过约十年的发展,我国案例数据库平台的建设已经初具规模。在案例数据收录的数量方面,截至 2024 年 6 月 1 日,中国裁判文书网、北大法宝等案例数据库平台收录的裁判文书已突破 1.4 亿份。在数据类型方面,不少案例数据库平台不仅收录裁判文书,还收录了与之相关的法律法规信息。在主要功能方面,大多数案例数据库平台都具备比较完备的常规检索功能,部分数据库平台还具有高级检索、维度检索、类案智能推送等特殊检索功能。就数据库平台的性质而言,我国面向社会公开的案例数据库平台建设采用了"官方与第三方机构并举"的模式,有效地实现了最高人民法院等官方机构与第三方商业平台的互补。可以说,在人工智能、互联网、大数据等智慧司法科技手段日益普及并飞速发展的今天,类案检索中的大部分工作都离不开案例数据库平台的辅助。2024 年,随着最高人民法院《人民法院案例库建设运行工作规程》的出台和人民法院案例库的上线运行,我国案例数据库平台的建设进入了一个新的纪元。相信随着科技赋能司法的不断推进,案例数据库在促进法律正确统一适用、深化诉源治理、提升公正与效率等方面将发挥更大的积极作用。

二、案例数据库平台的功能与作用

首先,案例数据库平台有助于降低司法成本并提高司法效率。在案例数据库平台出现之前,类案检索严重依赖纸质文本和人工操作,这往往会消耗巨大的物质和时间成本。案例数据库平台借助现代计算机与互联网技术,改变了传统案例文本的介质,实现了类案检索与使用的"无纸化"与"数据化",从而极大地降低了检索与使用类案的司法成本,提高了司法活动的效率。"案多人少"是我国各级司法机关长期面临的难题,在此背景下运用类案检索数据库平台减轻法官的工作负担,将具有格外重要的现实意义。

其次,案例数据库平台有助于提升司法公开度与精准度。审判公开是现代法治的一项基本原则,因为这有利于公民将公开的法律规范作为自身行动的指引,并形成相对稳定的法律预期。根据以上法理,通过案例数据库平台向社会公开案例及其裁判文书,有助于律师、学者以及广大公民研习案例,从而发挥类案裁判在普及法律知识、提升法律职业队伍整体水平方面的积极作用。同时,案例数据库平台可以较为精准地传播案例文本,并使之在多方主体的有效监督下被妥当地参照适用。这不仅可以避免类案裁判的"暗箱操作",还有助于通过多方主体的参与提升类案裁判的司法精准度。

最后,案例数据库平台有助于司法经验的保存与传承。正如霍姆斯的那句名言,"法律的生命不在于逻辑,而在于经验"①。特别是类案检索与使用这种实践活动,其带有鲜明的经验主义气质。在传统认知中,司法经验以具体法律人的大脑为载体而存在,即"经验随人走",这就会影响司法经验的传递与推广,进而影响法律人整体素质的提升和后续法律人才的培养。而案例数据库平台借助科技手段,在一定程度上突破了人类大脑载体对司法经验和知识的垄断,使得司法经验能够以数字存储设备和网络数据库为媒介,更为高效地在法律职业共同体内部传播。不仅如此,随着案例数据库平台的升级迭代,其功能日益丰富,这也有助于类案裁判司法经验的推广与传承。

三、国内主要案例数据库平台

目前国内较为常见且面向社会公开的案例数据库平台主要有两类:其一为官方案

---

① 〔美〕小奥利弗·温德尔·霍姆斯:《普通法》,冉昊、姚中秋译,中国政法大学出版社2006年版,第1页。

例数据库平台;其二为第三方机构开放的案例数据库平台。官方案例数据库平台,是指由我国各级司法机关或其直属单位开放的案例数据库平台,主要包括最高人民法院主导建立的人民法院案例库和中国裁判文书网。相比于官方案例数据库平台,由第三方商业机构开发运营的案例数据库平台起步更早,且大多拥有若干特色功能。

(一)官方案例数据库平台

最高人民法院于 2013 年 7 月开通中国裁判文书网(https://wenshu.court.gov.cn)。2013 年 11 月,中国裁判文书网与各高级人民法院裁判文书传送平台联通,标志着全国四级法院裁判文书统一发布的技术平台搭建成功。截至 2015 年 6 月底,全国 31 个省(自治区、直辖市)及新疆生产建设兵团的三级法院已全部实现生效裁判文书上网公布,即案件类型全覆盖、法院全覆盖。2016 年 8 月,最高人民法院公布修订后的《关于人民法院在互联网公布裁判文书的规定》,加大了裁判文书公开力度,围绕如何减轻各级人民法院裁判文书公开工作量、降低上网裁判文书出错风险、强化对此项工作的精细化管理等增设了一系列配套制度。

2023 年 7 月 26 日,最高人民法院开始研究部署案例统筹管理和人民法院案例库建设工作,并先后印发《关于建设人民法院案例库的通知》《关于加快推进人民法院案例库建设的通知》等规范性文件,不断完善案例库建设的工作机制和具体要求。人民法院出版社负责平台的研发,按照计划完成三期平台建设及外网系统搭建,在全国范围内分区组建运维服务群,全面搜集功能需求、不断完善优化系统。2024 年 2 月 27 日,人民法院案例库(https://rmfyalk.court.gov.cn/)正式上线并面向社会开放。截至 2024 年 6 月 1 日,人民法院案例库入库案例达到 3900 多个,其中包括最高人民法院指导性案例 224 个、参考案例 3700 多个。

(二)第三方案例数据库平台:以"北大法宝"为例

1999 年,北京大学法学院创办北大英华科技有限公司,并将其法律数据库产品正式命名为"北大法宝"(https://www.pkulaw.com),成为我国第一家案例数据库平台。在二十余年的发展过程中,北大法宝系列产品内容不断丰富、功能日益完善,已经成为我国第三方法律与案例数据库中影响力最大、用途最为广泛的数据库之一。在数据内容方面,北大法宝收录了法律法规、司法案例、法学期刊、检察文书、行政处罚文书、法律外文文献、律师实务资料、法律视频资料等不同种类的法律数据,其内容全面、类型丰富程度在各类法律与案例数据库中居于领先地位。在法律与案例检索方面,北大法宝具有全库检索、高级检索、定位检索、标题检索、全文检索、智能检索、结果中检索、页面内检索、同条检索等功能,可以满足多元化的检索需求。在类案检索方面,北大法宝开发了专门系统提供相关专项服务,该系统基于人工智能和大数据,对输入的基本案情进行智能提取案件要素和情节,检索案例大数据中与本案相似的案例进行匹配,按照指标权重进行相似度由高至低排列,可以一键生成案例检索报告,其具有统一案例数据标准及规范、自动修正判断误差、数据可跨平台提取和分析、快速定位相似案件、智能提取案件要素模型、精准查询量刑解释、权威案件要素知识库等方面的优势。总体来说,相对于官方案例数据库平台,第三方案例数据库平台的主要功能均以付费的方式提供,其具有数据库更加全面、访问更加流畅、功能更加丰富、升级迭代速度更快等特点。

第二节 类案检索中案例数据库平台的使用方法

在功能定位上,中国裁判文书网重在司法公开,人民法院案例库则侧重于办案参考。同时,在检索功能、检索效率以及准确度方面,人民法院案例库也具有一定优势。故本部分将以人民法院案例库为例,介绍官方案例数据库平台的使用方法。同时,作为官方案例数据库的重要补充,以"北大法宝"为代表的商用案例数据库也具有诸多实用功能。

一、确定检索内容

(一)人民法院案例库

使用案例数据库平台进行类案检索的第一步是确定检索内容,也就是确定在检索框中输入的具体文字信息。根据《类案检索意见》第5条的规定,类案检索可以采用关键词检索、法条关联案件检索、案例关联检索等方法。

1.关键词检索。根据《关于编写报送指导性案例体例的意见》的规定,"关键词"是指那些"反映指导性案例涉及的最关紧要的法律适用问题或者其他核心内容"的词或词组。通常,最高人民法院在编纂指导性案例、公报案例、典型案例时都会对关键词进行提炼并附带相关案例一并公布。在人民法院案例库入库案例中,关键词为词或词组,一般由刑事、刑事诉讼、民事、民事诉讼、行政、行政诉讼、国家赔偿、执行等词引领,第二个关键词一般是罪名或者案由,然后再依次列出与参考案例解决的问题、总结的裁判要旨有密切关联的词语。例如,以"民事""合同效力"为关键词,可以检索到人民法院案例库中与民事合同效力判定相关的案例。

图 6-1 关键词检索

2.法条关联案件检索。即根据案例相关的法条依据检索类案。这里的法条不仅包括法律、行政法规,还包括司法解释,其对应的是指导性案例的"相关法条"和参考案例的"关联索引"部分中的内容。例如,以"《最高人民法院关于审理著作权民事纠纷案件适用法律若干问题的解释》(2020年修正)第7条"进行法条关联案件检索,可以检索到适用该法条的指导性案例224号以及参考案例"杭州某网络科技有限公司诉某通信集团浙江有限公司、浙江某信息产业有限公司等著作权权属、侵权纠纷案(2023-09-2-158-038)"等案例。

图 6-2 法条关联案件检索

第六章　类案检索中案例数据库平台的使用

3.案例关联检索。人民法院案例库参考案例的"关联索引"除载明相关法条外,还会载明裁判信息,包括案件一审、二审、再审、执行审查等情况,并列明裁判法院、案号、裁判类型和裁判日期,从而为案例关联检索创造了条件。输入相关案件的案号,就可以检索到与该案相关的案例信息。

图 6-3　案例关联检索

4.此外,还可以运用"分段检索"和"分类检索":(1)分段检索:点击全文下拉框,可定位在全文、标题、案例编号、发布日期、关键词、基本案情、裁判理由段中进行检索;(2)分类检索:切换指导性案例或是参考案例,可分别在指导性案例或是参考案例中进行检索。

图 6-4　分段检索与分类检索

(二)北大法宝

除基本检索功能外,北大法宝等案例数据库平台还具有根据"指导性案例实证应用""案例裁判规则检索""权责关键词检索"进行类案检索的功能,这些功能提供了传统的关键词检索、法条检索和关联案例检索之外的新的检索方式。

图 6-5　北大法宝司法案例检索基本界面

"指导性案例实证应用",是指使用该功能可以查看最高人民法院指导性案例在公开裁判文书中的应用情况,从而可以为指导性案例的类案判断及参照方式提供参考。

图 6-6　指导性案例实证应用检索

"案例裁判规则检索",是指根据案例中总结出的裁判规则的相似性来寻找类案。例如,在司法案例数据库选项中选择"裁判规则",然后检索"买卖合同",就可以检索到与买卖合同纠纷相关的裁判规则及案例信息。

图 6-7　案例裁判规则检索

"权责关键词检索"是指先不提供具体案例信息,而是先分析待决案件中的主要法律问题,然后以这些问题作为关键词,在已经完成案例分类的数据库中进行检索。例如,如果待决案件与无权代理相关,就可以按照"民商事>权责情节>代理>无权代理"的顺序依次选择权责关键词。

图 6-8 权责关键词检索

在检索结果显示方面,北大法宝除展示案由、审理法院、法院级别、文书类型等基本要素的筛选外,还提供参照级别、终审结果、关键词等多项人工深入加工识别的要素聚类筛选项,目录列表除标题之外还附注本案的基本信息以及裁判依据、相关论文、历审文书等重要关联信息。同时提供了"切换图表"信息可视化功能。

图 6-9 北大法宝案例检索结果显示

图 6-10 北大法宝案例检索结果可视化显示

二、使用逻辑符号链接检索内容

除确定检索内容外,有时还需要通过运用逻辑符号来调整多个关键词之间的关系,以提高检索的效率和准确度。以北大法宝为例,该案例数据库的逻辑符号运用方式如下。

查询要求	符合或字	范例
包含所有多个关键词的文件	*或空格	在标题查询框中输入:证券*上市,查询结果为所有标题中同时包含"证券"和"上市"两个关键词的文件。
至少包含多个关键词之一的文件	+	在法规全文或文件全文框中输入:证券+上市,查询结果为所有正文中至少包含"证券"或"上市"其中一个关键词的文件。
不包含运算符号后的关键词的文件	!	在法规全文或文件全文框中输入:证券!上市,查询结果为所有正文中包含"证券"但不包含"上市"其中一个关键词的文件。

注意事项:全文查询中尽量不要单独使用助动词如"的、地、得"、简单的数词如"1、2"等查询。
备注:排除功能的运算符"!"目前只适用于法宝V6版本,其他版本仍使用"-"。

图 6-11 案例检索常用逻辑符号

在默认情况下,我们通常使用空格或"*"来链接检索关键词 A 和关键词 B,此种情况下显示的检索结果是包含"A且B"的内容。如果要检索包含"A或B"的内容,就需要使用"+"。例如,在司法实践中部分裁判文书对最高人民法院指导性案例的表述并不统一,有些使用的是"指导案例",有些则使用的是"指导性案例"。为了能够尽可能多地检索到类案,可以输入"指导性案例+指导案例"。

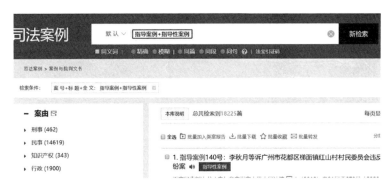

图 6-12　逻辑符号"+"的运用方法

同理,如果要显示"包含A但不包含B"的内容,就需要使用"!"。例如,在检索框中输入"故意杀人罪!死刑",就可以检索到那些虽然认定被告人构成故意杀人罪但并没有被判处死刑的案例。

图 6-13　逻辑符号"!"的运用方法

如果在两词之间输入"~N",表示检索结果两词之间间隔不能超过N个汉字,标题、全文和定位检索都可以限定。若有词间间隔限定,例如"指导案例~3号"即表示"指导案例"和"号"两词之间的间隔不超过3个汉字,这样就可以检索到所有三位数以内编号的指导性案例。

图 6-14　逻辑符号"~"的运用方法

三、高级检索

（一）人民法院案例库

高级检索主要通过使用案例数据库平台的高级检索功能为类案检索设置一定的条件，从而缩小检索范围、提高检索的效率和精确度。点击检索框右侧的"高级检索"，在列表中可以同时设定"标题""案号""审理程序""文书类型""全文""案由""审理法院""关键词""编号""案件类型""法院级别"检索条件。例如，要检索最高人民法院通过再审程序审理的民事合同类案件，就可以分别在"审理程序""案由""案件类型""审理法院"等信息栏中输入对应内容进行检索。

图 6-15　人民法院案例库高级检索

第六章 类案检索中案例数据库平台的使用

图 6-15（续） 人民法院案例库高级检索

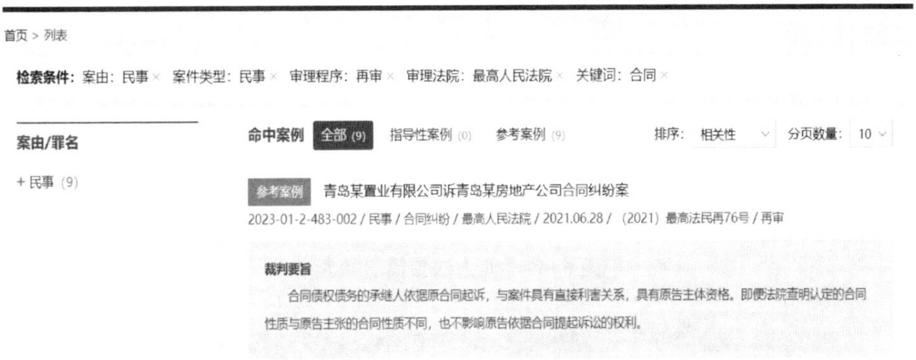

图 6-16 人民法院案例库高级检索结果

(二) 北大法宝

北大法宝等第三方案例数据库提供了更加丰富的高级检索功能。如北大法宝的高级检索选项中的"全文检索"可以进行"同篇""同段""同句"等更为精确化的设置。例如,在设置检索条件时选择"同段",则会在检索出所设关键词同时出现在同一段中的数据。在右侧的"添加检索项"中可以添加代理律师、代理律所、审理法官、审理法院、法院级别、审结日期、审理程序、案件类型、文书类型、裁定类型、公开类型、参照级别、发布日期、专题分类、公报年份、权责关键词、案例编号、终审结果、判定罪名等项目,提高检索的精确度。

此外,北大法宝还提供了"同义词检索""精确检索""模糊检索"等模式。精确检索是完全匹配的默认检索模式,准确、严格地按照输入关键词的逻辑、位置关系检索。模糊检索则是对用户输入的关键词进行分词处理,忽略词之间的位置关系进行简单的逻辑运算,检索命中范围广。因此,实践中部分裁判文书可能存在表述不规范的现象,有时为了扩大检索范围,可以选择"同义词检索"或"模糊检索"。

图 6-17　北大法宝高级检索

图 6-18　北大法宝同义词检索

四、类案智能检索

近年来,随着人工智能、大数据等科技手段的发展及其与智慧司法的融合,有些案例数据库已经具备了"类案智能检索或推送"的功能。此类功能一般是指用户可以输入待决案件的基本信息或直接上传裁判文书,来检索相关类案,也就是《类案检索意见》中所称的"案例关联检索"或"以案找案"。例如,北大法宝的"类案检索"平台,就可以依据基本事实、争议焦点、法律适用等主要类案要素,通过智能检索实现上述功能。

图 6-19 北大法宝类案检索平台

在浏览器中输入网址 cases.pkulaw.com 并点击"类案检索"按钮,就可以进入类案检索平台首页。用户首次登录类案检索平台,需填写"职业身份"及"关注领域",同时可以在个人中心更改关注信息。

类案检索平台除具备前文已经介绍的基本检索功能和高级检索功能外,还具备"以案搜案"和"智能生成类案报告"功能。点击"智能检索"可以启动"以案搜案"功能系统,该系统可根据用户输入的案情,智能识别案件类型、案由、审理法院、案情要素、相似案例等内容。根据相似模型及相似系数,系统会结构化展示案例信息及详细案例相似度,并按照相似度倒序显示。点击"智能生成类案报告"进入智能检索,用户可在编辑框中输入案情或上传文档式文书,并按照系统指引生成检索报告。

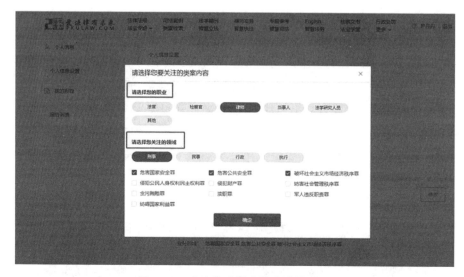

图 6-20　北大法宝类案检索引导选项

图 6-21　北大法宝智能检索中的"以案搜案"功能

第六章 类案检索中案例数据库平台的使用

图 6-22 北大法宝智能生成类案报告

需要强调的是，类案检索及其相似性判断需要多种法律方法的综合运用，不可避免地会掺杂价值判断和经验判断，这些都需要法律人的智慧和技艺。因而，现有案例数据库平台中的相关功能主要适用于简单案件的类案检索。对于那些疑难、复杂案件的相似性判断依然需要人工参与，此方面的法律方法可以参见本书第四章、第五章、第七章的相关内容。

五、检索结果与方案的保存

（一）人民法院案例库

在完成类案检索后，可以对检索结果进行下载和收藏。点击案例标题，即可进入案例全文页查看案例详情。点击页面右上角的"下载"按钮，可以将pdf格式的案例保存至本地；在案例页面最下侧，可以找到"点赞""收藏""笔记""反馈"等四个按钮。点击"收藏"可以将案例收藏至案例库个人管理下"我的案例收藏"中，并可以进行删除和添加标签等操作。点击"笔记"按钮，可以记录与该案相关的批注信息，并在案例库个人管理下"我的案例笔记"中查看相关内容。点击"反馈"按钮可以提交对该案的反馈意见，并在案例库个人管理下"我的反馈"中查看具体信息。

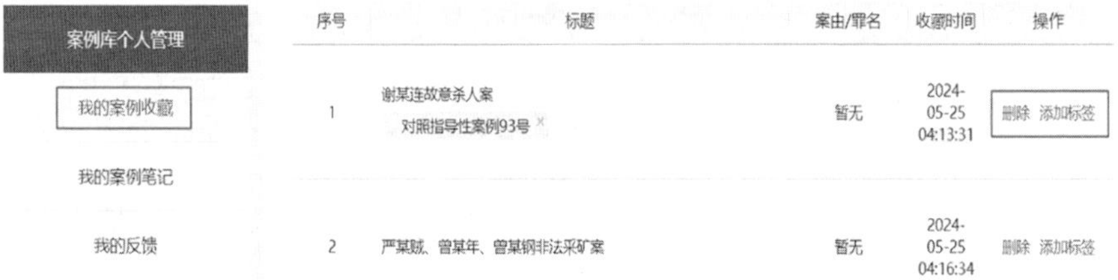

图 6-23　人民法院案例库案例收藏

图 6-24　人民法院案例库案例笔记

(二)北大法宝

北大法宝同样具备案例检索收藏与保存功能,并且可以对检索方案进行保存。检索方案被命名后在个人中心—检索记录—检索条件中可查看,点击条件名称即可检索出对应结果。此外,还可以用二维码的形式将检索方案分享给他人。

图6-25　北大法宝案例检索分享

六、导出检索报告

使用案例数据库平台进行类案检索的最后一步是导出检索结果,从而实现检索结果的"可视化"并形成正式法律文书或检索报告,以便司法机关和诉讼参与人进行查阅研读。此处以北大法宝为例演示如何将检索结果导出为类案检索报告。在完成类案检索后,可以选取加入类案检索报告的案例,并选择右侧的"类案报告"。然后按照系统提示编写类案检索报告并自动生成。关于类案检索报告的制作方法和具体体例格式,参见本书第八章的相关内容。

图 6-26 北大法宝生成文字类案检索报告

除文字类型的类案检索报告外,有些案例数据库还可以生成图表化的类案检索报告。如北大法宝的"案例可视化"功能,就可以生成类案检索的图表信息,从而使得相

第六章 类案检索中案例数据库平台的使用

关结果更加直观和生动。通过筛选案例、选择报表、生成报告三个步骤的简单操作,并完成对必要文本信息的填写,就可以生成图文并茂的检索报告。

图 6-27 北大法宝类案检索分析可视化报告

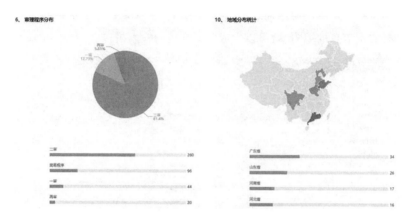

图 6-27(续) 北大法宝类案检索分析可视化报告

此外,北大法宝的"类案检索"平台及其"智能检索"功能也能生成类案检索报告,其步骤与上述内容基本相同,但在类案检索报告的形式体例上略有差别,用户可以根据自身需求进行选择。

图 6-28 北大法宝类案检索分析报告

第六章 类案检索中案例数据库平台的使用

图 6-28(续 1)　北大法宝类案检索分析报告

图6-28(续2)　北大法宝类案检索分析报告

第三节　本章小结

随着现代科技的发展,智慧司法已成为一大趋势,正确、熟练地使用案例数据库平台辅助类案检索工作将成为我国法律人的基本职业技能。本章在介绍我国案例数据库发展情况以及主要功能和作用的基础之上,以人民法院案例库、北大法宝等案例数据库平台为主要例证,从检索内容的确定、逻辑符号的使用、高级检索与检索条件设置、类案智能检索、检索结果与方案的保存、导出检索报告等角度出发,对使用案例数据库平台进行类案检索的基本技巧和主要方法进行了介绍。需要强调的是,本章的检索方法需要配合本书其他章的法律方法使用,并随着案例数据库功能的变化和升级进行调整。

第七章

类案的判断标准与判断方法

判断类似案件有两个关键之处:一是在类比推理时对比较维度的选取;二是当存在多个类似但判决结果各不相同的案件时如何选取和参考。

为统一法律适用,提升司法公信力,《类案检索意见》规定,类案是指与待决案件在基本事实、争议焦点、法律适用问题等方面具有相似性,且已经人民法院裁判生效的案件。对于类案进行检索并制作检索报告,使之发挥类案指导审判、统一裁判尺度的作用,既是对审判工作的明确要求,也是全面落实司法责任制,维系社会共同价值,建设社会主义法治国家的应有之义。

在类案检索报告机制中,明确"类案"的判断标准是关键,也是实现统一法律适用的核心。类案的判断标准是一个宏大但又多少有些模糊的话题,其中既包括法律逻辑上的困难,也包含制度设计上的困难。从法律逻辑上讲,只要有相似案由往往就被认为是同一类案件(广义的类案),但是究竟需要满足何种程度的"类似"才需要"类似审判",是实践中最容易产生争议的问题,也是类案能否解决疑难案件审判的关键所在。因此,明晰类案的判断标准是类案指导制度能否具有生命力的基本前提。从制度设计上讲,有些问题法官依靠法律推理能够解决,有些则需要依赖一套完备的审级制度、司法理念、政策解读和价值判断才能够解决。因此,明确类案的判断标准,实现类案的指导功能,既需要解决法律逻辑上的困难,也需要克服制度设计上的难题。本章通过案例分析和实证研究相结合的研究方法,对"借名买房"类案件进行比较分析,探索法官在审理待决案件时如何从类案中获得关键事实和裁判规则,确立类案的判断标准,继而指引待决案件的审理。

在人类文明的进程中,"同案同判"和"法律面前人人平等"都是人们对公平正义的朴素向往。其中,"同案同判"由于表达方式欠缺精准曾引起很多误解。古希腊哲学家克拉底鲁说,"人不能两次踏进同一条河流"。寻求两个完全相同的案件,无论是从客观事实上,还是从哲学逻辑上,确实都是一种奢望。但是类似的案件无疑是存在的,甚至可以说,生活中大多数案件都可以以某种方式进行归类。近年来,很多学者或法官从思辨哲学的角度认为由于"不存在完全相同的案件"[1],从而得出"同案同判"是伪命题的结论,这无疑是一种语言逻辑上的诡辩。法律系于生活,虽然生活极少精确重复自身,但相似性的倾向和程度还是鲜明的。司法类案在实践中不仅存在,而且是大量、广泛地存在。从通常意义上讲,实践中普遍认为民事案件中案由相同的都属于同类案件,在案由相同的基础上如果核心情节相近毫无疑问就是类似案件。调研中,基层人

---

[1] 周少华:《同案同判:一个虚构的法治神话》,载《法学》2015年第11期。

民法院法官们普遍反映,其日常受理的约 90% 的案件属于法律适用简单,并且在生活中大量重复出现的案件。① 这类案件多属于人类社会生产、生活中广泛存在的情况,比如普通的扒窃行为,正因其在人们生活中司空见惯,它们在争议焦点、关键事实乃至行为后果等方面都会表现出高度的相似性,从而展现出一种类似案件应当得到类似审判的公平对待的必要性。当然,案件的类似性有程度上的区别,更存在类似和不相似之间的边界问题。也即亚里士多德在《尼各马可伦理学》中所说,所有的相同性难题终将汇入相似性难题中。因此,对"类似"的判断和把握是解决类案类判的核心问题,也是法律根本的核心难题②,更是实现类案机制所追求的"公平与效率"价值的基石。

屈茂辉教授直指"类似性只是一个程度的问题"③。判断类似案件的主要标准是争议点相似和关键事实相似;辅助标准是案由和行为后果相似。围绕争议点并借助裁判规则来检视关键事实是判断类案的主要方式。具体而言,类案的判断在法律推理方面主要涉及三个层面:通过案件的争议点来确定比较维度;围绕比较维度判断相似性的相关性和法律依据;通过对事实、法律和价值的综合考量作出是否构成类案和是否需要类似审判的结论,以便克服反向推理导致的结果不可知。

例如,在英国,一个由于姜汁啤酒瓶内存有死蜗牛而使原告受到侵害的案件,与一个由于生产商的粗心大意而使过量硫黄进入内衣裤商品从而导致购买者饱受皮炎之苦的案件是否类似?如果单从作为重要事实之一的产品上讲,一个是饮料,一个是衣物,两个案件不类似;但是如果从"由于生产者疏忽生产了缺陷产品而导致受害者身体受到侵害"这点来看,两个案件是类似的。因此适用于先前案例的法律解决方案,也应当适用于当下案件。当年的英国法院就是如此审判的。④

第一节　确定比较点

确定类似案件的比较点就是确定案件的争议问题是否具有同类性。⑤ 事物类似的

---

① 在四川省某中级人民法院座谈中,多位法官提出了这一判断。
② 参见〔德〕亚图·考夫曼:《类推与"事物本质"——兼论类型理论》,吴从周译,学林文化事业有限公司 1999 年版,第 65 页。
③ 屈茂辉:《类推适用的私法价值与司法运用》,载《法学研究》2005 年第 1 期。
④ 参见〔英〕鲁伯特·克罗斯、J.W.哈里斯:《英国法中的先例(第四版)》,苗文龙译,北京大学出版社 2011 年版,第 55 页。
⑤ 参见张骐:《论类似案件的判断》,载《中外法学》2014 年第 2 期。

方面可以是无限广泛的。对解决案件争议有帮助的类似性，是相关的类似性，即这种类似对于解决待决案件有直接帮助。由于类似性判断是一种有特定目的的认识活动，所以判断两个或数个案件是否类似需要确定案件的比较点，以便确定案件在何种意义上类似。这种比较点是比较者进行案件比较的支点，也是决定类似性是否相关的支点。

判断待决案件与源案例是否类似的途径有三种：第一，待决案件争议点与源案例争议点的比较；第二，待决案件案情与源案例案情的比较；第三，待决案件的关键事实与源案例的关键事实的比较。

一、比较点的内容

（一）关键事实

所谓案件的"关键事实"，就是与案件争议点直接相关的案件事实。在有些情况下，案情方面的不同点在形成有关解决争议的法律判断方面不具有实质意义，法官需要在把握关键案件事实的基础上进行比较。

（二）争议焦点

类似案件指的不仅是案情类似，更重要的是争议焦点类似。[①] 争议焦点是联结待决案件和源案例之间的桥梁。实践中争议焦点相似、案情相异的类似案件比比皆是，如本章表7-1中整理的有关借名买房类案件的裁判，多是以借名买房后房屋的所有权归属为争议焦点，但具体又呈现出各种不同的案件情节。

（三）法律适用

类似案件所适用的法律应当存在同一性或相关性。也即，判断两个案件是否相似，不需要所适用的法律完全相同，而是在争议焦点相同的基础上，借助法律适用综合评判。比如对"借名买房"类案件进行比较分析时，各个案件中的案由可能存在差别（既有买卖合同纠纷，也有物权保护纠纷等），但法官在审理待决案件时可以选择从"借名买房后房屋的归属问题"入手检索关键事实。

（四）示例：麦当劳餐厅顾客物品丢失案

待决案件是于2004年11月13日发生在北京市朝阳区农光里麦当劳餐厅的顾客

[①] 参见胡云腾主编：《最高人民法院指导性案例参照与适用》，人民法院出版社2012年版，第293页。

物品丢失案。原告在餐厅就餐时丢失了挎包及包内的手机、现金等,原告要求被告赔偿。被告麦当劳餐厅以自己不存在违反经营者的合同附随义务和安全保障义务等情况为理由,拒绝承担赔偿责任。朝阳区人民法院在审理该案时,参考了北京市崇文区人民法院(2001)崇民初字第2780号和北京市第二中级人民法院(2002)二中民终字第1043号民事判决书。"崇文区麦当劳案"的案情是:2001年8月14日,一位顾客与其10岁的儿子在位于崇文区的北京市麦当劳食品有限公司前门老车站餐厅就餐时,装有照相机、变焦镜头、闪光灯等物品的手提包丢失。顾客作为原告起诉餐厅赔偿,一审、二审都败诉。刘作翔、徐景和两位教授在分析了两个案件的相同事实和不同事实,以及两案原告的主张与两案被告的主张后指出:"在这两个案件中,双方当事人争议的焦点是:被告是否具有保管消费者所携带的物品的附随义务,被告是否存在违约行为以及是否承担违约责任。承担违约赔偿责任必须具有违约行为、财产损失、因果关系的构成要件。违约行为、财产损失、因果关系属于案件的基本事实。在'朝阳区麦当劳案'与'崇文区麦当劳案'中,上述三个方面具有完全的相似性。所以,按照崇文区案的判决,朝阳区人民法院判决驳回原告的全部诉讼请求,第二中级人民法院驳回上诉,维持原判。"①

此处的关键是:经营者的合同附随义务包括哪些?显然,法院并不认为为顾客看管物品属于经营者的合同附随义务。因此,作为经营者的麦当劳餐厅就不存在由于顾客物品丢失而违约的行为,两个案件因此相似。②

二、确定比较点的路径

(一)初步假定

初步假定是指法官通过所掌握的信息大致判定待决案件可能会与哪个源案例类似。在初步假定步骤中,法官需要作出的只是一种概然性判断,更确切地说,这个阶段为法官进行实质比对提供了前提条件。法官无论是提取关键事实,还是将之与待决案件加以比较,都需要先确定可能与待决案件类似的指导性案例。其次,通过概然性判断,法官在实践中初步筛选出可能与待决案件类似的指导性案例,并且直接排除不构

---

① 最高人民法院研究室编:《审判前沿问题研究——最高人民法院重点调研课题报告集》,人民法院出版社2007年版,第441页。
② 参见张骐:《论类似案件的判断》,载《中外法学》2014年第2期。

成类似的案例,提高工作效率。通过从案件、争点、法律三个大方向出发,法官大致可以定位到可能与待决案件构成类似的指导性案例。需要注意的是,初步假定过程中获得的结论并非最终结论。①

(二)实质比对

实质比对是指对初步假定所得结论进行检验和分析。此时法官需要非常细致地构建源案例的关键事实,并将之同待决案件事实加以比对。实质比对意味着法官需要仔细研读已经确定的指导性案例,从中提取出关键事实并将之与待决案件的事实进行比较对照,以便最终判定两者是否构成类似案件。②

第二节　类案的判断标准

在逻辑上,如果两个案件在所有要素方面均相同或相似,则无疑属于类似案件。这类情况在实践中可能并非没有,但是就类案指导制度所期望达到的目的和作用而言,各个要素完全类似的、在生活中大量重复的简单案件往往早已由法律给予了明确的规定,或者由法院发布过相应的司法解释,法官审理此类案件时对类案的需求是随之减弱的。正如调研时得到的反馈情况显示,很多基层人民法院法官认为,随着自己审判经验的积累,绝大多数案件都可以划归为"简单案件",这类案件是不需要类案支撑的;相反,需要检索类案和关联案件的案件多属于新型、疑难的案件。但既然是疑难、新型、复杂的案件,其同类案件的数量自然是相对少的,它们在事实特征、法律特征、争议焦点、裁判结果和制约因素等方面,或多或少存在区别。这就迫使我们在判断类似案件时需要从以上诸多比较维度中,找出究竟哪些要素对于类案比较是具有实质意义的。如此才能推动类案检索和报告机制对于疑难案件的处理发挥预期的作用,提高法官审理案件的效率,推进司法责任制全面落实。

一、根据争议焦点确定类案比较的维度

类案的判断是一个多维度、多因素综合作用的过程。首先,类案判断的结果取决

---

① 参见张骐:《再论类似案件的判断与指导性案例的使用——以当代中国法官对指导性案例的使用经验为契口》,载《法制与社会发展》2015 年第 5 期。

② 参见张骐:《再论类似案件的判断与指导性案例的使用——以当代中国法官对指导性案例的使用经验为契口》,载《法制与社会发展》2015 年第 5 期。

于比较的角度。英国尼尔·达克斯伯里教授指出,由于并没有两个绝对相同的案件,"区别"总在某种或者另一个意义上是可能的。①在我国,法官对类案进行判断时需要依循一套符合法律逻辑和司法规律的标准来确定核心的比较维度,也被称为中点或比较点。正所谓"类比的关键在于确定比较点,而类比的结果取决于比较点的选择"②,如果抛开语境去讨论女人与男人、飞机与船、狗与熊是否类似,将很难得出结论,因为女人和男人在作为人的意义上是相同的,但是在性别意义上是有区别的。因此关于类似的判断往往不是运用纯粹逻辑就能够推理得出的③,比较点的确定包含了权力运用和理性认知因素的共同作用,这就意味着对两个案件是否类似的比较过程中包含了"选择"的成分。

在我国,关于司法类案的比较维度,很多学者进行了深入研究,例如王利明教授提出类似性应当包含四个方面,即案件的关键事实、法律关系、案件的争议点、案件所争议的法律问题④;黄泽敏博士与张继成教授认为,要判断待决案件与指导性案例是否做到了相似案件相似审判,需要了解事实特征、法律特征、裁判结果和制约因素四类要素,但其中"最终标准是实质理由论证"⑤;雷磊教授指出,当两个具体案件在重要特征上完全相同时,应当对它们作出相同的判决⑥;段文波教授认为,狭义的同案指的是诉讼标的相同,张骐教授总结的比较维度包括争议点、案情、关键事实和是否属于狭义的指导性案例,其中基本的比较点是争议点和关键事实⑦;张志铭教授主张在案例比较中对(与法律适用直接或间接相关的)案件事实进行定性分析,对案件情节进行定量分析⑧;四川高院与四川大学联合课题组主张以裁判要点为判断类案的基准,检验相关联

---

① See Neil Duxbury, *The Nature and Authority of Precedent*, Cambridge University Press, 2008, pp.113-114.
② 雷磊:《为涵摄模式辩护》,载《中外法学》2016 年第 5 期。
③ 参见〔德〕亚图·考夫曼:《类推与"事物本质"——兼论类型理论》,吴从周译,学林文化事业有限公司 1999 年版,第 81 页。
④ 参见王利明:《成文法传统中的创新——怎么看案例指导制度》,载《人民法院报》2012 年 2 月 20 日第 2 版。
⑤ 黄泽敏、张继成:《案例指导制度下的法律推理及其规则》,载《法学研究》2013 年第 2 期。
⑥ 参见雷磊:《为涵摄模式辩护》,载《中外法学》2016 年第 5 期。
⑦ 参见张骐:《再论类似案件的判断与指导性案例的使用——以当代中国法官对指导性案例的使用经验为契口》,载《法制与社会发展》2015 年第 5 期;张骐:《论类似案件的判断》,载《中外法学》2014 年第 2 期。
⑧ 参见张志铭:《司法判例制度构建的法理基础》,载《清华法学》2013 年第 6 期。

的必要事实和法律问题是否具有相似性。[1]

我们将上述研究中提到的案例比较之维度进行归类总结,其中包括但不限于:争议焦点、关键事实(事实特征)、法律关系、法律特征、法律问题、裁判结果、实质理由、制约因素、诉讼标的。案件中的事实要素涉及生活中的方方面面,不可能完全相似,在真正的案情比对时也无法全部、逐一地进行检视。

尤里乌斯·斯通教授以"Donoghue v. Stevenson"案件为例表明,在案件中,很多事实要素的更改或者替换,均不会改变判决的结果,那么这些要素就不是实质性的事实,比如:案件中的死蜗牛可以替换成任何其他蜗牛,或者任何使人恶心的肢体,抑或是非物理形态的其他元素;案件中的不透明姜汁啤酒瓶,也可以是其他不透明的饮料瓶,或者任何饮料瓶,抑或是任何其他容器;案件中造成当事人个人身体的伤害,也可以是心理、精神上的伤害,或者任何伤害。[2] 毋庸置疑,判断两个案件是否类似需要对两个案件进行分别的分解,其中势必有大量的事实要素相同,但是有更多的要素不同。其中很多要素与两个案件在法律上的争议点无关,可以被随意替换并且不影响判决的实质。这种实质性的本质就是具有法律上相关的相似性,需要从案件的必要事实和实质构成要件来判断。[3] 也即寻找"实质性事实"或与案件的事实关系"有密切关联的核心意思(本意、要旨)"[4],从而防止因边缘事实不同而架空先前案例的含义。此时,根据争议点可以筛除很多细枝末节的事实要素,使得比较更为集中。因此,类案判断要围绕争议点,对具有相关性的关键事实进行重点分析和比较,由此构成判断两个案件"相关相似性"的基础。

二、类案判断的核心焦点

事物类似的方面可以说是无限广泛的,在选取比较维度时,只有"相关类似性"对于解决待决案件有直接帮助。因此,判断类似案件的核心焦点是争议点相似和关键事实相似。争议点是进行类案判断的重要出发点,只有从相关的争议点出发才能判断关

---

[1] 参见四川省高级人民法院、四川大学联合课题组:《中国特色案例指导制度的发展与完善》,载《中国法学》2013年第3期。
[2] See Julius Stone, "The Ratio of the Ratio Decidendi", 22 *The Modern Law Review* 597-620(1959).
[3] 参见同志:《论指导性案例的参照适用》,载《人民司法》2013年第7期。
[4] 周光权:《刑事案例指导制度的发展方向》,载《中国法律评论》2014年第3期。

键事实是否相似。比如对"借名买房"类案件进行比较分析时,各个案件中当事人可能有不同的诉请、提供了不同的证据,甚至案由也可能存在差别(既有买卖合同纠纷,也有物权保护纠纷等)。但是如果法官在审理待决案件时,唯一想了解的就是"借名买房后房屋的归属问题",那么此时就需要从这一点出发,围绕借名买房的相关要素检索关键事实。关键事实相似是判断待决案件与先前案件是否构成类似案件的核心比较维度。如果围绕同一争议焦点的关键事实不同,则两个案件必然不构成类似案件。比如,在借名买房类案件中,关键事实是借名人是否全部出资以及是否存在实质上的借名合意,如果两个案件在以上关键事实上存在不同,则不构成类案,不具有类似案件类似裁判的必要性。

三、类案判断的辅助标准

判断类似案件的辅助标准和检验方式是案由和行为后果相似。其中,案由相似并非绝对标准,但是案由代表案件的类型,绝大多数情况下也决定了案件的争议焦点,在司法实务中有人甚至直接认为案由相似的案件就构成类案。本书采取类案的狭义理解,案由相同或类型相同是进行类案判断的首要步骤,也是排除大量不相关信息最有效的方式。行为后果的相似性也是判断是否构成类案、是否需要类似审判的重要因素。如果相似的行为和情节造成截然不同的行为后果,在法律上也会有不同的评价。譬如就刑法中的故意杀人而言,如果两个案件中的行为、情节相近,但一个仅仅造成未遂的后果,另一个却造成了杀人既遂的后果,那么两个案件通常不构成类案,审理案件的法官也不再受到类似审判的约束。

其他诸如案件情节、法律关系、非核心的案件事实等要素是判断类案时的参考性因素。

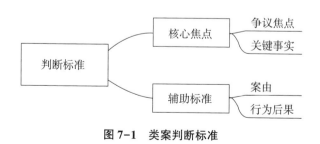

图 7-1 类案判断标准

第三节　类案的判断方法

一、案件类型的确定

类案首先应当是类型化事实相似①的案件,这一环节需要评判者依据其日常生活经验或者简单的审判经验加以判断。以"非法持有枪支罪"是否存在司法偏差的研究为例,邹兵建博士从赵春华日常经营气球射击摊为典型案例出发进行类案的比较分析,将"非法持有枪支罪"作为案由,以"气球"为关键词,在中国裁判文书网上进行搜索,获得了22个与"赵春华案"类似的案件。通过研读确认,这些案件都是因为经营气球射击摊而被检察机关以"非法持有枪支罪"提起公诉的案件。但我们认为经营气球射击摊只是行为人持有玩具枪或仿真枪的一种情形。为加深研究,全面考察行为人因持有玩具枪或仿真枪而被法院判决构成非法持有枪支罪的情形,邹兵建博士又进一步采取了"'非法持有枪支罪'+'玩具枪'"的组合方式进行检索,得到判决书47份,以及用"'非法持有枪支罪'+'仿真枪'"的组合进行检索,得到判决书406份。② 以上检索得出的结果成为其研究法官在审理"非法持有枪支罪"类案件中对主观故意这一要件如何处理时的研究素材。

在该研究中,确定案件中的"案件类型"(非法持有枪支罪)与"关键词"(气球)这一检索搭配属于只能由法官依靠日常生活经验才能够完成的工作。而且,是否将气球的概念替换为玩具枪或仿真枪,也需要法官依据直觉、生活经验、审判经验进行综合判断。在此基础上,法官再从待决案件中通过案由的判断来识别关键事实和核心争点。

二、关键事实的判断方法

从争议焦点着手,可以识别出哪些是类案判断中具有实质意义的关键事实。对其进行比较和判断的方式主要有以下几种:

第一,依靠经验判断。虽然在英美法国家待决案件与先例案件之间的相似判断被

---

① 参见周光权:《刑事案例指导制度的发展方向》,载《中国法律评论》2014年第3期。
② 参见邹兵建:《非法持有枪支罪的司法偏差与立法缺陷——以赵春华案及22个类似案件为样本的分析》,载《政治与法律》2017年第8期。

认为是遵循先例原则的"心脏",但对于何为"类似"并无确切定义,法官主要依据自己的审判经验并借助区分技术来判断案例之间是否存在"类似性"。实践中一个很常用且有效的方法就是通过经验(包括感知经验)来判断。黄泽敏和张继成提出,"若通过感知经验可以直接判断待决案件的案件事实符合裁判要点的描述时,只要不存在实质理由论述形式,即可判定待决案件与指导性案例相同"。对于通过感知经验无法直接判断待决案件的案件事实是否符合裁判要点的描述,在满足实质论证的情况下①,可判定待决案件与指导性案例不相同。

第二,围绕争议焦点,借助裁判规则定位关键事实。一个案件中具有实质意义的关键事实可能不止一个,在判断类案时只有围绕作为争议焦点的关键事实进行比较,才具有相关性与意义。因此,围绕争议焦点判断关键事实是事半功倍的方式。与此同时,判断是否构成类案的认识论依据是规则,作为类比依据的比较点实际上也是规则。例如"浓盐酸"与"手枪"的共同点在于它们都属于"能给人身造成伤害的危险工具"。所以,要将适用于手枪的法律后果类比适用于浓盐酸,首先要确定一条规则——"所有能给人身造成伤害的危险工具都是武器"②。因此,在对两个以上案例的事实特征进行比较时,需要抽象出先前案例的裁判规则,再检验关键事实,这体现了关键事实与裁判规则之间的辩证关系。"通过比较大量的相关判例,阐明某项规则,如果可以的话,还要将规则协调一致地适用于所有相关判例,并且依据事实检验这一阐释是否违背形式上可能有所变化的规则。"③正因如此,司法实践中法官通常以裁判规则为判断类案的基准,检验待决事实与裁判规则中所包括的必要事实是否具有相似性,以及待决案件所要解决的法律问题与裁判规则涉及的法律问题是否具有相似性。最高人民法院近期发布的"类案与关联案件检索报告模板"中,第一部分内容即裁判规则,并且专设"裁判规则指引"栏目。可见,确定裁判规则既是判断类似案件时的关键,也是类案检索报告最终的目标。

第三,运用"否定判断法"检验是否属于关键事实。由于案件之间总有或大或小的差异,因此在进行类案筛选和比较时需要确定哪些是实质的维度或者方面。正因如此,英国学者沙龙·汉森提示我们关注下列议题:"(1)如果存在些微的事实差异,情况

---

① 参见黄泽敏、张继成:《案例指导制度下的法律推理及其规则》,载《法学研究》2013年第2期。
② 雷磊:《为涵摄模式辩护》,载《中外法学》2016年第5期。
③ 〔美〕卢埃林:《荆棘丛:关于法律与法学院的经典演讲》,明辉译,北京大学出版社2017年版,第67页。

将会如何?(2)如果存在一系列些微的事实差异,该案还充分相似吗?"[1]在英美法国家,法官经常使用的方式是:提炼一个法律命题,将它变换为否定陈述,将否定陈述适用到该案件中,如果结果相同,则所确定的法律命题不是该案件的判决理由;如果结果不相同,则确认的法律命题是该案件的判决理由。本章第四节将通过"借名买房"类案件的比较研读,展示如何通过这一方法检验关键事实。

三、行为后果的相似性判断

由于案件事实和情节的复杂多样性,案件中的行为后果无法一一对应,在类案判断中更没有逐一仔细核对的必要。在完成案件类型或案由、关键事实相似的判断后,可对行为后果进行补充考察,此时只从粗略的分类角度进行判断即可:分析两个案件造成结果的严重程度、危害大小是否足以影响类似案件的判定。比如同样是在电梯里劝阻他人吸烟,造成严重法律后果(例如"田九菊诉杨帆生命权纠纷案")的案件与其他毫无法律后果的情形就不构成类似案件。

图7-2 类案的判断步骤

四、如何对待不同点

对类案进行判断时运用类比推理是一个自然而然的选择。类比推理是一种"从特殊到特殊"的推理,因此相较于演绎推理"从一般到特殊"的推理,前者在逻辑上面临的问题更多,其可证成性需要克服逻辑上的困难。其中的根本问题是如何对差异点的相关性加以确定。

---

[1] 〔英〕沙龙·汉森:《法律方法与法律推理(第二版)》,李桂林译,武汉大学出版社2010年版,第71—72页。

(一)比较与辨异的方法

如果案件的大多数要素相似,究竟何种差异会导致法院作出不同的裁判?卢埃林指出,"完美无缺的比较与区分"是无法实现的,需要借助"比较与辨异的逻辑方法"。类比推理本身不是严谨无歧义的,它依赖于对比较维度的选择,包含对相似之处和不同之处进行比较和权衡,而且两个案件的比较点必须具有法律依据。如所看到的,我们或许可以掌握一种科学的预测方法,并且可以在材料允许的范围内使用这种方法。但即便如此,我们仍没有一门可以非常准确地预测类推结果的科学。

(二)反向推理及其克服

反向推理在逻辑上一直是可以取代类似推论的。卡尔·恩吉施认为,"相似性"判断的根本难题是如何处理不同点所引发的反向推理,如何从前提的不同性推出法律结果的不同性。[1]《学说汇纂》中提供了一个经典的例子,根据《十二铜表法》的规定,"四足动物"的所有者,对动物因其野性引起的损害负有责任(相当于如今的"动物饲养者"的责任)。那么,所有者对两足动物,如非洲鸵鸟因其野性所造成的损害是否负有责任?[2] 如果进行严格解释,两足动物,比如鸵鸟,也具有相当大的野性。如果适用的是类比推理,那么答案是肯定的;如果适用反向推理则答案正相反。

1. 类比推理的模式

大前提:如果一只四足动物因其野性对他人造成损害,那么其所有者有义务进行赔偿。

相似性:两足动物也可以具有与四足动物一样的野性。

结论:当一只两足动物因其野性对他人造成损害,其所有者有义务进行赔偿。

2. 反向推理的模式

大前提:如果一只四足动物因其野性对他人造成损害,那么其所有者有义务进行赔偿。

不同点:两足动物不是四足动物。

结论:当一只两足动物因其野性对他人造成损害,其所有者不需要进行赔偿。

这两个框架的区别在于中间句:"两足动物也可以具有与四足动物一样的野性"

---

[1] 参见〔德〕卡尔·恩吉施:《法律思维导论(修订版)》,郑永流译,法律出版社2014年版,第181页。
[2] 参见〔德〕卡尔·恩吉施:《法律思维导论(修订版)》,郑永流译,法律出版社2014年版,第181页。

与"两足动物不是四足动物"。这两种推理的结果从逻辑上都能够自洽,因而,想获得有说服力的判断毋宁需要实质性的论证。① 在纯粹形式逻辑上,这两种将导致完全不同结果的推理都是同等合理的。人们既可以说:四足动物不是重点,重点是危险动物因其野性造成的损害,两足动物与四足动物在"具有野性"方面是完全相同的;也可以推断,只针对四足动物所规定的法律,不能适用于其他动物。由此,法律人经常需要对究竟采用类比推理还是反向推理、何者具有逻辑推理中的优先性进行讨论。

在解决反向推理时,第一,不同点涉及的是否为关键事实。以前述汽水中发现蜗牛的案件为例,案件事实发生在星期一还是星期二,受害者头发是红色还是棕色,并不是关键性事实,这种不同点对案件而言没有实际影响。第二,不同的程度是否产生实质上的影响。案例中的海藻、头发、蜗牛、蟑螂、人的手指头、有毒物质,介质不同的时候,饮料中喝出蜗牛还是蟑螂并没有实际影响。总之,需要通过对立法者原意的解读等判断方法来确定对不同点采取何种态度。

第四节 类案判断的实例分析

类案的指导意义是从多个类似案件的比较中展现出来的。"任何判例都不可能孤立地有意义!孤立地对待判例,不会给你们提供任何指引。"②在对类案进行检索和报告时,需要对大量同类案件进行比较分析,通过提取裁判规则来比较关键事实。在此以"借名买房"类案件为例,展示类似案件在实践中的判断方法。

"借名买房"是日常生活中经常发生的情形,是指房屋的实际出资人借用他人名义购房,并以他人名义登记房屋所有权的行为。"借名买房"通常发生在熟人或者亲人之间,但是现实生活中经常出现纠纷。对于如何理解和适用《民法典》第 209 条规定的物权公示原则,法官、学者和社会大众之间一直存在较大的认识分歧。根据物权变动的公示公信原则,为避免给交易相对人带来不可预见的损害,维护交易安全和稳定,物权的所属应当进行公示,其中不动产的公示方式是登记。根据《民法典》第 209 条的规

---

① 参见〔德〕卡尔·恩吉施:《法律思维导论(修订版)》,郑永流译,法律出版社 2014 年版,第 181 页。
② 〔美〕卢埃林:《荆棘丛:关于法律与法学院的经典演讲》,明辉译,北京大学出版社 2017 年版,第 61 页。

定,"不动产物权的设立、变更、转让和消灭,经依法登记,发生效力;未经登记,不发生效力,但是法律另有规定的除外"。对此,可以理解为不动产物权必须经过登记始发生物权效力,一经公示,即产生公信力。但也有人认为,《民法典》并未在立法上确认物权行为的无因性,不动产物权变动仍应以有效的债权行为作为前提。对于此类法律没有明确规定,但实践中大量存在的法律情形,检索类案进行参考是法官最常见的选择。此时,假设一名法官通过对待决案件案情的初步了解,将本案的争议点归纳为"借名买房后房屋的归属",以期从类案和关联案件中获得审判指导,他可以通过下述方式获得此类案件的裁判规则,进而对关键事实进行分析和评价。

我们以"借名买房"作为关键词在中国裁判文书网上进行搜索,共得到判决书2668份。从审级划分,其中最高人民法院1份,高级法院196份,中级人民法院1216份,基层人民法院1255份;从地域划分,其中北京1289份,广东218份,江苏138份,天津125份,其他所有省份的判决书数量均不足100份。① 据此分析,"借名买房"情况出现的频繁程度与经济发展程度,譬如拆迁、限购限贷政策、反腐力度等因素关系密切。

通过随机抽取6个案例的比较分析(其中最高人民法院1个、北京高院2个、北京一中院1个、天津高院1个、广西高院1个)可以了解到,在裁判文书中由双方当事人举证时提到的事实要素有很多,各个案件中的重要情节也丰富多样,包括但不限于以下事项:出资情况、贷款还款情况、借名合意(是否有书面协议,其真实性如何;是否有口头协议,如何举证)、借名买房时相关法律是否已经出台、对于借名的事由能否提供合理解释、房屋由谁居住、房屋由谁装修、水电费及物业费由谁缴纳、房产证由谁持有、当事人之间何种关系(亲兄妹、外祖孙、夫妻)等。其中,法院判决理由中提到的事项有:出资情况(包括首付款的交付和贷款还款情况)、借名合意、借名买房时相关法律是否已经出台、关于借名事由能否提供合理解释、出资人装修并实际使用等因素。由此可以印证前文的判断,在进行类案检索和比较时有可能会出现非常多的事实要素,对其进行全部、逐一检视势必导致类比推理结果的不可知。此时,从众多具有参考意义的事实中识别和提取出关键事实就成为重中之重。

---

① 检索时间:2020年5月31日。

表 7-1 "借名买房"类案件的比较分析

案例	借名原因	出资情况	贷款情况	借名购买意思表示	实际使用情况	房产证持有人	判决归属
刘桂兰与马春梅、马连英所有权确认纠纷申请再审民事裁定书	规避二套房限贷政策影响	借名人向第三人借款付首付	大多为借名人还款,两个月由出名人还款	无合约	借名人居住	借名人持有	出名人
商龙合同纠纷申诉、申请民事裁定书(案例7.4.1)	国家机关工作人员,"担心会有不必要的麻烦"	借名人出资	无贷款	口头合约	出名人居住	出名人持有	以出资比例共有
谭万兴与雷广志、深圳市京达旅业有限公司房屋确权纠纷民事裁定	未提及	借名人出资	有贷款(借名人提供转账汇款表等全套凭证)	有,真实性待确认	出名人付消防改造费、装修费	未提及	借名人
汤治房屋买卖合同纠纷申诉、申请民事裁定书	北京经济适用房购房资格	借名人出资	有(借名人偿还,有《按揭合同》为证)	无	借名人长期实际控制	未提及	借名人
陈一童与王福顺房屋买卖合同纠纷二审民事判决书	房屋拆迁,性质为经济适用房	借名人出资	无	口头合约	借名人装修并居住	借名人持有	借名人
陈容、禤品武物权保护纠纷再审审查与审判监督民事裁定书	经济适用房的购房资格	借名人出资	未提及	借名买房协议书	借名人子女居住	未提及	借名人

一、关键事实的判断

需要说明,在对借名买房类案件进行判断时,对关键事实的识别和选取会受到选取案件的数量、层级、地域、案件的准确性和特殊性等诸多要素影响。由于以上六个案件均未涉及"第三人"的问题,因此在此类案件的比较时就没有增加"第三人"这一比较维度。但如若待决案件中涉及保护善意第三人的相关问题,那么法官在选取和检索此类案件的关键事实时也会随之调整,其归纳的裁判规则也会进一步细化和深化。这也是类案指导制度富于变化、快速及时的表现所在。

类案判断时涉及的要素非常多,如果对多个案例进行多维度比较,排列组合的结果将会浩如烟海,结果的指导性和说服力也会相应减弱。此时可以采用前文的"否定判断法"对关键事实进行判断。具体而言,在诸多判决理由中寻找法官重点分析了哪些问题,以此作为线索展开判断。当出现某一事实要素难以断定其是否属于关键性的事实时,可以采取否定判断法,反问:"如果回答是'否',是否可以直接得出相反结论?"如果能直接得出相反结论,则该事实往往是关键事实。比如在多个案件中,只要法官判定不存在借名买房之合意(口头及书面协议均无),则直接判决其不属于借名买房的情形,那么"是否存在借名买房之合意"则必然是关键事实。如果答案是"不一定""并不绝对""还要考虑其他情况",比如房屋是否为借名人实际居住以及房产证的持有人这一类事实,在六个案件中既有借名人持有房产证且实际居住,但判给出名人的,如"刘桂兰与马春梅、马连英所有权确认纠纷案";也有出名人实际居住,但当事人主张借名人所有的,如"商龙合同纠纷案";也有根本未提及的。那么,综合几个案件可以发现,是否持有房产证、是否实际居住,并非判断"借名买房"类案件的关键事实。

二、借名买房中的关键事实

依循以上的方法,本文通过对六个案件的比较分析,从诸多事实要素中区分出判断是否构成借名买房案件的关键事实和仅仅具有参考意义的非关键事实。

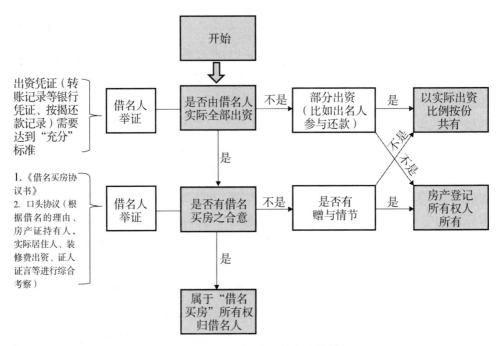

图7-3 "借名买房"中关键事实的判断

从上图的"否定判断法"可以推断,在此类借名买房类案件中:

1. 核心的关键事实有两项

第一,双方是否存在借名买房之合意。

第二,借名一方能否充分证明其支付了全部价款(包括按揭购房中的贷款是否由借名人全部实际支付)。

2. 其他事项均非关键事实(但具有参考意义)

第一,借名事由并不关键。马一德教授对50个借名买房类案例进行了实证分析,其中重点分析了借名买房的房屋类型:政策房(16个)、商品房(四种不同事由,合计28个)、商品房(三种不同事由,合计6个),在对以上50个案件进行比较研读后,得出借名购买政策房获得支持的占25%,借名购买商品房获得支持的占88%①,但是细究其各类型案件支持或否定的理由时又是五花八门的。我们认为,该研究展现出了法律

---

① 参见马一德:《借名买房之法律适用》,载《法学家》2014年第6期。

适用不统一的现象,更说明了借名买房的房屋性质以及借名事由不是关键的因素。尽管在多个案件中都有当事人提出借名买房行为违反当时限购政策,进而主张不予认定效力的情况,但这并不属于判断此类案件的关键事实。例如,由"陈容、禤品武物权保护纠纷再审案"可以推测,法律默许通过借名的方式规避限购限贷政策,同理,即便是为了规避申报等理由借他人姓名买房,仍然可以以实际出资为重要的判断依据。当然,借名的事由虽然并非关键事实,却在很多案件中具有重要的参考意义,尤其是双方在对"书面借名买房合意"的真实性,以及是否存在"口头借名买房"事实存在不同意见时,法官确实会重点参考能提供合理解释的一方所提出的理由。诸如借用回迁指标、经济适用房购房指标等,都是日常中经常出现的借名买房事由,对于法官的证据采信具有重要参考价值。

第二,由谁居住以及房产证的持有人是谁,都不是关键。这一点与物权登记制度的立法本意是一致的,不以实际占有为判断依据。但是在审理借名买房的案件时,实际由谁长期居住,对于法官综合判断当事人之间的关系也是重要的参考。以"陈一童与王福顺房屋买卖合同纠纷案"为例,法官将持有房产证并且实际长期居住作为判断双方是否有"借名买房"的口头协议的重要依据,对判断"借名合意"是否真实存在具有一定的意义(出名方无法为其多年来始终不主张权利提供合理解释)。

由此可知,借名原因、出名人是否承认、由谁居住、谁持有房产证等均属于非核心事实。至于当事人和代理人经常举证的一些其他事项,比如当事人的关系、房屋的具体地点、借名购房纠纷中常见的"换房"情节、由谁装修、物业水电费的支付、消防改造费由谁支付等,均不是法院考虑的情节。

通过比较研读以上生效案件,对关键事实和非关键事实进行区分,可以得出此类借名买房案的裁判要旨,即:双方存在"借名买房"的真实合意,且有充分的证据证明诉争房产首期房款、按揭款以及其他相关款项等实际由借名人支付的,可认定登记在出名人名下的房屋属于代持有性质,房屋所有权不归出名人所有,而应归借名人所有。

三、政策与价值的综合考量

以上结论表明,在审理借名买房类案件时,法院倾向于将实际出资情况和当事人关于借名买房的约定作为主要的判断依据。本书在此并不评判法院审判思路正确与否,但是在法律对此有立法保留时,法官作出此类判决背后无疑是有价值选择的:判定房屋属于借名人所有,符合实际的出资情况,但却构成对《民法典》中登记制度的消极反应。况且,实践中借名买房行为的背后往往有各种各样的案外事由,比如为规避国家房贷、税收、登记等相关法规政策;借用他人资格享受某种购房优惠;转移财产以逃避债务;领导干部为规避申报转移资产等,这些行为本质上是为了对抗国家政策,如果判决房屋归借名人所有,等同于为政策的执行开了口子,会造成竞相效仿的后果。另外,如果能证明借名人实际全部出资,且具有借名买房之合意(比如口头协议,但另一方矢口否认),又有借名人出钱装修、长期持有房产证、实际长期居住等情节,此时判定房屋归借名人所有,不符合目前的司法惯例,也将严重违背诚实信用原则,不利于保障善意相对人基于物权公示公信力产生的信赖利益,与社会主义法治国家通过法律实现公平正义的目标相背而行。因此,虽然完成了类案的检索,但究竟是鼓励诚实守信而作出符合实质正义的判决,还是维护法律和政策的权威,依据物权行为无因性来判决案件?法官在实践中一直在进行价值判断。

当然,反观类案指导制度,它的优势恰恰在于及时、迅速地适应社会变化。无论是个人的价值判断、审判实践中的惯例还是国家政策的导向,都处在不断变化之中。2017年8月4日,最高人民法院发布的《关于进一步加强金融审判工作的若干意见》第18条明确规定:"依法保障房地产市场平稳健康发展,防范房地产市场的金融风险传导。高度重视房地产市场波动对金融债权的影响,依法妥善审理相关案件,有效防范房地产市场潜在风险对金融稳定和金融安全的传导与冲击。统一借名买房等规避国家房产限购政策的合同效力的裁判标准,引导房产交易回归居住属性。"虽然该条并未明确此类合同效力,但从其所使用的"规避""回归"等词语的感情色彩上可以判断相关部门有从严监管的倾向,这意味着对于借名买房规避国家房产限购政策的合同在未来恐将无效。因此,随着新的指导性案例、典型案例以及法官根据新的情况作出的新判决,关于借名买房的司法裁判规则也会随之发生变化。而上述的类案判断标准则是适应这种变化的方法论基础。

第五节 本章小结

综上,通过司法类案指导司法实践,对于统一法律适用,全面落实司法责任制具有关键意义。判断类似案件有两个关键之处:一是在类比推理时对比较维度的选取,也即对关键事实和非关键事实的辨别。此时需要综合运用日常生活和审判经验,借助裁判规则和否定判断法来考查不同点对案件影响之权重。二是当存在多个类似但裁判结果却各不相同的案件时,如何选取和参考。卢埃林说:"为了使一个一般性命题具有意义,具体的例证、具体例证的积累、当前对诸多具体例证的鲜活记忆,是必不可少的。如果没有具体的例证,一般性命题就会成为阻止前进的累赘、障碍和废物。"在美国,虽然各个州主要遵循各自的权威规则,"50个州最高法院加上诸多联邦法院一起运作,偶尔出现互相冲突的规则,是无法避免的"[1]。在这种情况下,之所以还能实现"共同适用的法律",原因在于三方面:有一个规模庞大的基础性组织机构体系;有非常相似的对待法律权威的方式,包括思维方式,运作方式,解读判例、依据判例或制定法进行推理的方式等;州法院会将难有定论的案件诉诸联邦法院裁决,后者从整体上相当于一个共同适用的法律库。[2] 在我国,依靠大数据迅猛发展带来的技术支持,法律逻辑和法律知识更为全面扎实的法律人共同体,以及一套以案例为依托、以统一法律适用为目标的法律解释机制,必将实现类似案件类似裁判的司法形式正义,实现"让人民群众在每个案件中感受到公平正义"的目标。唯有在更高站位、更深层次、更宽领域,以更大力度深化新时代人民法院司法体制综合配套改革,全面落实司法责任制,形成系统完备、科学规范、运行有效的制度体系,全面提升司法能力、司法效能和司法公信,方能推动公正、高效、权威的中国特色社会主义司法制度更加成熟、更加定型,使法治在国家治理体系和治理能力现代化中扮演更加重要的角色,发挥更加基础性的作用。

---

[1] 〔美〕卢埃林:《荆棘丛:关于法律与法学院的经典演讲》,明辉译,北京大学出版社2017年版,第4—5页。

[2] 参见〔美〕卢埃林:《荆棘丛:关于法律与法学院的经典演讲》,明辉译,北京大学出版社2017年版,第64—65页。

第八章

类案检索报告的制作

类案检索报告是类案检索机制以及统一法律适用标准工作的落脚点,应当充分重视,并从形式和实质两方面严格把握报告质量,使之为法官裁判提供实质性帮助。

《类案检索意见》第 7 条规定:"对本意见规定的应当进行类案检索的案件,承办法官应当在合议庭评议、专业(主审)法官会议讨论及审理报告中对类案检索情况予以说明,或者制作专门的类案检索报告,并随案归档备查。"据此,法官在进行类案检索后应当撰写检索报告,对检索情形加以说明。同时,《类案检索意见》第 8 条规定:"类案检索说明或者报告应当客观、全面、准确,包括检索主体、时间、平台、方法、结果,类案裁判要点以及待决案件争议焦点等内容,并对是否参照或者参考类案等结果运用情况予以分析说明。"本章据此讨论检索报告的基本内容与制作方法。

第一节 类案检索报告的基本要素

通过第六章、第七章的讨论,我们熟悉了案例数据库平台的使用以及类案的判断标准。它们分别针对如何运用现有互联网平台检索案例,以及判定检索得到的案例是否与待决案件构成类案这两个问题。本章处理的问题是我们如何通过案例检索报告将上述工作呈现出来,以辅助裁判、归档备查。《类案检索意见》第 8 条比较详细地规定了我们在撰写类案检索报告时应当包含的必要信息,以下我们分而述之。

一、检索主体

根据《类案检索意见》的规定,应当进行类案检索的人员是审判案件的法官,因此法官是类案检索的首要主体,需要针对待决案件的特点检索并判断与之构成类案的指导性案例或其他生效判决,并从中提炼出裁判规则,作出裁判。这意味着类案检索是辅助法官裁判的重要方式,因而在司法实践中检察官、律师、当事人从工作和个人利益角度出发,也会加入类案检索的行列中来,甚至法学研究人员都会非常关注类案检索。在这个意义上,检索主体是十分多样的。不同的主体,关注类案的目的有所不同,对类案检索的需求也比较多样。这进一步意味着不同检索主体笔下的检索报告可能不尽相同,虽然它们都会包含必要信息,但会根据自身检索目的有所侧重。本章主要讨论从法官角度出发的类案检索报告的制作。

二、检索时间

任何信息都具有时效性,网络平台与数据库中的信息尤为如此。比如:新法规生效或司法解释出台后,网络数据库中的相关信息可能并没有及时更新,就会在一定程度上误导我们的检索结果;新法规或司法解释与旧有规定有所差别,但由于操作不慎,我们将依据旧有规定作出的裁判纳入检索结果,也会误导我们的判断;数据库的更新,使得我们在不同时段检索相同的关键词得到的结果可能会有所差异,影响检索结果的说服力;检索技术更新换代,使得我们的检索结果存在差异;等等。此外,随着社会发展和法律变迁,我们会看到与待决案件时间相距较近的案例,其说服力往往比相距较远的案例更强,因为无论从法律法规的更新还是社会经济发展的角度来看,较近的案例总是与我们当下的需求或面对的问题更为贴合。这就表明我们需要关注类案检索的时间或时段,在类案检索报告中明确检索的时间以及检索案例的时间范围。《类案检索意见》第 4 条也规定,"除指导性案例以外,优先检索近三年的案例或者案件",由此可以看出检索时间的重要性。

三、检索平台

检索平台决定了我们类案检索时运用的数据库范围。不同的平台,数据库的内容也有所不同;而且在数据库相同的情况下,不同平台对于同样信息的处理或分类也有差异。在使用感受上,最直观的就是我们会发现不同平台的功能并不一致。比如,在英美法系国家盛行的 LexisNexis 和 West Law 数据库,虽然都是面向法律人的相关法规与案例检索平台,但在用户口碑或评价中,两者却各有特点:LexisNexis 在案例检索方面更占优势,而 West Law 则在法规检索方面比较突出。我国相关数据平台尚在蓬勃发展和逐渐完善阶段,但也逐渐体现出各自的侧重点或彼此之间的差异性。比如,"中国裁判文书网"的优势在于数据齐全、资料权威;"北大法宝"数据库的优势是数据呈现更为完整、多元,除我们检索的信息外,还有历审案例、相关论文、相似案例等信息提示。在检索中,我们需要注意根据检索任务来选择检索平台,同时也要注意使用多种平台来交叉验证我们的检索结果。

四、检索方法

检索方法是我们类案检索时检索思路的体现。本书第五章讨论了如何从关键词、法条关联案件检索、案例关联检索这三大方向出发构思检索思路。这体现在对数据平台的运用或检索方法上,其实就是如何选择精准且恰当的关键词。关键词选择范围过窄，会影响我们对可能类案的收集，导致我们无法判定类案；关键词选择范围过宽，会使我们检索到的案例集内容过多，同样影响类案判断。这就需要我们非常熟稔待决案件可能涉及的法律或事实问题，对其所需的裁判规则有所认识，这样才能在检索中做到有的放矢。

不过借助智能化检索平台，我们的压力可能会减轻一些。比如，以"北大法宝"开发的"类案检索"平台为例，我们可以先进行一般性的检索，然后通过"高级检索"选项在检索的结果中进行筛选。所谓的"高级检索"实际上就意味着设定一些更具体的检索条件。比如，我们可以补充案由、案号、类案层级、法院级别、审判人员、代理律所、裁判规则、终审结果、文书类型、审理程序、当事人、法律依据等信息。通过逐步添加条件来限缩案例范围，最后将检索结果收束在可能构成类案的有限案例范围内，再进行类案判断并得出结论。

五、检索结果

实践中一个待决案件往往可以找到许多与之构成类案的案例。这就需要我们将这些类案加以整理汇总，以书面形式有条理地写出我们根据何种方法（即何种检索条件）检索到这些类案。具体内容包括每个类案的案由、案号（审结时间）、案例来源（参照级别）、审理法院（审理程序）以及裁判结果。在理想的条件下，我们应当以一张表格汇总这些信息，使得法官无论在合议庭评议还是在专业法官会议中参考时，都能够一目了然地知晓我们检索得到的信息。

六、争议焦点

争议焦点是指导性案例或其他生效判决所要解决的法律问题。在案例检索报告中写明争议焦点，主要有两个目的：其一，表明争议焦点可以证明检索得到的案例确实与待决案件构成类案，它不仅提醒类案检索人注意验证自己的结论，也有助于其他阅读报告的人士检验该结论；其二，表明争议焦点能够非常清晰地让法官知晓与待决案件类似的案件所欲解决的法律问题，有助于法官作出裁判。争议焦点的得出，不仅需要我们分析检索到的每一个案例，还需要针对这些案例从全局展开通盘考量，分析它们在法律问题上的共性与差异，在求同存异中找到它们所涉及问题的核心或关键点。这既要求我们熟悉检索到的案例的基本案情和法律问题，也要求我们吃透待决案件涉及的法律与事实问题,在反复比对和思考后,才能够判定它们是否构成类案,以及构成类案的基础亦即争议焦点到底是什么。

七、裁判要点

裁判要点类似于一个案件的裁判规则,是法官针对案例涉及的法律问题给出的法律解决方案。类案的裁判要点,往往成为我们裁判待决案件时应当参考和遵循的对象。在制作案例检索报告时,我们不仅要对争议焦点做出清晰、明确和具有说服力的归纳,对于裁判要点同样也要如此。在实践中,我们常常会发现,出于各种原因,即便是争议焦点类似的案件在裁判上也有所差异。如何处理这些差异,或者如何从差异中找出共性,比较考验我们的司法智慧和生活经验。面对裁判要点上的差异,我们要辨析差异是源自对法律规范的解释适用,还是案件当事人的不同情况,抑或案件发生地域的社会经济环境等因素,在此基础上把握这些类案的裁判要点中包含的恒定性、共同性要素,将之加以归纳。在必要时,我们甚至需要总结类案的不同裁判观点和相关案例,并对裁判类案的主流观点或倾向性观点加以介绍评析。

八、参照的结果

在案例检索报告中,还要对我们是否参照检索到的案例加以说明。这意味着我们在检索到案例后,要对案例的争议焦点和裁判要点加以梳理,最后要基于其争议焦点和裁判要点对这些案例是否与待决案件构成类案作出判断。如果它们构成类案,我们当然应当参照;反之,则无须参照。这需要我们载明合议庭评议后或经专业法官会议讨论后拟采用何种裁判意见,并说明理由。如可能创设新的裁判规则,应当充分说明理由。① 可以说,这是整个检索报告中最有价值的部分,体现着法官对于类案裁判方法的总结。在一定程度上,上海市第一中级人民法院已经在这方面做出了富有价值的探索。它们形成了规范有序的撰写、论证、审核、讨论以及发布类案裁判方法的程序,在撰写中比较重视观点的校验,确保总结出的结论符合司法规律和裁判共识。相关内容,读者可参考上海市第一中级人民法院网站中有关审判思路和裁判要点的

---

① 参见上海市第一中级人民法院课题组:《司法责任制背景下统一法律适用标准研究——以类案同判为目标》,载《中国应用法学》2020年第5期。

分析。

以上八个要素是《类案检索意见》中明确列举的案例报告中应当包含的必要信息。在这些信息之外，如果还有我们认为有助于裁判的要素，也可以纳入其中。像前文列举的案例来源、参照级别、审理法院、审理时间、基本事实、法律依据甚至我们对检索到的案例和待决案件之间的对比分析，都可以纳入报告中。简言之，检索报告的目的在于呈现我们检索案例、分析案例、判断类案的整体过程，如实、细致地展现这一过程即可。接下来，我们谈谈在形式上如何安排这些要素。

第二节 类案检索报告的形式要求

在明确类案检索报告至少应包含哪些内容后，我们还需要注意安排这些内容的形式问题。这是因为"报告"的主要目的是服务于法官的司法裁判，能够通过类案的总结梳理，帮助法官面对疑难复杂案件形成充足的内心确信，帮助其对相关法律形成更全面的理解，提供充足信息以免形成不当裁判。因此，报告的形式应当尽可能地兼具全面完备和简明清晰的特质。从这个角度出发，在形式方面，报告应当包含以下要求。

一、突出类案的要点内容

根据以上有关类案检索报告内容的分析，一份报告的核心在于检索到的类案的争议焦点、裁判要点和参照结果，这三个要素是撰写报告时必须加以明确的。具体来说，在写作时，需要注意如下三个原则[1]：

其一，突出争议。撰写报告时，一定要围绕待决案件的法律争议，指出与待决案件构成类似的案例是如何为该争议提供法律解决方案的，这些方案之间是否存在差异，在解释和适用法律规范时存在哪些争议点。明确类案所争议的法律问题，为法官何时参照、遇到何种问题参照类案指明了方向。

其二，突出差异。撰写报告时，一定要关注对类案的不同解决方案，在"求同"的过

---

[1] 参见齐晓丹、史智军、王天水：《类案检索报告制作和运用中的四个重要问题》，载《法制日报》2020年5月6日(总第12409期)。

程中也要"存异",甄别和比较这些差异的原因。① 比如,有些差异是法律规范本身体系性不足造成的。在《民法典》实施之前,有关"无权处分"合同的效力问题,主要由《合同法》(已失效)第51条以及《最高人民法院关于审理买卖合同纠纷案件适用法律问题的解释》第3条加以规定。一般认为,前者采纳"无权处分"合同无效的观点,而后者认为"无权处分"不影响合同效力。面对同样的"无权处分"情形,法官自然会在类案检索时发现不同的处理思路和方法。但这种分歧会随着法律规范的体系化而逐渐得到消除。《民法典》生效后,这一问题也就得到了根本解决。

再比如,对于同样的行为,法官对其性质的认定有所差异。实践中很常见的一个情形是对当事人所订立的合同性质的判定。法官往往会在类似合同属于有名合同还是无名合同,是何种有名合同的问题上存在不同认识。对行为的性质判定不同,选择的法律规则就不一样,这也会影响类似案件的处理结果。我们无法期待法律规范的体系化来解决这种差异,也无法强求所有法官对同一行为性质的判断一致,这其实是我们实践中统一法律适用的难点和重点。在撰写报告时,我们必须要针对这些差异及其背后的法理加以梳理和辨析。

此外,在一些情况下我们发现规范竞合也会导致类似的情形得到不同的处理。比如,当事人违反合同的违约行为,可能同时也涉及侵权和不当得利。此时,当事人可以根据合同制度提起诉讼,也可以根据侵权责任制度或不当得利制度提起诉讼。这三种制度在归责原则、构成要件、赔偿范围上有所不同,当事人选择的策略不同,法官裁判的方案自然也就不同。这种不同诉讼策略造成的差异,是法律允许的法律适用的不统一,在撰写报告时,简要说明理由即可。

其三,突出新意。撰写报告时,我们要注意发现和寻找各个类案裁判规则中对既有法律规范的发展,以及面对新型案件或疑难案件时法官提出的新的法律解决方案。这些经验可供法官裁判时参考,有助于拓宽思路和提供启发,为法官进一步总结裁判经验、提炼司法智慧以及发展法律规则提供契机与起点。

二、依照层级顺序排列类案

《类案检索意见》第4条规定,类案检索范围依次包括:最高人民法院发布的指导

---

① 参见李群星、罗昆:《论法律适用统一的判断标准》,载《中国应用法学》2020年第5期。

性案例、最高人民法院发布的典型案例及裁判生效的案件、本省(自治区、直辖市)高级人民法院发布的参考性案例及裁判生效的案件、上一级人民法院及本院裁判生效的案件。该规定在一定程度上表明了我国案例体系的结构与层级,撰写报告时也要根据这一顺序来排列检索结果,使得类案的总结分析一目了然、简洁清晰。具体来说,实践中我们可以根据检索结果的参酌力按照如下方式排列案例:

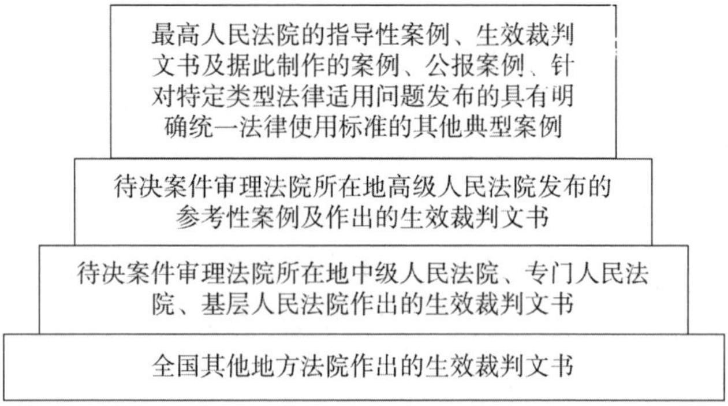

```
┌─────────────────────────────────────────┐
│ 最高人民法院的指导性案例、生效裁判          │
│ 文书及据此制作的案例、公报案例、针          │
│ 对特定类型法律适用问题发布的具有明          │
│ 确统一法律使用标准的其他典型案例            │
└─────────────────────────────────────────┘
  ┌───────────────────────────────────┐
  │ 待决案件审理法院所在地高级人民法院发布的 │
  │       参考性案例及作出的生效裁判文书     │
  └───────────────────────────────────┘
    ┌─────────────────────────────┐
    │ 待决案件审理法院所在地中级人民法院、专门人民法 │
    │    院、基层人民法院作出的生效裁判文书    │
    └─────────────────────────────┘
      ┌─────────────────────────┐
      │ 全国其他地方法院作出的生效裁判文书 │
      └─────────────────────────┘
```

图 8-1　案例参酌力层级

上述排列方式不仅使得法官能够准确、便捷地知晓具有不同参酌力的类案的相关信息,还能够为法官解决法律适用中的分歧提供一定思路,而且对于法官全面、准确把握类案体现的价值指向和政策导向有所帮助。

三、类案信息标记齐全

撰写报告时,我们应当切记不要遗漏《类案检索意见》中列举的核心信息,应当在简明、清晰的前提下尽可能完备地将类案相关信息整理在检索报告之中。在呈现方式上,我们可以充分利用文字、图表等形式,力图准确、便捷地体现类案检索的结果。

文字式表达更适合对类案加以精细分析和总结。我们可以像撰写审理报告一样,针对案件的争议焦点、裁判要点和参照结果,从法律规定、学术观点、裁判经验以及法律解释方法等方面展开全面分析,并对法官应当如何参照类案、采用何种观点提出建议或思路。此时,文字所具有的严谨性和逻辑性优势能够得到有效发挥。

图表式表达更适合在对类案加以概括总结时使用。图表的特征是直观、清晰、整洁,我们可以对多个类案展开比较,选取一个或多个要素,展现这些类案在这些要素上的差异或相同之处,进而从中把握某种共性或规律性结论。这同样对于我们裁判待决案件有所帮助。

除考虑我们自己撰写外,也可以充分运用既有数据库中类案报告的模板,在此基础上通过修改和完善制作类案检索报告。以"北大法宝"的类案检索报告模板为例,通过它的"类案检索"平台,我们可以在网站上自动生成检索报告(具体过程详见下文)。该报告分为两类,一类是"类案检索分析报告",另一类是"类案检索结果汇总表"。就前者而言,报告的基本格式是针对每一个案例展开多维度分析,比如梳理案例来源、参照级别、审理法院、裁判要旨、基本事实、争议焦点、裁判理由、法律依据、裁判结果等信息;后者则是对所有类案的汇总,将前述检索结果都整理在同一个图表之中,并载明每个类案的裁判结果和相应法律依据,以此体现不同类案之间在裁判结果及依据上的异同。司法实务中我们可以考虑利用上述模板,在数据库自有的报告基础上加以修改完善,既节省时间、减轻工作压力,同时又提高了报告的准确性。

四、关键类案后附裁判文书

案例检索报告中对案例的呈现,不可避免是具有选择性的。我们在撰写时,必然要对案例展开分析和判断,对其中重要内容加以提炼和摘录,对事实与法律问题加以总结和归纳。在实践中,我们有时会遇到较为新型的案例,也会遇到争议较大的法律问题。为了便于法官阅读参考,我们在撰写报告时可以考虑附上这些案例的裁判文书,以便更全面地呈现案例包含的事实和法律问题,以免法官只参考类案检索报告作出裁判而有所遗漏。在附带裁判文书时,要以官方和权威的数据库为基础,除了法院内部案例系统外,应当以中国裁判文书网的内容为准。特别要注意保留下载后的二维码,以便校验和确保文书内容的准确性和权威性。

以上四点要求,是我们撰写类案检索报告时在形式方面应当注意的内容。总体来说,我们在明确报告应当载明的内容后,需要通过一定形式来呈现这些内容。在此过程中,应当注意把握类案的要点、类案的层级、类案信息的齐全以及关键类案的裁判文书。接下来我们来看在具体撰写时,应当注意哪些实质性问题。

第三节 类案检索报告的实质要求

一、依据检索主体明确检索目的

依据《类案检索意见》规定，法官是类案检索的主体，但检察官、律师、当事人也会出于工作和利益关系展开类案检索并提交检索报告。在撰写报告时，我们要明确自己的身份和目的，以此来指导自己的写作，做到有所取舍、有的放矢。比如，法官撰写报告的主要目的是为司法裁判提供辅助，因此，通过类案检索洞悉既有裁判背后体现的价值导向、司法政策、利益平衡以及对法律规范的理解适用便非常重要。我们可以以《上海第一中院审判委员会审判经验及类案裁判方法通报》第 20 期《未成年人校园人身伤害类案件审理思路和裁判要点》为例来理解这一点。[1]

针对未成年人校园人身伤害案件，上海市第一中级人民法院认为在审理中难点主要体现为三个方面，即学校责任比例确定难、校园体育运动伤害责任比例确定难、赔偿金额确定难。有关学校责任比例的确定，他们认为法院在查明事故发生事实时，要注意学校是否进行安全教育、学校安全防护设施是否到位、事故发生时教师是否在场并进行有效管理，以及学校救助是否及时。这些因素决定了学校责任比例问题。同时，在确定学校责任时，还要注意如下政策导向或价值指引，即"司法裁判应当鼓励学校积极组织学生开展体育运动，在校园体育运动伤害事故案件中对于学校责任比例的认定需更加谨慎"。这是因为在篮球、足球等身体对抗激烈的体育运动中，碰撞的发生具有即时性，教师难以提前干预及时制止。如果学校已经尽到必要的教育、管理责任，则不应承担责任；如果学校存在一定的过错但并不严重，不是事故发生的直接原因，学校责任一般不应超过 30%。

以上便是身为裁判者的法官从工作角度出发，通过总结类案提出的审判思路和裁判标准。它需要具体到法官在查明事实时应当考虑的因素、法官在判定责任归属时的比例划分以及法官裁判所依据的价值或政策。

在实践中，律师如果需要制作检索报告以便为当事人提供合理预期、为法官理解

---

[1] 参见：http://www.a-court.gov.cn/platformData/infoplat/pub/no1court_2802/docs/201911/d_3558525.html，最后访问日期：2020 年 11 月 11 日。

待决案件涉及的法律与事实问题提供辅助，上述政策或价值方面的考量可能就不在其撰写的报告之中，有关法官应当如何查明事实、如何分配责任比例的问题也不是其报告的重点。法官的报告应当集中于分析类案与待决案件在事实和法律问题上的相关性，通过对类案结果的汇总和梳理，体现主审法院及其上级人民法院在处理该问题时的一贯思路，并对相关问题的主流观点加以归纳和分析。

总而言之，我们在撰写类案检索报告时，要明确自己的写作目的，根据写作目的调整写作安排，以便发挥类案检索报告的预期效果。

二、裁判要点的标准化书写

类案检索的核心，在于发现类案中包含的法官对类似法律问题提供的法律解决方案，亦即裁判规则。因此，撰写检索报告时，我们应当特别注意对裁判规则的整理和书写。本书第五章推荐在检索案例、构思检索思路时就应当将裁判规则提炼为"事实要件+法律后果"的形式。在撰写报告时，我们也应当将之加以贯彻，针对每个类案的具体事实和相应的法律解决方案提炼符合每个类案的裁判规则，最后在这些裁判规则基础上提炼出相对一般化的有关这一类案件的裁判规则。

在分析每个类案时，可以运用简单的法律推理方法。比如我们可以根据三段论的大前提、小前提和结论这三个步骤，来对类案的说理和裁判理由加以拆分，通过梳理类案判决结果的推理过程，发现和提炼该案例的裁判规则。我们也可以运用类比推理的方法，先找到一系列类案中事实相对清楚、法律问题相对简单明确的案例，辨析其事实要件与法律后果，然后将其他类案与之比对，寻找这些案例构成类案的核心要素。这些核心要素，往往就是我们试图寻找的裁判规则的要点。

我们仍以上海第一中院审判委员会审判经验及类案裁判方法为素材，来看一下具体应当如何表述裁判要点。在该通报第39期《夫妻共同债务类案件的审理思路和裁判要点》中：首先法官界定了"夫妻共同债务"的含义，即"夫妻双方合意举债或者其中一方为家庭日常生活需要所负的债务。一方超出家庭日常生活需要所负的债务且未用于夫妻共同生活、生产经营的，不属于夫妻共同债务"①。

其次，有关这一法律概念，法官总结了实践中经常涉及的四个争议问题，并附上了

---

① 参见：http://www.a-court.gov.cn/platformData/infoplat/pub/no1court_2802/docs/202009/d_3645567.html，最后访问日期：2020年11月11日。

简要的案例。这四个问题依次是债务真实性的认定、债务是否用于共同生产经营的认定、分配举证责任以及婚姻不安宁期间夫妻一方举债性质认定。

再次，法官指出审查夫妻双方共同债务的方式。主要包含五大步骤，即夫妻共同债务案件的前置审查步骤、认定为夫妻共同债务的情形及审查要点、认定为个人债务的情形及审查要点、举证规则（根据不同情况合理分配举证责任），以及涉夫妻债务案件中集中特殊情形的审查。每一个步骤下，法官又针对具体情况加以细分，并指出相应的裁判策略与方法。

最后，法官提炼出审理夫妻共同债务的原则，即平等保护原则（不能让夫妻一方承担不应该承担的债务，也要防范夫妻双方串通损害债权人利益，要通过举证责任合理分配平衡保护各方当事人利益）、一般性和特殊性相结合原则（各地经济发展不平衡、不同家庭成员构成存在较大差异，法院要根据当地一般社会生活习惯和夫妻共同生活状态作出正确认定和恰当裁判）以及配套使用原则（《民法典》并未就夫妻共同债务作出全面系统的规定，审理中应当结合其他法律和司法解释的有关规定）。

由此，我们可以看到在撰写检索报告时，对于裁判要点亦即裁判规则的书写，要结合事实和法律，要兼备具体性和一般性。我们要在把握核心争议问题的基础上，梳理检索到的类案在事实上的差异，并考察这些差异对于我们处理该类问题有何影响，简练又完备地提炼出裁判规则，以辅助裁判工作。

以上是我们撰写类案检索报告时在实质方面应当注意的问题。相较于形式方面，实质要求并不复杂，但却决定了我们所撰写的报告的品质。一份报告，能否发挥预期的作用，能否有助于司法裁判、总结和提炼审判经验与司法智慧，在相当程度上都取决于本章提到的两个实质性要求。如何根据检索目的调整报告侧重内容、如何简练且完备地标准表达我们从类案中发现和提炼的裁判规则，都决定了报告的成败，也或多或少影响着裁判的质量。在某种程度上，我们可以说，类案检索机制的最终落实，就体现在类案检索报告的撰写上，而其效果则体现在司法裁判中。如何通过个案实现公平正义，如何统一法律适用及其标准，案例检索报告的撰写在其中发挥着重要作用。对此，不可等闲视之。接下来，我们通过一个范例来具体阐明如何撰写类案检索报告，如何将上述要求落实在工作中。

第四节　类案检索报告撰写示范

为了明确类案检索报告的撰写方法,我们以"北大法宝"数据库的"类案检索"平台为依托,并以"交通事故中体质因素对侵权责任的影响"为例,向读者示范在找到类案后,如何撰写报告。

一、登录

我们登录"北大法宝"(www.pkulaw.com)平台,在检索内容中选择"类案检索";或者我们直接登录"类案检索"(cases.pkulaw.com)平台。如果是首次登录的用户,此时平台会要求填写"职业身份"和"关注领域",这部分信息对应前文提到的"检索主体"。目前"北大法宝"提供的"职业身份"包括法官、检察官、律师、当事人、法学研究人员和其他这六个选项,在"关注领域"方面包括刑事、民事、行政、执行四大类别。这些信息在填写后,后续可以在"个人中心"进行修改。

二、检索

在完成注册和信息填写后,我们就可以展开类案检索了,具体思路与方法在第五章和第六章已经介绍过。简便起见,我们以关键词搜索作为方法,在搜索框中输入"交通事故　体质",并将检索范围限定为"民事案件",以此检索与"交通事故中体质因素对侵权责任的影响"相关的类案。需要提醒读者注意的是,实践中,如此简单的关键词检索对于结果的准确性来说是远远不够的。我们需要运用多种关键词交叉检索,或者利用"高级检索"功能,从"裁判规则""法律依据""全文检索"等多个维度搜寻案例,以免遗漏类案。但由于本章主要关心的问题是如何撰写类案检索报告,我们权且找到一些案例可供报告使用即可。

通过以上方法,我们能够在"北大法宝"的"类案检索"平台找到裁判文书共计7053份。① 此时,我们要注意检索的时间或者检索的时间节点。这些内容构成了我们撰写报告时需要记录的检索平台、检索方法与检索时间。

---

① 检索时间:2020年11月11日。

面对如此多的检索结果,我们肯定需要在结果中进行筛选,最后遴选出有限几个可供使用的案例。这一遴选过程,涉及《类案检索意见》第 4 条规定的类案检索范围。如前所述,该条规定指出了我国案例体系层级,同时表明:除指导性案例外,优先检索近三年的案例或案件;前一顺位中检索到类案的,可以不再进行检索。

"北大法宝"的"类案检索"平台在设计上考虑到了这一点,我们可以从检索结果中发现这些案例被自动分为两档:指导性案例和普通案例,普通案例以时间顺序排列,最新裁判的案例排在首位。

图 8-2　类案平台检索示例

我们可以看到,上述搜索结果界面左边栏还有对于案件案由、类案层级、审理法院和审理程序等信息的分类汇总,根据实践中的不同需求,我们可以进一步添加搜索条件,在上述搜索结果中遴选所需类案。此外,上述搜索结果界面在展示案例时,还有对指导性案例或普通案例的基本案型、法院裁判结果以及法律适用等信息的汇总,可以为我们判断类案、遴选案例提供进一步帮助。

三、在报告中添加案例

在我们遴选出与待决案件构成类案的案例后,我们就需要将它们加入案例检索报告中。"北大法宝"提供了两种添加方式:一种是我们在阅读每个案例后,直接点击"加入报告";另一种是我们在勾选多个案例后,点击页面上方的"批量加入报告"。当案例被加入报告后,可以看到页面有如下变化。

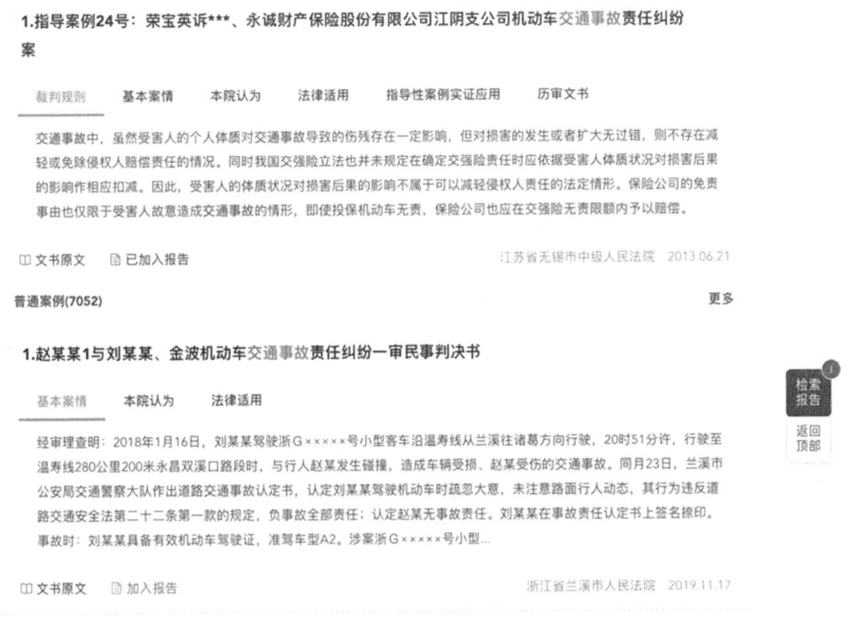

图 8-3　加入检索报告示例

被加入报告的案例下方显示为"已加入报告",同时界面右栏中"检索报告"的浮标上显示出已添加案例的数量。由于我们选择的检索内容与指导案例 24 号所解决的法律争议相同,因此在实践中我们其实只需要在报告中写入该指导性案例即可。不过从示范角度出发,我们可以继续添加几个案例,然后点击"检索报告"这个浮标。此时系统会进入如下页面,要求我们对相应信息补充完整。我们可以选择"新建报告"或"加入已有报告",然后补充"报告名称"和"检索主体"信息,最后点击"生成报告"。

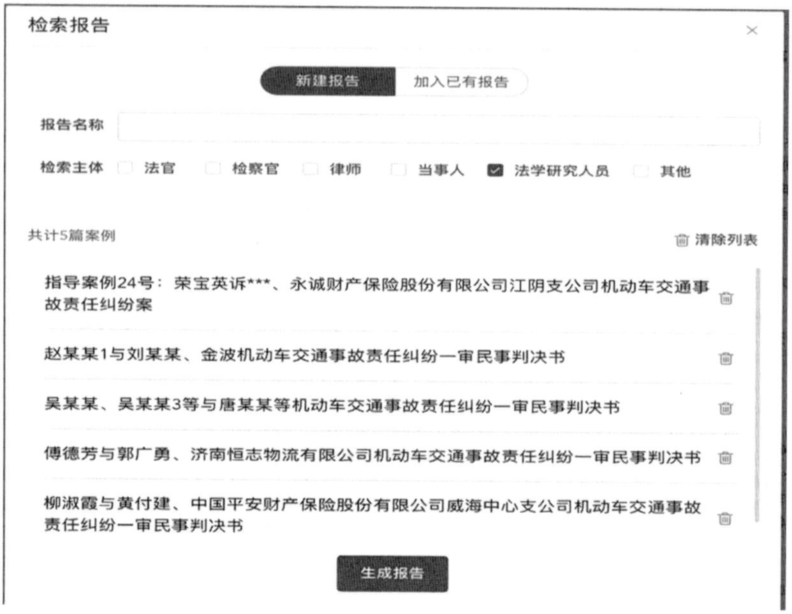

图 8-4　检索报告信息录入

四、生成报告

点击"生成报告"后,会进入如下界面,供我们选择类案检索报告的不同呈现形态,也即先前提到过的"北大法宝"提供的两套不同模板。

图 8-5　检索报告生成示例

如图 8-5 所示,我们可以选择从不同维度来呈现已选案例的信息。在实践中，我们要以检索主体及其报告所服务的对象为出发点来精确选择相应的呈现信息。从示范角度，我们不妨全选，来看一下最后生成的报告样态。

当我们选择"类案检索分析报告模板"后，下拉界面，可以看到一个可以编辑的文本框。这个文本框中是"北大法宝"对我们选择的案例信息加以智能提取汇总后形成的案例分析报告模板。我们进一步需要做的是对该报告的名称、检索主体、检索方法等内容加以补充，同时根据检索的结果，得出我们的检索结论与参考情况。这其实对应着我们在类案检索报告中应当提供的"参照结果"部分。

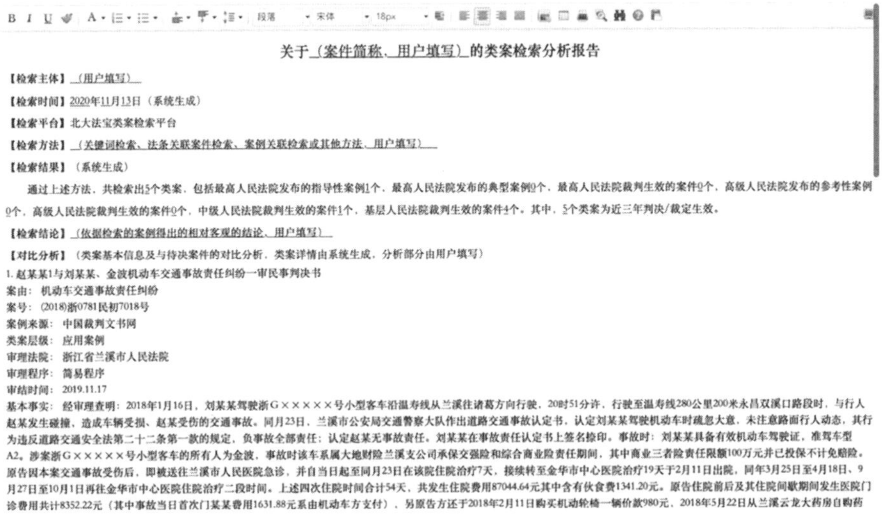

图8-6　类案检索分析报告

我们在补充完整相应信息后，可以点击界面上方右侧的"预览"，此时系统会生成类案检索报告的最终形态，并附有二维码，以供其他读者查阅核验。如果我们没有继续修改的地方，就可以点击"下载报告"。平台同样提供了两种格式选项，即word或pdf格式。我们可以下载word版本的报告，在网站既有信息的基础上加以增删改定，提高工作效率。

接下来我们尝试一下"类案检索结果汇总表模板"。回到添加案例这个步骤，在我们选定将要加入报告的案例后，点击"检索报告"这个浮标，进入生成报告的界面，勾选"类案检索结果汇总表"。可以看到供我们编辑的文本框格式发生了变化。不再是上述文字式的表述，而是以图表为基本表现形式。

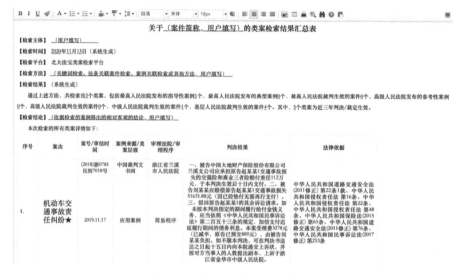

图 8-7 类案检索结果汇总表

在这一模板中,同样有一些信息是系统自动生成的,也同样有一些内容需要我们手动补充完整。对比"类案检索分析报告模板",这两种模板下我们补充的信息其实是一致的,没有任何差别,因此两种模板只是在呈现方式上有所不同,实质内容都是一样的。在实践中,我们不用担心自己选择的模板会遗漏掉可能信息。只要我们在制作模板时,对呈现信息的选择是全面的,就不会出现最终呈现内容不完整的情况。

在填补完整信息后,点击"预览",就可以看到报告的最终形态。该报告的结尾同样包含系统生成的二维码,以便其他读者查阅核验。如果没有继续修改的地方,就可以点击"下载",将自己需要的 word 或 pdf 格式的报告加以保存。在此基础上,可以做进一步增删改定。

五、报告模板

以下是"北大法宝"提供的有关类案检索报告的两种模板内容。我们在实践中可能也会使用其他数据库或类案检索平台,但在报告撰写制作方面,与这里示范的内容多有相同之处。读者不妨参阅借鉴。

关于(案件简称,用户填写)的类案检索分析报告

【检索主体】(用户填写)_____

【检索时间】____年____月____日(系统生成)

【检索平台】北大法宝类案检索平台

【检索方法】(关键词检索、法条关联案件检索、案例关联检索或其他方法,用户填写)_____

【检索结果】(系统生成)

通过上述方法,共检索出____个类案,包括最高人民法院发布的指导性案例____个,最高人民法院发布的典型案例____个,最高人民法院裁判生效的案件____个,高级人民法院发布的参考性案例____个,高级人民法院裁判生效的案件____个,中级人民法院裁判生效的案件____个,基层人民法院裁判生效的案件____个。其中,____个类案为近三年判决/裁定生效。

【检索结论】(依据检索的案例得出的相对客观的结论,用户填写)

【对比分析】(类案基本信息及与待决案件的对比分析,类案详情由系统生成,分析部分由用户填写)

1. (案例名称,系统生成)

案由	
案号	
案例来源	
类案层级	
审理法院	
审结程序	
审理时间	
裁判要旨	
基本事实	
争议焦点	
裁判理由	

(续表)

法律依据	
判决结果	
对比分析	

【参考情况】(通过检索与比对,得出办理待决案件对类案的参考情况,用户填写)

【其他说明】(用户认为其他需要说明的情况,用户填写)

关于(案件简称,用户填写)的类案检索结果汇总表

【检索主体】(用户填写)_____

【检索时间】____年____月____日(系统生成)

【检索平台】北大法宝类案检索平台

【检索方法】(关键词检索、法条关联案件检索、案例关联检索或其他方法,用户填写)

【检索结果】(系统生成)

通过上述方法,共检索出____个类案,包括最高人民法院发布的指导性案例____个,最高人民法院发布的典型案例____个,最高人民法院裁判生效的案件____个,高级人民法院发布的参考性案例____个,高级人民法院裁判生效的案件____个,中级人民法院裁判生效的案件____个,基层人民法院裁判生效的案件____个。其中,____个类案为近三年判决/裁定生效。

【检索结论】(依据检索的案例得出的相对客观的结论,用户填写)

本次检索的所有类案详情如下:

序号	案由	案号/审结时间	案例来源/类案层级	审理法院/审理程序	判决结果	法律依据
1						
……						

【参考情况】(通过检索与比对,得出办理待决案件对类案的参考情况,用户填写)

【其他说明】(用户认为其他需要说明的情况,用户填写)

第五节 本章小结

最高人民法院在《统一法律适用意见》中规定,要完善类案和新类型案件强制检索报告工作机制。具体包含以下两点内容:

其一,规范和完善类案检索工作。要求承办法官应当按照《类案检索意见》的要求,做好类案检索和分析的工作,对于拟提交专业法官会议或者审判委员会讨论决定的案件、缺乏明确裁判规则或者尚未形成统一裁判规则的案件、院庭长根据审判监督管理权限要求进行类案检索的案件,应当进行类案检索。对于应当进行类案检索的案件,承办法官应当在合议庭评议、专业法官会议讨论及审理报告中对类案检索情况予以说明,或者制作类案检索报告,并随案归档备查。

其二,规范类案检索结果运用。法官在类案检索时,检索到的类案为指导性案例的,应当参照其作出裁判,但与新的法律、行政法规、司法解释相冲突或者为新的指导性案例所取代的除外;检索到其他类案的,可以作为裁判的参考;检索到的类案存在法律适用标准不统一的,可以综合法院层级、裁判时间、是否经审判委员会讨论决定等因素,依照法律适用分歧解决机制予以解决。各级人民法院应当定期归纳整理类案检索情况,通过一定形式在本院或者辖区内法院公开,供法官办案参考。

上述规定明确了类案检索报告的强制性和必要性,同时也明确了类案检索的重要意义:它是法官作出裁判的重要辅助,是对审判经验的总结和对司法智慧的提炼,是最高人民法院完善统一法律适用标准工作机制的重要组成部分,是统一法律适用标准、保证公正司法、提高司法公信力、加快推进审判体系和审判能力现代化的重要抓手。

在此背景下,类案检索报告是类案检索机制以及统一法律适用标准工作的落脚点,在实践中,我们应当充分重视类案检索报告的撰写,从形式和实质两方面严格把握报告质量,使之为法官裁判提供实质性帮助。根据本章论述,这就要求我们在内容上尽可能全面地反映检索信息,不应遗漏《类案检索意见》中列举的各项内容;在形式上做到突出类案要点、依照层级次序排列类案、类案信息标记齐全,以及关键类案后附裁判文书;在实质上做到依据检索主体明确检索目的、标准化书写裁判要点;在实际操作中充分运用现有数据库平台,增强类案检索报告的准确性和可信度。

第九章

当事人、律师或公诉机关检索和使用类案

为了支持己方的诉讼主张,当事人、律师或公诉机关应当从利己性、相似性、权威性、时空近缘性等角度出发来确定类案使用的基本顺位。为了否定对方使用类案支持其主张,律师等诉讼参与人可以分别从类案相似性和类案本身两个角度出发进行驳斥和抗辩。

第一节 概 述

《类案检索意见》第 10 条规定:"公诉机关、案件当事人及其辩护人、诉讼代理人等提交指导性案例作为控(诉)辩理由的,人民法院应当在裁判文书说理中回应是否参照并说明理由;提交其他类案作为控(诉)辩理由的,人民法院可以通过释明等方式予以回应。"《人民法院案例库建设运行工作规程》第 21 条第 2 款规定:"公诉机关、当事人及其辩护人、诉讼代理人等提交入库案例作为控(诉)辩理由的,人民法院应当在裁判文书说理中予以回应。"《最高人民法院统一法律适用工作实施办法》(以下简称《统一法律适用办法》)第 8 条规定,"审理过程中公诉机关、当事人及其辩护人、诉讼代理人提交指导性案例或者最高人民法院生效类案裁判支持其主张的,合议庭应当将所提交的案例或者生效裁判与待决案件是否属于类案纳入评议内容"。可见,检索与使用类案不仅是司法机关的一项义务,还是当事人、律师、公诉机关等诉讼参与人的一项司法诉讼权利。在对实践操作方法进行探讨之前,有必要对当事人、律师、公诉机关检索与使用类案的意义与特点进行概述,以帮助我们更好地理解上述规定的制度机理。

一、当事人、律师或公诉机关检索和使用类案的意义

首先,当事人、律师或公诉机关检索和使用类案,有助于依法保障公民权利。无论是公民还是作为公民诉讼代理人的律师群体,在司法公权力面前都属于某种意义上的弱势群体,如果司法权力无法得到有效制约和规范,公民的权利将很容易受到侵害。类案检索与使用有助于"同案同判"的实现,从而可以在一定程度上制约司法公权力,以促进公民权利的保障。此外,在刑事诉讼与行政诉讼中,除司法审判机关外,检察机关、行政机关也处于相对强势的地位,参照适用类案在一定程度上也可以对他们产生制约作用,从而防止较为强势的一方利用公权力影响司法公正。

其次,当事人、律师或公诉机关检索和使用类案,有助于司法共识的形成,从而形成统一法律适用和实现司法公正的合力。无论从司法诉讼程序的角度还是法律思维运作的角度来看,现代司法裁判活动都不是一个封闭、独断的过程,而是一个相对开放并允许多元主体参与的过程。在这一过程中,多方诉讼参与人通过对话、沟通、辩论、博弈,最终形成司法共识,这一共识不仅有助于对司法机关的权力进行有效监督,还有

助于司法判决法律效果与社会效果的统一。"真理越辩越明",当事人、律师等主体运用类案参与诉讼,为司法诉讼提供了一种新的论辩形式,从而有助于防止司法权力的恣意与专断。

最后,当事人、律师或公诉机关检索和使用类案,还有助于类案检索制度本身的完善和发展。通过当事人、律师、公诉机关的持续参与,案例资源不再是静态的、一成不变的司法文本,而是变成了动态且持续迭代的"活物"。那些优质的案例经过长期的司法适用并被不断调整和发展,最终融入我国的法律规范与司法解释规范体系,成为经典的裁判规则;而那些质量不佳或无法适应时代需求的案例将会因无人问津而被淘汰清退。通过多方主体的共同参与,我国的案例资源才能实现"流水不腐,户枢不蠹",案例指导制度与类案检索制度才能永葆活力。同时,对类案的检索与使用也会促进律师、检察官等法律职业方法论意识的觉醒与法律专业能力的提高,从而在整体上提升我国法律职业共同体队伍的水平,助力我国法治建设与司法体制改革的推进。

二、当事人、律师或公诉机关检索和使用类案的特点

其一,法律职业思维的"家族相似性"。如果不考虑那些没有受过专业法律训练的诉讼当事人,而是将律师或公诉机关的检察官们作为主要考察对象,就会发现他们在检索与使用类案的思维方式上与法官具有诸多共同之处,这就是法律职业共同体在思维方式上的"家族相似性"。这一特点有助于法官、律师、检察官通过检索与使用类案达成最基本的共识,防止类案适用的混乱无序以及"方法论上的盲目飞行"。

其二,立场倾向性与对抗性。当事人、律师或公诉机关在司法诉讼程序中所处的位置存在差异,他们的诉求与利益不尽相同,由此必然导致他们在检索与使用类案时带有强烈的立场倾向性,而非像法官那样尽力保持中立状态。立场倾向性或利己性会进一步导致各方在诉讼中尽可能寻找对己方有利的类案,进而形成将类案作为理由进行对抗与辩论的局面。一方面,有些诉讼参与人会尽力寻找那些"进攻型"类案来支持自己的主张,如民事诉讼中的原告、刑事诉讼中的公诉人、行政诉讼中的非行政机关一方;另一方面,有些诉讼参与人会尽力寻找一些"防御型"类案来抗辩对方的主张,如民事诉讼中的被告、刑事诉讼中的辩护人、行政诉讼中的行政机关一方。

其三,自发性或主动积极性。事实上,为了实现特定诉讼利益或目的,当事人、律师、公诉机关往往会自发性地检索或使用类案,而且这种行为的出现早于类案检

索制度建立。近年来,受到裁判文书上网、法律案例数据库建设加速等因素的影响,司法实践中,各主体自发运用判例参照比附待诉、待决案件的现象,正在我国悄然而广泛地兴起。① 尤其是律师群体,出于为当事人争取最大化利益和满足执业利益等需求,他们一般会更加主动积极地检索和使用类案。② 以上特点对于类案检索与使用是一把"双刃剑"。一方面,当事人及律师自发、主动地使用类案有助于督促司法机关对类案裁判的重视;另一方面,这一行为如果缺乏程序与法律思维规则上的规范,容易造成类案的误用或滥用,降低司法效率。

第二节 当事人、律师或公诉机关检索类案的方法

根据《类案检索意见》第 1 条的规定,类案是指"与待决案件在基本事实、争议焦点、法律适用问题等方面具有相似性,且已经人民法院裁判生效的案件"。《类案检索意见》第 5 条规定:"类案检索可以采用关键词检索、法条关联案件检索、案例关联检索等方法。"由于律师、公诉机关与法官在职业思维上具有"家族相似性",因而对于类案检索的一般方法,可以参见本书第三章至第五章的内容,此处不再赘述。同时,当事人大多未必受过专业法律思维训练,其实践做法参考意义不大;公诉机关参与的案件主要是刑事案件以及部分非刑事类的公益诉讼案件。相对而言,律师群体参与的案件类型最为丰富,故本节将以律师思维为主要视角(同时兼顾刑事诉讼中的公诉机关),分别结合民事、刑事、行政等不同类型的诉讼活动阐述类案检索的方法。

一、民事诉讼中的类案检索

民事案件是司法实践中数量最多、类型最为丰富的案件类型。从程序法的角度来看,民事案件是指那些适用民事诉讼程序的案件;从实体法的角度来看,民事案件不仅涉及对民商法的适用,还可能涉及知识产权法、劳动法、经济法等不同法律部门。除一般意义上的类案检索与相似性判断方法外,律师在民事诉讼中检索类案还要用到法律关系分析法和请求权关系分析法。

---

① 参见顾培东:《判例自发性运用现象的生成与效应》,载《法学研究》2018 年第 2 期。
② 参见彭中礼:《司法判决中的指导性案例》,载《中国法学》2017 年第 6 期。

(一)基于法律关系分析的检索

法律关系分析法,是指通过理顺不同的法律关系,确定其要素及变动情况,从而全面地把握案件性质和当事人权利义务关系,并在此基础上适用法律作出正确判断的一种方法。① 法律关系分析法运用的主要步骤包括:第一步,明确与案件争议焦点相关的法律关系性质。第二步,分析法律关系的要素,主要包括主体、内容(权利和义务)、客体。② 第三步,考查法律关系要素变动的情况并确定适用的法律。如果律师运用法律关系分析法来进行民事诉讼中的类案检索,就可以按照以上步骤,逐步判断类案与待决案件之间各个要素的相似性关系,并最终找到与待决案件相似的案件作为裁判理由。此处以指导案例15号(案例9.2.1)为例来说明法律关系分析法在民事类案检索中的运用步骤。

第一步,确定类案争议焦点及其相关法律关系的性质。

根据指导案例15号的裁判理由,该案的争议焦点为:川交机械公司、瑞路公司和川交工贸公司(一审被告、二审上诉人、债务人)三家关联企业是否人格混同,应否对川交工贸公司的债务承担连带清偿责任。本案的案由为"买卖合同纠纷",其主要适用的法律规范为原《民法通则》第4条(现《民法典》第7条)、《公司法》第3条第1款和第20条第1款等,因而与该案争议焦点相关的法律关系是"合同债权债务法律关系"。因此,如果待决案件涉及债权人与关联企业之间的合同债权债务法律关系,则本步骤案件相似性成立。

第二步,分析类案法律关系的各个要素。

在主体方面,指导案例15号中的川交机械公司、瑞路公司和川交工贸公司虽然属于形式上相互独立的企业法人,但由于三家公司存在人员混同、业务混同、财务混同的情况,因而被法院认定为"各自财产无法区分,已丧失独立人格,构成人格混同"。在法律关系的内容方面,徐工集团工程机械股份有限公司(一审原告、二审被上诉人、债权人)与川交机械公司、瑞路公司和川交工贸公司之间的买卖合同合法有效,前者依法依约享有合同债权,后三者则应当承担对应的合同债务。在客体方面,双方合同法律关系所指向的对象是货物和货款。

第三步,考查法律关系要素变动的情况并确定适用的法律。

在指导案例15号中,川交机械公司未履行买卖合同约定长期拖欠徐工集团工程

---

① 参见王利明:《法学方法论》,中国人民大学出版社2012年版,第265页。
② 在必要的情况下,不仅要考虑民事实体法律规范的要素,还要考虑民事程序性法律规范的要素。

机械股份有限公司的货款,其应当承担支付货款及逾期利息的责任。同时,根据指导案例 15 号的裁判要点以及《公司法》第 3 条第 1 款、第 20 条第 3 款的规定,川交机械公司、瑞路公司和川交工贸公司构成人格混同且严重损害债权人利益,其相互之间对涉案债务承担连带责任。

综上可见,指导案例 15 号的法律关系中两个关键的要素分别是"关联公司是否存在人格混同"以及"关联公司是否利用人格混同损害债权人利益"。律师在代理相关案件时,就可以按照以上步骤逐步抽取待决案件的要素,并检索与之具有相似性的类案。作为债权人一方的代理律师,其需要论证待决案件同时符合债务人一方存在"关联公司是否存在人格混同"以及"关联公司是否利用人格混同损害债权人利益"的情形。例如,在(2017)内 01 民再 34 号民事判决书(案例 9.2.2)的裁判理由中,司法机关就按上述思路参照指导案例 15 号作出了裁判。反之,债务人一方的代理律师就需要论证待决案件以上两个要素中至少有一个不成立,如"关联公司不存在人格混同"或"关联公司虽然存在人格混同但并未利用人格混同损害债权人利益"。例如,在(2019)赣民终 429 号民事判决书(案例 9.2.3)的裁判理由中,司法机关就认定本案中的"股东交叉关系""联合运营土地关系""股东约定权益比重关系"与指导案例 15 号中的人员混同、业务混同、财务混同不具有相似性,并否定了对指导案例 15 号的参照适用。

(二)基于请求权基础分析的检索

近年来,受到德国、日本民法学理论的影响,我国法学界与法律实务界越来越多的人开始接受并使用"请求权基础分析法"作为民事法律适用的主要方法。请求权基础分析法,是指一种通过寻找请求权基础,并将案件事实归入请求权基础相关的法律规范,来判断请求权能否得到支持的案例分析方法。① 这种方法的主要步骤包括:第一步,判断请求权关系的存在,即明确民事诉讼究竟是确认之诉、形成之诉还是给付之诉。一般而言,只有给付之诉才能适用请求权关系分析法。第二步,请求权的检索与定性,即通过分析案件事实确认请求权的性质,按照合同请求权、缔约过失请求权、物权请求权、无因管理请求权、不当得利返还请求权和侵权请求权的顺序逐步检索确定与类案相关的请求权性质,同时考察是否存在不同类型请求权之间的竞合问题。第三步,确定请求权基础。民事案件中的请求权基础主要包括法律规范与合同约定两

---

① 参见王泽鉴:《法律思维与民法实例》,中国政法大学出版社 2001 年版,第 200 页。

第九章 当事人、律师或公诉机关检索和使用类案

类。就法律规范而言,还要具体分析请求权基础的构成要件,包括积极构成要件和消极构成要件。第四步,将案件事实归入请求权基础,以判断当事人的请求能否成立。① 此处以指导案例 24 号为例,来展示上述方法在民事类案检索中的使用方法。

第一步,判断请求权关系的存在。根据指导案例 24 号的案由和基本案情,本案属于机动车交通事故责任纠纷,交通事故的受害人要求侵权人承担赔偿责任,因而属于给付之诉,可以使用请求权基础分析法进行判断。因此,如果待决案件属于给付之诉,则本步骤的相似性判断成立。

第二步,请求权的检索与定性。民法学界一般认为,应当按照合同请求权、缔约过失请求权、物权请求权、无因管理请求权、不当得利返还请求权和侵权请求权逐一检索,确定案件请求权性质。② 按照以上顺序进行检索,可以发现指导案例 24 号中的请求权属于侵权请求权,且不存在请求权竞合的问题。因此,如果待决案件属于侵权请求权,则本步骤相似性判断成立。

第三步,确定请求权基础。首先要考察构成侵权的积极构成要件。指导案例 24 号中的侵权人(机动车一方)存在侵权行为,主观上具有过错,对受害人(非机动车一方)造成损害事实,且行为与损害事实之间的因果关系成立,故侵权行为成立。然后还要考察构成侵权的消极要件,也就是侵权人可以进行抗辩或免责的法律事由。根据原《侵权责任法》第 26 条(现《民法典》1173 条)的规定,被侵权人对损害的发生(同一损害的发生或者扩大)有过错的,可以减轻侵权人的责任;又根据《道路交通安全法》第 76 条第 1 款第(二)项的规定,"机动车与非机动车驾驶人、行人之间发生交通事故,非机动车驾驶人、行人没有过错的,由机动车一方承担赔偿责任;有证据证明非机动车驾驶人、行人有过错的,根据过错程度适当减轻机动车一方的赔偿责任"。但是,根据指导案例 24 号的裁判要点和裁判理由,尽管受害人的特殊体质状况与损害结果之间存在一定的因果关系,但这种关系不能被认定为"受害人存在过错",因而不属于可以减轻侵权人责任的法定情形。

第四步,将待决案件事实归入指导案例 24 号裁判要点以及相关法律规则中的构成要件之下,得出"侵权人一方以受害人体质状况对损害后果存在影响作为减轻责任抗辩理由不能成立"的判断结论。

---

① 参见王利明:《法学方法论》,中国人民大学出版社 2012 年版,第 282—293 页。
② See Dieter Medicus, Bürgerliches Recht, Carl Heymanns Verlag, 1999, p.6.

按照上述分析步骤,律师可以逐步判断待决案件是否与指导案例24号具有相似性或检索其他类案。作为受害人一方的代理律师,需要论证待决案件与指导案例24号属于类案,从而尽可能地维护受害人获取侵权赔偿的权益。作为侵权人一方的律师,则可以运用逆向思维来否定待决案件与指导案例24号之间的相似性。例如,在司法实践中,对于"受害人患有疾病"是否与指导性案例24号中的"受害人存在特殊体质"具有相似性,存在不同的观点。有的律师以"受害人患有疾病不等于受害人存在特殊体质"或"受害人特征状况对受害情况发挥的作用不同为由对抗受害人一方的请求权主张,并得到了司法机关的支持(案例9.2.4和案例9.2.5)。相反,根据人民法院案例库参考案例"孙某某诉罗某、刘某某、某保险公司机动车交通事故责任纠纷案(2023-16-2-374-012)"的裁判要旨,"体质"与"疾病"在"蛋壳脑袋规则"的语境下并无实质区别,故应当作为类案参照适用。

最后需要强调的是,尽管请求权基础分析法日渐成为民法方法论中的主流方法之一,但其与法律关系分析法也并无绝对优劣之分,两者之间无法互相替代。有研究者认为,法律关系分析法与请求权基础分析法在司法实践中可以被融合运用,律师可以先正向分析当事人之间可能存在的各种法律关系,检索可以提出的请求权,然后再进行逆向分析,尝试从法官中立的立场出发来判定哪些主张可以得到支持。[①] 此外,律师在检索民事类案时不仅要灵活运用以上两种方法,还要将其与类案检索和判断的一般方法进行结合,以产生良好的效果。例如,人民法院案例库参考案例"某工程公司诉某房地产公司建设工程施工合同纠纷案(2023-07-2-115-005)"就综合运用了法律关系分析法和请求权基础分析法,形成了关于承兑汇票被拒付情况下作为施工方的持票人权利竞合的裁判规则。

二、刑事诉讼中的类案检索

在刑事诉讼中,公诉机关(检察官)与辩护律师往往会围绕着被告人定罪与量刑的问题展开对抗与辩论,因而刑事诉讼中的类案检索可以从定罪与量刑两个方面展开讨论。当然,刑事诉讼还可能包括刑事自诉和刑事附带民事诉讼,考虑到前者与公诉机关的思路相似,后者与民事诉讼相似,故此处不再单独讨论。此外,由于最高人民检察院也发布了

---

① 参见陈金钊等:《法律方法论研究》,山东人民出版社2010年版,第653页。

指导性案例,因而刑事类案检索还涉及"'两高'指导性案例"的协调使用问题。

(一)基于定罪的类案检索

从类案检索的角度来说,辩护律师和公诉机关都首先要围绕刑事诉讼中被告人的犯罪是否成立、罪数形态、具体罪名等问题展开类案检索,从而为认定被告人罪的有无以及罪的性质寻求理由。从刑事实体法适用的角度来看,我国目前关于犯罪构成的方法论主要有三种:第一种为受到苏俄刑法学影响的"四要件说",即通过犯罪的主体、客体、主观方面、客观方面来判定犯罪是否成立。① 第二种为近年来开始被引入我国的德日"三阶层说",即通过构成要件的符合性(该当性)、违法性与有责性来判定犯罪是否成立。② 第三种则是国内有研究者提出的"二阶层说",即从行为的违法性和有责性角度来判定犯罪是否构成。③ 考虑到近年来"三阶层说"和"二阶层说"的犯罪构成理论日益成为主流,且"二阶层说"是对"三阶层说"的整合,其具有思维简约、内涵丰富、易于掌握等特点,故基于定罪的类案检索可以优先采用此种理论。根据该理论,判断行为是否构成犯罪,需要首先对该行为在客观上的违法性进行判断,主要包括积极的构成要件(行为、对象、结果、构成身份、因果关系等)以及是否存在违法阻却事由等消极要件(正当防卫、紧急避险等);然后对行为的有责性进行判断,包括责任的积极条件(故意、过失等)和责任的消极条件(刑事责任能力等)。因此,公诉机关和辩护律师可以分别从上述两个阶层四个方面逐次递进地归纳案件事实,并以此作为刑事类案检索的基本依据。

从目前最高人民法院发布的刑事指导性案例来看,大多数指导性案例的裁判要点都以违法性中积极构成要件的判断为重点关注对象,只有少数刑事指导性案例的裁判要点关注违法阻却事由(如指导案例93号"于欢故意伤害案")的法律适用问题或纯粹的刑事程序类法律适用问题(如指导案例63号"徐加富强制医疗案")。因此,公诉机关和辩护律师在检索刑事类案时,应当重点关注类案中关于违法行为构成要件符合性认定的裁判规则和重要事实。此处以指导案例32号(案例9.2.6)为例,演示如何运用犯罪构成理论辅助刑事类案检索。通过对该案进行初步分析,可以发现该案在有责性

---

① 参见〔苏联〕A. H. 特拉伊宁:《犯罪构成的一般学说》,王作富等译,中国人民大学出版社1953年版,第48—49页。
② 参见陈兴良:《刑法教义学》,中国人民大学出版社2010年版,第123页。
③ 参见张明楷:《刑法学(第五版)》,法律出版社2016年版,第97—100页。

判断上并不存在疑难点,也不存在违法阻却事由,该案法律适用的关键点在于如何理解《刑法》第133条之一第1款规定的危险驾驶罪的违法构成要件。

根据《刑法》第133条之一第1款规定,在道路上驾驶机动车追逐竞驶,情节恶劣的,构成危险驾驶罪。那么,如何理解"追逐竞驶"和"情节恶劣"呢?从客观行为上看,二被告人驾驶超标大功率的改装摩托车,为追求速度,多次随意变道、闯红灯、大幅超速等,严重违章;从行驶路线看,二被告人约定了竞相行驶的起点和终点;从主观驾驶心态上看,指导案例32号中的二被告人是出于追求刺激、炫耀驾驶技能的竞技心理。综上,可以认定二被告人的行为属于危险驾驶罪中的"追逐竞驶"。

同时,二被告人追逐竞驶行为,虽未造成人员伤亡和财产损失,但从以下情形分析,属于危险驾驶罪中的"情节恶劣":第一,从驾驶的车辆看,二被告人驾驶的系无牌和套牌的大功率改装摩托车;第二,从行驶速度看,总体驾驶速度超速达50%以上;第三,从驾驶方式看,反复并线、穿插前车、多次闯红灯行驶;第四,从对待执法的态度看,二被告人在民警盘查时驾车逃离;第五,从行驶路段看,途经道路均系城市主干道,沿途交通流量较大,行驶距离较长,在高速驾驶的刺激心态下和躲避民警盘查的紧张心态下,极易引发重大恶性交通事故。上述行为,给公共交通安全造成一定危险,足以威胁他人生命、财产安全,故可以认定二被告人追逐竞驶的行为属于危险驾驶罪中的"情节恶劣"。

通过对指导案例32号的裁判要点和裁判理由进行分析,可以发现其对刑法相关规定的违法构成要件事实进行了解释和细化。对于危险驾驶罪中的"追逐竞驶",可以从客观行为和主观心理上进行分析;对于危险驾驶罪中的"情节恶劣",则可以从驾驶的车辆、行驶速度、驾驶方式、对待执法的态度、行驶路段等角度加以考察。因此,公诉机关或辩护律师在检索涉嫌危险驾驶罪的类案时,就可以从以上几个角度来提取案件事实,并以此作为类案相似性判断的主要比较点。

此外,从刑事实体法与程序法的关系及其对定罪判断的影响的角度来看,刑事程序法律事实亦可能对刑事责任的判定产生重要影响,在部分涉及刑事程序法律适用的疑难案件中,可以将程序问题与实体问题一并纳入类案检索的范畴。例如,年龄不仅是一个关乎实体法上定罪量刑的重要法律事实,同时也是在刑事诉讼程序中可能存在证明困难的事实。人民法院案例库参考案例"伍某某、黄某某绑架案(2023-02-1-187-001)"的裁判要旨和裁判理由围绕被告人的户籍证明、其他证据材料、证据规则以及"有利于被告人"原则,为"户籍证明与其他证据材料相互矛盾时"的被告人年龄认定设定了裁判规则。当待决案件存在类似问题时,就可以参考该案的裁判要旨进行程序法和证据法上的判断,然后再基于事实认定进行实体法上的刑事责任认定。

(二)基于量刑的类案检索

从律师的角度来看,刑事辩护可以分为两种:一种是无罪辩护,另一种是罪轻辩护。罪轻辩护又可以分为两种:一种是为被告人争取较轻罪名的判决,另一种则是在被指控罪名不变的前提下为被告人争取从轻或减轻量刑。① 因此,刑事类案检索不仅关注定罪,还应当关注量刑问题。在司法实践中,量刑的依据除刑法规范之外,还包括最高人民法院、最高人民检察院发布的司法解释以及最高人民法院和各省(自治区、直辖市)高级人民法院制定的量刑类案检索意见。可以预见的是,随着案例指导制度和类案检索制度的发展,类案检索在刑事量刑中也将发挥重要的作用。

事实上,最高人民法院发布的刑事指导性案例几乎都同时涉及定罪与量刑问题,只是不同的案例对定罪问题和量刑问题的侧重有所不同。根据对定罪量刑问题关注侧重程度的不同,刑事类案例可以分为三类:

第一类是以定罪问题为主要关注点的案例。由于定罪是量刑的基础,故大多数刑事指导性案例和参考案例均属于这一类型。此类案例其一般会通过裁判要点规定定罪问题的裁判规则,并在裁判理由的最后一部分附带讨论与本案相关的量刑问题。由于此类案例的量刑判断借助《刑法》、司法解释或量刑类案检索意见亦可得出明确结论,因而辩护律师无须将其对量刑问题的判断作为类案检索的比较点。

第二类是专门关注量刑问题的案例。此类案例的裁判要点往往与定罪问题关系不大,而是直接阐明与相关罪名有关的量刑问题。例如,指导案例4号(案例9.2.7)的裁判要点主要关注的是故意杀人罪的量刑问题。在本案中,司法机关从化解社会矛盾的角度出发,对被告人判处死刑缓期二年执行(而非立即执行)。在人民法院案例库中进行检索,以量刑为重点的参考案例有近200个。对于此类专门关注量刑问题且有可能作出对被告人从轻判决的类案,辩护律师在进行类案检索时应当重点关注并妥当使用。

第三类属于兼顾定罪与量刑问题的案例。这类指导性案例一般会在裁判要点部分

---

① 参见陈瑞华:《刑事辩护的理念》,北京大学出版社2017年版,第3—10页。

同时列明关于某一罪名的定罪与量刑裁判规则,如指导案例 93 号(案例 9.2.8)。该案的四条裁判要点中有三条是关于定罪问题的,有一条是关于量刑问题的。此外,在人民法院案例库中进行检索,同时涉及定罪和量刑的参考案例有 600 多个。由于此类案例的定罪与量刑问题联系紧密,两者不宜被割裂开来,辩护律师应当将与案件事实相关的定罪与量刑问题进行通盘考量,并采用一种体系性思维进行类案检索。

(三)"两高"指导性案例在类案检索中的协调问题

与民事和行政类指导性案例不同,刑事诉讼中的类案检索还存在一个特殊问题,那就是最高人民法院和最高人民检察院(简称"两高")指导性案例的协调问题。虽然都被称为"指导性案例",但"两高"指导性案例无论在文本还是制度和运作机制上都存在不少差异。首先,根据《最高人民检察院关于案例指导工作的规定》第 15 条的规定,"各级人民检察院应当参照指导性案例办理类似案件"。尽管对于公诉机关来说,最高人民检察院的指导性案例是具有约束力的,但从《类案检索意见》的规定来看,司法机关意义上的类案显然不包括检察机关的指导性案例。其次,受限于职权范围,最高人民检察院的指导性案例不仅无法直接约束司法机关的裁判活动,也没有像最高人民法院的案例指导制度和类案检索制度那样,对当事人或律师检索与使用类案的行为进行规定。再次,受到职能差异的影响,相比于最高人民法院的指导性案例,最高人民检察院的指导性案例倾向于"重判"。① 最后,从文本体例上看,最高人民法院的指导性案例主要服务于司法机关的审判活动,其重点是裁判要点和裁判理由;最高人民检察院的指导性案例则主要服务于检察机关的公诉活动,其文本体例中有"检察机关监督情况"和"指导意义"两个明显不同于最高人民法院指导性案例的组成部分。

通过以上对比分析,我们可以将最高人民检察院指导性案例的检索与使用规则总结为如下三条:其一,对于公诉机关来说,最高人民检察院指导性案例有助于规范其权力行使并协助统一法律适用,且从实质内容上来看,这些案例也有利于其打击与追诉犯罪,因而应当积极检索使用。其二,对于辩护律师而言,应当尽可能检索对被告人有利的类案。尽管最高人民检察院的指导性案例大多倾向于"重判",但也有少数案例通过规范检察权间接实现对被告人有利的判决。例如,最高人民检察院指导案例 1 号(案例 9.2.9)就作出了不起诉决定。此类案例由于对公诉机关具有约束力,因而值得辩

---

① 参见孙光宁:《"两高"指导性案例的差异倾向及其原因——基于裁判结果变动的分析》,载《东方法学》2015 年第 2 期。

护律师重视。同时,为了进行有效辩护,当公诉机关参照最高人民检察院指导性案例时,辩护律师应当积极检索能够对抗其观点的司法机关的类案。其三,对于最高人民法院与最高人民检察院联合发布的类案,例如最高人民法院指导案例 61 号和最高人民检察院指导案例 24 号"马乐利用未公开信息交易案"(案例 9.2.10),由于这类案例具有"双向约束力",公诉机关与辩护律师均应当重视。双方在遭遇与此类案例相似的待决案件时,应当紧密围绕"两高"指导性案例进行分析和论辩。

三、行政诉讼中的类案检索

在行政诉讼中,被告恒定为行政机关,因而此类诉讼往往围绕着行政机关实施的行政行为的合法性展开。同时,除行政实体法律适用问题外,行政案件的受案范围或行政行为的可诉性问题一直是行政诉讼中的程序性热点问题。因而,当事人及律师在进行行政诉讼的类案检索时,需要做到实体法律问题与程序法律问题并重,才能有效地维护己方合法权益。

(一)基于行政行为合法性审查的类案检索

行政诉讼中的实体法律问题主要涉及对行政机关的行政行为进行合法性审查。具体而言,合法性审查主要包括对行政主体合法性、行政权限合法性、行政内容合法性以及行政程序合法性的审查。在实践中,有些案例的裁判规则会结合具体案件事实将合法性审查加以细化。例如,人民法院案例库参考案例"戚某诉上海市道路运输管理局行政许可案(2024-12-3-004-001)"结合网约车行政许可注销的具体事实,将合法性审查细化为注销事务的告知情况、注销许可的法定类型、注销事务数量、行政机关执法人员数量等方面的因素。律师在进行类案检索时,应当着重从以上几个角度出发。考虑到行政行为合法性审查总体上也是一种"案件事实+争议焦点+法律适用"的模式,其在关键事实的提取与相似性比对方面与民事、刑事类案检索中的思维模式并无实质区别,此处不再赘述。这里需要强调的是,行政诉讼类案检索中可能出现的两种特殊情况。

第一种特殊情况是"行政诉讼类案的跨类型适用"。行政类法律法规数量众多、内容丰富、调整的社会关系十分广阔,这就意味着行政诉讼类案的裁判规则有可能会被适用到行政诉讼领域之外的其他类型案件中。例如,指导案例 60 号(案例 9.2.11)就是一起关于行政处罚行为合法性的案例,该案涉及对《食品安全法》第 26 条的理解与适用问题。由于该案关乎食品安全和消费者权益保护等重要民生问题,因而在司法实践中被多次引用,且经常被用于民事诉讼(如产品质量责任纠纷引发的侵权赔偿)案件。① 因此,律师不仅可以在代理行政诉讼的类似案件中检索此案来作为判断行政处罚行为合法性的理由,还可以在相关民事案件中引述该案,来判断食品经营者行为的合法性以及与之对应的请求权能否得到支持。

第二种特殊情况是"行政规范性文件的附带审查"。由于行政法律规范体系内容庞杂,且很多规范性文件的制定权限下放到地方,地方性立法或规范性文件可谓汗牛充栋。因此,不同位阶的法律规范相互冲突的现象难以避免,这就需要司法机关通过裁判进行协调处理,这方面典型的例证是指导案例 5 号(案例 9.2.12)。该案不仅对涉案行政许可行为和行政处罚行为的合法性进行了判断,还以此为契机,通过对《立法法》《行政许可法》《行政处罚法》《行政诉讼法》等相关规定进行体系解释,最终认定涉案地方性政府规章因与上位法冲突而不适用。律师在检索此类案例时,需要注意与类案相关的法律法规以及其他规范性文件,也就是采用《类案检索意见》第 5 条中的"法条关联案件检索"方式,来同时为涉案行政行为的合法性和规范性文件的合法性判断寻找理由。

(二)基于行政行为可诉性的类案检索

尽管近年来我国通过修改《行政诉讼法》进一步明确并扩大了行政诉讼的受案范围,但《行政诉讼法》的第 12 条和第 13 条在遭遇一些新型疑难案件时依然有过于抽象之嫌。因此,通过典型案例来细化行政诉讼的受案范围或辅助判断行政行为是否具有可诉性,是行政诉讼类案长期关注的重点。由于《行政诉讼法》第 12 条采用了"典型案件类型+一般兜底条款"的方式来规定行政诉讼的受案范围,因而在非行政机关一方当事人所诉的行为不属于该条款规定的典型类案时,司法机关往往会适用一般兜底条款来判断行政行为的可诉性。

例如,指导案例 69 号(案例 9.2.13)就是上述裁判思路的典型体现。该案的裁判理由指出,认定涉案行政行为的关键在于该行为"是否对相对人的权利义务产生实质影响"。在本案中,虽然被告行政机关作出通知是工伤认定中的一种程序性行为,但该行为将导致原告的合法权益长期乃至永久得不到依法救济,直接影响了原告的合法权益,对其权利义务产生实质影响,并且原告也无法通过对相关实体性行政行为提起诉

---

① 参见孙跃:《指导性案例跨类型适用的限度与进路》,载《交大法学》2020 年第 1 期。

讼以获得救济。因此,本案认定被告作出《中止通知》的行为属于可诉行政行为,人民法院应当依法受理。再如,人民法院案例库参考案例"某房地产开发发展有限公司诉上海市嘉定区人民政府等不履行行政补偿法定职责案(2023-12-3-021-008)""某业主委员会诉景宁畲族自治县人民政府行政处理案(2024-12-3-015-001)"围绕"会议纪要是否对行政相对人的权利义务产生实际影响"这一行政行为可诉性的核心标准,分别从正反两个方面对行政机关会议纪要是否可诉的问题进行了类型化区分。受到上述裁判思路的启发,行政诉讼中原告及其律师应当尽可能论证在待决案件中行政行为对原告的权利义务产生了实质影响,且无法通过对相关实体性行政行为提起诉讼以获得救济,并寻找与之类似的案例作为理由。相对地,被告行政机关及其律师则需要重点从行政行为没有对原告权利义务产生实质性影响的角度出发检索类案。

第三节　当事人、律师或公诉机关使用类案的方法

一、使用类案支持己方观点

当事人、律师或公诉机关检索类案的目的往往是运用类案支持自己的法律主张,因而他们就需要尽可能地提升使用类案的说服力。就使用类案的方式方法而言,律师等诉讼参与人应当优先使用对己方有利的、与待决案件相似性较强的、权威性较高的、时空关系较近的类案,以增强类案使用在法律论证中的说服力。

(一)优先使用对己方有利的类案

正如概述部分所言,当事人、律师或公诉机关作为诉讼参与人检索与使用类案的主要动机是为了实现各自不同的诉讼目的,因而这些主体需要优先使用对己方有利的类案。根据法律论证的融贯性理论,支持一个法律判断的理由(如法条、判例、法理学说等)越多,其论证力度就越强。[①] 因而,当事人、律师或公诉机关需要分析不同类案可能产生的法律效果,并尽可能地在这些法律后果不同的类案中选择使用那些对己方有利的类案来进行法律论证。需要强调的是,这里的"利己性"并非无条件的,其依然要在我国法律规范体系和价值体系的框架内进行,并接受类案检索方法论的一般性约

---

① 参见〔瑞典〕亚历山大·佩策尼克:《论法律与理性》,陈曦译,中国政法大学出版社2015年版,第313—315页。

束,而不能为了谋取有利判决滥用、误用类案。关于使用类案支持己方观点或抗辩对方观点的方法,将在本节的第二部分进行讨论。

(二)优先使用与待决案件相似性较强的类案

如果说优先使用对己方有利的类案是当事人、律师或公诉机关使用类案的主观标准,那么"优先使用与待决案件相似性较强的类案"就是他们使用类案的首要客观标准。类案检索与使用的基本法理是"同案同判",即"同类(相似)案件同样(相似)对待"。与制定法不同,判例的适用往往附带条件,即"判例与待决案件具有相似性"。因而,类案与待决案件相似性程度越高,越接近司法对"同案同判"的追求,也就越容易被司法机关接受和采纳。因此,律师或公诉机关应当运用类案判断的基本原理和方法,归纳出待决案件与不同类案的相似点数量,然后根据相似点数量的多少对待使用类案的相似性程度进行排序,并优先选择那些相似性较强的类案使用。

(三)优先使用权威性高的类案

作为司法意义上的法律渊源的判例,总体上是一种权威理由,其权威性越高,对司法裁判的约束力就越强。① 因而,当事人、律师或公诉机关应当优先使用那些权威性高的类案。由于司法判例主要依托于一国的司法审级系统运作,审级越高的法院的判例,其权威性与约束力也就越强。事实上,《类案检索意见》第 4 条基本也是按照上述标准确定类案权威性的,不同类型的类案权威性由强到弱依次为:最高人民法院发布的指导性案例、最高人民法院发布的典型案例及裁判生效的案件、本省(自治区、直辖市)高级人民法院发布的参考性案例及裁判生效的案件、上一级人民法院及本院裁判生效的案件。2024 年《人民法院案例库建设运行工作规程》出台后,人民法院案例库入库案例获得了相对权威的地位。根据该文件第 19 条的规定,入库案例(指导性案例和参考案例)属于"应当检索"的范畴。再结合之前最高人民法院制定的一系列关于案例指导和类案检索的文件规定,指导性案例的地位是"应当检索+应当参照",参考案例的地位是"应当检索+参考",其他普通案例的地位是"可以参考"。综上,各种案例权威性的排序为"最高人民法院指导性案例>人民法院案例库参考案例>审级较高的人民法院产生的普通案例>审级较低的人民法院产生的普通案例"。

(四)优先使用时空关系较近的类案

判例或案例作为法律适用的延伸,本质上是一种用个案规范调整社会经济关系的

---

① 参见雷磊:《指导性案例法源地位再反思》,载《中国法学》2015 年第 1 期。

方式。通常来说,判例在时间和空间上与待决案件越接近,其用于支持待决案件法律主张的力度就越强。因此,当事人、律师或公诉机关在使用类案时,还应当优先使用那些与待决案件时间或空间关系较近的案例。时间关系较近,是指要优先使用那些生效判决作出时间较新的类案。此外,根据《类案检索意见》第 4 条的规定,除指导性案例以外,应当优先检索近三年的案例或者案件。

空间关系较近,是指要尽可能地使用那些与待决案件审理法院地缘上比较近的法院生成的类案,该原则一般在两种情况下使用。一种情形是,根据《类案检索意见》第 4 条的规定的顺位,无法找到与待决案件相似的类案,尤其是无法找到"本省(自治区、直辖市)高级人民法院发布的参考性案例及裁判生效的案件"或"上一级人民法院及本院裁判生效的案件"。那么,当事人、律师或公诉机关就可以尝试使用上一级人民法院辖区内的其他同级人民法院的类案。例如,律师在甲省 A 市中级人民法院代理案件时,无法从最高人民法院、甲省高级人民法院或 A 市中级人民法院找到类案,那么他就可以尝试使用甲省 B 市中级人民法院的类案。尽管这种类案的"横向使用"可能会因为缺乏《类案检索意见》相关规定支持而不被采纳,但由于具有地缘上的近因性,其依然可能具有一定的说服力。另一种情形是,在某些区域司法一体化程度较高的地区,司法机关会通过明文规定的方式支持空间关系较近的类案的横向使用。例如,根据江苏省高级人民法院发布的《关于建立类案强制检索报告制度的规定(试行)》第 4 条的规定,"长三角四地(上海、江苏、浙江、安徽)高级人民法院联合发布的典型案例"均属于类案检索与使用的范围。例如,律师在代理一起由浙江省杭州市中级人民法院审理的案件时,不仅可以使用浙江省高级人民法院的典型案例,也可以将上海市高级人民法院的典型案例作为类案使用。

二、否定对方使用类案

如果说在司法诉讼活动中使用类案来支持己方的主张是一种"进攻行为",那么通过法律论证来否定对方诉讼参与人使用类案则属于"防御行为"或"削弱对方进攻的行为"。正是通过争讼各方基于类案使用的攻防对抗,司法机关才能更为全面细致地掌握案件的全貌,并居中作出妥当裁判。一般而言,否定对方使用类案的方式主要有两种:其一为基于类案相似性的否定,其二为基于类案本身的否定。

（一）基于类案相似性的否定

基于类案相似性的否定，就是通过论证对方所使用类案与待决案件不具有相似性，来说服司法机关排除对方所提交的类案适用。根据《案例指导实施细则》《类案检索意见》的相关规定，类案判断的主要标准是案件事实、争议焦点、法律适用等三个方面。因而，律师等诉讼参与人如果要否定对方使用类案的主张，就可以从以上三个方面出发进行反驳和抗辩。

基于事实相似性的否定，即通过论证待决案件与对方提交的类案在事实上不同，来否定对方类案的使用。需要强调的是，这里的事实并不是指待决案件与类案全部事实的细枝末节，而是这些事实中可能影响到法律适用的重要事实或关键事实。例如，本章第二节中示例的指导案例 24 号的裁判要点为"交通事故的受害人没有过错，其体质状况对损害后果的影响不属于可以减轻侵权人责任的法定情形"，其中的"交通事故的受害人没有过错""受害人的体质状况对损害后果的影响"等事实均属于重要事实或关键事实。假如律师能够提供证据证明被害人存在过错或其并不存在体质状况，那么就可以排除对方对指导案例 24 号参照适用的主张。

基于争议焦点相似性的否定，即通过论证待决案件与对方提交的类案在争议焦点方面的不同，来否定对方类案的使用。在司法实践中，有些待决案件之间虽然具有相似的事实与法律关系，但它们的争议焦点可能并不相同，因而也不属于严格意义上的类案。例如，在（2021）粤 03 民终 18834 号判决书（案例 9.3.1）中，二审上诉人就以被上诉人提交的（2016）沪 0115 民初 31981 号案例（案例 9.3.2）与本案争议焦点不同展开了反驳。

基于法律适用相似性的否定，即通过论证待决案件与对方提交的类案在法律适用方面的不同，来否定对方类案的使用。从逻辑上看，案件事实与争议焦点均相似的案件，法律适用一般也应该是相似的。不过，在实践中依然可能存在两种较为罕见的情况，即案件事实相似但法律适用不相似。第一种情形是涉及不同法律部门规范适用交叉的案件。例如，在一起民刑交叉的案件中，同一事实可能因诉讼程序的差异性而分别与不同法律部门规范相互关联，因而会造成"案情相似（相同）"但"法律适用不同"的现象。在此种情形下，法官显然不能在一起民事案件中参照刑事指导性案例进行裁判，因为两者涉及的法律依据不同。第二种情形是涉及同一法律部门的不同法律规范交叉竞合适用的案件。例如，一起民事案件可能涉及合同违约请求权与侵权责任赔偿请求权的竞合。尽管案件事实相同,所适用的诉讼程序也相同,但当事人有权(或经法官释明)选择主张特定的请求权,进而导致所适用的法律规范以及法律效果上的差异性。

(二)基于类案本身的否定

基于类案本身的否定,就是通过否定对方提交的类案本身的正当性来排除对相关类案的参照适用,其可以分为"基于类案效力的否定"和"基于类案效果的否定"。

基于类案效力的否定,是指通过否定对方提交类案本身的效力来排除其司法适用。第一种情形为否定类案的绝对效力。例如,根据《案例指导实施细则》第12条,当指导性案例与"新的法律、行政法规或者司法解释相冲突"或"为新的指导性案例所取代"的时候,将失去指导效力。基于举重明轻的原理,其他那些效力本身就低于指导性案例的类案在存在以上情形时,当然也就不能作为裁判理由使用。除法律、行政法规和司法解释外,最高人民法院也通过其他方式否认过指导性案例的效力。例如,最高人民法院曾通过法〔2020〕343号通知明确了指导性案例9号和20号"不再参照"。此外,根据《人民法院案例库建设运行工作规程》第五章的规定,人民法院案例库实行动态调整机制,经调整出库的案例,也不再发挥参考作用。第二种情形为否定类案的相对效力。律师可以根据前文所述的案例地位和检索顺序,提交那些在效力上强于或至少等于对方提交的类案的案例或者案件,从而否定或削弱对方使用类案的论证力度。

基于类案效果的否定,就是通过论证对方提交的类案会造成实质不公或产生的社会效果不佳来排除相关类案的适用。在实践中,前述情形主要体现为类案本身在形式上有效但在实质内容上存在严重缺陷,例如类案裁判规则过于模糊导致难以适用、类案体现的法律原则或精神已经过时、类案与其他类案之间存在严重冲突等。① 此外,律师也可以提供类案之外的"更强理由"(如法理、法学通说或其他实质性理由中的反对意见)来削弱对方类案的论证理由。根据《人民法院案例库建设运行工作规程》第20条的规定,"各级人民法院审理案件时,经检索发现人民法院案例库收录有类似案例,但认为正在审理的案件具有特殊情况,不宜参考入库案例的,应当提交审判委员会讨论决定"。因此,律师若要否定相似案件对入库案例的参考适用,需要提供充分的理由说服法官和审判委员会。

---

① 参见孙海波:《普通法系法官背离先例的经验及其启示》,载《法商研究》2020年第5期。

三、提交类案的程序与方式

尽管《类案检索意见》并没有对当事人、律师或公诉机关提交类案的程序与方式进行强制性规定,但为了提高诉讼效率、实现诉讼目的,律师等诉讼参与人提交类案的程序与方式应当尽可能合法、合理。在提交程序上,律师等诉讼参与人应当尽可能以公开的方式在庭审过程中提交类案;在提交方式上,律师等诉讼参与人应当尽可能通过制作类案检索报告的方式提交类案。

(一)提交程序

有相关实证研究表明,司法实践中有部分当事人或律师将指导性案例作为证据或参考资料提交。[①] 根据我国三大诉讼法以及相关司法解释和证据规则的规定,证据一般是指用来认定案件事实的依据。尽管指导性案例或其他类案中也包含对事实的认定,但这种认定总体上属于法律适用或"法律事实"的范畴,故当事人或律师不宜在诉讼程序中的举证质证阶段提交类案。同时,由于类案(特别是指导性案例)具有一定程度的约束力,而不是只具有说服力,因而其也不宜作为参考资料提交。同时,如果律师将类案作为参考资料提交,也不容易引起司法机关的重视。需要强调的是,类案与"关联案"不同,后者一般是指与某个案件存在关系的在先生效裁判。例如,《民事诉讼法》第 153 条第(五)项中的"本案必须以另一案的审理结果为依据,而另一案尚未审结的"就属于关联案的范畴。用关联案来辅助事实的证明和认定,具有一定的可行性。

总而言之,类案属于一种特殊类型的裁判规范或裁判理由,其应当被作为关于法律适用的意见或建议被提交。例如,在民事诉讼中,律师可以在起诉状或答辩状的"事实与理由"部分中简述作为法律上理由的类案,在法庭辩论和代理意见中详述类案及其参照适用的理由;在刑事诉讼中,律师则可以在法庭辩论与辩护词中阐述类案及其参照情况。基于司法公开和庭审实质化的考量,律师一般应当以公开的方式在庭内提交类案及相关法律意见。为了防止类案使用的暗箱运作,律师还应当主动与司法机关沟通,建议其将对方当事人或律师在庭外提交的类案及法律意见告知己方。

(二)提交方式

律师等诉讼参与人提交类案的方式总体上有三种:

---

① 参见彭中礼:《司法判决中的指导性案例》,载《中国法学》2017 年第 6 期。

第一种方式为口头提交，即律师通过诉讼程序中的法庭辩论或其他发言的形式提交类案。口头提交的优点是方便、快捷，但其缺点也显而易见。类案的检索与使用毕竟是一个由多个环节组成的司法活动，这一过程如果仅通过口头表述，会因为过程冗长且信息量较大而难以被完全记录。即便能够被载入庭审笔录，也容易被司法机关忽略。因此，口头提交是效果最差的一种提交方式。

第二种方式是载入其他法律文书提交。在诉讼过程中，律师、公诉机关等诉讼参与人会提交各类法律文书，如起诉状、答辩状、公诉书、代理意见、辩护词等，这些法律文书为载入类案提供了书面载体。相比于口头提交，通过各种法律文书提交类案能够相对清晰地表述类案的基本信息及其参照适用的理由。但考虑到法律文书中记载的内容非常多元化，其可能掺杂证据问题、事实问题、法律法规与司法解释的适用问题以及其他各种信息，因而类案检索与使用的观点很可能被埋没其中而难以引起司法机关的注意。因此，此种提交方式仅适合那些类案数量较少、参照方式较为简单的情况。

第三种方式是制作专门的类案检索报告提交，这同时也是最为专业且效果最好的类案提交方式。专门的类案检索报告可以较为全面细致地记载类案的基本信息及其检索与使用的情况，因而可以适用于大多数类案检索以及疑难复杂案件的类案检索。根据《类案检索意见》第7条和第8条的规定，司法机关在使用类案时也要制作类案检索报告。因此，律师制作类案检索报告不仅可以为司法机关提供参考，还能在一定程度上减轻司法机关的工作负担，从而提高诉讼效率。关于类案检索报告的制作方法与体例，可以参见本书第八章的相关内容。

第四节　本章小结

本章在概述当事人、律师或公诉机关检索和使用类案的特点和意义的基础之上，以最高人民法院发布的指导性案例为主要示例，重点从律师视角出发对类案检索方法与使用方法进行了探讨。就类案检索的一般方法而言，律师需要从案件事实、争议焦点、法律适用等角度出发进行判断。在民事诉讼中，律师应当综合运用法律关系分析方法和请求权基础分析方法来协助类案检索的进行。在刑事诉讼中，公诉机关与辩护律师应当借助犯罪构成的阶层理论，重点围绕被告人定罪与量刑的法律适用问题进行类案检索，在必要的前提下还需要协调运用最高人民法院和最高人民检察院的指导性案例。在行政诉讼中,类案检索应当做到实体与程序并重。就类案使用的方法而言,为了支持己方的诉讼主张,当事人、律师或公诉机关应当从利己性、相似性、权威性、时空近缘性等角度出发来确定类案使用的基本顺位。为了否定对方使用类案支持其主张,律师等诉讼参与人可以分别从类案相似性和类案本身两个角度出发进行驳斥和抗辩。在司法诉讼程序中,律师等诉讼参与人应尽可能地制作专门的类案检索报告,并将其作为法律意见的重要组成部分,以公开的方式提交司法机关。

第十章

类案法律适用分歧的协调

审判委员会在解决类案法律适用分歧时,在存在法律适用分歧的任一类案并无明显更强合理性的情况下,一般根据指导性案例＞高层级＞经过审判委员会决定＞裁判时间近＞高相似性程度的一般化位阶决定分歧解决方案。

第一节 引　言

《分歧解决实施办法》《类案检索意见》《统一法律适用意见》等规范性文件都规定,为维护或提升司法公信力,需要统一法律适用与裁判尺度。司法公信力建立在公众对司法公正的观感与认知上。司法公正的观感与认知很大程度上来源于法律与裁判尺度的统一。落实到司法实践中,司法公正的外观形式就是"类案同判"。但"类案同判"的实现面临类案法律适用分歧的困境。所谓类案法律适用分歧是指,在理想情形下,待决案件承办法官参照或参考类案裁判,便能实现"类案同判";只是类案之间也可能存在"不同判"的问题,即类案 C_1 与类案 C_2 都构成待决案件的类案,但类案 C_1 与类案 C_2 的裁判存在较大分歧。这导致试图通过类案解决法律适用分歧的待决案件承办法官陷入新的两难之中,即待决案件承办法官是适用类案 C_1,还是适用与类案 C_1 不同,甚至采取对立方式裁判的类案 C_2。

本质上,类案 C_1 与类案 C_2 适用相同法律规定,但两案承办法官对该法律规定存在不同理解,导致类案之间出现法律适用分歧。两案承办法官都是依"法"裁判,只是在具体案件审理中,对该法律规定理解不同,不同法官基于不同理解得出不同结论或者裁判尺度差异较大的结论。从类案法律适用分歧表面看,法律适用分歧是不同类案的裁判理由不同,或裁判理由对相同法律规定的解释不同。但类案法律适用分歧实质上仍是法官对相同法律规定的"适用"分歧。即是说,法官对类案适用特定法律规定不存在分歧,但对如何理解特定法律规定,进而如何将之适用于类案出现了分歧。不同的类案为待决案件承办法官提供了多个适用"参考"与裁判尺度,这使得待决案件承办法官再次陷入法律适用分歧之中。因此,类案法律适用分歧的本质就是法律适用分歧,这也是《类案检索意见》第 11 条这一引致条款,将类案法律适用分歧引致《分歧解决实施办法》的原因所在。基于间接实现提升司法公信力、直接实现统一法律适用与"类案同判"的目的考量,待决案件承办法官需要决定将待决案件的法律适用同哪个或哪些类案保持一致;或者区别于所有类案,发展出新的裁判尺度。

故此,基于实践操作性与统一法律适用的制度性考量,应参照《分歧解决实施办法》,在工作体系、程序、标准三个层面明确如何协调类案法律适用分歧。

第二节 类案法律适用分歧解决工作组织体系

根据《分歧解决实施办法》第 1 条的规定,类案法律适用分歧解决工作存在工作组织体系。在类案法律适用分歧中,待决案件承办法官发现类案法律适用存在分歧的,需要按照类案法律适用分歧解决程序交由相应主体讨论、研究与决定。① 也就是说,根据现行法律规定,不同主体构成类案法律适用分歧解决工作的组织体系。

一、院内类案法律适用分歧解决工作组织体系

首先,《分歧解决实施办法》设计了法律适用分歧解决的基本工作组织体系架构。其第 1 条第 1 款明确规定:"最高人民法院审判委员会(以下简称审委会)是最高人民法院法律适用分歧解决工作的领导和决策机构。"第 2 款规定:"最高人民法院审判管理办公室(以下简称审管办)、最高人民法院各业务部门和中国应用法学研究所(以下简称法研所)根据法律适用分歧解决工作的需要,为审委会决策提供服务与决策参考,并负责贯彻审委会的决定。"在最高人民法院层级,存在双层法律适用分歧解决机制。其中,审判管理办公室、各业务部门、中国应用法学研究所作为服务与决策辅助机构,负责法律适用分歧的研究工作,并且具体负责法律适用分歧的组织工作。审判委员会则在领导前者研究工作的同时,在研究基础上进行最终决策。如此安排的原因主要有两个:

其一,《人民法院组织法》第 37 条第 1 款第(二)项规定:"审判委员会履行下列职能:……(二)讨论决定重大、疑难、复杂案件的法律适用。"第 2 款规定,"最高人民法院

---

① 需要指出的是,参照《分歧解决实施办法》第 2 条的规定,法律适用分歧可以分为两类:第一类为类案之间的法律适用分歧[《分歧解决实施办法》第 2 条第(一)项];第二类为待决案件将改变在先案件裁判尺度的,可被称为类案裁判冲突[《分歧解决实施办法》第 2 条第(二)项]。在第二类类案法律适用分歧的情形下,待决案件承办法官选择遵循某个或某些类案,意味着必然改变其他类案的裁判尺度。即第一类类案法律适用分歧的情形必然涉及第二类类案法律适用分歧的问题。又根据《司法责任制实施意见》第 8 条第 2 款与《司法责任制试行意见》第 40 条的规定,判决存在可能形成新的裁判标准或者改变上级人民法院、本院同类生效案件裁判标准的,应当提交专业法官会议或者审判委员会讨论。又根据《统一法律适用意见》第 10 条的规定,"独任法官、合议庭……发现将要作出的裁判与其他同类案件裁判不一致的,应当及时提请专业法官会议研究"。因此,类案法律适用分歧解决工作的工作组织体系不仅包括《分歧解决实施办法》第 1 条规定的主体,还包括《司法责任制实施意见》《司法责任制试行意见》《统一法律适用意见》明确的法律适用分歧解决工作组织主体。

对属于审判工作中具体应用法律的问题进行解释,应当由审判委员会全体会议讨论通过"。对于重大、疑难、复杂的法律适用问题或者可能涉及审判工作中的具体应用法律问题,最高人民法院审判委员会是法定的职权部门。《分歧解决实施办法》第 1 条是对《人民法院组织法》第 37 条规定的具体延伸。并且《统一法律适用意见》第 11 条还明确规定审判委员会具有统一法律适用标准的职责,强调对以下四类案件进行监督:(1)涉及法律适用标准问题的重大、疑难、复杂案件;(2)存在法律适用分歧的案件;(3)独任法官、合议庭在法律适用标准问题上与专业法官会议咨询意见不一致的案件;(4)拟作出裁判与本院或者上级法院同类案件裁判可能发生冲突的案件。多个规范性文件共同确定了审判委员会负责法律适用分歧案件的领导、决策职责。

其二,审判管理办公室、各业务部门、中国应用法学研究所作为研究部门,具体研究法律适用分歧,为审判委员会提供决策辅助支持。第一,审判管理办公室作为研究部门。根据《统一法律适用意见》第 14 条的规定,"审判管理部门在履行流程管理、质量评查等审判管理职责时,对于发现的重大法律适用问题应当及时汇总报告"。第二,各业务部门作为研究部门。各业务部门熟悉了解审判工作中的具体审判问题,对于法律适用分歧亲历性更强,通过业务部门对同类型案件的熟悉性,更好地吸收审判经验,促使业务部门重视相应法律适用分歧,对法律适用分歧进行更早、更充分的研究,以提供意见、理由,供审判委员会决策与统一法律适用与裁判尺度。第三,中国应用法学研究所作为研究主体。其将中国应用法学研究所作为研究组织主体"原因在于,法研所自 2018 年 8 月开始组织实施人民法院类案索引与类案规则研究专项工作……各研究团队在开展研究过程中,尤其是在类案检索过程中,也会发现最高人民法院生效裁判之间存在的法律适用分歧"[1]。

其次,法律分歧解决体制不仅存在于最高人民法院。根据《统一法律适用意见》第 9 条规定,"各高级人民法院应当参照最高人民法院做法,建立本辖区法律适用分歧解决机制,研究解决本院及辖区内法院案件审理中的法律适用分歧"。高级人民法院以及中级人民法院、基层人民法院层级内部也可参照《分歧解决实施办法》的规定设计相同或类似的工作组织体系。只是在法学研究所作为组织主体的安排上,可以根据不同层级,以及不同法院的具体安排来确定。需要注意的是,无论最高人民法院,还是地方

---

[1] 曹士兵、韩煦:《〈关于建立法律适用分歧解决机制的实施办法〉的理解与适用》,载《人民司法》2020 年第 1 期。

各级人民法院或专门人民法院，在本院范围内遇到法律适用分歧问题的，应以审判委员会为领导、决策机构，审判管理办公室、各业务部门为研究部门，为审判委员会提供辅助与决策参考。

最后，基于类案法律适用分歧的本质是法律适用分歧，只是法律适用分歧体现为不同类案中的法律适用。因此，根据《类案检索意见》第11条引致条款的规定，类案法律适用分歧依照《分歧解决实施办法》的规定，也应纳入上述分歧解决组织体系处理。

二、院外类案法律适用分歧工作组织体系

根据后述论证，院内类案法律适用分歧可经专业法官会议讨论解决，合议庭不采纳专业法官会议一致意见或者多数意见的，说明理由并提请院庭长监督，院庭长认为必要的，提交审判委员会讨论。或者根据《分歧解决实施办法》进行法律适用分歧协调程序的，最终提交审判委员会讨论。前述两类情形最终都需要由审判委员会作出决定。若审判委员会经研究无法达成一致意见，便无法作出关于类案适用法律分歧解决的决定。又因为法律适用分歧为待决案件必须处理的问题，尤其是在当事人、公诉机关、辩护人或诉讼代理人各方存在类案法律适用分歧的情形下，院内无法达成一致意见，不能作出终局处理方案。根据《统一法律适用意见》第9条的规定，"各中级、基层人民法院发现法律适用标准不统一问题，经研究无法达成一致意见的，应当层报高级人民法院，超出高级人民法院辖区范围的，应当及时报送最高人民法院研究解决"。

《分歧解决实施办法》第2条规定，高级人民法院可以直接作为法律适用分歧的申请主体。因此，在最高人民法院与高级人民法院之间，高级人民法院的类案法律适用分歧解决工作组织主体仍是审判管理办公室，按照后述初审、复审程序处理即可。中级、基层人民法院的法律适用则统一由高级人民法院负责。高级人民法院参照《分歧解决实施办法》设计相同的组织主体即可。如中级人民法院无法就法律适用分歧达成一致意见，可以向高级人民法院审判管理办公室申请，高级人民法院可以设定特定部门作为初审部门，仍以各业务部门作为复审部门，对法律适用分歧讨论研究，最终由高级人民法院审判委员会决定。

第三节　类案法律适用分歧解决程序

当事人与律师在选择类案时,重要的不是哪个或哪些类案是(唯一)正确的或者权威司法机关发布的,重要的是哪个或哪些类案支持己方的诉讼请求与论证需要。与当事人、律师不同,法官在审理待决案件时,更需要考虑哪些类案可能恰当或符合权威司法机关的法律适用理解。因此,在多方主体提供不同乃至相反类案支持己方观点,以及法官在自行主动检索获得不同或相反类案时,法官需要研究、决定以及协调类案法律适用的分歧。《类案检索意见》第 11 条的规定:"检索到的类案存在法律适用不一致的,人民法院可以综合法院层级、裁判时间、是否经审判委员会讨论等因素,依照《最高人民法院关于建立法律适用分歧解决机制的实施办法》等规定,通过法律适用分歧解决机制予以解决。"根据《分歧解决实施办法》第 5—9 条的规定,法律适用分歧解决并非纯粹是待决案件承办法官的自由裁量问题;否则,本为统一法律适用、规范法官自由裁量权的类案适用便走向规范自由裁量的"对面"。并且,根据《统一法律适用意见》第 8 条、第 9 条的规定,法律适用分歧协调不仅存在于最高人民法院这一层次,基层、中级与高级人民法院层次也需要嵌入法律适用分歧协调机制之中。因此,在四级法院体系中,类案法律适用分歧协调机制的程序需要在院内与院外两个层次内协调。

一、院内类案法律适用分歧协调程序

院内类案法律适用分歧协调程序是指,待决案件承办法官检索获得类案,但类案的法律适用存在分歧的,需要首先在本院范围内启动类案法律适用分歧解决程序。

(一)类案法律适用分歧的发现与申请

首先,公诉机关、案件当事人、辩护人、诉讼代理人有强烈动机主张适用类案,类案法律适用分歧容易在不同主体主张的不同类案中产生。如北京天驰君泰律师事务所在代理百色广缘汽车销售服务有限公司在广西壮族自治区百色市右江区人民法院(2020)桂 1002 民初 1048 号案件时,便制作了类案检索与裁判规则专项报告,以最高人民法院指导案例 17 号"张莉诉北京合力华通汽车服务有限公司买卖合同纠纷案"(案例 10.3.1)等案例为类案,支持己方请求。尽管真正面对类案法律适用分歧的主体是独任法官或合议庭,但这只是说独任法官或合议庭是类案法律适用分歧的解决主体。基

于诉讼利益考量,公诉机关、案件当事人、辩护人、诉讼代理人具有强烈动机提出支持己方主张的类案,通过类案的层次、时间、是否经过审判委员会决定等因素强化己方主张的合法性与正当性。当一方当事人、诉讼代理人或公诉机关、辩护人提出类案适用主张后,另一方当事人、诉讼代理人或公诉机关、辩护人便具有类似的动机提出对立类案适用主张。通过检索获得具有相反主张的类案,反对对方的观点。因此,公诉机关、案件当事人、辩护人或诉讼代理人并非自觉的类案法律适用分歧发现者,而是类案法律适用分歧的发起因素。基于主张考量,公诉机关、案件当事人、辩护人、诉讼代理人会将法律适用分歧暴露出来,有助于独任法官或合议庭认识到案件中的法律争点、法律适用分歧,以及根据法律适用分歧采取不同法律程序。需要指出的是,还有一种情形是,公诉机关、案件当事人、辩护人、诉讼代理人并未提出类案主张;或者一方提出类案主张,但另一方并未提出相反类案,待决案件承办法官主动发现类案法律适用分歧的,公诉机关、案件当事人、辩护人、诉讼代理人并非法律适用分歧的发起因素。

其次,独任法官、合议庭作为类案法律适用分歧协调的程序发动者。将独任法官、合议庭作为类案法律适用分歧协调的程序发动者,并不意味着只有独任法官或合议庭才能发现类案法律适用分歧;而是基于以下两方面考量:其一,公诉机关、案件当事人、辩护人、诉讼代理人基于己方主张考量,通常会选择有利于己方主张的类案。在法庭辩论中,只有一方当事人提供类案的,提供类案的一方当事人缺乏启动类案法律适用分歧协调的动机。双方当事人都提供类案且类案存在法律适用分歧的,需要直面类案法律适用分歧的是独任法官或合议庭,并需要作出最终决定。尤其在类案包括指导性案例的情形下,根据《类案检索意见》第10条与《案例指导实施细则》第11条第2款的规定,公诉机关、案件当事人及其辩护人、诉讼代理人等提交指导性案例作为控(诉)辩理由的,人民法院应当在裁判文书说理中回应是否参照并说明理由。其二,除公诉机关、案件当事人、辩护人、诉讼代理人主张类案存在分歧的情况外,根据《类案检索意见》第2条规定,待决案件承办法官应当进行类案检索。在类案检索之后,待决案件承办法官发现存在类案法律适用分歧的,无论是否经过类案法律适用分歧解决程序,最终裁判都是由待决案件承办法官作出。因此,待决案件承办法官为防止错误裁判,或者基于违背特定裁判尺度可能导致裁判被推翻,乃至承担审判责任等因素的考量①,更有责任与动机启动类案法律适用分歧解决程序。因此,为保证类案法律适用分歧协调的正当性,居于中立裁判立场的法院更能适当、准确地提炼总结类案法律适用分歧。同时,这也是《统一法律适用意见》第10条的要求。

最后,根据《分歧解决实施办法》第2条的规定,最高人民法院各业务部门、各高级人民法院、各专门人民法院是法律适用分歧解决申请的主体。该规定似乎与类案法律适用分歧发现存在冲突:作为法律适用分歧的发现主体,待决案件承办法官与最高人民法院各业务部门、各高级人民法院、各专门人民法院并不相同。实质上,该条规定的业务部门、高级人民法院与专门人民法院也是在审理和执行过程中发现类案法律适用分歧。因此,法律适用分歧发现者是法官,业务部门、高级人民法院、专门人民法院是申请主体。高级人民法院、专门人民法院申请的,属于院外类案法律适用分歧协调程序的内容,在此不赘述。业务部门申请的情形是指独任法官、合议庭发现法律适用分歧后,提交专业法官会议。如果待决案件承办法官接受专业法官会议意见,则按照程序作出裁判;待决案件承办法官不接受专业法官会议意见的,根据《司法责任制实施意见》第8条第2款的规定,"合议庭不采纳专业法官会议一致意见或者多数意见的,应当在办案系统中标注并说明理由,并提请庭长、院长予以监督,庭长、院长认为有必要提交审判委员会讨论的,应当按程序将案件提交审判委员会讨论"。为此,需要完善专业法官会议与审判委员会的衔接机制。(一)合议庭发现法律适用分歧后,未经专业法官会议讨论,不能直接提交审判委员会讨论。(二)专业法官会议决议与合议庭意见不一致时,合议庭必须再进行一次合议;合议庭合议后仍然坚持原来意见的,才可以提交审判委员会讨论。(三)审判委员会讨论时,合议庭除汇报合议庭的不同意见外,还必须客观、全面地汇报专业法官会议讨论的结果,主持专业法官会议的庭长或副庭长可以就专业法官会议讨论的情况进行必要补充。(四)审判委员会讨论的结果,合议庭必须无条件执行。② 或者通过法律适用分歧解决机制,由业务部门向审判管理办公室申请,审判管理办公室受理申请后,按照法律适用分歧解决机制流程处理。

---

① 如《湖南省高级人民法院关于规范法官裁量权行使 保障裁判尺度统一的实施意见(试行)》第21条第1款规定:"承办法官、合议庭因故意或者重大过失,未发现个案裁判尺度不统一的问题,导致裁判错误并造成严重后果的,依法依纪追究审判责任。"

② 参见贺小荣:《法律适用分歧的解决方式与制度安排》,载《人民司法》2019年第31期。

(二)类案法律适用分歧的审查

《分歧解决实施办法》第5—10条规定了法律适用分歧的审查机制:双层双重审查机制。

根据《分歧解决实施办法》第2条、第3条的规定,审判管理办公室是法律适用分歧的申请受理机关。如在中国应用法学研究所初审的法分歧审〔2019〕2号法律适用分歧中,就是由审判管理办公室受理了第三巡回法庭的法律适用分歧解决申请。在受理法律适用分歧解决申请后,根据《分歧解决实施办法》第5条的规定,审判管理办公室应"及时进行审查"。审查的内容是"立项条件",即审判管理办公室仅对法律适用分歧解决申请进行形式审查。审判管理办公室根据《分歧解决实施办法》第4条的规定对材料的齐备性、形式符合性进行形式审查,形式审查结束后交中国应用法学研究所,由此进入实质审查。因此,审判管理办公室进行的形式审查与中国应用法学研究所、各业务部门进行的实质审查构成法律适用分歧的双层审查机制。

经过形式审查之后,法律适用分歧便进入实质审查阶段。实质审查阶段包括双重审查。双重审查是指中国应用法学研究所与业务部门分别负责初步审查与复审。首先,根据《分歧解决实施办法》第6条的规定:"法研所收到审管办送交的材料后,应当在五个工作日内对申请书中涉及的法律适用分歧问题进行研究,形成初审意见后送交审管办。"一方面,中国应用法学研究所在收到法律适用分歧材料后5个工作日内应启动初审程序,而非必须在5个工作日内完成初审程序;另一方面,中国应用法学研究所为完成初审工作,需在申请材料基础上补充类案检索,提高类案材料准确性。"除补充完善申请主体提交的类案检索报告,还应当形成涵盖不同法律适用意见的大数据报告。"[1]如在法分歧审〔2019〕2号法律适用分歧解决中,中国应用法学研究所就在Alpha案例库进行检索,获得23件案例。在此基础上,组织专家论证,形成初步审查结论。如在法分歧审〔2019〕2号法律适用分歧解决中,中国应用法学研究所进行了两次初审会议,第一次邀请了中国人民大学肖建国教授、中国政法大学谭秋桂教授与杨秀清教授,第二次邀请了中国社科院孙宪忠教授与清华大学崔建远教授。在此基础上形成了初审报告,初步审查结论形成之后,根据《分歧解决实施办法》第7条的规定,中国应用法学研究所需要将初步审查意见送交审判管理办公室,审判管理办公室在收到初步审

---

[1] 曹士兵、韩煦:《〈关于建立法律适用分歧解决机制的实施办法〉的理解与适用》,载《人民司法》2020年第1期。

查意见后,再根据专业分工将之送交相应业务部门进行复审。其次,根据第 8 条的规定,各业务部门在初审意见基础上进行复审,复审工作的进行需要根据《司法责任制实施意见》第 8 条、《司法责任制试行意见》第 16 条等规定,交由专业法官会议讨论,形成复审意见。复审意见形成后,各业务部门需要将之送交审判管理办公室。

最后,各级人民法院可参照最高人民法院的法律适用分歧解决机制,建立本辖区范围内的类案法律适用分歧解决机制。

(三)类案法律适用分歧的决定

《分歧解决实施办法》第 10 条规定:"审委会对法律适用分歧问题进行讨论,作出决定后,审管办应当及时将决定反馈给法律适用分歧解决申请报送单位,并按照该法律适用分歧问题及决定的性质提出发布形式与发布范围的意见,报经批准后予以落实。"即审判委员会是法律适用分歧的决定机关,审判管理办公室收到复审意见后,应根据《分歧解决实施办法》第 9 条的规定报请院领导提请审判委员会讨论。不同于初审或复审中的研究,审判委员会的讨论研究是具有决定性影响的。尽管讨论研究的实质都是实质审查,但是初审、复审的讨论属于纯粹基于法律适用内容的研究,不同于审判委员会根据《人民法院组织法》第 37 条的规定具备职权意义上的研究决定。

因此,各级人民法院院内存在类案法律适用分歧的,也应由审判委员会作出决定,决定作出后,审判管理办公室将决定反馈给申请单位,同时予以发布。对于类案法律适用分歧解决之后形成的裁判尺度,下级人民法院、业务部门参照执行。

二、院外类案法律适用分歧解决程序

类案法律适用分歧不仅存在于最高人民法院层级,还存在于各级人民法院。并且类案法律适用分歧不仅存在于同一级人民法院内部,还存在于不同层级人民法院之间。如《分歧解决实施办法》第 2 条规定的高级人民法院在审理案件时可能与最高人民法院生效裁判存在法律适用分歧。又根据《统一法律适用意见》第 9 条的规定,"各中级、基层人民法院发现法律适用标准不统一问题,经研究无法达成一致意见的,应当层报高级人民法院,超出高级人民法院辖区范围的,应当及时报送最高人民法院研究解决"。即是说,类案法律适用分歧还可能存在院外的协调问题。在法院内部无法就法律适用问题达成一致意见的,除最高人民法院的案件外,其他级别的人民法院需要层报高级人民法院,乃至最高人民法院。因此,院外类案法律适用分歧解决程序实质上是要解决院内无法达成一致意见的情形——如何层报高级人民法院,以及如何协调处理的问题。

我国的四级两审制决定了基层、中级人民法院的法律适用分歧无法通过上诉、抗诉等方式实现全国或者省级行政区域内的统一处理。在无法官主动进行类案检索,以及统一法律适用动机驱动下,若无统一法律适用机制,基层、中级人民法院可能在不同区域内出现不同层次的"同案不同判"。因此,为解决基层、中级人民法院的统一法律适用问题,在审级制度之外,还需要结合法律适用分歧解决机制解决法律适用分歧问题。这同最高人民法院建立的分歧解决机制具有同样的功能。不同的是,最高人民法院审结的案件无法通过审级监督的方式实现法律适用的统一;基层、中级人民法院尽管可以通过审级监督的方式实现一定程度上的法律适用的统一,但是在不同行政区域范围内,可能仍无法保证法律适用的统一。如基层人民法院的案件可以通过中级人民法院的二审实现审级监督,将某特定区域范围内的基层人民法院的法律适用统一起来。但该特定区域以外的其他设区的市、自治州中级人民法院或特殊中级人民法院管辖范围外的基层人民法院仍可能存在"同案不同判"。相应地,中级人民法院的案件可以通过高级人民法院实现审级监督,但特定省、自治区、直辖市高级人民法院以外的其他省、自治区、直辖市高级人民法院管辖区域的中级人民法院则可能出现"同案不同判"。因此,相对于高级人民法院,基层、中级与最高人民法院的法律适用分歧可能需要借助其他措施。

上述论证是从法律监督的司法消极主义立场出发,从法官主动消除法律适用分歧的角度来看,通过审级监督实现统一法律适用需求是对法官的制度约束,法官还可以主动通过法律适用分歧解决机制,凝聚司法经验智慧,借助专业法官会议、审判委员会乃至专家建议的方式,实现法律适用的统一。因此,通过法律适用分歧解决机制,可以在审级监督程序之外,统一法律适用。为此需要解决的问题是,如何实现下级人民法院向上级人民法院的层报。根据《统一法律适用意见》第9条的规定,中级人民法院上诉到高级人民法院或高级人民法院一审的案件,类案法律适用分歧超出高级人民法院辖区范围的,应当及时报送最高人民法院研究解决;基层人民法院上诉到中级人民法院或中级人民法院一审的案件,类案法律适用分歧超出中级人民法院辖区的,应当及时报送高级人民法院;若基层人民法院上诉到中级人民法院或中级人民法院一审的案件,类案法律适用分歧超出高级人民法院辖区的,应当及时报送高级人民法院,再报送最高人民法院,实现基层、中级人民法院类案法律适用分歧的层报。

第一,中级人民法院上诉到高级人民法院或高级人民法院一审的案件,存在超出高级人民法院辖区类案法律适用分歧的,由高级人民法院报最高人民法院审判管理办公室,根据前述《分歧解决实施办法》确立的法律适用分歧解决机制处理。最高人民法院审判委员会最终决定分歧解决方案,审判管理办公室则将决定反馈给申请单位,并根据问题与决定的性质提出发布形式与发布范围的意见,报经批准予以落实。中级人民法院上诉到高级人民法院的案件存在超出高级人民法院辖区类案法律适用分歧情况的,需要高级人民法院审判管理办公室将最高人民法院审判委员会的决定反馈给中级人民法院。(情形Ⅰ)

第二,基层人民法院上诉到中级人民法院或中级人民法院一审的案件,存在超出中级人民法院辖区类案法律适用分歧的,由中级人民法院报高级人民法院审判管理办公室,参照《分歧解决实施办法》以及高级人民法院建立的法律适用分歧解决机制解决。高级人民法院审判委员会最终决定分歧解决方案,审判管理办公室将决定反馈给申请单位,并根据问题与决定的性质提出发布形式与发布范围的意见,报经批准予以落实。基层人民法院上诉到中级人民法院的案件存在超出中级人民法院辖区类案法律适用分歧情况的解决,需要中级人民法院审判管理办公室将高级人民法院审判委员会的决定反馈给基层人民法院。(情形Ⅱ)

第三,若基层人民法院上诉到中级人民法院或中级人民法院一审的案件,存在超出高级人民法院辖区类案法律适用分歧情况的,结合第一类与第二类方法,首先由中级人民法院报高级人民法院审判管理办公室,再以高级人民法院名义报送最高人民法院审判管理办公室。最高人民法院审判管理办公室根据《分歧解决实施办法》确立的法律适用分歧解决机制处理。最高人民法院审判委员会最终决定分歧解决方案,审判管理办公室则将决定反馈给申请单位,并根据问题与决定的性质提出发布形式与发布范围的意见,报经批准予以落实。高级人民法院收到反馈后再反馈给中级人民法院。(情形Ⅲ)

第四,若是基层人民法院一审的案件,存在超出中级人民法院或高级人民法院辖区类案法律适用分歧的,解决方法同前述解决方法类似:超出中级人民法院辖区范围的,按照情形Ⅱ的方式处理;超出高级人民法院辖区范围的,按照情形Ⅲ的方式处理,并最终反馈给基层人民法院。(情形Ⅳ)

可能存在疑问的情形是,基层人民法院对于超出本院辖区范围的法律适用分歧,或者中级人民法院对于超出本院辖区范围的法律适用分歧的情形,如果未上诉的该如何处理。参照《统一法律适用意见》第9条的规定,在审理过程中,基层人民法院或中级人民法院应当及时报送上级人民法院研究解决。

第四节 类案法律适用分歧协调的标准

无论是最高人民法院,还是地方各级人民法院;无论是承办法官、专业法官会议,还是审判委员会,解决类案法律适用分歧都需要依据或参考一定的标准,以确定哪一个或哪些类案关于法律适用的理解应该被优先使用。

一、首要标准:层级

类案法律适用分歧的类案既可能是同级人民法院(包括本院)裁判的类案,又可能是不同级人民法院裁判的类案。在同级人民法院的类案法律适用分歧中,级别是首先需要排除的考量标准。相反,在不同级人民法院裁判的案件构成类案,且类案存在法律适用分歧的情形下,如何处置类案法律适用分歧,并非根据上级人民法院优先于下级人民法院裁判的类案即可。因为前述部分相关规范性文件对指导性案例与其他类型案例作出了不同安排,还要考虑到类案分属不同辖区的情形。

(一)指导性案例优先

首先,当指导性案例同其他类型案例存在法律适用分歧时,指导性案例关于法律适用的理解优先。这种优先性不仅体现在指导性案例相对于高级人民法院、中级人民法院或基层人民法院裁判的类案,还体现在指导性案例相对于最高人民法院其他类型案例的情形中。即是说,指导性案例具有最高的案例效力。

一方面,《人民法院组织法》《案例指导工作规定》《案例指导实施细则》等一系列规范性文件赋予指导性案例的法律效力。《人民法院组织法》第18条第2款、第37条第2款规定了审判委员会可以发布指导性案例。《案例指导规定》《案例指导实施细则》明确了指导性案例适用的基本问题。除此之外,《分歧解决实施办法》《统一法律适用意见》《类案检索意见》等文件都对指导性案例作出了规定。如《类案检索意见》第9条明确规定:"检索到的类案为指导性案例的,人民法院应当参照作出裁判……检索到其他类案的,人民法院可以作为作出裁判的参考。"再如第 10 条规定:"公诉机关、案件当事人及其辩护人、诉讼代理人等提交指导性案例作为控(诉)辩理由的,人民法院应当在裁判文书说理中回应是否参照并说明理由;提交其他类案作为控(诉)辩理由的,人民法院可以通过释明等方式予以回应。"从法院是"应当"还是"可以"回应的区分上,也可以得出指导性案例的约束力强于其他类型案例的结论。因此,即使指导性案例的性质、效力并非特别明确,但诸多规范性文件却以明确区分的方式确定指导性案例具有优先于其他类型类案的地位。

另一方面,即使不考虑相关规范性文件明确指导性案例的优先适用,作为最高人民法院发布的案例,其基础案件可能是基层人民法院裁判,作为类案的指导性案例包含裁判规则("裁判要点"),经由最高人民法院审判委员会的研究与确认,在类案法律适用分歧中,也具有优先性。因为《人民法院组织法》等规定确定了最高人民法院审判委员会的权威,最高人民法院审判委员会也具有决定权。因此,经由最高人民法院审判委员会确认与发布的指导性案例,在类案法律适用分歧中具有优先性。

最后,指导性案例的优先性并非绝对的。根据《案例指导细则》第 12 条、《类案检索意见》第 9 条第 1 款的规定,在特定指导性案例同法律、行政法规、司法解释相冲突,或者为新的指导性案例所取代时,指导性案例效力为法律、行政法规、司法解释或新的指导性案例所否定。相应地,在该特定指导性案例与其他类案存在法律适用分歧的情形下,该指导性案例并不具有优先性。因此,除例外情形外,指导性案例作为类案的,复合了规范性文件确认、最高人民法院的审级以及审判委员会决定等约束力来源,使得指导性案例具有优先于其他类型类案的效力。在指导性案例作为类案与其他类型类案出现冲突时,以指导性案例的法律适用理解为主。

(二)同一辖区的不同层级类案法律适用分歧

在类案法律适用分歧中,除特定类案是指导性案例的外,其他类案存在冲突的,待决案件承办法官首先需要考量类案的层级。尤其在同一辖区内不同层级类案存在法律适用分歧的情形下,应以更高层级的类案优先。以高级人民法院与最高人民法院的类案存在法律适用分歧的情形为例。假设高级人民法院类案为 C_1,最高人民法院的类案为 C_2。根据《分歧解决实施办法》第 2 条的规定,高级人民法院在审案件作出的裁判结果可能与最高人民法院生效裁判确定的法律适用原则或者标准存在分歧的,高级人民法院应当向审判管理办公室提出法律适用分歧解决申请。即使高级人民法院未按照《分歧解决实施办法》的规定申请法律适用分歧解决,根据《统一法律适用意见》第10条的规定,独任法官、合议庭发现将要作出的裁判与其他同类案件裁判不一致的,应当及时提请专业法官会议研究。第11条规定,"审判委员会应当着重对下列案件,加强法律适用标准问题的研究总结:……(4)拟作出裁判与本院或者上级法院同类案件裁判可能发生冲突的案件"。未经过院外类案法律适用分歧解决的,也需要强化审判组织统一法律适用标准的法定职责。结合两者,便是前述院内类案法律适用分歧与院外类案法律适用分歧的衔接与协调。即先由院内类案法律适用分歧机制进行处理,或者按照院外类案法律适用分歧机制进行处理。

因此,面对高层级类案与低层级类案,同一辖区内不同层级类案法律适用分歧主要是指如何选择哪一个类案作为标准,或根据何种标准解决类案法律适用分歧。实践中,必须认识到高层级的类案未必比低层级的类案正确。在法律适用存在分歧的情形下,除非承认存在"唯一正确的答案"、存在确定"唯一正确的答案"的方法,以及所有法官都能掌握确定"唯一正确的答案"的方法;否则,必须承认类案法律适用分歧只是法律适用不统一,而非特定类案法律适用错误。只是"同案不同判"给当事人带来不公正的体验与观感。为此,建立类案法律适用分歧解决机制的目的在于约束法官自由裁量权,试图通过统一法律适用,以"同案同判"提升司法的公正外观,进而提升司法公信力。因此,在不存在唯一正确的答案的情况下,更好地保证类案法律适用统一是类案法律适用分歧解决的更优选择。

基于上述论证,通常情形下,能够更好地实现统一法律适用的类案具有优先性。基于此,高层级的类案优于低层级的类案。但这并非绝对的,需要区分情况:

其一,在情形Ⅰ中,通过法律适用分歧解决程序,类案法律适用分歧被送交最高人民法院。此时的不同层级只能是高级人民法院的类案与最高人民法院的类案。因为此时审理案件的是高级人民法院,若是中级人民法院的类案,即使同高级人民法院的类案存在法律适用分歧的,高级人民法院也可以根据一般原则(高层级优先)处理。相反,若高级人民法院业务部门认为中级人民法院类案法律适用适当,则意味着本院类案法律适用不适当。该种情形本质上是裁判拟改变本院类案裁判,应启动审判委员会的监督程序。此时便不再是不同层级类案法律适用冲突,而是高级人民法院类案与拟作出裁判的法律适用冲突。因此,在高级人民法院类案与最高人民法院类案存在冲突的情形下,最高人民法院审判委员会并不需要一律以高层级(最高人民法院)类案优先于低层级(高级人民法院)类案。如在法分歧审〔2019〕2号法律适用分歧解决中,中国应用法学研究所的初审报告便支持福建省高级人民法院(2017)闽民终1194号判决中被上诉人严某某等人的请求,而非选择最高人民法院(2019)民再49号案件中陈某某的主张。① 根据《分歧解决实施办法》第10条的规定,审判委员会讨论决定法律适用分歧的解决方案。根据具体情况,可以作出如下不同处理:高级人民法院类案与最高人民法院类案并无任一类案具有明显更强合理性,则遵循一般原则——高层级类案优先;类案适用情形并不完全一致的,最高人民法院审判委员会可以决定在特定情形下优先适用高级人民法院类案。这并不等于否认最高人民法院类案的适用,也可能是最高人民法院审判委员会根据高级人民法院类案限缩了本院类案的适用范围,或者相反。经过最高人民法院审判委员会的处理,前一情形(最高人民法院决定优先适用最高人民法院的类案)中的类案法律适用得到进一步确认,后一情形(最高人民法院决定优先适用高级人民法院的类案)中的类案法律适用则得到进一步细化。而且,需要指出的是,这一切都建立在多个类案只是法律适用分歧,而非法律适用错误的前提下。类案法律适用错误的,则应启动审判监督程序,而不适合通过类案法律适用分歧解决机制处理。

其二,在情形Ⅱ中,分歧解决路径同情形Ⅰ一致,只是申请主体从高级人民法院变为中级人民法院,决定主体则从最高人民法院变为高级人民法院。相应地,该情形的一般原则也是高层级类案优于低层级类案。但这一原则并非绝对的,高级人民法院审判委员会研究决定过程中,在任一类案无明显更强合理性的情形下,基于统一法律适用的考量,高级人民法院的类案优先。例外情形下,审判委员会也可以决定低层级类案优先;或者可以区分情形,明确两个或两类类案的法律适用范围或情形,提升类案法律适用的准确性、合理性。

其三,在情形Ⅲ中,分歧解决路径与情形Ⅰ和情形Ⅱ相同,差别之处主要在于不同层级是基层人民法院类案与高级人民法院类案。

其四,在情形Ⅳ中,分歧解决路径与情形Ⅰ、情形Ⅱ相同。或言之,情形Ⅳ可以分为情形Ⅰ和情形Ⅱ,处理方式按照情形Ⅰ、情形Ⅱ的方法处理即可。

(三)不同辖区的不同层级类案法律适用分歧

不同辖区的不同层级类案存在法律适用分歧的,考虑到不同辖区的不同情况,以

---

① 最终是否采纳初审报告的意见,还需要复审以及最终由最高人民法院审判委员会决定。

及在不同辖区内上级人民法院对下级人民法院的审级监督阙如,简单以高层级类案优于低层级类案原则处理未必恰当。首先需要区分不同辖区的不同层级类案法律适用分歧:其一,同一辖区高层级类案与不同辖区低层级类案存在法律适用分歧;其二,同一辖区低层级类案与不同辖区高层级类案存在法律适用分歧;其三,不同辖区的低层级类案与不同辖区高层级类案存在法律适用分歧。

第一,同一辖区高层级类案与不同辖区低层级类案存在法律适用分歧的。与同一辖区内不同层级类案存在法律适用分歧相同,本质上并无"唯一正确的答案",在统一法律适用的制度目标驱动下,属于本辖区的高层级类案因同本院具有监督、指导关系,特定情况下还可能存在审级监督,此时,为保证高层级类案所在法院辖区内的法律适用统一,应坚持一般原则——高层级类案优于低层级类案。例外情形下,审判委员会也可以决定低层级类案优先;或者可以区分情形,明确两个或两类类案的法律适用范围或情形,提升类案法律适用的准确性、合理性。

第二,同一辖区低层级类案与不同辖区高层级类案存在法律适用分歧的,此类情况只能是基层人民法院或中级人民法院的在审案件。根据《类案检索意见》第4条第1款的规定,类案检索范围主要是最高人民法院、高级人民法院的案例,以及上一级人民法院与本院的案例。而且本类型的内容是类案之间存在高低位阶与待决案件分属不同辖区。因此,其只能发生在基层人民法院与中级人民法院在审的情形下。对于基层人民法院与中级人民法院而言,同一辖区低层级类案与不同辖区高层级类案,需要首先根据《统一法律适用意见》第9条的规定进行区分,"各中级、基层人民法院发现法律适用标准不统一问题,经研究无法达成一致意见的,应当层报高级人民法院,超出高级人民法院辖区范围的,应当及时报送最高人民法院研究解决"。研究能够达成一致的,由审判委员会作出决定即可,且基于统一法律适用需要以及审级制度的存在,中级人民法院与基层人民法院一般倾向于选择同一辖区的低层级类案,但中级人民法院认为应适用不同辖区高层级类案的例外。相反,超出高级人民法院辖区范围的,由最高人民法院研究解决,即基层人民法院本院类案与辖区所在高级人民法院以外辖区中级人民法院类案或高级人民法院类案冲突。诸类情形的类案最终均通过院外协调程序层报到具有高层级类案与低层级类案管辖权的法院,保证类案均处于类案法律适用分歧研究决定主体的辖区范围内。此时,相关审判委员会一般会在特定类案不具有更强合理性的情形下,认定高层级类案优于低层级类案。例外情形下,审判委员会也可以决定低层级类案优先；或者可以区分情形，明确两个或两类类案的法律适用范围或情形，提升类案法律适用的准确性、合理性。

第三，不同辖区的低层级类案与不同辖区高层级类案存在法律适用分歧的，主要是以下几类情形：其一，A 基层人民法院：B 辖区基层人民法院类案与 C 辖区中级人民法院类案，此时 A 基层人民法院同 B 基层人民法院、C 中级人民法院处于同一高级人民法院辖区内。其二，A 基层人民法院：B 辖区基层人民法院类案与 C 辖区中级人民法院类案，此时 A 基层人民法院同 B 基层人民法院、C 中级人民法院不处于同一高级人民法院辖区内。其三，A 基层人民法院：B 辖区基层人民法院或中级人民法院类案与 D 辖区高级人民法院类案。其四，B 中级人民法院：C 辖区中级人民法院与 D 辖区高级人民法院类案。但四类情形的处理方式相同，只是处理的主体不同。第二、三、四种情形的研究决定主体是最高人民法院审判委员会，第一种情形的研究决定主体是高级人民法院审判委员会。处理原则也是在无明显更强合理性的情形下，以实现法律适用统一为目标，遵循高层级类案优于低层级类案。例外情形下，审判委员会也可以决定低层级类案优先；或者可以区分情形，明确两个或两类类案的法律适用范围或情形，提升类案法律适用的准确性、合理性。

可能存在理解歧义，因而需要指出的是，此处的高层级类案与低层级类案是彼此相对的高低，而不是相对于待决案件。并且，待决案件所在法院面对相对于本院的高层级类案，若改变该类案裁判尺度的，则需要接受其他相应程序的监督。根据《统一法律适用意见》第 9 条的规定，超出辖区范围的，应层报具有管辖权的法院。因此，《统一法律适用意见》规定的类案法律适用分歧解决主体是对不同类案都具有管辖权的法院审判委员会，如此便不存在改变上级人民法院裁判尺度的质疑。这也是《统一法律适用意见》第 9 条规定的精神所在，解决可能涉及的院外尺度不一致问题。

总结上述论证，在指导性案例存在的类案法律适用分歧中，指导性案例具有优先性；在其他类型案例存在法律适用分歧时，无论是否为同一辖区内的不同层级类案存在法律适用分歧的，都遵循一个一般性原则：存在法律适用分歧的类案，在其中一类类案并无明显更强合理性的情形下，高层级类案具有优先性。例外情形下，审判委员会也可以决定低层级类案优先；或者可以区分情形，明确两个或两类类案的法律适用范围或情形，提升类案法律适用的准确性、合理性。

二、辅助标准:裁判时间、是否经审判委员会讨论决定或案件相似性

除类案层级外,还有其他标准可以作为类案法律适用分歧的判断标准,《类案检索意见》第11条、《统一法律适用意见》第19条还规定,可以参考裁判时间、是否经审判委员会讨论等因素。除裁判时间、是否经过审判委员会讨论外,类案法律适用分歧还可以参考案情相似性程度。

(一)裁判时间远近

存在法律适用分歧的类案并非总是同一或相近时间作出的,相反,法律适用分歧类案裁判时间可能相距较远。甚至存在同一法官不同时间作出不同裁判的情形,这可能是由于法官对法律适用的理解发生了变化。在该类情形下,通常认定裁判时间近的类案优先于裁判时间远的类案,支持这一做法的基本理念有二:其一就是"新法优于旧法";其二便是同《类案检索意见》第4条第2款的精神一致——随着社会生活的快速发展,立法观念、司法理念在不断更新,一些远期案件或案例的裁判观点可能因法律法规、司法解释的修改而失去参考价值,优先检索近期生效的类案,可能更有助于对待决案件的审理。① 但对类案法律适用分歧进行处理的审判委员会,无论是对本院的类案,还是下级人民法院的类案,都可以作出不同处理。与不同层级、是否经审判委员会讨论决定相同的是,审判委员会解决类案法律适用分歧的,都可以采取一般原则以外的处理方式,即适用裁判时间近的类案。

(二)是否经过审判委员会讨论决定

根据《人民法院组织法》第39条的规定,"审判委员会的决定,合议庭应当执行"。因此,在同层级案件发生冲突时,经过审判委员会讨论决定的类案与未经过审判委员会讨论的类案存在法律适用分歧的,经过审判委员会讨论的具有优先性。但需要说明的是,此处的是否经过审判委员会讨论决定是指类案本身是否经过审判委员会讨论决定,而非类案之间法律分歧是否经过审判委员会讨论决定。即是说,此处存在两处经过审判委员会讨论:第一处是与其他类案存在法律适用分歧的类案经过审判委员会讨论;第二处是该类案与其他类案存在法律适用分歧,经过法律适用分歧解决机制进入审判委员会,该审判委员会并非必然是讨论决定特定类案的审判委员会,也可能是其

---

① 参见刘树德、胡继先:《关于类案检索制度相关问题的若干思考》,载《法律适用》2020年第18期。

他级别人民法院的审判委员会。

上级人民法院审判委员会在讨论决定类案法律适用分歧解决方案时,之所以以经过审判委员会讨论决定的类案优先,仍是因为法律适用分歧解决的目标在于统一法律适用。在无须考量其他因素的前提下,经过审判委员会讨论决定的类案以集体决策制的方式形成法院内部的共识,相对于未经审判委员会讨论的类案而言,更有可能在法院内部实现法律适用统一的目标。但上级人民法院审判委员会经过讨论决定,认为以未经过审判委员会讨论决定的类案优先的除外。

(三)案情相似性程度

以统一法律适用为目标的类案法律适用分歧解决必须满足一个前提:案件相似。若两案并不相似,则不满足法律适用的前提。即"同案同判"中,案件类似是前提,"同判"是结果。只有案件类似,才能保证统一法律适用的正当性。统一法律适用又存在两个层次:同一法律与统一适用。若两案不类似,则两案不能适用同一法律,也无所谓通过法律适用分歧解决机制实现统一法律适用的目标。在适用同一法律的情形下,不同法官对案件事实的不同理解也极大地影响法律适用统一。因为法律适用是待决案件承办法官对于法律适用于案件事实的规范与事实对应问题,类案法律适用分歧则是待决案件承办法官在不同案件中对同一法律适用于案件事实时的理解差异。因此,在类案法律适用分歧中,存在分歧的案件都与待决案件类似,在不涉及其他判断因素的前提下,待决案件更适合以类似程度更高的类案的方式适用法律。

问题在于类似或相似程度判断同判断主体数量、知识结构、职业经历具有密切联系。尤其是知识结构、职业经历缺乏可控性,因此需要在主体数量以及主体讨论表决的顺序等方面加强相似性程度判断的程序约束。在主体数量方面,最终解决类案法律适用分歧的主体是审判委员会,其通过集体决策制的方式,吸纳集体智慧,凝聚法院内部共识。在主体讨论表决顺序方面,根据《司法责任制的若干意见》第11条第2款的规定,"审判委员会委员讨论案件时应当充分发表意见,按照法官等级由低到高确定表决顺序,主持人最后表决"。而不能相反,因为高等级法官先发言,容易导致低等级法官受其影响,不能发表自己的真实意见,妨碍类案法律适用分歧解决机制试图通过审判委员会集体讨论的方式约束案件相似性判断的裁量性,最终影响审判委员会集体讨论决定的质量。

三、混合标准:指导性案例>层级>审判委员会讨论决定>裁判时间>相似性程度

在单一因素的类案法律适用分歧中,根据特定标准,较容易判断最终以哪一或哪些类案优先。但司法实践中,类案法律适用分歧往往混合多种因素。此类类案法律适用分歧中存在多种标准,如何在混合标准中选择,需要设定一种优先性位阶。首先,无论其他何种标准具有优先性,或者符合多种优先性标准,只要与作为类案的指导性案例不一致的,均以指导性案例优先,这是《案例指导工作规定》等一系列规范性文件所确定的制度。在某种程度上,各级人民法院不能作出同指导性案例相冲突的裁判。即使最高人民法院审判委员会也不适合径直作出其他类案优于指导性案例的决定,而应通过发布新的指导性案例、废止指导性案例等方式,确定新的裁判尺度,实现统一法律适用的目标。

其次,在高层级类案同经过审判委员会决定、裁判时间近以及相似性程度高的低层级类案存在法律适用分歧时,基于法律适用分歧解决的核心在于统一法律适用,且不存在"唯一正确的答案",作出高层级类案裁判的法院或上级人民法院审判委员通常会选择高层级类案。若审判委员会认为需要作出不同决定的,则通过自身职权进行调整,实质上是以该审判委员会的层级(高于高层级类案或高层级类案所在法院的上级人民法院)实现统一法律适用的目标。依此类推,经过审判委员会决定的类案与未经过审判委员会决定、裁判时间近以及相似性程度高的类案冲突的,前者通常具有优先性。审判委员会决定优于裁判时间是因为审判委员会是《人民法院组织法》确定的决策机关,其更能在统一法律适用意义上解决类案法律适用分歧。而裁判时间标准与相似性程度标准冲突的以裁判时间标准为主,一方面裁判时间近的更能体现最新的裁判观点;另一方面,相似程度主观性相对较强,不易把握。

第五节 本章小结

类案法律适用分歧只是不同类案的承办法官对法律适用理解的不一致。在统一法律适用,提升司法公信力目标的驱动下,需要解决法律适用分歧,防止"同案不同判"。在《分歧解决实施办法》确立的法律适用分歧解决组织体系的基础上,最高人民法院与各级人民法院应建立类案法律适用分歧解决机制,形成院内与院外协调机

制,由院内各业务部门、下级人民法院发现类案法律适用分歧,提出申请,经审判管理办公室协调,再由特定部门(最高人民法院为中国应用法学研究所)进行初步审查,各业务部门进行复审。在初审、复审意见的基础上,经审判委员会讨论决定,解决类案法律适用分歧,统一法律适用。类案超出辖区范围的,应当层报类案所属管辖范围的人民法院审判委员会讨论决定。决定作出后,由审判管理办公室反馈给申请部门,并根据类案法律适用分歧的性质决定发布范围与发布形式,不仅解决待决案件,还实现辖区范围内的法律适用统一目标。审判委员会解决类案法律适用分歧时,在存在法律适用分歧的任一类案并无明显更强合理性的情况下,一般根据指导性案例>高层级>审判委员会讨论决定>裁判时间>相似性程度的位阶决定分歧解决方案。但在例外情形下,审判委员会既可以根据自身职权改变除指导性案例以外的位阶安排,又可以区分出现冲突的类案的适用范围,细化不同类案法律适用的范围或情形,在统一法律适用的同时,提升法律适用的准确性、合理性。

第十一章

类案的参照与说理

指导性案例应当参照,一般案例可以参照也可以不参照;但无论参照与否,法官都必须履行一定的说理和论证义务。

类案检索的逻辑结果,是要参照所检索到的类案,保证类案在法律适用上基本一致。只有如此,才能实现类案检索的目的。《类案检索意见》第9条规定:"检索到的类案为指导性案例的,人民法院应当参照作出裁判,但与新的法律、行政法规、司法解释相冲突或者为新的指导性案例所取代的除外。检索到其他类案的,人民法院可以作为作出裁判的参考。"检索到的案例性质不同,法官对于它们的参照态度也有所差别。与此同时,第10条对法官参照或不参照类案设定了监督机制,其规定:"公诉机关、案件当事人及其辩护人、诉讼代理人等提交指导性案例作为控(诉)辩理由的,人民法院应当在裁判文书说理中回应是否参照并说明理由;提交其他类案作为控(诉)辩理由的,人民法院可以通过释明等方式予以回应。"这等于是对法官施加了一个强制回应和说理的义务。该规定从内容到精神都延续了《案例指导实施细则》①的内容。

　　《人民法院案例库建设运行工作规程》第四章用了四个条文专门规定了"入库案例的检索使用"。在中国裁判文书网与人民法院案例库并行的背景下,该文件进一步强化法官在审理案件的过程中应在人民法院案例库中检索类案,并参考入库类似案例作出裁判。

第一节　类案的参照

一、法院主动与被动参照类案

　　从参照的积极性态度上来看,有主动与被动参照类案之别。案例的使用是一个动态的过程,包括两个具体阶段:首先是相关主体在裁判过程中提出了某个或某些案例,主张它(们)与待决案件相似或不相似;其次是在经过一系列的调查和比较活动之后,法院最终决定参照或不参照该案例。因此,从逻辑上讲,案例的提出是其最终获得参照的前提。理论上,法院、当事人、当事人的代理律师或其他代理人及公诉方(刑事案件中的控方)均有权在庭审过程中提出在其看来与待决案件相关的案例。

　　在英美法的实践中,由于法律寄生于既往卷帙浩繁的先例,故而除事实和证据调

---

① 《案例指导实施细则》第11条第2款规定:"公诉机关、案件当事人及其辩护人、诉讼代理人引述指导性案例作为控(诉)辩理由的,案件承办人员应当在裁判理由中回应是否参照了该指导性案例并说明理由。"

查之外,庭审的大多数时间都集中于"找法",寻找、甄选和提出先前的判例主要是法院的职责,同时当事人和律师也总是极力提出对己方有利的判例。从当前的司法实践来看,提出案例的主体更多是当事人一方,当事人提交相关案件或指导性案例已经成为很普遍的做法,而法院及法官主动提出案例的积极性还有待提高。对于案例的规范化使用,应逐渐从被动参照转向主动参照。法官对于指导性案例的态度可能相对积极一点,对于指导性案例以外的其他案例则并不是很关心,因此在主动参照一般类案方面做得并不是很好,有待从观念上加以转变。

在司法实践中,相关主体对案例的使用受到了直接或间接的利益驱动。也就是说,相关主体之所以会在司法过程中援用或参照某个案例,是因为这能够为他带来直接或间接的利益和好处。举例来说,指导案例24号确立了"交通事故的受害人没有过错,其体质状况对损害后果的影响不属于可以减轻侵权人责任的法定情形"的裁判要点,后来的交通事故案件中的受害人一方如果自身也存在体质性因素,那么他就极有可能援用指导案例24号所确立的裁判要点来反对将体质性因素作为减轻侵权人之责任的主张,从而确保自己的损害能够得到有效赔偿。同样的道理,如果当事人不熟悉法律和司法案例,他的代理律师也会设法找到有助于己方的(指导性)案例,很明显其目的就是胜诉。

以指导性案例为例,当事人在司法过程中对它们的使用不尽一致。由于指导性案例究竟应以何种方式被提出来并没有一个统一的定式,故实践中存在着许多不同的做法。但从实际情况来看,主要有以下四种形式:(1)相关主体(主要是当事人一方)只笼统地提出"存在指导性案例",比如说在一个案件中当事人提出该问题有最高人民法院发布的指导性案例作参考,至于是哪一个指导性案例、其内容如何均不得而知;(2)只提出指导性案例的编号,并不明示其他信息;(3)提出指导性案例的裁判要点,这是实践中最为普遍的做法,也从一个侧面反映出了相关主体对于裁判要点的青睐;(4)在极个别案件中,相关主体提出的是指导性案例的裁判说理或案件事实内容。显然以上四种方式各有优劣,我们认为在案例指导制度初创时期,人们并不可能对所有指导性案例都耳熟能详、信手拈来,因此在提出指导性案例的时候,至少需要明示以下信息:指导性案例的编号、名称、裁判要点,以及提出该指导性案例的目的。

为了防止法官对相关类案不闻不问,尤其是对当事人一方或公诉方提出的类案不予理睬,《类案检索意见》设置了强制回应的义务,应以明确的方式对当事人及律师或公诉机关提出的类案进行回应或参照,尤其是其决定不参照该类案时,这种回应的义务就更迫切和必要了。《人民法院案例库建设运行工作规程》第 21 条第 2 款有类似规定:"公诉机关、当事人及其辩护人、诉讼代理人等提交入库案例作为控(诉)辩理由的,人民法院应当在裁判文书说理中予以回应。"总而言之,对于当事人或公诉方提出的类案,法官无论是决定参照还是拒绝参照都必须明确给出充分理由。

二、应当参照与可以参照类案

根据所检索到的案例性质不同,《类案检索意见》确立了两种不同的参照模式。这种二元论模式,根源于指导性案例与其他案例在地位上的不同。指导性案例虽然不及英美法系国家中的先例那样权威,但是也不同于一般性的案例,它似乎介于这二者之间,是一种相对特殊的案例。

《案例指导工作规定》第 7 条涉及指导性案例的效力,即"最高人民法院发布的指导性案例,各级人民法院审判类似案例时应当参照"。对于其中的"应当参照"如何理解,实践中产生了较大的分歧,主要有"规范约束力"和"事实约束力"两种立场:前者主张,指导性案例类似于英美法系中的判例,在本质上属于司法解释的一种新形式,具有法律约束力,后案法官在裁决类似案件时必须予以遵守。与之相对,后一种观点认为指导性案件仅具有事实上的约束力,这种事实约束力表现为指导性案例不具有正式的法律效力,不属于正式的法律渊源,不能被裁判文书直接援引,但是司法系统内部协调统一的原则要求各级法院的法官在审理同类或类似案件时,必须给予充分注意并受到上级人民法院审判监督和本院审判管理的双重约束。[①] 目前后一种观点成了主流,并获得了官方的认可。更进一步,指导性案例的这种事实约束力是由理性和权威所共同保证的,所谓权威是指它经由一种权威途径被遴选和发布出来,所谓理性是指由于其内在的说理所呈现出的一种实质上的说服力。

即便是在英美法国家,判例的约束力范围也是一个十分具有争议性的问题。从目前指导性案例的编写体例来看,包括标题、裁判要点、相关法条、裁判理由、裁判结果等数个部分,法官可以参照其中的哪一(些)部分呢?对此,学者中存在争议。张骐教授认为大概有三种选择:一是针对相应案件事实所作出的裁判具体内容;二是案例中说

[①] 参见胡云腾、罗东川、王艳彬、刘少阳:《〈关于案例指导工作的规定〉的理解与适用》,载《人民司法》2011 年第 3 期。

明裁判赖以建立的法律主张的理由;三是案例对有关法律问题或观点的类似于规则的表述。① 此处将这三种进路分别称之为"结果模式""理由模式"和"规则模式"。

"结果模式"强调的是判决的具体结果对于后案的约束力。这种模式的一个问题是,一旦将它从其所赖以生长的案件事实中剥离出去,便很难产生什么普遍性的约束力,同时它忽视了裁判结果据以作出的裁判理由,如果后案的法官只盯着这些具体、明确的裁判结果不放,而对于支撑该结果的裁判理由不闻不问,那么他们不但错失了指导性案例中真正能够发挥指导作用的内容,而且这种"照葫芦画瓢"的裁判很有可能最终是错误的。因为两个案件在某些细小方面的差异有时足以导致它们在实质上的不同。因此从这个意义上讲,"结果模式"非但难能实现指导性案例的目的,反而还有可能大大限制指导性案例发挥作用的范围。

"理由模式"主张后案法官并不受先前案件裁判规则的约束,而是受到其推理或说理的约束。法官所参照的并非指导性案例的全部内容,而主要是裁判说理部分。② 裁判理由集中体现了法官对于系争案件中法律争点的提取、分类和阐明,是对裁判结论是否合法、正当的推理和论证,是一个裁判中真正具有实质性内容的部分。在英美法系国家,如果说先例的形式约束力受制于确立这一裁判的法院的地位、法官的名望以及该先例本身的表述,那么其实质约束性在很大程度上则取决于"先前法院的推理的说服力"③。由于多数情况下,法院实际上所适用的准则并不直接体现在判决书中,此时法官就必须深入裁判理由中,结合案件事实从中抽象、归纳和发掘出先例规则或先例原则。就此而言,裁判理由是案件裁判规则赖以生成的母体、源头。

"规则模式"主张指导性案例中具有指导性或约束力的部分应当是其中所蕴含的规则,或者采取规则形式所表述的内容。这种模式是英美法中的主流模式,遵循先例原则要求法官必须区分"裁判根据"和"附带意见",只有前者对于本院以及下级法院未来类似案件的审判才具有约束力,后者只是法官对法律适用中的一般问题所作的说明只具有说服力。如此一来,法官的任务就是从先例裁判中归纳和抽取具有一般性的规

---

① 参见张骐:《试论指导性案例的"指导性"》,载《法制与社会发展》2007年第6期。
② 王利明教授认为虽然指导性案例不能作为法官裁判的依据,但是可以在判决书说理部分直接加以引用,由此指导性案例可以成为说理的理由。参见王利明:《我国案例指导制度若干问题研究》,载《法学》2012年第1期。
③ 〔美〕P. S. 阿蒂亚、R. S. 萨默斯:《英美法中的形式与实质——法律推理、法律理论和法律制度的比较研究》,金敏等译,中国政法大学出版社2005年版,第90页。

则或原则,并将此规则或原则适用于相似的待决案件中。在指导性案例中采取规则形式所表述的内容是裁判要点以及紧随其后所列出的相关法条。裁判要点总的来说是对裁判理由的一种提炼和浓缩,所表达的内容是对争点问题的分析,是对法律适用的解释与说明。需要注意的是,裁判要点虽然大多数时候采取了规则的表现形式,但是其本身毕竟不是法律规则,这就决定了后案法官不能将其作为裁判根据直接引用,就此那种主张运用类比推理的方法直接类推适用裁判要点的观点是对裁判要点本身性质的严重误解。所以,后案法官对裁判要点的参照只能出现和反映在裁判说理部分。

《案例指导实施细则》第10条规定:"各级人民法院审理类似案件参照指导性案例的,应当将指导性案例作为裁判理由引述,但不作为裁判依据引用。"《人民法院案例库建设运行工作规程》延续并细化了这一要求,其第21条第1款规定:"各级人民法院审理案件时参考入库类似案例的,可以将类似案例的裁判理由、裁判要旨作为本案裁判考量、理由参引,但不作为裁判依据。"综上,实际上需要将裁判要点(裁判规则)、裁判理由以及裁判事实结合为一个整体,而不是简单地适用某个类案的裁判结果。

第二节 裁判要点的性质与裁判规则的提炼

综合以上三种模式来看,我们倾向于支持一种折中模式,即法官应当将指导性案例看作一个整体,不能机械地将之拆成单个的部分并只参照其中一部分内容。"结果模式"自然不足为取,但是单单采用"理由模式"或"规则模式"也尚不足以充分发挥指导性案例的作用,况且由于裁判理由和裁判要点相互交融的关系,它们各自谁也离不开谁。脱离了裁判理由的裁判要点不过是一条干瘪的条文式表述,而离开了裁判要点的裁判理由会让指导性案例的指导方向变得分散而丧失确定性。此外,虽然千案千面,指导性案例中的案件事实并不具有直接的指导效力,但是无论是裁判要点还是裁判理由均难以与案件事实脱离关系,因此只有裁判要点、裁判理由与案件事实交融在一起的模式才最能够确保指导性案例指导效力的充分发挥。

需要说明的是,此处论及的主要是指导性案例,对于法官所检索到的一般类案而言同样也适用。经检索和确证属于类案之后,自然是要参照或不参照,否则类案检索将失去意义。对于参照而言,经过上述分析,以规则模式为主,同时以理由模式为辅,从案件事实和裁判理由中抽象、提炼出裁判规则,在待决案件中参照该裁判规则裁判即可。那么如何归纳裁判规则呢？这里仍以指导性案例为分析参照，作一些简要的解析和说明。

1. 指导性案例"裁判要点"的性质

裁判要点之所以在实践中备受法官的青睐，主要在于它是指导性案例中相对来说最一般性、简练性的内容，甚至有的已经达到了普通的法律规则所具有的抽象程度，比如说指导案例24号的裁判要点"交通事故的受害人没有过错，其体质状况对损害后果的影响不属于可以减轻侵权人责任的法定情形"，内容上既简短又精练，形式上也具有规则的"行为模式+后果"的一般结构，甚至不少法院直接将裁判要点作为法律规则或法律原则来使用，这迎合了大陆法系国家法官所固有的法条式、条文式的法律思维习惯。内容上与案件事实分离、形式上接近规则的裁判要点比较接近德国和法国的模式，而与英美法系的判例摘要形成鲜明的对比，判例摘要篇幅相对较长①、注重对于事实的摘引、作用在于引导法官和律师进一步探求判决书的整体内容。② 在裁判之前附加类似于法条的要旨固然可以突出争议的核心问题及解决办法，帮助法官了解指导性案例的核心内容。

裁判要点的作用在于让后案法官对于某类典型问题的解决和应对形成认识，而作为裁判要点表现形式的裁判规则所发挥的功能"类似于"司法解释的功能，但需要注意裁判规则虽然同样也是对指导性案例所适用的法律规则的解释，但是在性质上、产生方式上、表现形式上、法律效力上，以及适用方式上与司法解释均有很大的差异，不可简单地画等号。实践中，法官通常所看到的是裁判要点，但所希望得到的是通过裁判要点所表现出来的裁判规则。③ 在这个意义上，法官作为指导性案例的最终使用者，对法律适用有着最切身的体会，对类似的争议事实和问题能够把握得当，因而他们在尊重现有裁判要点的内容和范围的基础上，结合案件事实和裁判理由进一步提炼出裁判规则，如此一来才能让指导性案例中具有指导性的部分的作用真正发挥到实处。

---

① 判例摘要有时候篇幅长达数页，内容主要包括但不限于"庭审时间和正式的引用方法""法院的级别和审理法官""案件事实""初审法院面对的争点""可适用的法律规则的确认""上诉法院面对的争点（如果有不同争点的话）""该案件的程序历史""司法推理的过程和内容"等。参见〔英〕沙龙·汉森：《法律方法与法律推理（第二版）》，李桂林译，武汉大学出版社2010年版，第106—109页。

② 参见宋晓：《裁判摘要的性质追问》，载《法学》2010年第2期。

③ 参见张骐：《指导性案例中具有指导性部分的确定与适用》，载《法学》2008年第10期。

2. 裁判规则的归纳与提炼

如此一来,后案法官能否准确、妥当地归纳出裁判规则,便成为实现类案参照的关键环节之一。如何提炼裁判规则是一项十分复杂的技术活,我国法官长期所使用的主要是一种演绎性的、法条主义的推理思维,而对于归纳性的法律思维尚缺乏足够的训练。因此在裁判规则的提炼与归纳这个问题上,我们可以从普通法中先例规则的提炼方法和理论中汲取经验。在一些案件中先例规则得到了明确的阐述,法官可以很容易地发现并适用它,但在绝大多数情形下先例规则是隐含在判决书中的,此时对它的寻找便可能颇费周章。

具体来说,先例规则的归纳要牢牢把握以下两个要点:

其一,先例规则来源于裁判理由,但又不能超出裁判理由的内容和范围,正如一句古老的法谚所说"裁判理由消失之处,法律亦随之终止"。例外的情况是,虽然附带意见只具有说服力,但是如果附带意见中所阐述的规则得到了后来法院的遵守,则等于是确立了一个新的先例,那个裁判意见也因此具有了约束力。

其二,有时候一个案件可能有一个或多个裁判理由,有时候一个案件可能并没有裁判理由。但无论是在哪种情形下,先例规则的寻找也不能脱离案件事实。总之,普通法中先例规则的提取方法既是高深、复杂的,同时又是十分灵活的。

在案例指导制度中,后案法官对于裁判规则的提炼和归纳同样必须以裁判理由和案件事实为基础。由于裁判要点本身是从裁判理由中归纳和提取出来的,所以后案法官对于裁判规则的归纳首先必须尊重裁判要点所划定的基本范围,在有多个裁判要点的情形下,应注重各个要点在内容和逻辑上的承启关系(比如指导案例3号就有多达四个裁判要点),并揭示它们所直接针对的或者所欲解释的对应法律条文。但是,法官对于裁判规则的提炼应达到怎样的一种程度呢?是不是裁判规则的内容提炼得越抽象越好?我们知道,在英美法系中后案法官对于先例规则的提炼和表述是有相当大的能动性的,他几乎"能够从一个特定先例案件中抽取出具有任何程度之一般性的判决根据"[①],由此先例规则的表达获得了一个伸缩空间。显然,在案例指导制度下,后案法官并不能随意地扩展裁判规则的内容,否则就是明目张胆地"造法"了。在这个意义上,裁判规则需要具有一定程度的概括性、一般性和抽象性,因为这样可以使其获得类

---

① Richard A. Wasserstrom, *The Judicial Decision: Toward a Theory of Legal Justification*, Stanford University Press, 1961, p.35.

似于规则的表述形式,从而能够对一定范围内的类似案件提供指导。但是,回过头来说,裁判规则并不是越抽象越好。

裁判规则仍应保持一定的抽象程度,因此要避免将裁判规则过度抽象化的做法。常见的对裁判规则过度抽象化有多种表现形式,比如说剥离甚至抽空案件事实,又比如说漠视或遮蔽裁判理由。这种舍本逐末、过分追求抽象规则的做法,有可能会遗漏案例本身具有指导性的法律点。因此,裁判规则应当既有规则的形式,同时又有来自案件事实、裁判理由和裁判要点的内容,其抽象程度不应高于它背后所依凭或指向的法律规则。

我们还以指导案例24号为例,本案所争议的核心问题是"交通事故案件中能否依据受害人的体质状况对损害后果的影响作相应扣减",这就涉及对《侵权责任法》(已失效)第26条、《道路交通安全法》第76条第1款第(二)项的理解与解释,也就是说"受害人的体质因素"是否构成法律意义上的"过错"。过错包括故意和过失两种形态,其中过错是指行为人有意致人损害或者明知其行为会造成损害仍实施加害行为,过失指的是行为人由于疏忽或者懈怠而未能尽到合理注意义务。因此,无论是故意还是过失,其本质都在于具有"违法性或可归责性"。这样一来,受害人的体质因素是否属于侵权法意义上的过错就比较清楚了。在指导案例24号中,法院的裁判理由是这样认为的:

虽然荣宝英年事已高,但是其年老骨质疏松仅是事故造成的损害后果的客观因素,并无法律上的因果联系。加上所涉事故发生在人行横道上,正常行走的荣宝英对被机动车碰撞这一事件也无法预见。因此,受害人对于损害的发生或扩大没有过错,不存在减轻或免除加害人赔偿责任的法定情形。(案例11.2.1)

法院的基本思路是这样的:(1)受害人的体质因素并不构成过错;(2)故而可以适用《道路交通安全法》第76条第1款第(二)项的规定,亦即侵权人承担全部赔偿责任。最高人民法院所确定的裁判要点是交通事故的受害人没有过错,其体质状况对损害后果的影响不属于可以减轻侵权人责任的法定情形。或许有人认为,该裁判要点已经十分简练并且基本具备了一条普通法律规则的表现形式,再允许法官另行归纳和提炼裁判规则岂非多此一举?其实不然,仔细分析不难发现它与案件事实、裁判理由有所出入,这表现在以下几个方面:

第一,在裁判理由中受害人的体质因素是认定其是否有过错的前提要件,而裁判要点却将受害人的体质因素作为侵权人责任承担的后果要件;

第二,裁判要点几乎没有谈及任何案件事实,更不要说像侵权人存在过错、受害人是非机动车驾驶人或行人等关键性事实了。

鉴于此,我们根据前面对裁判规则之提取的分析,站在一个后案法官的角度,结合指导案例24号的案件事实和裁判理由将裁判规则提炼和归纳如下:

交通事故案件中,在机动车一方存在过错的情形下,单单作为受害者一方的非机动车驾驶人或行人的体质状况并不构成其过错,从而不能被作为可以减轻侵权人责任的法定情形,因此由侵权人对事故的损害后果承担全部赔偿责任。

通过这种形式被提炼出来的裁判规则,相比于最高人民法院所确立的裁判要点要更为具体、饱满,即它除将指导性案例中的关键性事实或必要性事实予以罗列外,还包含着判决理由中的精华内容。与此同时,该裁判规则尽管在抽象程度上比已确立的裁判要点以及《侵权责任法》(已失效)、《道路交通安全法》的相关规定要低一些,但是仍然具有一定的抽象性。在这个意义上,它更像是通过具体的个案对《道路交通安全法》第76条第1款第(二)项之规定的一个"具体化的解释"。

但是请注意,裁判规则并不具备司法解释的性质、地位和效力,它所起到的作用是解释、细化甚至补充法律规则,但是后案法官并不能直接将其作为裁判根据来使用,法官最终所根据的仍然是裁判规则所指向的相应法律规则,裁判规则的价值和意义在于澄清规则的模糊点、提供疑难问题的解决思路和帮助法官论证判决。最后,需要强调的一点是,法官对于裁判规则的提炼应当以裁判要点为基础,并且原则上不应超出裁判要点既已划定的范围,但是对于裁判要点所疏漏的关键性事实,甚至在归纳裁判理由方面所出现的错误,后案法官是有权进行补充和纠正的,这一点在我们上述对指导案例24号裁判规则的提炼和归纳中表现得十分明显。

第三节 法官背离类案的说理论证

由于检索到的类案,可能是指导性案例,也可能是一般性质的案例。基于指导性案例和一般类案的性质不同,实践中法官对于它们的背离,负担的论证义务强弱也有所区别。对于一般类案,尤其是当事人或公诉方提出的类案,法官如欲背离应在判决文书中明确释明或回应,为何不予接纳和参照;对于指导性案例,只要存在与待决案件相似的指导性案例,无论是否由当事人或公诉方提出,法官决定参照或想要背离,都应履行相应的说理论证义务。相比之下,对指导性案例的说理论证义务要更强一些。从规范化的角度来看,对指导性案例说理论证的形式当然可以适用于一般性的类案。鉴于此,本部分仍以指导性案例为例,探讨一下法官在何种情形下可以背离这类案例,需要履行何种说理论证义务。

(一)规避适用指导性案例的实质理由

如果法官在背离决定作出之前,未提供理由或提供的理由不够充分,那么这种对判例的规避行为就是一种不正当的规避。

1. 指导性案例已经过时

最高人民法院在遴选和编纂案例的过程中,不仅要考虑案例本身的典型性与代表性,还要考虑判决的法律效果、社会效果以及政治效果等,案例指导制度在维护社会稳定和促进社会和谐方面能发挥十分重要的作用。这尤其体现在指导性案例所具有的政策性功能方面,比如指导案例4号"王志才故意杀人案"就旨在明确判处死缓并限制减刑的具体条件,从而贯彻少杀慎杀、宽严相济的死刑政策。又比如,指导案例89号"'北雁云依'诉济南市公安局历下区分局燕山派出所公安行政登记案",该案裁判理由之一是公民任意创设姓氏会增加社会管理成本、降低社会管理效率,可以说具有十分鲜明的政策性色彩。

伴随着政策的改变,在过去特定时期、特定政策背景下选编的指导性案例将会失去继续存在的客观依据,从而变成一种过时的东西。比如说,假定在未来,国家放开对公民选择姓名权的限制,像"王者荣耀""北雁云依"这种名字也很难说就真的在实质性意义上危害公序良俗价值,那么伴随着国家政策的变化,指导案例89号便会面临过时而退出历史舞台的命运。对于过时的指导性案例,如果尚未被相关机关清理,法官可以通过规避适用来背离它。

2. 内容存在实质性缺陷

在英美法系的司法实践中,由于下级法院的法官不具有推翻上级法院判例的权力,因而在实践中到遇到内容上有缺陷的判例时,可以选择区分或规避适用。同样的道理,当指导性案例在实质内容上存在缺陷时,法官没有义务去重复或复制过去的不正义。大体说来,这些缺陷可能包括:

(1)遗漏或错误归纳关键性事实。

指导性案例在事实认定方面,遗漏掉了或错误地归纳了案件中的一个或多个关键性事实,也就意味着法官对于案件的基本认定存在严重失误,这进一步导致法律适用出现错误。对于这种由事实认定错误导致后续法律适用出现错误的情形,显然属于内容方面的实质性缺陷。

(2)在法律适用以及裁判理由论证方面出现问题。

单纯的适用法律错误可能在实践中并不常见,但是在判决证成方面可能经常会出现问题,而判决的证成与对法律的理解和适用往往又是联系在一起的。仍以指导案例89号为例,为了证明"北雁云依"这个姓名不合法,法官机械地套用了相关立法解释[《全国人民代表大会常务委员会关于〈中华人民共和国民法通则〉第九十九条第一款、〈中华人民共和国婚姻法〉第二十二条的解释》(已失效)]的规定,认为"北雁云依"这个姓名的选取并不符合司法解释所允许的两种情况,即选取其他直系长辈血亲的姓氏,或因由法定扶养人以外的人扶养而选取扶养人姓氏。而仅凭个人喜好愿望创设姓氏不符合立法解释第2款第(三)项及第3款(有不违反公序良俗的其他正当理由、少数民族公民的姓氏可以从本民族的文化传统和风俗习惯)的情形,因此不应获得支持。仔细推敲这一论证显得非常粗糙,法院似乎并未集中力量讨论这种行为到底有没有违背公序良俗,而只是简单下了一个结论,并未提供实质性的充分理由。因此,单从这一点来看,这个判例在实质论证上存在缺陷。

(3)指导性案例的内容或蕴含的裁判规则与法律相冲突

其中可能会具体涉及两个方面的内容:

其一,指导性案例与基本的法律原则冲突;

其二,指导性案例与新发布的法律、行政法规或司法解释相互冲突。这两种情况属于不同性质的法律渊源之间的冲突。指导性案例是一种非正式的、辅助性的法律渊源,而法律原则、法律、行政法规以及司法解释均是正式性法律渊源,指导性案例的参照要求自然会被后一种更强的权威性理由所凌驾。或者借用一些学者的话说,原有指导性案例的裁判规则已经被制定法所直接吸收、推翻或替代了。①

在以上情形下,指导性案例在内容上所出现的实质性缺陷,给法官规避适用它们

---

① 参见于同志:《论指导性案例的参照适用》,载《人民司法》2013年第7期。

创造了理由。

3. 指导性案例之间相互冲突

针对同一个法律问题,在不同时期可能会形成数个不同的指导性案例,而这些案例之间在法律观点上可能会出现不一致。法官需要根据具体情况作出判断,然后在它们之间择一适用。指导性案例出现冲突,一般的选择规则是,在后的指导性案例效力优先于在前的指导性案例,这是因为后来者往往代表最新的裁判观点和立场。但也并非绝对如此,如果后来的指导性案例存在前文所述的"先天缺陷",那么法官仍然可以选择在先的指导性案例进行参照裁判。因此,当数个指导性案例发生冲突时,法官究竟应选择何者来参照还是需要结合具体情况进行判断。

4. 实质不相似或不相干

最后一点理由,亦即实践中法官规避适用指导性案例的常见原因,是待决案件与指导性案例在实质上并不相似或不相关。待决案件与指导性案例具有实质相似性,才是法官参照指导性案例进行裁判的合理前提。在实践中,可能会面临这样两种情况:

第一,当事人主动提出了一个可能相似或相关的案件,法院经过审查、判断,认为两案之间在实质上并不相似,可以作出规避适用的决定;

第二,法院主动提出一个可能相似或相关的指导性案例,当事人一方提出充分的理由加以反驳,认为该指导性案例与待决案件并不实质相似,法院经过审查同意的,作出规避适用指导性案例的决定。英美法系中的"区分先例"的运作,也恰恰是以此为基础和根据的。

(二) 不当规避适用指导性案例的形式

自案例指导制度确立以来,中国法官在实践中已经开始尝试参照或援用指导性案例。其中指导性案例使用不规范化的问题特别值得注意,这种不规范化包括:对指导性案例的性质认识存在误区、只关注指导性案例的形式而忽略其实质内容、任意启动对指导性案例的使用、漠视或随意参照指导性案例等。这里也来简要讨论一下,在规避使用指导性案例的实践中存在哪些不规范的现象或形式。

1. 对指导性案例效力性质的认识存在错误

指导性案例毕竟不同于一般的判决,它是经过特定的程序从判决中遴选出来的具有较强代表性、能够发挥一定指导性作用的案例。同时,不得不承认,指导性案例在效力性质上又不同于英美法系中的先例,它更像是一种介于普通判决与作为正式法源之先例之间的过渡性存在。以至于某些学者称其为"准法源",它是中国法院在司法裁判中基于附属的制度性权威并具有弱规范约束力的裁判依据,因此既不同于判例在英美法系中的法源地位,又不同于判例在大陆法系中被作为非法源来对待的境遇,而是走的中间道路。① 由于指导性案例形成所具有的制度性权威和实质性权威,使得法官在对其决定背离或规避的时候不能是任意的。

然而,实践中我们注意到一些法官仍然以我国不是判例法国家,成文法是唯一的正式性法律渊源为由,拒绝在裁判实践中参照或援用当事人一方所提供的指导性案例,这种做法就是明显误解了指导性案例的效力性质。另外,我们在基层人民法院调研中还发现一个有意思的现象,当被问及如果上级人民法院的指导性案例与最高人民法院的指导性案例相冲突法院选择参照的倾向时,法院倾向于参照上级人民法院的典型案例,这主要是由于上诉审的存在,上级人民法院的观点在某种程度上决定自己的案件在上诉审中是否会被改判。

2. 形式上规避而实质上隐性适用

指导性案例的适用本质上属于案例推理或判例推理,这依赖于一套复杂的归纳性思维,由于中国法官很少系统地接受过这方面的训练,加上中国判决书格式的特定结构没有为判例推理和说理创造比较好的条件,使得实践中即便法官认为某个指导性案例具有可参考性仍选择形式上的规避,但是却暗中参照了该指导性案例的裁判结果或裁判精神。我们将这种在实质上悄悄参照指导性案例的裁判内容,而形式上不予显示的做法称为"隐性适用",其背后的原因是非常复杂的。

这种隐性适用,在形式上规避本该加以参照的指导性案例,至少存在这样三个方面的问题:首先,它仅仅将指导性案例当作是达到某些目的的工具或手段,只注重案例的形式而不关心其内在的实质,因此本质上是一种工具化的案例适用观;其次,它人为地遮蔽和扭曲了案例适用的过程和事实,指导性案例与待决案件事实之间的比对、相似性判断、运用案例进行推理和说理等活动均被掩饰,使得这种活动无法接受法律共同体的约束;最后,隐性适用还是一种司法虚饰的表现,违背了法官诚信裁判的基本要求。

与隐性适用这种做法相对的是,如果实践中存在本该被参照的指导性案例,尤其

---

① 参见雷磊:《指导性案例法源地位再反思》,载《中国法学》2015年第1期。

是当事人一方提出某个指导性案例要求法院加以参照时,法官负有强制性的回应义务,这一点在《案例指导实施细则》中有所规定,如果拒绝参照或援引该指导性案例,法官必须履行说理和论证的义务。

以上便是规避适用指导性案例实践中的两种较为常见的不规范做法。德国学者阿列克西曾提出判例适用的两条规则:

(1)当一项判例可以被引证来支持或反对某一裁决时,则必须引证之;

(2)谁想偏离某个判例,则要承受论证负担。[1]

归结为一句话,无论法官是选择参照还是拒绝援用判例,都必须对自己的决定提供理由加以论证。尤其是在规避适用指导性案例时,必须以明示的方式回应,究竟指导性案例出现了以上所讨论的哪一种情形,而不宜在判决中加以参照或援用。

(三)参照类案说理与裁判文书样式调整优化

我国的裁判文书样式要素基本固定,仍然服务于法条式的演绎推理,而没有给以类比为基础的案例推理留下太大空间。2016年,最高人民法院通过发布《人民法院民事裁判文书制作规范》进一步规范和统一了裁判文书的写作标准。一个完整的裁判文书由标题、正文、落款三部分组成。

正文是核心内容,包括首部、事实、理由、裁判依据、裁判主文、尾部:

(1)首部包括诉讼参加人及其基本情况,案件由来和审理经过等;

(2)事实包括当事人的诉讼请求、事实和理由,人民法院认定的证据及事实;

(3)理由是根据认定的案件事实和法律依据,对当事人的诉讼请求是否成立进行分析评述,阐明理由;

(4)裁判依据是人民法院作出裁判所依据的实体法和程序法条文;

(5)裁判主文是人民法院对案件实体、程序问题作出的明确、具体、完整的处理决定;

(6)尾部包括诉讼费用负担和告知事项。

从实践中裁判文书的基本结构来看,主要是事实查明和法律适用(裁判推理)两大部分的内容,如果想在这个过程中插入案例的比对与论证,则主要是将其放置在后一部分中,因为前一部分主要是对本案基本事实的确证。基于案例的推理与单纯基于

---

[1] 参见〔德〕罗伯特·阿列克西:《法律论证理论——作为法律证立理论的理性论辩理论》,舒国滢译,中国法制出版社2002年版,第341页。

法律的推理,在裁判文书中必然会展现出不同,前者要增加事实比对与说理的内容。为了直观展现这两种推理模式对判决书样式的需求,此处参考和借鉴李红海教授提供的模板①:

普通裁判文书的模板

(1)案号

(2)基本案情[①包括当事人的基本信息,案件发生的时间、地点、过程、结果等详情,本案已经过的程序(如果有的话);②当事人的诉讼请求;③如当事方对案件事实的认定有异议,也需在此予以回应]

(3)案件争点

(4)法官针对争点提出的法律意见

(5)法官对自己法律意见的正面论证(包括事实依据和规范依据)

(6)法官对当事方法律意见的回应(包括赞同,但主要是从事实和规范两方面进行的批驳)

(7)最终的判决

(8)附件一:证据列表

(9)附件二:总结裁判要点(即本案应予适用的更为具体的规则)——非必要

指导性案例裁判文书的模板

(1)关键词

(2)裁判要点

(3)案号

(4)基本案情[①包括当事人简况,案件发生的时间、地点、过程、结果等详情,本案已经过的程序(如果有的话);②当事人的诉讼请求;③如当事方对案件事实的认定有异议,也需在此予以回应]

(5)案件争点

---

① 参见李红海:《案例指导制度的未来与司法治理能力》,载《中外法学》2018年第2期。

(6)法官针对争点提出的法律意见

(7)法官对自己法律意见的正面论证(包括事实依据和规范依据)

(8)法官对当事方法律意见的回应(包括赞同,但主要是从事实和规范两方面进行的批驳)

(9)最终的判决

(10)附件:证据列表——非必要

仔细对比,发现两个模板的差别并不大。指导性案例的裁判文书模板增加关键词和裁判要点一项,剩余项目内容基本相同。对于参照或援引指导性案例裁判的文书,其内容应该是怎样的呢?我们认为要在上述模板中增加一些新的内容以突显案例论证的特色。为此,我们对上述模板改造如下:

参照指导性案例裁判的文书模板

(1)关键词

(2)裁判要点

(3)案号

(4)基本案情[①包括当事人简况,案件发生的时间、地点、过程、结果等详情,本案已经过的程序(如果有的话);②当事人的诉讼请求;③如当事方对案件事实的认定有异议,也需在此予以回应]

(5)案件争点

(6)指导性案例争点与本案争点的比较(剖析二者所争议的问题是否具有同一性)

(7)指导性案例关键性事实与本案关键性事实的比较(通过事实的比对,发现两案之间的相似点与不同点,并进一步结合法律理由和规范目的判断相似点与不同点何者更为重要)

(8)决定是否参照(如果经过比对发现相似点更重要,则确证二者属于相似案件,应参照指导性案例的裁判要点判决;如果不同点更重要,则可拒绝参照指导性案例判决)

(9)最终的判决

(10)附件:证据列表——非必要

改造后的模板中,增加了指导性案例与待决案件之间争议焦点与关键性事实的比对,这是案例论证的核心内容,也是其区别于单纯法律问题的根本所在。这两部分内容,其实也是上文所说的论证说理内容。中国法官长期沉浸于法条式的演绎思维中,对于这种归纳性的案例论证思维并不太熟悉,需要进行专门的培训,或者需要一定时间的实践摸索,当然实践中有个别案件已经朝着这个方向努力了:

在"毛某、隋某机动车交通事故责任纠纷案"①(案例11.3.1)中,无论是当事人对指导性案例的援引方式还是人民法院的参照都是比较充分、细致的,这里我们将其中的精华部分摘录如下:

最高人民法院为了纠正保险公司借参与度鉴定得出的概率来减轻其应负赔偿责任的规避法律行为,避免"以鉴代审"现象的肆意泛滥,于2014年1月26日发布指导案例24号,该指导性案例的发布对于制止类似本案上诉人的各保险公司规避法律的行为,具有很好的规范和约束作用。作为国家最高司法机关,最高人民法院发布的指导性案例对全国法院审理类似案件具有指导作用。指导案例24号与本案案情基本一致,该指导性案例没有依据鉴定机构出具的参与度鉴定意见减轻保险公司应负的赔偿责任,原审法院应当参照指导案例24号对本案作出裁判。同时,自最高人民法院发布指导案例24号之后,全国法院对各保险公司提出参与度鉴定申请均不再准许,这就从源头上杜绝了保险公司故意拖赔少赔的理由,从程序上与实体上维护了受害人的合法权益。

以上是当事人对指导性案例的援引及其具体的表述,接下来我们看看人民法院是如何回应当事人要求其参照指导案例24号之主张的:

被上诉人毛某在原审提交的医院诊断治疗病历,能够证实本案交通事故导致其颈椎间盘突出症、颈髓损伤后遗症。从本案证据的证明力来分析,医院诊断病历反映了毛某受伤住院治疗的真实情况,能够证实本案交通事故导致毛某颈椎间盘突出症、颈髓损伤后遗症。在指导案例24号中,影响参与度比例认定的因素为受害人的特异体质;而在本案中,影响参与度比例认定的为涉案交通事故造成的伤病,并非受害人的特殊体质。举重以明轻,指导案例24号没有依据鉴定机构出具的参与度鉴定意见减轻保险公司应负的赔偿责任,本案也不应依据参与度鉴定意见减轻上诉人应负的赔偿

---

① 参见山东省东营市中级人民法院(2014)东民一终字第108号民事判决书。

责任。

从以上摘引内容来看,该案中当事人在启动指导性案例之时,不但提出指导性案例的编号、核心内容(裁判要点),而且也领悟到了指导案例 24 号的原则和精神,此外也明确提出了该指导性案例所期望达到的目的。在面对当事人提出的指导性案例的情形下,人民法院并没有以消极的回避态度敷衍了事,而是采取正面、细致的回应,最终决定参照指导案例 24 号裁决该案,唯一美中不足的是人民法院对于该案与指导案例 24 号之间的实质相似性的证明和说明不够直接、充分和具体。当然,该案只是较好地使用了指导性案例的一个例子,我们相信还有许多比该案在指导性案例的使用上更加值得赞许的例子,此处限于篇幅的原因没有办法一一列举。

第四节 本章小结

类案检索的最终目的,是实现裁判尺度的统一。而要做到这一点,就需要参照所检索到的类案。对于检索到的类案,法院可以主动参照,也可能在当事人或公诉方推动下参照。为防止法院对当事人提出的类案置之不理,《类案检索意见》以及《人民法院案例库建设运行工作规程》均设立了对当事人或公诉方提出的类案进行回应的义务,以限制法官不当地漠视或规避相关类案。由于检索到的类案既可能是指导性案例,又可能是一般形式的案例,根据它们的地位效力不等,法官对是否参照它们的态度也不尽一致。对于指导性案例应当参照,而对于一般案例是可以参照,言外之意也可以不参照。无论是决定参照还是拒绝参照,法官都必须履行一定的说理和论证义务。这种说理或论证充分展现了基于案例推理的特色,相应地,如欲在判决书中展现这一推理过程,那么判决书的样式或结构需作出相应调整,以满足实践中案例推理的需求。

附录一　类案检索相关规范性法律文件

人民法院案例库建设运行工作规程

(2024年5月8日实施)

第一章　一般规定

第一条　为做好人民法院案例库的建设和使用工作,促进法律正确统一适用,深化诉源治理,提升公正与效率,结合审判工作实际,制定本规程。

第二条　人民法院案例库是由最高人民法院统一建设的案例资源库。最高人民法院各审判业务部门负责案例收集、编选及审查等工作。最高人民法院研究室负责统筹人民法院案例库建设、案例审核等工作。

第三条　人民法院案例库收录最高人民法院发布的指导性案例和经最高人民法院审核入库的参考案例,供各级人民法院和社会公众查询、使用、学习、研究。

以审判业务领域为标准,入库案例分为刑事、民事、行政、国家赔偿、执行五种类型。根据工作需要,人民法院案例库设置相关特色专栏。

第四条　人民法院案例库收录的参考案例,应当是裁判已经发生法律效力,且对类案审判具有参考示范价值的案例。

针对同一具体法律适用问题收录的参考案例一般不超过两件。

第五条　参考案例统一编号,体例格式一般包括标题、副标题、关键词、基本案情、裁判理由、裁判要旨、关联索引。

指导性案例按照发布时的文本直接入库,保留原编号并增加入库编号。

第六条　参考案例的报送、审查、审核等工作应当在人民法院案例库平台上开展。

第七条　对于案例是否符合入库标准、是否应当出库存在重大争议的,可以提交审判委员会讨论决定。

第二章　参考案例的入库流程

第八条　中级、基层人民法院对本院已经发生法律效力的裁判,认为符合入库标准的,应当及时按照格式要求编写案例,经分管院领导审批,层报高级人民法院。

第九条 高级人民法院审判业务部门负责收集、编选、审查本院和辖区法院案例,经专业法官会议讨论,认为符合参考案例入库标准的,经分管院领导审批后送本院研究室。高级人民法院研究室审核后,根据最高人民法院审判业务条线分工,报送至最高人民法院相关审判业务部门。

第十条 最高人民法院各巡回法庭、国家法官学院(司法案例研究院)、中国应用法学研究所、人民法院新闻传媒总社等可以结合工作实际编写案例,推荐至最高人民法院相关审判业务部门。

最高人民法院各审判业务部门、研究室可以自行收集、编写案例,按照本章规定的流程审查入库。

第十一条 最高人民法院各审判业务部门负责审查本部门编写,最高人民法院各巡回法庭、国家法官学院(司法案例研究院)、中国应用法学研究所、人民法院新闻传媒总社等推荐,以及高级人民法院报送的案例。

第十二条 最高人民法院各审判业务部门对案例的事实认定、法律适用、裁判说理、价值导向等进行全面审查,经专业法官会议讨论,分别作出以下处理:

(一)认为符合入库标准的,报分管院领导审批后送研究室审核;

(二)认为基本符合入库标准,但需要修改完善的,可以直接作出修改,或者提出明确意见后退回修改;

(三)认为不符合入库标准的,终止审查并说明理由。

第十三条 最高人民法院研究室在对案例材料是否齐全、体例格式是否符合要求等进行审核的基础上,重点对案例是否符合入库标准进行审核。审核过程中,可以视情将案例送交院内外相关专家研提意见,相关工作可与案例推送部门沟通。

第十四条 最高人民法院研究室经审核,对案例分别作出以下处理:

(一)认为符合入库标准的,经文字核校后入库;

(二)认为基本符合入库标准,但需要修改完善的,可以直接作出修改,或者提出明确意见后退回修改;

(三)认为不符合入库标准的,终止审核并说明理由。

第十五条 最高人民法院研究室自行收集、编写的案例,应当征求相关审判业务部门的意见。

第三章　社会推荐参考案例的入库流程

第十六条　国家机关、法学院校、律师协会等单位，专家学者、律师及其他公民个人，可以向人民法院案例库推荐参考案例。

前款规定的单位和个人推荐参考案例的，可以通过人民法院案例库平台推荐，也可以通过信函等方式推荐。

第十七条　对于社会推荐的参考案例，一般由作出生效裁判的人民法院进行审查。

对于中央国家机关、全国性社会组织等推荐的参考案例，由最高人民法院直接审查。

对于地方国家机关、地方社会组织等推荐的参考案例，参照本条第二款的规定，由有关地方人民法院进行审查。

第十八条　社会推荐案例经审查审核入库的，最高人民法院应当向推荐人颁发证书。

第四章　入库案例的检索使用

第十九条　各级人民法院审理案件时，应当检索人民法院案例库，严格依照法律和司法解释、规范性文件，并参考入库类似案例作出裁判。

第二十条　各级人民法院审理案件时，经检索发现人民法院案例库未收录类似案例，而正在审理的案件所涉法律适用问题疑难、复杂的，可以就相关法律适用问题提出请示，或者报请提级管辖；由本院继续审理的，应当提交审判委员会讨论决定。

各级人民法院审理案件时，经检索发现人民法院案例库收录有类似案例，但认为正在审理的案件具有特殊情况，不宜参考入库案例的，应当提交审判委员会讨论决定。

前两款规定的案件对类案审判具有参考示范价值的，作出生效裁判的人民法院应当在裁判作出后三十日内编写案例，按照本规程第二章规定的流程入库。

第二十一条　各级人民法院审理案件时参考入库类似案例的，可以将类似案例的裁判理由、裁判要旨作为本案裁判考量、理由参引，但不作为裁判依据。

公诉机关、当事人及其辩护人、诉讼代理人等提交入库案例作为控（诉）辩理由的，人民法院应当在裁判文书说理中予以回应。

第二十二条　各级人民法院应当将参考入库案例作出裁判的情况作为案件质量评查内容。

第五章　参考案例的动态调整

第二十三条　人民法院案例库实行动态调整机制。

地方各级人民法院认为参考案例在法律适用方面存在不当，或者裁判理念等应当有发展、完善，不宜作为参考案例的，应当提出意见并说明理由，参照本规程第二章规定的流程层报最高人民法院相关审判业务部门审查；有适宜案例可资替换的，应当同时报送。

最高人民法院相关审判业务部门认为参考案例需要出库的，应当提出意见并说明理由，报分管院领导审批后，送研究室办理；有适宜案例可资替换的，应当同时送研究室审核。

最高人民法院研究室认为参考案例需要出库的，商相关审判业务部门处理。

第二十四条　各级人民法院认为参考案例需要作重要修改完善的，参照上述程序办理。

第六章　其他规定

第二十五条　最高人民法院研究室定期分析、通报人民法院案例库建设、使用工作情况。

各高级人民法院研究室应当定期就参与人民法院案例库建设、检索使用人民法院案例库等情况，向本院党组作出专题汇报。

第二十六条　人民法院出版社具体负责人民法院案例库建设、运行维护等工作。人民法院信息技术服务中心负责为人民法院案例库建设、运行维护提供软硬件环境基础支持。

第二十七条　根据工作需要，国家法官学院（司法案例研究院）开展入库案例检索使用等培训、教材编写和研究等工作；中国应用法学研究所加强入库案例研究工作，为入库案例的检索使用提供理论支持。

第二十八条　各级人民法院应当结合工作实际，将本院各部门及审判人员参与人民法院案例库建设工作情况纳入绩效考核。

第二十九条　指导性案例的遴选、审查、审议、使用等，适用《最高人民法院关于案例指导工作的规定》（法发〔2010〕51号）的有关规定。

第三十条　本规程自2024年5月8日起施行。以前发布的文件与本规程不一致的，以本规程为准。

指导性案例编写体例

(2023年10月7日实施)

为正确适用《最高人民法院关于案例指导工作的规定》及其实施细则，充分发挥指导性案例的审判指导作用，规范指导性案例编写体例，现就指导性案例编写体例提出如下意见。

指导性案例的编写体例主要包括标题、关键词、裁判要点、基本案情、裁判结果、裁判理由、相关法条等部分。

一、关于标题

刑事案例的标题一般由被告人姓名加罪名组成，如张某盗窃案。民事、行政、国家赔偿案例的标题一般由案件当事人姓名或名称加案由组成，如某某公司诉李某侵害商标权纠纷案。执行案例的标题可以由案件当事人姓名或名称加执行程序组成，如某某公司与某某公司执行复议案。

二、关于关键词

关键词空一行放在标题之后、裁判要点之前。关键词的设置要本着方便检索的原则，全面、精准、具体地反映指导性案例裁判要点所总结提炼的裁判规则、理念或方法的核心内容。第一个关键词一般由刑事、刑事诉讼、民事、民事诉讼、行政、行政诉讼、国家赔偿、执行等词引领，第二个关键词一般是案由或罪名。标示次序应根据关键词的含义由近及远排列，如有两个以上的主题内容，则按其重要性由大到小排列。每个关键词之间以"/"隔开。

三、关于裁判要点

裁判要点是指导性案例总结的裁判规则、理念或方法的集中体现。一个裁判要点原则上归纳为一个自然段，有两个以上裁判要点的，按照裁判要点的重要性或者逻辑关系用阿拉伯数字顺序号分段标示。裁判要点可以摘录裁判文书中具有指导意义的主要部分，也可以对其进行提炼和概括。

裁判要点应简要归纳和提炼指导性案例体现的具有指导意义的裁判规则、理念或方法，应当概要、准确、精练，结构严谨，表达简明，语义确切，对类似案件的裁判具有指导、示范意义。

四、关于基本案情

基本案情部分一般先概述控(诉)辩意见,再叙述法院经审理查明事实,也可以视情直接叙述法院审理查明事实。其中控(诉)辩意见和具体证据,可以根据是否与裁判要点有密切联系而决定是否列出。与裁判要点相关的事实、情节和法律适用问题,要全面、准确、有针对性地详加阐述。基本案情部分应当层次清楚,重点突出,详略得当,通顺易懂。

五、关于裁判结果

裁判结果部分简述诉讼经过和结果,写明案件的裁判法院、裁判时间、案号和裁判主文。

六、关于裁判理由

裁判理由部分应当根据案件事实、法律法规、司法解释、司法政策理念和法学理论通说,从法理、事理、情理等方面,结合案情和裁判要点,详细论述法院裁判的正确性和公正性。根据指导性案例具体情况,可以针对控(诉)辩意见论述,也可以针对裁判要点涉及问题直接论述。可以依照裁判文书的论述次序,在裁判文书的理由基础上进行适当充实,但不能与裁判文书论述矛盾。一、二审等裁判理由不一致的,一般只写法院生效裁判的论述理由。

裁判理由应当重点围绕案件的主要问题、争议焦点或者分歧意见,充分阐明案例的指导价值。说理应当准确、精当、透彻,与叙述的基本案情相照应,并紧密结合指导性案例的裁判要点,有针对性和说服力,确保政治效果、社会效果、法律效果相统一。

七、关于相关法条

相关法条应列明与裁判要点最密切相关的法律法规、司法解释及其条文的序号。法律法规、司法解释名称以其全称加书名号表述,法条序号采用阿拉伯数字,如"《中华人民共和国刑法》第 50 条";涉及同一法律法规、司法解释不同法条的,按法条的先后次序排列,中间用顿号,如"《中华人民共和国民法典》第 8 条、第 109 条";涉及不同法律法规、司法解释的,则按法律位阶依次起行并列排列。

八、关于其他技术规范

文字、数字和标点符号等技术规范,参照《党政机关公文格式》执行。

案例中涉及的自然人、法人和非法人组织的姓名或者名称、身份证号码、统一社会信用代码、通讯方式、银行账号等具体信息,参照最高人民法院关于人民法院在互联网公开裁判文书的有关规定予以隐名或删除等技术处理。

标题使用二号小标宋体字,关键词中的具体内容使用三号楷体字,标示案例组成部分的关键词、裁判要点等使用三号黑体字,正文全部采用三号仿宋体字。印刷指导性案例时,可以适当调整字体或字号。

附件:指导性案例样式

附件
指导性案例×号

×××××案(标题)

(最高人民法院审判委员会讨论通过××年×月×日发布)

关键词 ××/××/××/××/××××(以词或词组反映指导性案例涉及的主要法律适用问题或者其他核心内容,标示次序应根据关键词的含义由近及远排列,如有两个以上的主题内容则按其重要性由大到小排列。)

裁判要点

……(裁判要点应简要归纳和提炼具有指导意义的裁判规则、理念或方法。一个裁判要点原则上归纳为一个自然段,有两个以上裁判要点的,按照裁判要点的重要性或者逻辑关系用阿拉伯数字顺序号分段标示。)

基本案情

×××诉称:……

×××辩称:……

[分别概述控(诉)辩意见及其主要理由,也可以直接叙述法院查明事实,不列控(诉)辩意见。是否列出控(诉)辩意见,根据与裁判要点是否有密切联系而定。]

法院经审理查明:……[准确概述审理查明事实,不列控(诉)辩意见时省略"法院经审理查明"字样,直接叙述案情。一般不列具体证据,但与裁判要点有密切联系的,在查明事实之后列出具体证据。与裁判要点相关的事实、情节和法律适用问题,要全面、准确、有针对性地详加阐述。]

裁判结果

××××法院于××××年××月××日作出××××号(写明案号)刑事(民事、行政等)判决

(裁定等)……(写明裁判结果)。宣判后,×××提出上诉(未提出上诉,判决已发生法律效力)。××××法院于××××年××月××日作出××××号(写明案号)刑事(民事、行政等)判决(裁定),驳回上诉,维持原判。(二审改判、发回重审的,根据需要写明改判、发回重审的简要理由和情况。再审的写明再审的简要理由和情况。)

裁判理由

法院生效裁判(最高人民法院作出终审生效裁判的,则写"最高人民法院")认为:……[从法理、事理、情理等方面结合基本案情和裁判要点分析阐述裁判理由,做到政治效果、社会效果、法律效果相统一。根据案例具体情况,可以针对控(诉)辩意见论述,也可以列出裁判要点问题直接论述。可以在裁判文书理由的基础上进行适当充实,但理由部分不能与裁判文书论述矛盾。一、二审等裁判理由不一致的,一般只写生效裁判的理由。]

相关法条

……(列明与裁判要点最密切相关的法律法规、司法解释及其条文的序号。法律法规、司法解释以其全称加书名号表述,法条序号采用阿拉伯数字。)

最高人民法院统一法律适用工作实施办法

(2021年12月1日实施)

为进一步规范最高人民法院统一法律适用工作,确保法律统一正确实施,维护司法公正、提升司法公信力,结合最高人民法院审判执行工作实际,制定本办法。

第一条 本办法所称统一法律适用工作,包括起草制定司法解释或其他规范性文件、发布案例、落实类案检索制度、召开专业法官会议讨论案件等推进法律统一正确实施的各项工作。

第二条 最高人民法院审判委员会(以下简称审委会)负责最高人民法院统一法律适用工作。

各部门根据职能分工,负责起草制定司法解释、发布案例等统一法律适用工作。

审判管理办公室(以下简称审管办)负责统一法律适用的统筹规划、统一推进、协调管理等工作。

第三条 各审判业务部门办理审判执行案件,应当严格遵守法定程序,遵循证据规则,正确适用法律,确保法律统一正确实施。

第四条 各部门根据职能分工,对法律适用疑难问题和不统一等情形,应当及时总结经验,通过答复、会议纪要等形式指导司法实践,条件成熟时制定司法解释或其他规范性文件予以规范。

第五条 研究室负责指导性案例的征集、审查、发布、编纂和评估等工作。其他部门发布的典型案例等不得与指导性案例的裁判观点、裁判标准相冲突,不得冠以指导性案例或指导案例等类似名称。

第六条 办理案件具有下列情形之一的,承办法官应当进行类案检索:

(一)拟提交审委会、专业法官会议讨论的;

(二)缺乏明确裁判规则或者尚未形成统一裁判规则的;

(三)重大、疑难、复杂、敏感的;

(四)涉及群体性纠纷或者引发社会广泛关注,可能影响社会稳定的;

(五)与最高人民法院的类案裁判可能发生冲突的;

(六)有关单位或者个人反映法官有违法审判行为的;

(七)最高人民检察院抗诉的;

(八)审理过程中公诉机关、当事人及其辩护人、诉讼代理人提交指导性案例或者最高人民法院生效类案裁判支持其主张的;

(九)院庭长根据审判监督管理权限要求进行类案检索的。

类案检索可以只检索最高人民法院发布的指导性案例和最高人民法院的生效裁判。

第七条 根据本办法第六条规定应当进行类案检索的案件,承办法官应当在审理报告中对类案检索情况予以说明,或者制作专门的类案检索报告。

类案检索说明或者报告应当客观、全面、准确反映类案检索结果,并在合议庭评议或者专业法官会议、赔偿委员会、司法救助委员会、审委会讨论时一并提交。类案检索报告应当随案归入副卷。

第八条 根据本办法第六条规定应当进行类案检索的案件,合议庭应当将案件统一法律适用标准情况纳入评议内容。

审理过程中公诉机关、当事人及其辩护人、诉讼代理人提交指导性案例或者最高人民法院生效类案裁判支持其主张的,合议庭应当将所提交的案例或者生效裁判与待决案件是否属于类案纳入评议内容。

第九条 待决案件在基本案情和法律适用方面与检索到的指导性案例相类似的,合议庭应当参照指导性案例的裁判要点作出裁判。

参照指导性案例的,应当将指导性案例作为裁判理由引述,但不得作为裁判依据引用。在裁判理由部分引述指导性案例的,应当注明指导性案例的编号。

第十条 待决案件拟作出的裁判结果与指导性案例、最高人民法院类案裁判法律适用标准不一致,或者拟作出的裁判结果将形成新的法律适用标准的,合议庭应当建议提交部门专业法官会议讨论;院庭长发现待决案件存在前述情形的,应当依照程序召集部门专业法官会议讨论。

前款规定的案件因涉密等原因不适宜提交专业法官会议讨论的,层报分管院领导批准可以直接提交审委会讨论。

第十一条 最高人民法院建立健全跨部门专业法官会议机制,研究解决跨部门的法律适用分歧或者跨领域的重大法律适用问题。

第十二条 部门专业法官会议和跨部门专业法官会议讨论案件应当形成案件讨论记录和会议纪要。案件讨论记录和会议纪要随案归入副卷。

跨部门专业法官会议纪要分送审委会委员和相关审判业务部门,审管办负责整理存档。

第十三条 各审判业务部门负责人应当按照审判监督管理权限,加强审判管理和业务指导,确保法律适用标准统一。

各审判业务部门应当对合议庭与专业法官会议意见、审委会决定不一致的案件进行分析研究,认真梳理总结审判执行实践中存在的法律适用不统一、不明确问题。审管办应当通过案件质量评查、群众来信等途径及时发现、收集、整理法律适用不统一、不明确问题。

第十四条 对于通过各种途径发现的具体法律适用不统一、不明确问题,审管办可以通过多种形式组织研究,提出解决方案提交审委会讨论,以审委会法律适用问题决议等形式明确具体裁判规则。

第十五条 最高人民法院建立统一法律适用平台及其数据库,审管办、研究室、中国应用法学研究所、人民法院信息技术服务中心根据各自职能分工,负责统一法律适用平台及其数据库的规划、建设、研发、运行维护和升级完善。

第十六条 最高人民法院发布的指导性案例,各审判业务部门的二审案件、再审案件、请示案件、执行复议监督案件,经专业法官会议、赔偿委员会、司法救助委员会、审委会讨论的案件,以及其他具有普遍指导意义的典型案件,裁判文书上网公开后,审管办应当及时组织编纂并纳入统一法律适用平台数据库。

死刑复核案件纳入统一法律适用平台数据库的标准和数量,由各刑事审判庭根据保密要求自行确定。

经专业法官会议讨论的案件,应当纳入统一法律适用平台数据库的,由各审判业务部门指定专人负责定期报送相关案件的专业法官会议纪要,随案纳入统一法律适用平台数据库。

第十七条 对纳入统一法律适用平台数据库的案例,应当及时进行检查清理。

各部门在工作中发现纳入统一法律适用平台数据库的案例已经不具有指导意义和参考价值,或者相关裁判已经被改判、撤销的,应当及时通知审管办进行更新。

第十八条 各部门应当加大对审判人员的业务能力培训,强化审判人员在法律解释、案例分析、类案检索、科技应用等方面能力的培养,全面提升审判人员统一法律适用的能力和水平。

第十九条 审判人员参加专业法官会议、梳理案件裁判规则等情况应当计入工作量。各部门和审判人员推荐或编纂案例被审委会确定为指导性案例,或者对具体法律适用问题的研究意见被审委会采纳形成审委会法律适用问题决议的,可以作为绩效考核时的加分项。

第二十条 本办法自2021年12月1日起施行。

附件:

类案检索报告(样式)

部门:　　　　　　　　日期:　　　　　　　　检索人:

案号:	案由:
承办法官:	检索时间:

(续表)

检索内容	争议焦点1：
	检索平台：
	检索关键词：
	争议焦点2：
	检索平台：
	检索关键词：
检索结果	争议焦点1： 　第一种裁判观点及理由： 　参考案件案号（文书可以附后）： 　第二种裁判观点及理由： 　参考案件案号（文书可以附后）： 争议焦点2：
拟采纳的观点及理由	
其他需要说明的情况	

最高人民法院关于完善统一法律适用标准工作机制的意见

（2020年9月14日实施）

为统一法律适用标准，保证公正司法，提高司法公信力，加快推进审判体系和审判能力现代化，结合人民法院工作实际，制定本意见。

一、统一法律适用标准的意义和应当坚持的原则

1. 充分认识统一法律适用标准的意义。在审判工作中统一法律适用标准，是建设和完善中国特色社会主义法治体系的内在要求，是人民法院依法独立公正行使审判权的基本职责，是维护国家法制统一尊严权威的重要保证，是提升司法质量、效率和公信力的必然要求,事关审判权依法正确行使,事关当事人合法权益保障,事关社会公平正义的实现。各级人民法院要把统一法律适用标准作为全面落实司法责任制、深化司法体制综合配套改革、加快推进执法司法制约监督体系改革和建设的重要内容,通过完善审判工作制度、管理体制和权力运行机制,规范司法行为,统一裁判标准,确保司法公正高效权威,努力让人民群众在每一个司法案件中感受到公平正义。

2.牢牢把握统一法律适用标准应当坚持的原则。

坚持党对司法工作的绝对领导。坚持以习近平新时代中国特色社会主义思想为指导,深入贯彻习近平总书记全面依法治国新理念新思想新战略,全面贯彻落实党的十九大和十九届二中、三中、四中全会精神,增强"四个意识"、坚定"四个自信"、做到"两个维护",坚持党的领导、人民当家作主、依法治国有机统一,贯彻中国特色社会主义法治理论,坚定不移走中国特色社会主义法治道路,确保党中央决策部署在审判执行工作中不折不扣贯彻落实。

坚持以人民为中心的发展思想。践行司法为民宗旨,依法维护人民权益、化解矛盾纠纷、促进社会和谐稳定。积极运用司法手段推动保障和改善民生,着力解决人民群众最关切的公共安全、权益保障、公平正义问题,满足人民群众日益增长的司法需求。坚持依法治国和以德治国相结合,兼顾国法天理人情,发挥裁判规范引领作用,弘扬社会主义核心价值观,不断增强人民群众对公平正义的获得感。

坚持宪法法律至上。始终忠于宪法和法律,依法独立行使审判权。坚持法律面前人人平等,坚决排除对司法活动的干预。坚持以事实为根据、以法律为准绳,遵守法定程序,遵循证据规则,正确适用法律,严格规范行使自由裁量权,确保法律统一正确实施,切实维护国家法制统一尊严权威。

坚持服务经济社会发展大局。充分发挥审判职能,履行好维护国家政治安全、确保社会大局稳定、促进社会公平正义、保障人民安居乐业的职责使命,服务常态化疫情防控和经济社会发展,促进经济行稳致远、社会安定和谐。全面贯彻新发展理念,服务经济高质量发展;依法平等保护各类市场主体合法权益,加大产权和知识产权司法保护力度,营造稳定公平透明、可预期的法治化营商环境;贯彻绿色发展理念,加强生态环境司法保护,努力实现政治效果、法律效果和社会效果有机统一。

二、加强司法解释和案例指导工作

3.发挥司法解释统一法律适用标准的重要作用。司法解释是中国特色社会主义司法制度的重要组成部分，是最高人民法院的一项重要职责。对审判工作中具体应用法律问题，特别是对法律规定不够具体明确而使理解执行出现困难、情况变化导致案件处理依据存在不同理解、某一类具体案件裁判尺度不统一等问题，最高人民法院应当加强调查研究，严格依照法律规定及时制定司法解释。涉及人民群众切身利益或重大疑难问题的司法解释，应当向社会公开征求意见。进一步规范司法解释制定程序，健全调研、立项、起草、论证、审核、发布、清理和废止机制，完善归口管理和报备审查机制。

4.加强指导性案例工作。最高人民法院发布的指导性案例，对全国法院审判、执行工作具有指导作用，是总结审判经验、统一法律适用标准、提高审判质量、维护司法公正的重要措施。各级人民法院应当从已经发生法律效力的裁判中，推荐具有统一法律适用标准和确立规则意义的典型案例，经最高人民法院审判委员会讨论确定，统一发布。指导性案例不直接作为裁判依据援引，但对正在审理的类似案件具有参照效力。进一步健全指导性案例报送、筛选、发布、编纂、评估、应用和清理机制，完善将最高人民法院裁判转化为指导性案例工作机制，增强案例指导工作的规范性、针对性、时效性。

5.发挥司法指导性文件和典型案例的指导作用。司法指导性文件、典型案例对于正确适用法律、统一裁判标准、实现裁判法律效果和社会效果统一具有指导和调节作用。围绕贯彻落实党和国家政策与经济社会发展需要，最高人民法院及时出台司法指导性文件，为新形势下人民法院工作提供业务指导和政策指引。针对经济社会活动中具有典型意义及较大影响的法律问题，或者人民群众广泛关注的热点问题，及时发布典型案例，树立正确价值导向，传播正确司法理念，规范司法裁判活动。

三、建立健全最高人民法院法律适用问题解决机制

6.建立全国法院法律适用问题专门平台。最高人民法院建立重大法律适用问题发现与解决机制，加快形成上下贯通、内外结合、系统完备、规范高效的法律适用问题解决体系，及时组织研究和解决各地存在的法律适用标准不统一问题。充分发挥专家学者在统一法律适用标准中的咨询作用，积极开展专家咨询论证工作，通过组织召开统一法律适用标准问题研讨会等方式，搭建人大代表、政协委员、专家学者、行业代表等社会各界广泛参与的平台，总结归纳分歧问题，研究提出参考意见，为审判委员会统一法律适用标准提供高质量的辅助和参考。

7.健全法律适用分歧解决机制。审判委员会是最高人民法院法律适用分歧解决工作的集体领导和决策机构,最高人民法院各业务部门、审判管理办公室和中国应用法学研究所根据法律适用分歧解决工作需要,为审判委员会决策提供服务和决策参考。进一步优化法律适用分歧的申请、立项、审查和研究工作机制,对于最高人民法院生效裁判之间存在法律适用分歧或者在审案件作出的裁判结果可能与生效裁判确定的法律适用标准存在分歧的,应当依照《最高人民法院关于建立法律适用分歧解决机制的实施办法》提请解决。

四、完善高级人民法院统一法律适用标准工作机制

8.规范高级人民法院审判指导工作。各高级人民法院可以通过发布办案指导文件和参考性案例等方式总结审判经验、统一裁判标准。各高级人民法院发布的办案指导文件、参考性案例应当符合宪法、法律规定,不得与司法解释、指导性案例相冲突。各高级人民法院应当建立办案指导文件、参考性案例长效工作机制,定期组织清理,及时报送最高人民法院备案,切实解决不同地区法律适用、办案标准的不合理差异问题。

9.建立高级人民法院法律适用分歧解决机制。各高级人民法院应当参照最高人民法院做法,建立本辖区法律适用分歧解决机制,研究解决本院及辖区内法院案件审理中的法律适用分歧。各中级、基层人民法院发现法律适用标准不统一问题,经研究无法达成一致意见的,应当层报高级人民法院,超出高级人民法院辖区范围的,应当及时报送最高人民法院研究解决。

五、强化审判组织统一法律适用标准的法定职责

10.强化独任法官、合议庭正确适用法律职责。各级人民法院应当全面落实司法责任制,充分发挥独任法官、合议庭等审判组织在统一法律适用标准中的基础作用。独任法官、合议庭应当严格遵守司法程序,遵循证据规则,正确运用法律解释方法,最大限度降低裁量风险,避免法律适用分歧。发现将要作出的裁判与其他同类案件裁判不一致的,应当及时提请专业法官会议研究。合议庭应当将统一法律适用标准情况纳入案件评议内容,健全完善评议规则,确保合议庭成员平等行权、集思广益、民主决策、共同负责。

11.发挥审判委员会统一法律适用标准职责。完善审判委员会议事规则和议事程序,充分发挥民主集中制优势,强化审判委员会统一法律适用标准的重要作用。审判委员会应当着重对下列案件,加强法律适用标准问题的研究总结:(1)涉及法律适用标准问题的重大、疑难、复杂案件;(2)存在法律适用分歧的案件;(3)独任法官、合议庭在法律适用标准问题上与专业法官会议咨询意见不一致的案件;(4)拟作出裁判与本院或者上级法院同类案件裁判可能发生冲突的案件。审判委员会应当及时总结提炼相关案件的法律适用标准,确保本院及辖区内法院审理同类案件时裁判标准统一。

六、落实院庭长统一法律适用标准的监督管理职责

12.明确和压实院庭长监督管理职责。院庭长应当按照审判监督管理权限,加强审判管理和业务指导,确保法律适用标准统一。通过主持或参加专业法官会议,推动专业法官会议在统一法律适用标准上充分发挥专业咨询作用,定期组织研究独任法官、合议庭审理意见与专业法官会议咨询意见、审判委员会决定不一致的案件,为统一法律适用标准总结经验。及时指导法官对审理意见长期与专业法官会议咨询意见、审判委员会决定意见不一致的案件进行分析,促进法官提高统一法律适用标准能力,防止裁判不公和司法不廉。推动院庭长审判监督管理职责与审判组织审判职能、专业法官会议咨询职能、审判委员会决策职能有机衔接、有效运行,形成统一法律适用标准的制度机制体系。

13.加强对"四类案件"的监督管理。院庭长应当对《最高人民法院关于完善人民法院司法责任制的若干意见》规定的"四类案件"加强监督管理,及时发现已决或待决案件中存在的法律适用标准不统一问题,依照程序采取改变审判组织形式、增加合议庭成员、召集专业法官会议、建议或决定将案件提交审判委员会讨论等举措,及时解决法律适用分歧。院庭长可以担任审判长或承办人审理"四类案件",依照职权主持或者参加审判委员会讨论决定"四类案件",在审判组织中促进实现法律适用标准统一。

七、充分发挥审判管理在统一法律适用标准上的作用

14.加强和规范审判管理工作。各级人民法院应当完善审判管理机制,构建全面覆盖、科学规范、监管有效的审判管理制度体系。审判管理部门在履行流程管理、质量评查等审判管理职责时,对于发现的重大法律适用问题应当及时汇总报告,积极辅助审判委员会、院庭长研究解决统一法律适用标准问题。

15.将统一法律适用标准作为审判管理的重点。各级人民法院应当加强审判质量管理,完善评查方法和评查标准,将统一法律适用标准情况纳入案件质量评查指标体系。对于可能存在背离法律、司法解释、指导性案例所确定裁判规则等情形的,承办法官应当向案件评查委员会说明理由。对信访申诉、长期未结、二审改判、发回重审、指令再审、抗诉再审案件的审判管理中发现法律适用标准不统一问题的,应当及时提请院庭长和审判委员会研究解决。

八、充分发挥审级制度和审判监督程序统一法律适用标准的作用

16.发挥审级监督体系作用。强化最高人民法院统一裁判尺度、监督公正司法的职能。加强上级法院对下级法院的审级监督指导,建立健全改判、发回重审、指令再审案件的跟踪督办、异议反馈制度,完善分析研判和定期通报机制。充分发挥二审程序解决法律争议的作用,在二审程序中依法对法律适用问题进行审查,对属于当事人意思自治范围内的法律适用问题,应当充分尊重当事人的选择;对影响司法公正的法律适用标准不统一问题,应当根据当事人诉求或者依职权予以纠正。

17.充分发挥审判监督程序依法纠错作用。生效案件存在法律适用标准不统一问题的,应当正确处理审判监督程序与司法裁判稳定性的关系,区分案件情况,根据当事人请求或者依法启动院长发现程序,对法律适用确有错误的案件提起再审。人民检察院提出检察建议、抗诉等法律监督行为,涉及法律适用标准不统一问题的,应当依法处理,必要时提请审判委员会讨论决定。

九、完善类案和新类型案件强制检索报告工作机制

18.规范和完善类案检索工作。按照《最高人民法院关于统一法律适用加强类案检索的指导意见(试行)》要求,承办法官应当做好类案检索和分析。对于拟提交专业法官会议或者审判委员会讨论决定的案件、缺乏明确裁判规则或者尚未形成统一裁判规则的案件、院庭长根据审判监督管理权限要求进行类案检索的案件,应当进行类案检索。对于应当类案检索的案件,承办法官应当在合议庭评议、专业法官会议讨论及审理报告中对类案检索情况予以说明,或者制作类案检索报告,并随案流转归档备查。

19.规范类案检索结果运用。法官在类案检索时,检索到的类案为指导性案例的,应当参照作出裁判,但与新的法律、行政法规、司法解释相冲突或者为新的指导性案例所取代的除外;检索到其他类案的,可以作为裁判的参考;检索到的类案存在法律适用标准不统一的,可以综合法院层级、裁判时间、是否经审判委员会讨论决定等因素,依照法律适用分歧解决机制予以解决。各级人民法院应当定期归纳整理类案检索情况,通过一定形式在本院或者辖区内法院公开,供法官办案参考。

十、强化对统一法律适用标准的科技支撑和人才保障

20.加强统一法律适用标准的技术支撑。各级人民法院应当深化智慧法院建设,为统一法律适用标准提供信息化保障。最高人民法院加快建设以司法大数据管理和服务平台为基础的智慧数据中台,完善类案智能化推送和审判支持系统,加强类案同判规则数据库和优秀案例分析数据库建设,为审判人员办案提供裁判规则和参考案例,为院庭长监督管理提供同类案件大数据报告,为审判委员会讨论决定案件提供决策参考。各级人民法院应当充分利用中国裁判文书网、"法信"、中国应用法学数字化服务系统等平台,加强案例分析与应用,提高法官熟练运用信息化手段开展类案检索和案例研究的能力。

21.加强对审判人员法律适用能力的培养。各级人民法院应当加大对审判人员政治素质和业务能力的培训力度,强化与统一法律适用标准相关的法律解释、案例分析、类案检索、科技应用等方面能力的培养,全面提高审判人员统一法律适用标准的意识和能力。

最高人民法院
2020 年 9 月 14 日

最高人民法院关于统一法律适用加强类案检索的指导意见(试行)

(2020 年 7 月 31 日实施)

为统一法律适用,提升司法公信力,结合审判工作实际,就人民法院类案检索工作提出如下意见。

一、本意见所称类案,是指与待决案件在基本事实、争议焦点、法律适用问题等方面具有相似性,且已经人民法院裁判生效的案件。

二、人民法院办理案件具有下列情形之一,应当进行类案检索:

(一)拟提交专业(主审)法官会议或者审判委员会讨论的;

(二)缺乏明确裁判规则或者尚未形成统一裁判规则的;

(三)院长、庭长根据审判监督管理权限要求进行类案检索的;

(四)其他需要进行类案检索的。

三、承办法官依托中国裁判文书网、审判案例数据库等进行类案检索,并对检索的真实性、准确性负责。

四、类案检索范围一般包括:

(一)最高人民法院发布的指导性案例;

(二)最高人民法院发布的典型案例及裁判生效的案件;

(三)本省(自治区、直辖市)高级人民法院发布的参考性案例及裁判生效的案件;

(四)上一级人民法院及本院裁判生效的案件。

除指导性案例以外,优先检索近三年的案例或者案件;已经在前一顺位中检索到类案的,可以不再进行检索。

五、类案检索可以采用关键词检索、法条关联案件检索、案例关联检索等方法。

六、承办法官应当将待决案件与检索结果进行相似性识别和比对,确定是否属于类案。

七、对本意见规定的应当进行类案检索的案件,承办法官应当在合议庭评议、专业(主审)法官会议讨论及审理报告中对类案检索情况予以说明,或者制作专门的类案检索报告,并随案归档备查。

八、类案检索说明或者报告应当客观、全面、准确,包括检索主体、时间、平台、方法、结果,类案裁判要点以及待决案件争议焦点等内容,并对是否参照或者参考类案等结果运用情况予以分析说明。

九、检索到的类案为指导性案例的,人民法院应当参照作出裁判,但与新的法律、行政法规、司法解释相冲突或者为新的指导性案例所取代的除外。

检索到其他类案的,人民法院可以作为作出裁判的参考。

十、公诉机关、案件当事人及其辩护人、诉讼代理人等提交指导性案例作为控(诉)辩理由的,人民法院应当在裁判文书说理中回应是否参照并说明理由;提交其他类案作为控(诉)辩理由的,人民法院可以通过释明等方式予以回应。

十一、检索到的类案存在法律适用不一致的,人民法院可以综合法院层级、裁判时间、是否经审判委员会讨论等因素,依照《最高人民法院关于建立法律适用分歧解决机制的实施办法》等规定,通过法律适用分歧解决机制予以解决。

十二、各级人民法院应当积极推进类案检索工作,加强技术研发和应用培训,提升类案推送的智能化、精准化水平。

各高级人民法院应当充分运用现代信息技术,建立审判案例数据库,为全国统一、权威的审判案例数据库建设奠定坚实基础。

十三、各级人民法院应当定期归纳整理类案检索情况,通过一定形式在本院或者辖区法院公开,供法官办案参考,并报上一级人民法院审判管理部门备案。

十四、本意见自 2020 年 7 月 31 日起试行。

《最高人民法院关于案例指导工作的规定》实施细则

(2015 年 5 月 13 日实施)

第一条 为了具体实施《最高人民法院关于案例指导工作的规定》,加强、规范和促进案例指导工作,充分发挥指导性案例对审判工作的指导作用,统一法律适用标准,维护司法公正,制定本实施细则。

第二条 指导性案例应当是裁判已经发生法律效力,认定事实清楚,适用法律正确,裁判说理充分,法律效果和社会效果良好,对审理类似案件具有普遍指导意义的案例。

第三条 指导性案例由标题、关键词、裁判要点、相关法条、基本案情、裁判结果、裁判理由以及包括生效裁判审判人员姓名的附注等组成。指导性案例体例的具体要求另行规定。

第四条 最高人民法院案例指导工作办公室(以下简称案例指导办公室)负责指导性案例的征集、遴选、审查、发布、研究和编纂,以及对全国法院案例指导工作的协调和指导等工作。

最高人民法院各审判业务单位负责指导性案例的推荐、审查等工作,并指定专人负责联络工作。

各高级人民法院负责辖区内指导性案例的推荐、调研、监督等工作。各高级人民法院向最高人民法院推荐的备选指导性案例,应当经审判委员会讨论决定或经审判委员会过半数委员审核同意。

中级人民法院、基层人民法院应当通过高级人民法院推荐备选指导性案例,并指定专人负责案例指导工作。

第五条 人大代表、政协委员、人民陪审员、专家学者、律师,以及其他关心人民法院审判、执行工作的社会各界人士,对于符合指导性案例条件的案例,可以向作出生效裁判的原审人民法院推荐,也可以向案例指导办公室提出推荐建议。

案例指导工作专家委员会委员对于符合指导性案例条件的案例,可以向案例指导办公室提出推荐建议。

第六条 最高人民法院各审判业务单位、高级人民法院向案例指导办公室推荐备选指导性案例,应当提交下列材料:

(一)《指导性案例推荐表》;

(二)按照规定体例编写的案例文本及其编选说明;

(三)相关裁判文书。

以上材料需要纸质版一式三份,并附电子版。

推荐法院可以提交案件审理报告、相关新闻报道及研究资料等。

第七条 案例指导办公室认为有必要进一步研究的备选指导性案例,可以征求相关国家机关、部门、社会组织以及案例指导工作专家委员会委员、专家学者的意见。

第八条 备选指导性案例由案例指导办公室按照程序报送审核。经最高人民法院审判委员会讨论通过的指导性案例,印发各高级人民法院,并在《最高人民法院公报》《人民法院报》和最高人民法院网站上公布。

第九条 各级人民法院正在审理的案件,在基本案情和法律适用方面,与最高人民法院发布的指导性案例相类似的,应当参照相关指导性案例的裁判要点作出裁判。

第十条 各级人民法院审理类似案件参照指导性案例的,应当将指导性案例作为裁判理由引述,但不作为裁判依据引用。

第十一条 在办理案件过程中,案件承办人员应当查询相关指导性案例。在裁判文书中引述相关指导性案例的,应在裁判理由部分引述指导性案例的编号和裁判要点。

公诉机关、案件当事人及其辩护人、诉讼代理人引述指导性案例作为控(诉)辩理由的,案件承办人员应当在裁判理由中回应是否参照了该指导性案例并说明理由。

第十二条 指导性案例有下列情形之一的,不再具有指导作用:

（一）与新的法律、行政法规或者司法解释相冲突的；

（二）为新的指导性案例所取代的；

第十三条 最高人民法院建立指导性案例纸质档案与电子信息库，为指导性案例的参照适用、查询、检索和编纂提供保障。

第十四条 各级人民法院对于案例指导工作中做出突出成绩的单位和个人，应当依照《中华人民共和国法官法》等规定给予奖励。

第十五条 本实施细则自印发之日起施行。

最高人民法院关于案例指导工作的规定

（2010 年 11 月 26 日实施）

为总结审判经验，统一法律适用，提高审判质量，维护司法公正，根据《中华人民共和国人民法院组织法》等法律规定，就开展案例指导工作，制定本规定。

第一条 对全国法院审判、执行工作具有指导作用的指导性案例，由最高人民法院确定并统一发布。

第二条 本规定所称指导性案例，是指裁判已经发生法律效力，并符合以下条件的案例：

（一）社会广泛关注的；

（二）法律规定比较原则的；

（三）具有典型性的；

（四）疑难复杂或者新类型的；

（五）其他具有指导作用的案例。

第三条 最高人民法院设立案例指导工作办公室，负责指导性案例的遴选、审查和报审工作。

第四条 最高人民法院各审判业务单位对本院和地方各级人民法院已经发生法律效力的裁判，认为符合本规定第二条规定的，可以向案例指导工作办公室推荐。

各高级人民法院、解放军军事法院对本院和本辖区内人民法院已经发生法律效力的裁判,认为符合本规定第二条规定的,经本院审判委员会讨论决定,可以向最高人民法院案例指导工作办公室推荐。

中级人民法院、基层人民法院对本院已经发生法律效力的裁判,认为符合本规定第二条规定的,经本院审判委员会讨论决定,层报高级人民法院,建议向最高人民法院案例指导工作办公室推荐。

第五条 人大代表、政协委员、专家学者、律师,以及其他关心人民法院审判、执行工作的社会各界人士对人民法院已经发生法律效力的裁判,认为符合本规定第二条规定的,可以向作出生效裁判的原审人民法院推荐。

第六条 案例指导工作办公室对于被推荐的案例,应当及时提出审查意见。符合本规定第二条规定的,应当报请院长或者主管副院长提交最高人民法院审判委员会讨论决定。

最高人民法院审判委员会讨论决定的指导性案例,统一在《最高人民法院公报》、最高人民法院网站、《人民法院报》上以公告的形式发布。

第七条 最高人民法院发布的指导性案例,各级人民法院审判类似案例时应当参照。

第八条 最高人民法院案例指导工作办公室每年度对指导性案例进行编纂。

第九条 本规定施行前,最高人民法院已经发布的对全国法院审判、执行工作具有指导意义的案例,根据本规定清理、编纂后,作为指导性案例公布。

第十条 本规定自公布之日起施行。

附录二　最高人民法院指导性案例目录
（截至 2024 年 6 月）

案例编号	案例名称
指导案例 1 号	上海中原物业顾问有限公司诉陶德华居间合同纠纷案
指导案例 2 号	吴梅诉四川省眉山西城纸业有限公司买卖合同纠纷案
指导案例 3 号	潘玉梅、陈宁受贿案
指导案例 4 号	王志才故意杀人案
指导案例 5 号	鲁潍(福建)盐业进出口有限公司苏州分公司诉江苏省苏州市盐务管理局盐业行政处罚案
指导案例 6 号	黄泽富、何伯琼、何熠诉四川省成都市金堂工商行政管理局行政处罚案
指导案例 7 号	牡丹江市宏阁建筑安装有限责任公司诉牡丹江市华隆房地产开发有限责任公司、张继增建设工程施工合同纠纷案
指导案例 8 号	林方清诉常熟市凯莱实业有限公司、戴小明公司解散纠纷案
指导案例 9 号	上海存亮贸易有限公司诉蒋志东、王卫明等买卖合同纠纷案(已废止)
指导案例 10 号	李建军诉上海佳动力环保科技有限公司公司决议撤销纠纷案
指导案例 11 号	杨延虎等贪污案
指导案例 12 号	李飞故意杀人案
指导案例 13 号	王召成等非法买卖、储存危险物质案
指导案例 14 号	董某某、宋某某抢劫案
指导案例 15 号	徐工集团工程机械股份有限公司诉成都川交工贸有限责任公司等买卖合同纠纷案
指导案例 16 号	中海发展股份有限公司货轮公司申请设立海事赔偿责任限制基金案
指导案例 17 号	张莉诉北京合力华通汽车服务有限公司买卖合同纠纷案
指导案例 18 号	中兴通讯(杭州)有限责任公司诉王鹏劳动合同纠纷案

(续表)

案例编号	案例名称
指导案例 19 号	赵春明等诉烟台市福山区汽车运输公司、卫德平等机动车交通事故责任纠纷案
指导案例 20 号	深圳市斯瑞曼精细化工有限公司诉深圳市坑梓自来水有限公司、深圳市康泰蓝水处理设备有限公司侵害发明专利权纠纷案(已废止)
指导案例 21 号	内蒙古秋实房地产开发有限责任公司诉呼和浩特市人民防空办公室人防行政征收案
指导案例 22 号	魏永高、陈守志诉来安县人民政府收回土地使用权批复案
指导案例 23 号	孙银山诉南京欧尚超市有限公司江宁店买卖合同纠纷案
指导案例 24 号	荣宝英诉王阳、永诚财产保险股份有限公司江阴支公司机动车交通事故责任纠纷案
指导案例 25 号	华泰财产保险有限公司北京分公司诉李志贵、天安财产保险股份有限公司河北省分公司张家口支公司保险人代位求偿权纠纷案
指导案例 26 号	李健雄诉广东省交通运输厅政府信息公开案
指导案例 27 号	臧进泉等盗窃、诈骗案
指导案例 28 号	胡克金拒不支付劳动报酬案
指导案例 29 号	天津中国青年旅行社诉天津国青国际旅行社擅自使用他人企业名称纠纷案
指导案例 30 号	兰建军、杭州小拇指汽车维修科技股份有限公司诉天津市小拇指汽车维修服务有限公司等侵害商标权及不正当竞争纠纷案
指导案例 31 号	江苏炜伦航运股份有限公司诉米拉达玫瑰公司船舶碰撞损害赔偿纠纷案
指导案例 32 号	张某某、金某危险驾驶案
指导案例 33 号	瑞士嘉吉国际公司诉福建金石制油有限公司等确认合同无效纠纷案
指导案例 34 号	李晓玲、李鹏裕申请执行厦门海洋实业(集团)股份有限公司、厦门海洋实业总公司执行复议案
指导案例 35 号	广东龙正投资发展有限公司与广东景茂拍卖行有限公司委托拍卖执行复议案
指导案例 36 号	中投信用担保有限公司与海通证券股份有限公司等证券权益纠纷执行复议案
指导案例 37 号	上海金纬机械制造有限公司与瑞士瑞泰克公司仲裁裁决执行复议案
指导案例 38 号	田永诉北京科技大学拒绝颁发毕业证、学位证案

(续表)

案例编号	案例名称
指导案例 39 号	何小强诉华中科技大学拒绝授予学位案
指导案例 40 号	孙立兴诉天津新技术产业园区劳动人事局工伤认定案
指导案例 41 号	宣懿成等诉浙江省衢州市国土资源局收回国有土地使用权案
指导案例 42 号	朱红蔚申请无罪逮捕赔偿案
指导案例 43 号	国泰君安证券股份有限公司海口滨海大道(天福酒店)证券营业部申请错误执行赔偿案
指导案例 44 号	卜新光申请刑事违法追缴赔偿案
指导案例 45 号	北京百度网讯科技有限公司诉青岛奥商网络技术有限公司等不正当竞争纠纷案
指导案例 46 号	山东鲁锦实业有限公司诉鄄城县鲁锦工艺品有限责任公司、济宁礼之邦家纺有限公司侵害商标权及不正当竞争纠纷案
指导案例 47 号	意大利费列罗公司诉蒙特莎(张家港)食品有限公司、天津经济技术开发区正元行销有限公司不正当竞争纠纷案
指导案例 48 号	北京精雕科技有限公司诉上海奈凯电子科技有限公司侵害计算机软件著作权纠纷案
指导案例 49 号	石鸿林诉泰州华仁电子资讯有限公司侵害计算机软件著作权纠纷案
指导案例 50 号	李某、郭某阳诉郭某和、童某某继承纠纷案
指导案例 51 号	阿卜杜勒·瓦希德诉中国东方航空股份有限公司航空旅客运输合同纠纷案
指导案例 52 号	海南丰海粮油工业有限公司诉中国人民财产保险股份有限公司海南省分公司海上货物运输保险合同纠纷案
指导案例 53 号	福建海峡银行股份有限公司福州五一支行诉长乐亚新污水处理有限公司、福州市政工程有限公司金融借款合同纠纷案
指导案例 54 号	中国农业发展银行安徽省分行诉张大标、安徽长江融资担保集团有限公司执行异议之诉纠纷案
指导案例 55 号	柏万清诉成都难寻物品营销服务中心等侵害实用新型专利权纠纷案
指导案例 56 号	韩凤彬诉内蒙古九郡药业有限责任公司等产品责任纠纷管辖权异议案
指导案例 57 号	温州银行股份有限公司宁波分行诉浙江创菱电器有限公司等金融借款合同纠纷案
指导案例 58 号	成都同德福合川桃片有限公司诉重庆市合川区同德福桃片有限公司、余晓华侵害商标权及不正当竞争纠纷案

(续表)

案例编号	案例名称
指导案例 59 号	戴世华诉济南市公安消防支队消防验收纠纷案
指导案例 60 号	盐城市奥康食品有限公司东台分公司诉盐城市东台工商行政管理局工商行政处罚案
指导案例 61 号	马乐利用未公开信息交易案
指导案例 62 号	王新明合同诈骗案
指导案例 63 号	徐加富强制医疗案
指导案例 64 号	刘超捷诉中国移动通信集团江苏有限公司徐州分公司电信服务合同纠纷案
指导案例 65 号	上海市虹口区久乐大厦小区业主大会诉上海环亚实业总公司业主共有权纠纷案
指导案例 66 号	雷某某诉宋某某离婚纠纷案
指导案例 67 号	汤长龙诉周士海股权转让纠纷案
指导案例 68 号	上海欧宝生物科技有限公司诉辽宁特莱维置业发展有限公司企业借贷纠纷案
指导案例 69 号	王明德诉乐山市人力资源和社会保障局工伤认定案
指导案例 70 号	北京阳光一佰生物技术开发有限公司、习文有等生产、销售有毒、有害食品案
指导案例 71 号	毛建文拒不执行判决、裁定案
指导案例 72 号	汤龙、刘新龙、马忠太、王洪刚诉新疆鄂尔多斯彦海房地产开发有限公司商品房买卖合同纠纷案
指导案例 73 号	通州建总集团有限公司诉安徽天宇化工有限公司别除权纠纷案
指导案例 74 号	中国平安财产保险股份有限公司江苏分公司诉江苏镇江安装集团有限公司保险人代位求偿权纠纷案
指导案例 75 号	中国生物多样性保护与绿色发展基金会诉宁夏瑞泰科技股份有限公司环境污染公益诉讼案
指导案例 76 号	萍乡市亚鹏房地产开发有限公司诉萍乡市国土资源局不履行行政协议案
指导案例 77 号	罗镕荣诉吉安市物价局物价行政处理案
指导案例 78 号	北京奇虎科技有限公司诉腾讯科技(深圳)有限公司、深圳市腾讯计算机系统有限公司滥用市场支配地位纠纷案
指导案例 79 号	吴小秦诉陕西广电网络传媒(集团)股份有限公司捆绑交易纠纷案

附录二 最高人民法院指导性案例目录（截至 2024 年 6 月）

(续表)

案例编号	案例名称
指导案例 80 号	洪福远、邓春香诉贵州五福坊食品有限公司、贵州今彩民族文化研发有限公司著作权侵权纠纷案
指导案例 81 号	张晓燕诉雷献和、赵琪、山东爱书人音像图书有限公司著作权侵权纠纷案
指导案例 82 号	王碎永诉深圳歌力思服饰股份有限公司、杭州银泰世纪百货有限公司侵害商标权纠纷案
指导案例 83 号	威海嘉易烤生活家电有限公司诉永康市金仕德工贸有限公司、浙江天猫网络有限公司侵害发明专利权纠纷案
指导案例 84 号	礼来公司诉常州华生制药有限公司侵害发明专利权纠纷案
指导案例 85 号	高仪股份公司诉浙江健龙卫浴有限公司侵害外观设计专利权纠纷案
指导案例 86 号	天津天隆种业科技有限公司与江苏徐农种业科技有限公司侵害植物新品种权纠纷案
指导案例 87 号	郭明升、郭明锋、孙淑标假冒注册商标案
指导案例 88 号	张道文、陶仁等诉四川省简阳市人民政府侵犯客运人力三轮车经营权案
指导案例 89 号	"北雁云依"诉济南市公安局历下区分局燕山派出所公安行政登记案
指导案例 90 号	贝汇丰诉海宁市公安局交通警察大队道路交通管理行政处罚案
指导案例 91 号	沙明保等诉马鞍山市花山区人民政府房屋强制拆除行政赔偿案
指导案例 92 号	莱州市金海种业有限公司诉张掖市富凯农业科技有限责任公司侵犯植物新品种权纠纷案
指导案例 93 号	于欢故意伤害案
指导案例 94 号	重庆市涪陵志大物业管理有限公司诉重庆市涪陵区人力资源和社会保障局劳动和社会保障行政确认案
指导案例 95 号	中国工商银行股份有限公司宣城龙首支行诉宣城柏冠贸易有限公司、江苏凯盛置业有限公司等金融借款合同纠纷案
指导案例 96 号	宋文军诉西安市大华餐饮有限公司股东资格确认纠纷案
指导案例 97 号	王力军非法经营再审改判无罪案
指导案例 98 号	张庆福、张殿凯诉朱振彪生命权纠纷案
指导案例 99 号	葛长生诉洪振快名誉权、荣誉权纠纷案
指导案例 100 号	山东登海先锋种业有限公司诉陕西农丰种业有限责任公司、山西大丰种业有限公司侵害植物新品种权纠纷案

(续表)

案例编号	案例名称
指导案例 101 号	罗元昌诉重庆市彭水苗族土家族自治县地方海事处政府信息公开案
指导案例 102 号	付宣豪、黄子超破坏计算机信息系统案
指导案例 103 号	徐强破坏计算机信息系统案
指导案例 104 号	李森、何利民、张锋勃等人破坏计算机信息系统案
指导案例 105 号	洪小强、洪礼沃、洪清泉、李志荣开设赌场案
指导案例 106 号	谢检军、高垒、高尔樵、杨泽彬开设赌场案
指导案例 107 号	中化国际(新加坡)有限公司诉蒂森克虏伯冶金产品有限责任公司国际货物买卖合同纠纷案
指导案例 108 号	浙江隆达不锈钢有限公司诉A.P.穆勒-马士基有限公司海上货物运输合同纠纷案
指导案例 109 号	安徽省外经建设(集团)有限公司诉东方置业房地产有限公司保函欺诈纠纷案
指导案例 110 号	交通运输部南海救助局诉阿昌格罗斯投资公司、香港安达欧森有限公司上海代表处海难救助合同纠纷案
指导案例 111 号	中国建设银行股份有限公司广州荔湾支行诉广东蓝粤能源发展有限公司等信用证开证纠纷案
指导案例 112 号	阿斯特克有限公司申请设立海事赔偿责任限制基金案
指导案例 113 号	迈克尔·杰弗里·乔丹与国家工商行政管理总局商标评审委员会、乔丹体育股份有限公司"乔丹"商标争议行政纠纷案
指导案例 114 号	克里斯蒂昂迪奥尔香料公司诉国家工商行政管理总局商标评审委员会商标申请驳回复审行政纠纷案
指导案例 115 号	瓦莱奥清洗系统公司诉厦门卢卡斯汽车配件有限公司等侵害发明专利权纠纷案
指导案例 116 号	丹东益阳投资有限公司申请丹东市中级人民法院错误执行国家赔偿案
指导案例 117 号	中建三局第一建设工程有限责任公司与澳中财富(合肥)投资置业有限公司、安徽文峰置业有限公司执行复议案
指导案例 118 号	东北电气发展股份有限公司与国家开发银行股份有限公司、沈阳高压开关有限责任公司等执行复议案
指导案例 119 号	安徽省滁州市建筑安装工程有限公司与湖北追日电气股份有限公司执行复议案

(续表)

案例编号	案例名称
指导案例 120 号	青海金泰融资担保有限公司与上海金桥工程建设发展有限公司、青海三工置业有限公司执行复议案
指导案例 121 号	株洲海川实业有限责任公司与中国银行股份有限公司长沙市蔡锷支行、湖南省德奕鸿金属材料有限公司财产保全执行复议案
指导案例 122 号	河南神泉之源实业发展有限公司与赵五军、汝州博易观光医疗主题园区开发有限公司等执行监督案
指导案例 123 号	于红岩与锡林郭勒盟隆兴矿业有限责任公司执行监督案
指导案例 124 号	中国防卫科技学院与联合资源教育发展(燕郊)有限公司执行监督案
指导案例 125 号	陈载果与刘荣坤、广东省汕头渔业用品进出口公司等申请撤销拍卖执行监督案
指导案例 126 号	江苏天宇建设集团有限公司与无锡时代盛业房地产开发有限公司执行监督案
指导案例 127 号	吕金奎等 79 人诉山海关船舶重工有限责任公司海上污染损害责任纠纷案
指导案例 128 号	李劲诉华润置地(重庆)有限公司环境污染责任纠纷案
指导案例 129 号	江苏省人民政府诉安徽海德化工科技有限公司生态环境损害赔偿案
指导案例 130 号	重庆市人民政府、重庆两江志愿服务发展中心诉重庆藏金阁物业管理有限公司、重庆首旭环保科技有限公司生态环境损害赔偿、环境民事公益诉讼案
指导案例 131 号	中华环保联合会诉德州晶华集团振华有限公司大气污染责任民事公益诉讼案
指导案例 132 号	中国生物多样性保护与绿色发展基金会诉秦皇岛方圆包装玻璃有限公司大气污染责任民事公益诉讼案
指导案例 133 号	山东省烟台市人民检察院诉王振殿、马群凯环境民事公益诉讼案
指导案例 134 号	重庆市绿色志愿者联合会诉恩施自治州建始磺厂坪矿业有限责任公司水污染责任民事公益诉讼案
指导案例 135 号	江苏省徐州市人民检察院诉苏州其安工艺品有限公司等环境民事公益诉讼案
指导案例 136 号	吉林省白山市人民检察院诉白山市江源区卫生和计划生育局、白山市江源区中医院环境公益诉讼案
指导案例 137 号	云南省剑川县人民检察院诉剑川县森林公安局怠于履行法定职责环境行政公益诉讼案

(续表)

案例编号	案例名称
指导案例 138 号	陈德龙诉成都市成华区环境保护局环境行政处罚案
指导案例 139 号	上海鑫晶山建材开发有限公司诉上海市金山区环境保护局环境行政处罚案
指导案例 140 号	李秋月等诉广州市花都区梯面镇红山村村民委员会违反安全保障义务责任纠纷案
指导案例 141 号	支某 1 等诉北京市永定河管理处生命权、健康权、身体权纠纷案
指导案例 142 号	刘明莲、郭丽丽、郭双双诉孙伟、河南兰庭物业管理有限公司信阳分公司生命权纠纷案
指导案例 143 号	北京兰世达光电科技有限公司、黄晓兰诉赵敏名誉权纠纷案
指导案例 144 号	张那木拉正当防卫案
指导案例 145 号	张竣杰等非法控制计算机信息系统案
指导案例 146 号	陈庆豪、陈淑娟、赵延海开设赌场案
指导案例 147 号	张永明、毛伟明、张鹭故意损毁名胜古迹案
指导案例 148 号	高光诉三亚天通国际酒店有限公司、海南博超房地产开发有限公司等第三人撤销之诉案
指导案例 149 号	长沙广大建筑装饰有限公司诉中国工商银行股份有限公司广州粤秀支行、林传武、长沙广大建筑装饰有限公司广州分公司等第三人撤销之诉案
指导案例 150 号	中国民生银行股份有限公司温州分行诉浙江山口建筑工程有限公司、青田依利高鞋业有限公司第三人撤销之诉案
指导案例 151 号	台州德力奥汽车部件制造有限公司诉浙江建环机械有限公司管理人浙江安天律师事务所、中国光大银行股份有限公司台州温岭支行第三人撤销之诉案
指导案例 152 号	鞍山市中小企业信用担保中心诉汪薇、鲁金英第三人撤销之诉案
指导案例 153 号	永安市燕诚房地产开发有限公司诉郑耀南、远东(厦门)房地产发展有限公司等第三人撤销之诉案
指导案例 154 号	王四光诉中天建设集团有限公司、白山和丰置业有限公司案外人执行异议之诉案
指导案例 155 号	中国建设银行股份有限公司怀化市分行诉中国华融资产管理股份有限公司湖南省分公司等案外人执行异议之诉案
指导案例 156 号	王岩诉徐意君、北京市金陵房地产发展有限责任公司案外人执行异议之诉案

(续表)

案例编号	案例名称
指导案例 157 号	左尚明舍家居用品(上海)有限公司诉北京中融恒盛木业有限公司、南京梦阳家具销售中心侵害著作权纠纷案
指导案例 158 号	深圳市卫邦科技有限公司诉李坚毅、深圳市远程智能设备有限公司专利权权属纠纷案
指导案例 159 号	深圳敦骏科技有限公司诉深圳市吉祥腾达科技有限公司等侵害发明专利权纠纷案
指导案例 160 号	蔡新光诉广州市润平商业有限公司侵害植物新品种权纠纷案
指导案例 161 号	广州王老吉大健康产业有限公司诉加多宝(中国)饮料有限公司虚假宣传纠纷案
指导案例 162 号	重庆江小白酒业有限公司诉国家知识产权局、第三人重庆市江津酒厂(集团)有限公司商标权无效宣告行政纠纷案
指导案例 163 号	江苏省纺织工业(集团)进出口有限公司及其五家子公司实质合并破产重整案
指导案例 164 号	江苏苏醇酒业有限公司及关联公司实质合并破产重整案
指导案例 165 号	重庆金江印染有限公司、重庆川江针纺有限公司破产管理人申请实质合并破产清算案
指导案例 166 号	北京隆昌伟业贸易有限公司诉北京城建重工有限公司合同纠纷案
指导案例 167 号	北京大唐燃料有限公司诉山东百富物流有限公司买卖合同纠纷案
指导案例 168 号	中信银行股份有限公司东莞分行诉陈志华等金融借款合同纠纷案
指导案例 169 号	徐欣诉招商银行股份有限公司上海延西支行银行卡纠纷案
指导案例 170 号	饶国礼诉某物资供应站等房屋租赁合同纠纷案
指导案例 171 号	中天建设集团有限公司诉河南恒和置业有限公司建设工程施工合同纠纷案
指导案例 172 号	秦家学滥伐林木刑事附带民事公益诉讼案
指导案例 173 号	北京市朝阳区自然之友环境研究所诉中国水电顾问集团新平开发有限公司、中国电建集团昆明勘测设计研究院有限公司生态环境保护民事公益诉讼案
指导案例 174 号	中国生物多样性保护与绿色发展基金会诉雅砻江流域水电开发有限公司生态环境保护民事公益诉讼案
指导案例 175 号	江苏省泰州市人民检察院诉王小朋等 59 人生态破坏民事公益诉讼案
指导案例 176 号	湖南省益阳市人民检察院诉夏顺安等 15 人生态破坏民事公益诉讼案

(续表)

案例编号	案例名称
指导案例 177 号	海南临高盈海船务有限公司诉三沙市渔政支队行政处罚案
指导案例 178 号	北海市乃志海洋科技有限公司诉北海市海洋与渔业局行政处罚案
指导案例 179 号	聂美兰诉北京林氏兄弟文化有限公司确认劳动关系案
指导案例 180 号	孙贤锋诉淮安西区人力资源开发有限公司劳动合同纠纷案
指导案例 181 号	郑某诉霍尼韦尔自动化控制(中国)有限公司劳动合同纠纷案
指导案例 182 号	彭宇翔诉南京市城市建设开发(集团)有限责任公司追索劳动报酬纠纷案
指导案例 183 号	房玥诉中美联泰大都会人寿保险有限公司劳动合同纠纷案
指导案例 184 号	马筱楠诉北京搜狐新动力信息技术有限公司竞业限制纠纷案
指导案例 185 号	闫佳琳诉浙江喜来登度假村有限公司平等就业权纠纷案
指导案例 186 号	龚品文等组织、领导、参加黑社会性质组织案
指导案例 187 号	吴强等敲诈勒索、抢劫、故意伤害案
指导案例 188 号	史广振等组织、领导、参加黑社会性质组织案
指导案例 189 号	上海熊猫互娱文化有限公司诉李岑、昆山播爱游信息技术有限公司合同纠纷案
指导案例 190 号	王山诉万得信息技术股份有限公司竞业限制纠纷案
指导案例 191 号	刘彩丽诉广东省英德市人民政府行政复议案
指导案例 192 号	李开祥侵犯公民个人信息刑事附带民事公益诉讼案
指导案例 193 号	闻巍等侵犯公民个人信息案
指导案例 194 号	熊昌恒等侵犯公民个人信息案
指导案例 195 号	罗文君、瞿小珍侵犯公民个人信息刑事附带民事公益诉讼案
指导案例 196 号	运裕有限公司与深圳市中苑城商业投资控股有限公司申请确认仲裁协议效力案
指导案例 197 号	深圳市实正共盈投资控股有限公司与深圳市交通运输局申请确认仲裁协议效力案
指导例 198 号	中国工商银行股份有限公司岳阳分行与刘友良申请撤销仲裁裁决案
指导案例 199 号	高哲宇与深圳市云丝路创新发展基金企业、李斌申请撤销仲裁裁决案
指导案 200 号	斯万斯克蜂蜜加工公司申请承认和执行外国仲裁裁决案

附录二　最高人民法院指导性案例目录（截至 2024 年 6 月）

(续表)

案例编号	案例名称
指导案例 201 号	德拉甘·可可托维奇诉上海恩渥餐饮管理有限公司、吕恩劳务合同纠纷案
指导案例 202 号	武汉卓航江海贸易有限公司、向阳等 12 人污染环境刑事附带民事公益诉讼案
指导案例 203 号	左勇、徐鹤污染环境刑事附带民事公益诉讼案
指导案例 204 号	重庆市人民检察院第五分院诉重庆瑜煌电力设备制造有限公司等环境污染民事公益诉讼案
指导案例 205 号	上海市人民检察院第三分院诉郎溪华远固体废物处置有限公司、宁波高新区米泰贸易有限公司、黄德庭、薛强环境污染民事公益诉讼案
指导案例 206 号	北京市人民检察院第四分院诉朱清良、朱清涛环境污染民事公益诉讼案
指导案例 207 号	江苏省南京市人民检察院诉王玉林生态破坏民事公益诉讼案
指导案例 208 号	江西省上饶市人民检察院诉张永明、张鹭、毛伟明生态破坏民事公益诉讼案
指导案例 209 号	浙江省遂昌县人民检察院诉叶继成生态破坏民事公益诉讼案
指导案例 210 号	九江市人民政府诉江西正鹏环保科技有限公司、杭州连新建材有限公司、李德等生态环境损害赔偿诉讼案
指导案例 211 号	铜仁市万山区人民检察院诉铜仁市万山区林业局不履行林业行政管理职责行政公益诉讼案
指导案例 212 号	刘某桂非法采矿刑事附带民事公益诉讼案
指导案例 213 号	黄某辉、陈某等 8 人非法捕捞水产品刑事附带民事公益诉讼案
指导案例 214 号	上海某某港实业有限公司破产清算转破产重整案
指导案例 215 号	昆明闽某纸业有限责任公司等污染环境刑事附带民事公益诉讼案
指导案例 216 号	睢宁县人民检察院诉睢宁县环境保护局不履行环境保护监管职责案
指导案例 217 号	慈溪市博某塑料制品有限公司诉永康市联某工贸有限公司、浙江天某网络有限公司等侵害实用新型专利权纠纷案
指导案例 218 号	苏州赛某电子科技有限公司诉深圳裕某科技有限公司等侵害集成电路布图设计专有权纠纷案
指导案例 219 号	广州天某高新材料股份有限公司、九江天某高新材料有限公司诉安徽纽某精细化工有限公司等侵害技术秘密纠纷案
指导案例 220 号	嘉兴市中某化工有限责任公司、上海欣某新技术有限公司诉王某集团有限公司、宁波王某科技股份有限公司等侵害技术秘密纠纷案

(续表)

案例编号	案例名称
指导案例 221 号	张某勋诉宜宾恒某投资集团有限公司、四川省宜宾市吴某建材工业有限责任公司等垄断纠纷案
指导案例 222 号	广州德某水产设备科技有限公司诉广州宇某水产科技有限公司、南某水产研究所财产损害赔偿纠纷案
指导案例 223 号	张某龙诉北京某蝶文化传播有限公司、程某、马某侵害作品信息网络传播权纠纷案
指导案例 224 号	某美(天津)图像技术有限公司诉河南某庐蜂业有限公司侵害作品信息网络传播权纠纷案
指导案例 225 号	江某某正当防卫案
指导案例 226 号	陈某某、刘某某故意伤害、虐待案
指导案例 227 号	胡某某、王某某诉德某餐厅、蒋某某等生命权纠纷案
指导案例 228 号	张某诉李某、刘某监护权纠纷案
指导案例 229 号	沙某某诉袁某某探望权纠纷案

附录三 最高人民检察院指导性案例目录（截至 2024 年 6 月）

案例编号	案例名称
检例第 1 号	施某某等 17 人聚众斗殴案
检例第 2 号	忻元龙绑架案
检例第 3 号	林志斌徇私舞弊暂予监外执行案
检例第 4 号	崔建国环境监管失职案
检例第 5 号	陈根明、林福娟、李德权滥用职权案
检例第 6 号	罗建华、罗镜添、朱炳灿、罗锦游滥用职权案
检例第 7 号	胡宝刚、郑伶徇私舞弊不移交刑事案件案
检例第 8 号	杨周武玩忽职守、徇私枉法、受贿案
检例第 9 号	李泽强编造、故意传播虚假恐怖信息案
检例第 10 号	卫学臣编造虚假恐怖信息案
检例第 11 号	袁才彦编造虚假恐怖信息案
检例第 12 号	柳立国等人生产、销售有毒、有害食品，生产、销售伪劣产品案
检例第 13 号	徐孝伦等人生产、销售有害食品案
检例第 14 号	孙建亮等人生产、销售有毒、有害食品案
检例第 15 号	胡林贵等人生产、销售有毒、有害食品，行贿；骆梅、刘康素销售伪劣产品；朱伟全、曾伟中生产、销售伪劣产品；黎达文等人受贿、食品监管渎职案
检例第 16 号	赛跃、韩成武受贿、食品监管渎职案
检例第 17 号	陈邓昌抢劫、盗窃，付志强盗窃案
检例第 18 号	郭明先参加黑社会性质组织、故意杀人、故意伤害案

(续表)

案例编号	案例名称
检例第 19 号	张某、沈某某等七人抢劫案
检例第 20 号	马世龙(抢劫)核准追诉案
检例第 21 号	丁国山等(故意伤害)核准追诉案
检例第 22 号	杨菊云(故意杀人)不核准追诉案
检例第 23 号	蔡金星、陈国辉等(抢劫)不核准追诉案
检例第 24 号	马乐利用未公开信息交易案
检例第 25 号	于英生申诉案
检例第 26 号	陈满申诉案
检例第 27 号	王玉雷不批准逮捕案
检例第 28 号	许建惠、许玉仙民事公益诉讼案
检例第 29 号	白山市江源区卫生和计划生育局及江源区中医院行政附带民事公益诉讼案
检例第 30 号	郧阳区林业局行政公益诉讼案
检例第 31 号	清流县环保局行政公益诉讼案
检例第 32 号	锦屏县环保局行政公益诉讼案
检例第 33 号	李丙龙破坏计算机信息系统案
检例第 34 号	李骏杰等破坏计算机信息系统案
检例第 35 号	曾兴亮、王玉生破坏计算机信息系统案
检例第 36 号	卫梦龙、龚旭、薛东东非法获取计算机信息系统数据案
检例第 37 号	张四毛盗窃案
检例第 38 号	董亮等四人诈骗案
检例第 39 号	朱炜明操纵证券市场案
检例第 40 号	周辉集资诈骗案
检例第 41 号	叶经生等组织、领导传销活动案
检例第 42 号	齐某强奸、猥亵儿童案
检例第 43 号	骆某猥亵儿童案
检例第 44 号	于某虐待案

(续表)

案例编号	案例名称
检例第 45 号	陈某正当防卫案
检例第 46 号	朱凤山故意伤害(防卫过当)案
检例第 47 号	于海明正当防卫案
检例第 48 号	侯雨秋正当防卫案
检例第 49 号	陕西省宝鸡市环境保护局凤翔分局不全面履职案
检例第 50 号	湖南省长沙县城乡规划建设局等不依法履职案
检例第 51 号	曾云侵害英烈名誉案
检例第 52 号	广州乙置业公司等骗取支付令执行虚假诉讼监督案
检例第 53 号	武汉乙投资公司等骗取调解书虚假诉讼监督案
检例第 54 号	陕西甲实业公司等公证执行虚假诉讼监督案
检例第 55 号	福建王某兴等人劳动仲裁执行虚假诉讼监督案
检例第 56 号	江西熊某等交通事故保险理赔虚假诉讼监督案
检例第 57 号	某实业公司诉某市住房和城乡建设局征收补偿认定纠纷抗诉案
检例第 58 号	浙江省某市国土资源局申请强制执行杜某非法占地处罚决定监督案
检例第 59 号	湖北省某县水利局申请强制执行肖某河道违法建设处罚决定监督案
检例第 60 号	刘强非法占用农用地案
检例第 61 号	王敏生产、销售伪劣种子案
检例第 62 号	南京百分百公司等生产、销售伪劣农药案
检例第 63 号	湖北省天门市人民检察院诉拖市镇政府不依法履行职责行政公益诉讼案
检例第 64 号	杨卫国等人非法吸收公众存款案
检例第 65 号	王鹏等人利用未公开信息交易案
检例第 66 号	博元投资股份有限公司、余蒂妮等人违规披露、不披露重要信息案
检例第 67 号	张凯闵等 52 人电信网络诈骗案
检例第 68 号	叶源星、张剑秋提供侵入计算机信息系统程序、谭房妹非法获取计算机信息系统数据案
检例第 69 号	姚晓杰等 11 人破坏计算机信息系统案
检例第 70 号	宣告缓刑罪犯蔡某等 12 人减刑监督案

(续表)

案例编号	案例名称
检例第 71 号	罪犯康某假释监督案
检例第 72 号	罪犯王某某暂予监外执行监督案
检例第 73 号	浙江省某县图书馆及赵某、徐某某单位受贿、私分国有资产、贪污案
检例第 74 号	李华波贪污案
检例第 75 号	金某某受贿案
检例第 76 号	张某受贿,郭某行贿、职务侵占、诈骗案
检例第 77 号	深圳市丙投资企业(有限合伙)被诉股东损害赔偿责任纠纷抗诉案
检例第 78 号	某牧业公司被错列失信被执行人名单执行监督案
检例第 79 号	南漳县丙房地产开发有限责任公司被明显超标的额查封执行监督案
检例第 80 号	福建甲光电公司、福建乙科技公司与福建丁物业公司物业服务合同纠纷和解案
检例第 81 号	无锡 F 警用器材公司虚开增值税专用发票案
检例第 82 号	钱某故意伤害案
检例第 83 号	琚某忠盗窃案
检例第 84 号	林某彬等人组织、领导、参加黑社会性质组织案
检例第 85 号	刘远鹏涉嫌生产、销售"伪劣产品"(不起诉)案
检例第 86 号	盛开水务公司污染环境刑事附带民事公益诉讼案
检例第 87 号	李卫俊等"套路贷"虚假诉讼案
检例第 88 号	北京市海淀区人民检察院督促落实未成年人禁烟保护案
检例第 89 号	黑龙江省检察机关督促治理二次供水安全公益诉讼案
检例第 90 号	许某某、包某某串通投标立案监督案
检例第 91 号	温某某合同诈骗立案监督案
检例第 92 号	上海甲建筑装饰有限公司、吕某拒不执行判决立案监督案
检例第 93 号	丁某某、林某某等人假冒注册商标立案监督案
检例第 94 号	余某某等人重大劳动安全事故重大责任事故案
检例第 95 号	宋某某等人重大责任事故案
检例第 96 号	黄某某等人重大责任事故、谎报安全事故案

附录三　最高人民检察院指导性案例目录（截至 2024 年 6 月）

（续表）

案例编号	案例名称
检例第 97 号	夏某某等人重大责任事故案
检例第 98 号	邓秋城、双善食品（厦门）有限公司等销售假冒注册商标的商品案
检例第 99 号	广州卡门实业有限公司涉嫌销售假冒注册商标的商品立案监督案
检例第 100 号	陈力等八人侵犯著作权案
检例第 101 号	姚常龙等五人假冒注册商标案
检例第 102 号	金义盈侵犯商业秘密案
检例第 103 号	胡某某抢劫案
检例第 104 号	庄某等人敲诈勒索案
检例第 105 号	李某诈骗、传授犯罪方法牛某等人诈骗案
检例第 106 号	牛某非法拘禁案
检例第 107 号	唐某等人聚众斗殴案
检例第 108 号	江苏某银行申请执行监督案
检例第 109 号	湖北某房地产公司申请执行监督案
检例第 110 号	黑龙江何某申请执行监督案
检例第 111 号	海南省海口市人民检察院诉海南 A 公司等三被告非法向海洋倾倒建筑垃圾民事公益诉讼案
检例第 112 号	江苏省睢宁县人民检察院督促处置危险废物行政公益诉讼案
检例第 113 号	河南省人民检察院郑州铁路运输分院督促整治违建塘坝危害高铁运营安全行政公益诉讼案
检例第 114 号	江西省上饶市人民检察院诉张某某等三人故意损毁三清山巨蟒峰民事公益诉讼案
检例第 115 号	贵州省榕江县人民检察院督促保护传统村落行政公益诉讼案
检例第 116 号	某材料公司诉重庆市某区安监局、市安监局行政处罚及行政复议检察监督案
检例第 117 号	陈某诉江苏省某市某区人民政府强制拆迁及行政赔偿检察监督案
检例第 118 号	魏某等 19 人诉山西省某市发展和改革局不履行法定职责检察监督案
检例第 119 号	山东省某包装公司及魏某安全生产违法行政非诉执行检察监督案
检例第 120 号	王某凤等 45 人诉北京市某区某镇政府强制拆除和行政赔偿检察监督系列案

(续表)

案例编号	案例名称
检例第 121 号	姚某诉福建省某县民政局撤销婚姻登记检察监督案
检例第 122 号	李某滨与李某峰财产损害赔偿纠纷支持起诉案
检例第 123 号	胡某祥、万某妹与胡某平赡养纠纷支持起诉案
检例第 124 号	孙某宽等 78 人与某农业公司追索劳动报酬纠纷支持起诉案
检例第 125 号	安某民等 80 人与某环境公司确认劳动关系纠纷支持起诉案
检例第 126 号	张某云与张某森离婚纠纷支持起诉案
检例第 127 号	白静贪污违法所得没收案
检例第 128 号	彭旭峰受贿,贾斯语受贿、洗钱违法所得没收案
检例第 129 号	黄艳兰贪污违法所得没收案
检例第 130 号	任润厚受贿、巨额财产来源不明违法所得没收案
检例第 131 号	社区矫正对象孙某某撤销缓刑监督案
检例第 132 号	社区矫正对象崔某某暂予监外执行收监执行监督案
检例第 133 号	社区矫正对象王某减刑监督案
检例第 134 号	社区矫正对象管某某申请外出监督案
检例第 135 号	社区矫正对象贾某某申请经常性跨市县活动监督案
检例第 136 号	仇某侵害英雄烈士名誉、荣誉案
检例第 137 号	郎某、何某诽谤案
检例第 138 号	岳某侮辱案
检例第 139 号	钱某制作、贩卖、传播淫秽物品牟利案
检例第 140 号	柯某侵犯公民个人信息案
检例第 141 号	浙江省杭州市余杭区人民检察院对北京某公司侵犯儿童个人信息权益提起民事公益诉讼 北京市人民检察院督促保护儿童个人信息权益行政公益诉讼案
检例第 142 号	江苏省宿迁市人民检察院对章某为未成年人文身提起民事公益诉讼案
检例第 143 号	福建省福清市人民检察院督促消除幼儿园安全隐患行政公益诉讼案
检例第 144 号	贵州省沿河土家族自治县人民检察院督促履行食品安全监管职责行政公益诉讼案

附录三　最高人民检察院指导性案例目录(截至 2024 年 6 月)

(续表)

案例编号	案例名称
检例第 145 号	江苏省溧阳市人民检察院督促整治网吧违规接纳未成年人行政公益诉讼案
检例第 146 号	卢某诉福建省某市公安局交警支队道路交通行政处罚检察监督案
检例第 147 号	湖南省某市人民检察院对市人民法院行政诉讼执行活动检察监督案
检例第 148 号	安徽省某县自然资源和规划局申请执行强制拆除违法占用土地上的建筑物行政处罚决定检察监督案
检例第 149 号	糜某诉浙江省某市住房和城乡建设局、某市人民政府信息公开及行政复议检察监督案
检例第 150 号	王某贩卖、制造毒品案
检例第 151 号	马某某走私、贩卖毒品案
检例第 152 号	郭某某欺骗他人吸毒案
检例第 153 号	何某贩卖、制造毒品案
检例第 154 号	李某荣等七人与李某云民间借贷纠纷抗诉案
检例第 155 号	某小额贷款公司与某置业公司借款合同纠纷抗诉案
检例第 156 号	郑某安与某物业发展公司商品房买卖合同纠纷再审检察建议案
检例第 157 号	陈某与向某贵房屋租赁合同纠纷抗诉案
检例第 158 号	陈某某刑事申诉公开听证案
检例第 159 号	吴某某、杨某某刑事申诉公开听证案
检例第 160 号	董某某刑事申诉公开听证案
检例第 161 号	董某娟刑事申诉简易公开听证案
检例第 162 号	吉林省检察机关督促履行环境保护监管职责行政公益诉讼案
检例第 163 号	山西省检察机关督促整治浑源矿企非法开采行政公益诉讼案
检例第 164 号	江西省浮梁县人民检察院诉 A 化工集团有限公司污染环境民事公益诉讼案
检例第 165 号	山东省淄博市人民检察院对 A 发展基金会诉 B 石油化工有限公司、C 化工有限公司民事公益诉讼检察监督案
检例第 166 号	最高人民检察院督促整治万峰湖流域生态环境受损公益诉讼案
检例第 167 号	陈某诉江苏省某市人社局撤销退休审批检察监督案
检例第 168 号	志某诉湖南省甲县公安局确认执法信息录入行政行为违法检察监督案

(续表)

案例编号	案例名称
检例第 169 号	浙江省杭州市某区人民检察院督促治理虚假登记市场主体检察监督案
检例第 170 号	广东省某市人民检察院督促住房和城乡建设行政主管部门依法履行监管职责检察监督案
检例第 171 号	防止未成年人滥用药物综合司法保护案
检例第 172 号	阻断性侵犯罪未成年被害人感染艾滋病风险综合司法保护案
检例第 173 号	惩治组织未成年人进行违反治安管理活动犯罪综合司法保护案
检例第 174 号	未成年人网络民事权益综合司法保护案
检例第 175 号	张业强等人非法集资案
检例第 176 号	郭四记、徐维伦等人伪造货币案
检例第 177 号	孙旭东非法经营案
检例第 178 号	王某等人故意伤害等犯罪二审抗诉案
检例第 179 号	刘某某贩卖毒品二审抗诉案
检例第 180 号	李某抢劫、强奸、强制猥亵二审抗诉案
检例第 181 号	孟某某等人组织、领导、参加黑社会性质组织、寻衅滋事等犯罪再审抗诉案
检例第 182 号	宋某某危险驾驶二审、再审抗诉案
检例第 183 号	浙江省嵊州市人民检察院督促规范成品油领域税收监管秩序行政公益诉讼案
检例第 184 号	江苏省扬州经济技术开发区人民检察院督促整治闲置国有土地行政公益诉讼案
检例第 185 号	湖南省长沙市检察机关督促追回违法支出国有土地使用权出让收入行政公益诉讼案
检例第 186 号	浙江省杭州市拱墅区人民检察院督促落实电价优惠政策行政公益诉讼案
检例第 187 号	沈某某、郑某某贪污案
检例第 188 号	桑某受贿、国有公司人员滥用职权、利用未公开信息交易案
检例第 189 号	李某等人挪用公款案
检例第 190 号	宋某某违规出具金融票证、违法发放贷款、非国家工作人员受贿案
检例第 191 号	广州蒙娜丽莎建材有限公司、广州蒙娜丽莎洁具有限公司与国家知识产权局商标争议行政纠纷诉讼监督案

(续表)

案例编号	案例名称
检例第 192 号	周某某与项某某、李某某著作权权属、侵权纠纷等系列虚假诉讼监督案
检例第 193 号	梁永平、王正航等十五人侵犯著作权案
检例第 194 号	上海某公司、许林、陶伟侵犯著作权案
检例第 195 号	罪犯向某假释监督案
检例第 196 号	罪犯杨某某假释监督案
检例第 197 号	罪犯刘某某假释监督案
检例第 198 号	罪犯邹某某假释监督案
检例第 199 号	罪犯唐某假释监督案
检例第 200 号	隋某某利用网络猥亵儿童、强奸、敲诈勒索制作、贩卖、传播淫秽物品牟利案
检例第 201 号	姚某某等人网络诈骗案
检例第 202 号	康某某利用网络侵犯公民个人信息案
检例第 203 号	李某某帮助信息网络犯罪活动案
检例第 204 号	禁止向未成年人租售网络游戏账号检察监督案
检例第 205 号	李某诉湖北省某市人力资源和社会保障局某市人民政府工伤保险资格认定及行政复议诉讼监督案
检例第 206 号	某村委会诉黑龙江省某市不动产登记中心行政登记诉讼监督案
检例第 207 号	支某兰诉山东省某市自然资源和规划局宅基地使用权登记诉讼监督案
检例第 208 号	赵某诉内蒙古自治区某旗退役军人事务局给付烈士子女定期生活补助诉讼监督案
检例第 209 号	朱某涉嫌盗窃不批捕复议复核案
检例第 210 号	杨某涉嫌虚假诉讼不批捕复议案
检例第 211 号	王某掩饰、隐瞒犯罪所得不批捕复议复核案
检例第 212 号	茅某组织卖淫不起诉复议复核案
检例第 213 号	尹某某等人诈骗立案监督案
检例第 214 号	郭某甲、林某甲拒不执行判决、裁定立案监督案
检例第 215 号	刘甲、刘乙恶势力犯罪集团侦查活动监督案
检例第 216 号	付某盗窃侦查活动监督案
检例第 216 号	曾某甲等人故意伤害纠正遗漏同案犯罪嫌疑人侦查监督案

附录四　国外裁判文书选登

基于各国司法体制、法律传统、公文习惯、写作思维等方面的不同,各国裁判文书的种类、样式、结构、说理性程度等均呈现出差别。此处对俄罗斯、法国、日本、德国四个国家的裁判文书作一简要介绍与比较。

(一)俄罗斯裁判文书有判决(решение)、刑事判决(приговор)、裁定、决定和执行令。判决是一审法院对民事、行政案件作出的裁判;刑事判决是一审法院或上诉法院作出的,关于被告人无罪或有罪以及对他施加或免予刑罚的裁判;裁定是法院就审判过程中需要解决的个别问题发布的不解决案件的实体问题的司法文书;决定包括独任法官作出的判决以外的决定或法院主席团对已生效裁判再审的决定。刑事判决由首部、叙述和理由部分、结论部分组成,主文是结论部分。民事、行政判决的叙述部分和理由部分分开,其余与刑事判决的格式相同。判决是"以俄罗斯联邦的名义"作出,首部载明判决日期、地点、法院名称、审判组织组成、助理审判员和书记员、律师,还有开庭情况、当事人(刑事案件被告人)、其他参与人(公诉人、自诉人、被害人、附带民事诉讼原告人和被告人及其诉讼代理人)、争议标的(刑事案件则为《俄罗斯联邦刑法典》中对被告人被指控实施的犯罪的条、款、项)。俄罗斯和法国一样,裁判文书的主文即结论部分位于判决书正文的末尾、结尾之前,通常以"基于以上并依照×××法第×××条,审判委员会判决(或裁定):"作为开头,冒号之后书写判决、裁定的内容。结论部分不仅要就诉讼请求(刑事案件中对被告人的指控)作出判决,还要一并处理审前羁押刑期折抵、强制措施解除(无罪判决中适用)、诉讼费用、司法赔偿等其他问题。

(二)法国裁判文书分为基层法院判决、高级法院判决和裁定。两种"判决"是指结束诉讼时法院就争议的事实和法律问题作出的实体裁判,"裁定"则是独任法官(juge statuant seul)在诉讼过程中或者为准备诉讼、执行裁判而单独作出的临时决定。

2019年,法国最高法院发布《关于判决的结构和撰写的新规则指南》,推行"直接撰写法"改革。最高法院判决由首部、正文、结尾组成。首部标题为"法兰西共和国 以法国人民的名义",然后写明作出系争判决的原审法院、作出本判决的审判组织(最高法院的某个庭或全体法官组成的大法庭)和法官、判决日期、各方当事人和书记员、律师、检察官等。正文由事实和程序、抗辩审查和主文组成。事实和程序部分,民事判决以"根据系争判决"为开头陈述事实,刑事判决书则写单独一句"以下是系争判决和程序性文件得出的结果",然后另起一段陈述事实。抗辩审查部分分为抗辩陈述和法院回应两部分,抗辩陈述部分以"翻案上诉人辩称"开头,法院回应部分以"鉴于某法律规定"或者"根据某法律"开头;如果上诉人有数个理由,则应在判决书中分别列举并逐一回应。主文在末尾,以"基于以上理由,本院:"开头,冒号之后写明所作的决定(拒绝翻案上诉、撤销、部分撤销、发回等)。结尾部分具体写明法院宣告判决的机构和日期。

(三)日本裁判文书有判决、决定、命令。判决(判決)是经过言词辩论等严格的程序保障作出的裁判,必须公开宣布,包括主文和理由。决定(決定)、命令(命令)是对诉讼附带事项作出裁判,或者在保全、破产、执行等事项中,在没有严格程序保障的情况下迅速作出的裁判,不一定经过言词辩论,也不一定有理由,未必公开宣布;"决定"由法院作出,"命令"由法官或助理法官作出。判决书由首部、主文、理由、尾部组成。首部写明案号、案由、裁判日期、审判组织,民事案件还会写明判决宣告日、言词辩论终结日(有的判决没有首部)。主文即判决内容。理由即陈述判决理由,刑事案件会写明犯行经过、应构成犯罪事实、证据目录、争点判断,包括事实概要和审理经过、本案主要争点和裁判所的判断;然后是法律适用、量刑理由。民事判决的"事实和理由"写明诉讼请求、事实概要、相关法律法规概要、争点和各方主张、法院判断。最高裁判所全体15名裁判官作出的大法庭判决,陈述理由之后会在正文中单独说明结论,还会说明各法官一致意见或多数意见,列明部分法官的补充意见和反对意见。

(四)德国法院的裁判文书种类主要有判决、裁定、命令。判决是在刑事、民事案件和宪法诉愿中经过言词审理,对事实和法律问题作出判断的裁决。裁定是不需要经过言词审理的裁判,主要涉及程序问题。命令是法院采取的程序管理临时措施(如假处分),法官、文员都可能作出。此外,德国还有缺席判决、执行令、法院裁决、处罚令等特殊形式的裁判文书。

判决书由首部、主文、案件事实与判决理由和最后的法官签名构成。首部包括标题(某法院"以人民的名义"判决)、当事人或其法定代表人姓名(刑事案件中则为被告的详细信息)、涉及罪名(刑事案件写)、法院名称、法官、辩护人、书记员姓名、言词辩论的日期(刑事案件则为开庭日期)。主文写明判决内容,刑事案件的主文也会写明附带处理保安处分、诉讼费用、上诉途径等问题。如果有犯罪参与、不作为、未遂、竞合等也应写明,数罪并罚的应宣告总刑期,主文以"依法判决如下"开头。民事案件的事实陈述一般比较精要,简要陈述当事人所提出的主张以及提出的攻防证据,简单概括当事人间法律争议的实质,介绍双方没有争议的事实和原告、被告提出的争议事实以及程序性事项;判决理由中先论述诉讼要件,再论述实体法判断。刑事案件的"判决理由"写明被告的个人情况、犯罪事实调查结果、证据评估情况、法律适用、量刑理由;如果无罪,则陈述指控理由、无罪原因、法院确定的事实、证据评估情况(不能定罪的原因)。判决书的分段不像法国一样在段首标号,而是以页边码表示。

从比较法来看,裁判主文是前置还是后置,各自有何理据;法官少数意见是否在裁判文书中载明;裁判文书可以援引哪些论据(先例、学说、经验法则、习惯等)进行说理等,均值得我们在推进裁判文书说理和案例指导制度改革过程中参考借鉴与比较研究。基于每个国家的最高法院均处在法院系统的顶端,往往承担着维护法制统一等方面的重要宪法职责,其审理案件后所制作的裁判文书的说理就显得更为重要、更具示范引领价值。为此,我们"原汁原味"地选登了俄罗斯、法国、日本、德国四个国家的数份最高法院制作的裁判文书,供实务部门制作裁判文书和理论界研究裁判文书说理时学习参考。

一、俄罗斯裁判文书范例[①]

俄罗斯联邦最高法院再审裁定

莫斯科市

2023 年 9 月 27 日

俄罗斯联邦最高法院刑事审判委员会由以下人员组成:

审判长 С.А. 什莫季科娃

审判员 О.В. 鲍里索娃和 Н.П. 杜博维克,书记员 М.П. 日利佐娃

检察官 С.Д. 邦廷和律师 Н.Д. 加达利尼纳参加诉讼

根据俄罗斯联邦副总检察长 И.В. 特卡乔夫于 2023 年 2 月 1 日向最高法院刑事审判委员会提交的就第七普通再审法院刑事案件作出再审裁定的请求,委员会公开开庭

[①] 该裁判文书系由德国吉森尤斯图斯-李比希大学博士研究生徐澍翻译。经其同意,予以选登。

审理了针对 В.И.伊万诺夫的刑事案件。

汉特-曼西自治区—尤格拉别列佐夫斯基区法院于 2022 年 3 月 30 日作出判决：

伊万诺夫·维克多·伊万诺维奇于 2021 年 1 月 14 日依《俄罗斯联邦刑法典》第 228 条第 2 款被定罪，判处剥夺自由刑 4 年、缓刑 2 年①，并处罚金 2 万卢布；

依《俄罗斯联邦刑法典》第 228 条第 2 款被定罪，判处剥夺自由刑 4 年；依第 228.1 条第 4 款第 4 项被定罪，判处剥夺自由刑 11 年。

依《俄罗斯联邦刑法典》第 70 条关于数个判决合并处刑之规定，根据第 228 条第 2 款所判处的刑罚与 2021 年 1 月 14 日判决中尚未服完的刑期合并，处 5 年剥夺自由刑，并处罚金 2 万卢布。

依《俄罗斯联邦刑法典》第 69 条第 5 款关于数罪并罚的规定，依第 228.1 条第 4 款第 4 项，最终决定对伊万诺夫执行剥夺自由刑 14 年，并处罚金 2 万卢布，在监狱严格管束制度下服刑。

汉特-曼西自治区—尤格拉法院刑事审判委员会 2022 年 6 月 9 日的二审裁定，改变了对伊万诺夫的判决。警官 S 和 Sh 就他们所知信息的证词（伊万诺夫向证人警官 K 讲述了他向 B 出售毒品的情况）被排除在判决的事实陈述和说理之外。针对伊万诺夫的判决的其余部分保持不变。

根据第七普通再审法院刑事审判委员会于 2023 年 2 月 1 日作出的再审裁定，对伊万诺夫根据《俄罗斯联邦刑法典》第 228.1 条第 4 款第 4 项定罪的判决和二审裁定被撤销。根据《俄罗斯联邦刑事诉讼法典》第 237 条，刑事案件材料已退回检察官，以消除法院审理的障碍。

依《俄罗斯联邦刑法典》第 69 条第 5 款对被定罪者的最终处罚被取消。

依《俄罗斯联邦刑法典》第 61 条第 1 款第 10 项，对第 228 条第 2 款规定的犯罪认定其具有从轻处罚的自首情节。根据《俄罗斯联邦刑法典》第 228 条第 2 款，对被定罪者判处的刑期，减为剥夺自由刑 3 年 11 个月。

依《俄罗斯联邦刑法典》第 70 条数个判决合并处刑的规定，将 2021 年 1 月 14 日判

---

① 《俄罗斯联邦刑法典》第 73 条规定，判处不满一年剥夺自由刑宣告缓刑时，考验期为六个月以上三年以下；判处超过一年剥夺自由刑宣告缓刑时，考验期为六个月以上五年以下。俄罗斯没有考验期应在"原判刑期以上"的规定。——译者注

决中未服刑部分附加到已判处刑罚中。最终判处伊万诺夫有期徒刑 4 年 11 个月,在普通制度下执行,并处罚金 2 万卢布。

审判委员会听取了俄罗斯联邦最高法院法官什莫季科娃关于法院判决内容和再审理由的报告及双方意见后,查明:

根据法院判决,考虑到所作的变更,伊万诺夫因不以销售为目的而非法取得、持有毒品 0.78 克(数量巨大),构成不以销售为目的的非法取得、持有毒品罪。

据判决书所载,该犯罪行为发生于 2021 年 2 月 25 日某地。

俄罗斯联邦副总检察长 И.В. 特卡乔夫提出的再审抗诉,请求撤销再审裁定,并重新启动再审,理由是根据《俄罗斯联邦刑法典》第 228 条第 4 款第 4 项对伊万诺夫的定罪判决被撤销、将刑事案件退回检察官,是无根据的。

再审抗诉的理由是,再审法院的结论是在没有考虑证人 B 关于其获取麻醉药品情况的证词(经法院审查并在判决中进行了适当评估),并且没有考虑法庭听证会上审查的其他证据(这些证据证实了证人 B 的证词)的情况下作出的。此外,提请撤销原判人提请注意,上诉法院实际上对 2020 年 12 月 25 日判决中就其获取麻醉药品的情况所确定的内容给予了带偏见的重视,尤其是违反了《俄罗斯联邦刑事诉讼法典》第 252 条。①

提请人请求撤销第七普通再审法院刑事审判委员会于 2023 年 2 月 1 日对伊万诺夫作出的再审裁定,并付重新再审审理。

依《俄罗斯联邦刑事诉讼法典》第 401.15 条,在刑事案件翻案审理中,撤销或变更判决、裁定、决定的理由是存在影响案件结果的严重违反刑法和(或)刑事诉讼法之情形。

审判委员会在研究案件材料、核查再审请求的依据、听取了被判刑人及其律师的反对意见后,得出结论:再审法院在启动再审程序审理本案时存在违法。

根据法院确定的情况,2020 年 5 月 22 日,伊万诺夫在(某地,隐去)取得并向瓦西里耶夫出售了重 0.284 克的麻醉药品。随后,V 某携上述毒品被警方拘留。

根据本案已查明的事实情况,被判有罪的伊万诺夫的这些行为被一审法院定性为特大非法销售麻醉药品,数量特别巨大。

---

① 该条规定,法庭审理仅针对刑事案件被告人且仅就所提出的指控进行。变更指控不得恶化被告人的状况,不得侵犯辩护权。——译者注

二审法院维持这部分判决不变。

二审法院在对伊万诺夫案进行再审审理后,决定撤销根据《俄罗斯联邦刑法典》第228条第4款第4项对伊万诺夫定罪的判决和第二审裁定,并将伊万诺夫所涉刑事案件退回检察官。

为了支持这一决定,再审法院指出,本判决所确定的关于伊万诺夫向瓦西里耶夫非法销售重0.284克麻醉药品的情节与2020年12月25日判决所确定的情节相矛盾。对瓦西里耶夫的指控称,他在村里街道上的房屋附近发现了重0.284克的麻醉药品。因此,对瓦西里耶夫的判决不包含有关他从伊万诺夫或身份不明的人处获取麻醉药品的信息。

同时,二审法院根据《俄罗斯联邦刑法典》第228.1条第4款第4项将伊万诺夫案退回检察官,没有考虑以下情况:

一审法院为了支持伊万诺夫非法销售麻醉药品罪的结论,在判决中援用了瓦西里耶夫的证词。瓦西里耶夫在开庭时作为证人接受询问,他称,他于2020年5月22日在村里的街道上以2000卢布的价格从伊万诺夫处购买了该麻醉药物。瓦西里耶夫还解释说,在此前对其案件的调查过程中,他没有说出这些情况,因为他害怕自己受严厉处罚。同时,瓦西里耶夫没有证实他在2020年其刑事案件法庭审理期间关于发现毒品(根据《俄罗斯联邦刑法典》第228条第2款指控)的证词。

瓦西里耶夫并未否认出售该药物的情节。伊万诺夫本人在作为犯罪嫌疑人和被告人接受审讯期间,以及与瓦西里耶夫对质期间,也没有否认这一情节。

法院正确地将上述证词作为伊万诺夫有罪的证据,因为它们彼此印证,并且与本案的其他证据相印证——包括目击证人C和C的证词,他们看到瓦西里耶夫进入了伊万诺夫的汽车,并提供了瓦西里耶夫和伊万诺夫之间电话联系的详细信息。据此,他们在伊万诺夫出售麻醉药品之前不久曾互相通过电话。

再审所提到的瓦西里耶夫案2020年12月25日判决,在审理伊万诺夫案时也得到了一审法院和二审法院的审查。

正如二审裁定中正确指出的那样,2020年12月25日的判决书所载的瓦西里耶夫获取麻醉药品的情况(发现,而非购买)仅基于瓦西里耶夫作为犯罪嫌疑人和被告人的供述。该供述仅确认了其非法获取毒品的事实,但具体情况是在判决生效后才得知的。

再审结论为:2020年12月25日的判决所确定的事实情况对瓦西里耶夫形成不利偏见,这与《俄罗斯联邦刑事诉讼法典》第252条相矛盾。根据该条,审判仅针对被告,并仅就对他提出的指控进行。同时,根据《俄罗斯联邦刑事诉讼法典》第90条,在前的判决不能作为预断以前不是本案参与人之人有罪的根据。

综合上述情况,刑事审判委员会认为,再审的结论是将案件退回检察官。因为法院无法作出与刑事诉讼法(包括《俄罗斯联邦刑事诉讼法典》第237条)要求相抵触的判决或其他决定。

此外,在再审裁定中对于相同情况包含自相矛盾的结论,即所施加处罚的公正性以及减轻处罚理由之不存在,刑事审判委员会认定伊万诺夫的认罪供述为减轻情节,并对《俄罗斯联邦刑法典》第228条第2款之罪减轻了刑罚。

综上,根据《俄罗斯联邦刑事诉讼法典》第401.14条第1款第5项、第14条第14部分第401.15条,审判委员会裁定如下:

第七普通再审法院刑事审判委员会于2023年2月1日就维克托·伊万诺维奇·伊万诺夫作出的再审裁定(关于根据《俄罗斯联邦刑法典》第228条第4款第4项取消对其定罪的判决和二审裁定)根据《俄罗斯联邦刑事诉讼法典》第237条,退回检察官。这部分刑事案件应由同一法院不同法官重新进行再审。

Судьи 法官(隐去)

二、法国裁判文书范例[①]

最高法院[②]大法庭

2021年6月4日开庭

驳回翻案上诉

Duval-Arnould 女士

作为首席庭长

判决号 655 P+R

上诉号 R 21-81.656

法兰西共和国

---

① 该裁判文书系由德国吉森尤斯图斯-李比希大学博士研究生徐澍翻译。经其同意,予以选登。
② 直译为"翻案法院"或者"破毁法院",是法国司法审判体系内的最高法院。——译者注

以法国人民的名义

最高法院大法庭 2021 年 6 月 4 日判决

ZV 先生对共和国司法法院①2021 年 3 月 4 日作出的判决提出上诉。该判决以滥用公司财物罪共犯,判处他两年监禁(宣告缓刑),并科罚金 10 万欧元。

根据 1993 年 11 月 23 日关于共和国司法法院的《第 93-1252 号组织法》第 33 条,上诉被提交最高法院大法庭。

ZV 先生在大法庭援引了本判决附件所列的撤销原判的理由。

这些理由由 ZV 先生的律师 SCP Gatineau、Fattaccini 和 Rebeyrol 在于 2021 年 4 月 2 日向最高法院书记室提交的一份摘要中阐述。

顾问 Seys 先生的书面报告、助理检察总长 Petitprez 先生的书面意见,已发各方当事人。

ZV 先生的律师 SCP Gatineau、Fattaccini 和 Rebeyrol 于 2021 年 5 月 17 日向最高法院书记室提交了补充意见。

基于顾问 Seys 先生的报告,在档案、研究和报告部门助理办案员 Dureux 先生协助下,SCP Gatineau、Fattaccini 和 Rebeyrol 的评论、Petitprez 先生的意见(受 SCP Gatineau、Fattaccini 邀请)在 2021 年 5 月 28 日的公开听证中进行辩论后答复。出席听证的有:Duval-Arnould 女士,庭长,审判长;Farthouat-Danon 女士;Guérin 先生;Auroy 女士;Bonnal 先生;Leroy-Gissinger 女士;Nivôse 先生,审判长顾问;Seys 先生,顾问报告员;Girardet 先生;Darbois 女士;Besson 先生;Barbiéri 先生;de Larosière de Champfeu 先生;Leprieur 女士,庭长顾问;Rinuy 先生;Durin-Karsenty 女士;Maziau 先生;David 先生;Dard 女士,顾问;Petitprez 先生,助理检察总长;Mégnien 女士,办事员。

最高法院由首席庭长、庭长和上述顾问组成大法庭,经过合议,依法作出本判决。

事实和程序

1. 以下是系争判决和程序性文件得出的结果。

2. 据已公开信息,中介"K 网络"(包括 SB、PEQ、TA)介入法国与沙特阿拉伯、巴基斯坦政府订立军售合同的进程并获得报酬。②

---

① 审理法国中央政府官员犯罪案件的专门法院。
② 判决书隐去了全部涉案人员姓名,但综合我国和法国媒体有关报道,本案即"卡拉奇爆炸案"(转下页)

3. 由 2014 年 6 月 12 日的一项法令，预审法官以滥用公司财物损害法国武器系统出口公司（索夫赫沙公司，Sofresa）和法国造舰总局（Dcn-I）[①]利益并共谋、掩饰这些犯罪，将 ME、PEQ、SB、YR、VD 和 HW 移送轻罪法院。两家政府出资的公司接受了法国政府授权，负责管理有关军火市场的某些方面，还指定了游说外国政府的中间人并向其支付报酬。

4. 在此之前，预审法官根据 2014 年 2 月 6 日的法令，宣告自己对可能应归罪于 CC 先生[②]和 ZV 先生的事实没有管辖权，因为犯罪可能是 ZV 先生在行使部长职权时实施的。

5. 共和国司法法院预审委员会根据 2014 年 6 月 26 日的起诉书立案受理，并于 2019 年 9 月 30 日作出判决，将 CC 先生以滥用法国武器系统出口公司和法国造舰总局财产并掩饰赃款的共犯，将 ZV 先生以滥用公司财产损害上述法人利益的共犯，移交共和国司法法院。

6. 共和国司法法院于 2021 年 3 月 4 日宣告 CC 先生无罪，判处 ZV 先生二年监禁并宣告缓刑，并科 10 万欧元罚金。

抗辩审查

关于第一项抗辩

抗辩陈述

7. 该项抗辩批评原判决称，告知 ZV 先生沉默权是在就提供更多信息的请求进行辩论并将该事件与本案案情结合起来之后。"根据《刑事诉讼法典》第 406 条，审判长

（接上页）牵连出的军售弊案。1994 年年底，法国出售 3 艘奥古斯塔型（Agosta）潜水艇给巴基斯坦，同时出售数艘沙里 II 型（Sawari II）大型驱逐舰给沙特阿拉伯。为达成交易，法国通过一个"K 网络"向中间人支付佣金。2002 年 5 月 8 日，在巴基斯坦卡拉奇发生一桩爆炸案，造成法国造舰总局（DCNI）派至巴基斯坦建造奥古斯塔型潜水艇的职员死亡。外界尤其是受害者家属认为，1995 年法国前总理爱德华·巴拉迪尔在总统选举中败给了雅克·希拉克，而后者就任后于 1996 年决定停止按合同支付佣金，因此有人策划爆炸事件作为报复。上诉人"ZV 先生"为法国前国防部长弗朗索瓦·莱奥塔尔。他与巴拉迪尔一道被指控在军售合同中设立不透明渠道，并收取非法回扣作为巴拉迪尔竞选总统的资金，因而被移送共和国司法法院审理。该案的其他被告，包括巴拉迪尔的办公室主任、时任预算部长萨科齐的办公室主任以及军售案的中间人等人，在普通法院（巴黎轻罪法院）受审并被判有罪，而巴拉迪尔和莱奥塔尔依照法国宪法有关规定，只能由专属管辖内阁成员犯罪的共和国司法法院另案审理。2021 年 3 月 4 日，巴拉迪尔被宣告无罪，而莱奥塔尔被判有罪并向法国最高法院提起翻案上诉。本判决即法国最高法院大法庭驳回其上诉的终审判决。——译者注

① 均为法国政府经营的军火公司。——译者注
② 综合法媒报道，CC 先生应指法国前总理爱德华·巴拉迪尔。——译者注

在查明被告身份并向被告告知向法院起诉的文书之后,应告知被告在辩论期间有权发表意见、回答向他提出的问题或保持沉默的权利。违反告知沉默权之义务,必然对其造成不利。只有在听证开始时、进行任何辩论之前,包括在实体辩护中被要求提供更多信息时,被告得到关于此项权利的告知,才能确保该条保护辩护权目的的实现。从本案中提及有争议的判决可以看出,ZV 先生于 2021 年 1 月 19 日出席法院听证会时,仅在 CC 先生的律师支持在实体辩护中提出更多信息的请求、检察官就这一请求提出要求,以及法院退席审议该事件并将之与案情结合之后,才被告知有权发表意见、回答向他提出的问题或保持沉默。虽然辩论是在审查这一请求后开始的,但上诉法院误解了上述法条的含义和范围。"

法庭回应

8. 依《刑事诉讼法典》第 406 条,审判长或其指定的一名审判员①在查明其身份并了解将案件移交法院的行为后,告知被告在辩论期间有发表意见、回答向他提出的问题或保持沉默的权利。

9. 根据 1993 年 11 月 23 日《第 93-1252 号组织法》第 26 条,这些规定适用于共和国司法法院。

10. 依《刑事诉讼法典》第 802 条,如果违反法律规定的形式,程序无效。任何受理撤销申请的法院(包括最高法院),仅当此种情事损及相关当事人之利益时,始得宣告无效。

11. 当未依《刑事诉讼法典》第 406 条告知时,此种不利必然是针对被告的(最高法院刑事庭 2015 年 7 月 8 日判决,上诉号 14-85.699)。

12. 而对于在听证开始时在就另一方当事人所提交的请求进行初步辩论后收到信息,并且在此期间没有发言的被告,情况则有所不同。在这种情况下,只有在被告证明其利益受到损害的情况下,延迟履行此程序才能导致该被告无效。

13. 判决提到,审判长宣读了将本案起诉至法院的文书,查明 CC 先生的律师在场,并询问 ZV 先生是否有律师,ZV 先生答称其自行辩护。

14. 审判长就在实体辩护中提供补充信息请 CC 先生的律师发言,检察官提出了意见,CC 先生的律师表示没有进一步意见。听证暂停后,审判长通知双方,该事件与实体案情结合。

---

① 亦译作"陪审法官"。——译者注

15. 审判长随后通知被告,其在辩论期间有发表意见、回答向他提出的问题或保持沉默的权利。

16. 即便在就补充信息请求进行辩论后通知 ZV 先生存在错误,由于以下原因,也不导致判决的撤销。

17. 首先,共和国司法法院并未受理任何由 ZV 先生提出的任何请求。

18. 其次,有关人员在关于补充信息的辩论中没有发言,并且不曾声称被禁止发言。

19. 最后,ZV 先生本可以随时提出任何提供额外信息的请求,包括在实体辩论过程中——这不依赖由 CC 先生提出请求的条件或者与实体相结合的决定,也未批评其被拒绝的理由。

20. 在这种情况下,ZV 先生没有理由坚持认为,在辩论过程中向他延迟发出关于发表意见、回答问题或保持沉默权利之通知必然侵犯其合法权益。他并没有确定,这会如何损害他的利益。

21. 因此,该抗辩应予驳回。

关于第二项抗辩

抗辩陈述

22. 该项抗辩批评原判决称,其忽视了缺席证人的听证,没有征求 ZV 先生的意见,也没有说明正当理由,而"每个被告都有权询问或由人询问对自己作出不利陈述的证人,并按照与控方证人相同的条件传唤和询问辩方证人;程序全过程必须尊重辩护权、对席审判原则和武器平等原则①;在听取检察官和 CC 先生律师的意见后,法庭决定忽略四名缺席证人的出席,甚至没有要求 ZV 先生就此提出意见,也没有根据案件情况证明其决定的合理性。法院违反《欧洲保障人权和基本自由公约》(以下简称《欧洲人权公约》)第 6 条第 1 款和第 6 条第 3 款 d 所保障的公正程序权,以及《刑事诉讼法典》第 591 条和第 593 条的武器平等原则、对席审判原则"。

法庭回应

23. 根据《欧洲人权公约》第 6 条第 3 款 d,凡受刑事罪指控者有权利询问或由人询

---

① 亦译作"平等抗辩原则"。——译者注

问不利于他的证人,并在与不利于他的证人具有相同的条件下,让有利于他的证人出庭接受询问。

24. 根据恒定的判例见解(最高法院刑事庭 2001 年 6 月 27 日判决,上诉号 00-87.414;2014 年 3 月 4 日判决,上诉号 13-81.916),审案法官如果收到合法提交的说明其证词有用性的结论,就不能无正当理由地不对辩方提出的证人进行听证。

25. 判决书提到,关于不对检察官单独提出的八名证人中的四名进行听证,审判长曾传证人,注意到只有四人出庭,并宣布了其余四名未出庭的原因。检察机关代表表示放弃对未出庭证人的听证,CC 先生的律师也对此表示没有意见。

26. 判决书指出,在向被告询问案件事实后,法庭听取了在场证人的证词,然后审判长宣读了四名缺席证人中三人的证词。

27. 就这些陈述而言,ZV 先生没有理由就所谓共和国司法法院决定不听取缺席证人证词并且无充分理由不充分,以及未能就这一点提出意见持异议。

28. 事实上,一方面,这些证人是由检察官提出的,检察官立即放弃了听证,而且 ZV 先生本人无论是在辩论开始时,还是在听证期间,都并没有向法院提出证人出庭或听证的任何请求。另一方面,他没有主张不询问检察官提出的证人会损害他的权益,也没有声称他的表达受到阻碍。

29. 因此,对该抗辩不予采纳。

关于第三项抗辩

抗辩陈述

30. 该抗辩质疑判决认为 1993 年至 1995 年间实施的滥用公司财物犯罪行为仍未过追诉时效的观点,因此:

"第一,滥用公司财物犯罪的追诉时效,从呈报公司承担有争议费用的年度账目时起算;只有在该笔费用被隐藏的情况下,追诉时效起算点才推迟至事实被发现并可以进行公诉加以确定之日。本案系争判决显示,法国武器系统出口公司和法国造舰总局支付涉案合同下的佣金,确已于 1995 年和 1996 年以'技术费用'和'预付佣金'名义记载于公司账目。虽然记账延迟,但涉案佣金的记载不存在任何隐藏。无论支付条件如何,共和国司法法院均未依照行为时适用的《刑事诉讼法典》第 8 条,以及应适用于本案的《刑事诉讼法典》第 9-1 条、第 593 条和《商法典》第 L.242-6 条第 1 款第 3 项,从

调查中得出正确的法律后果;

"第二,在犯罪事实被隐藏的情况下,追诉时效的起算点应确定为事实被发现并可以进行公诉加以确定之日。1996 年 7 月以来,有大量关于法国与巴基斯坦、沙特阿拉伯签署的军售合同存在违规行为的新闻报道,明确指出设立了为 CC 先生谋取利益的佣金制度,但共和国司法法院仍认为追诉时效没有起算。法院声称:'追诉时效期间的起算点,不能取决于不详细的新闻报道的发表。这些文章通常以条件式①撰写,仅限于表达怀疑或假设。'在 1998 年至 2001 年间,CC 先生至少刊发过 12 篇非常详细的报纸文章,涉及其所谓通过军售合同回扣获取竞选经费一事,并且在其结论中援引了 1998 年 9 月 6 日和 9 月 20 日在 Canal+电视台上播出的'Le Vrai journal'两档节目——这两档节目都重复相同的内容,明确指出了可采取公诉的犯罪行为。共和国司法法院违反行为时适用的《刑事诉讼法典》第 8 条,以及应适用于本案的《刑事诉讼法典》第 9-1 条、第 593 条和《商法典》第 L. 242-6 条第 1 款第 3 项,未能说明其决定的正当性;

"第三,在犯罪事实被隐藏的情况下,追诉时效的起算点应确定为事实被发现并可以进行公诉加以确定之日。在自 1998 年和 1999 年起的 Fondo 案中,预审司法官和检察官已表明了解这项指控中提到的事实,但仍排除任何追诉时效。共和国司法法院断言:'CC 先生所述 Fondo 案与本案事实完全无关。'然而,本案来自共和国司法法院预审委员会移交审理的判决(CJR D 4059,第 224 页),即 1997 年在 Fondo 案卷宗内启动涉及一笔 500 万法郎、以法国共和党于 1996 年 6 月受益的等额现金存款为担保的借款合同的司法调查。判决提出了资金来源以及这些合同与受此约束的军售合同之间可能存在联系的问题,正如上述 2019 年 9 月 30 日的判决中明确指出的那样,'这一线索已经出现在 Fondo 案卷中'。从 Fondo 案卷宗中摘录并附在本案的文件还可以得知,记者 XJ 先生于 1998 年 9 月 6 日至 20 日在 Canal+的"Le Vrai 杂志"节目中播出了关于这 500 万法郎合同的可能起源的报道后,于 1998 年 10 月 28 日受到预审司法官讯问。讯问是关于所收到的两份证词'来自在涉及法国与沙特阿拉伯之间就沙瓦里 II 型大型驱逐舰达成的军售交易期间所支付佣金的转交方面可以发挥作用的中间人'。最后,从 CC 先生提供的、支持其结论的文件得出,在 Fondo 案中,检察官在了解 Canal+记者报道的事实后,于 1999 年 8 月 6 日的补充起诉书中要求预审司法官'继续通报他们

---

① 条件式是法语的一种语法现象,表示猜测、想象、不确定。在条件式句子中,动词会发生不同于直陈式的变位。——译者注

已经掌握的事实(?),特别是为了寻找 FSCE 存放在卢森堡美国运通银行的 500 万现金的来源(要求解除国防保密)'。在检察官办公室提出上诉后,预审司法官和预审庭均驳回了这一请求。这些客观、一致的要素表明,从 1998 年起,最迟于 1999 年 8 月 6 日,在所谓的 Fondo 案司法调查中,检察官就充分意识到可能存在与受预防的军售合同有关的反扣佣金,但共和国司法法院无法在不歪曲程序文件和辩论过程中产生的文件的情况下,确认 Fondo 案与本案事实完全无关。法院判决违反了应适用于本案的《刑事诉讼法典》第 8 条、第 9-1 条、第 593 条,当时适用的《商法典》第 L. 242-6 条第 1 款第 3 项和《欧洲人权公约》第 6 条第 1 款保障各被告均享有公平审判的权利之规定。

"第四,因此,拒绝考虑 Fondo 案案卷中的决定性文件,对于行使辩护权至关重要,因为这些文件很可能以无可争议的方式确立了本案所指控事实的时效,并在法庭辩论中首次提出,在整个调查过程中,这一情况被故意向各被告隐瞒。法院多次拒绝披露 Fondo 案全部卷宗,各被告只能查阅部分卷宗。文件由预审法官仔细分类,显然是为了不使辩方发现追诉时效已过。法院无视 ZV 先生获得公平审判的权利(这是对武器平等原则、对席审判原则和辩护权的尊重),并在《刑事诉讼法典》典首条①、第 427 条和第 593 条,以及《欧洲人权公约》第 6 条第 1 款和第 6 条第 3 款方面没有任何根据。"

法庭回应

31. 根据恒定的判例见解(最高法院刑事庭 1990 年 5 月 3 日判决,上诉号 89-81.370;2013 年 6 月 25 日判决,上诉号 11-88.037),一方面,时效抗辩具有公共政策性质,因此可以随时提出。另一方面,当在最高法院首次援引追诉时效的规定时,只有在以下情况下是可以被接受的:法院在审案法官关于案情的调查结果中认为,如有必要,请求人应提出评估其价值所必需的要素。否则,追诉时效是新的,并且混合了事实和法律的抗辩,因此不可被接受。

32. 该判决中的任何陈述以及共和国法院的任何结论,都没有显示 ZV 先生曾主张追诉时效已过。

33. 该判决不包含评估抗辩第三部分提出的申诉的价值所必需的要素,该部分取自 1999 年 8 月 6 日的补充起诉书,这些申诉未提交给审案法官评估。由于该抗辩是基

---

① 典首条(Article préliminaire)规定了法国刑事诉讼法的基本原则。它没有序号(在它之后的条文才从第 1 条开始编号,因此它不是"第 1 条"),也不属于任何卷、编、章、节。——译者注

于该补充起诉书,因此不可受理。

34. 因此,最高法院有责任对抗辩的前两个分支和第三个分支中提出的其他申诉作出回应,审查是否在审案法官的调查结果中发现使其能够确定追诉时效期限的材料。

35. 根据当时有效的《刑事诉讼法典》第 8 条,滥用公司财物、滥用公司财物共谋和掩饰滥用公司财物罪的追诉时效期限为三年。如果发生隐藏行为,根据恒定的判例见解(最高法院刑事庭 1989 年 2 月 13 日判决,上诉号 88-81.218),该期限自犯罪被发现,并且可以进行公诉之日起计算。

36. 在注意到对 CC 先生和 ZV 先生指控的 1993 年至 1995 年间的事实后,驳回 CC 先生向共和国司法法院提出的基于追诉时效的论点。判决指出,追诉时效的起算点应定为 2006 年 9 月 21 日,即扣押 Nautilus 案文件,作为 2006 年初展开的调查的一部分,(其中包括日期为 9 月 11 日的说明)的日期。其中包括 2002 年 9 月 11 日的一份记录,显示 2002 年 5 月 8 日卡拉奇袭击事件与订立军售合同时实行的隐性报酬(其为 CC 先生的竞选活动提供资金)之间的联系。预审委员会指出,该文件在 2006 年被查获前一直处于秘密状态,很久后才引起媒体注意。

37. 判决回顾说,一方面,争议款项的支付实际上是以"技术费用"或"佣金预付款"的名义记入法国武器系统出口公司和法国造舰总局账户,无法确定费用的性质。另一方面,仅提及此付款,并不能在不对佣金支付条件加以分析的情况下发现可能滥用公司财产的情况。

38. 判决补充道,某些公共当局可能已经了解可能构成犯罪的事实并不重要,因为这一信息尚未提请检察官的注意——而只有检察官才能采取公诉。而且,时效的起算点不能依赖于不详细的新闻。这些文章通常是有条件的,仅限于表达怀疑或考虑一种假设情况。

39. 判决进一步指出,不能认为司法机关掌握在系争合同中存在向 K 网络支付的回扣。因为一方面,Fondo 案与本案事实完全无关。另一方面,F 先生 1998 年 4 月 23 日的报告,在作为预审法官提供的信息的一部分提交之前,并未引起共和国检察官的注意。

40. 从以上调查结果看,共和国司法法院将追诉时效起算点定为 2006 年 9 月 21 日是正确的,也因此本案追诉时效尚未经过。而且在前两个分支中,没有任何不足或矛盾。对于第三个分支的其余部分,该请求是没有根据的。

41. 最后,共和国司法法院没有得到 ZV 先生任何与此有关的任何抗辩,即程序卷宗中仅附有从所谓 Fondo 案卷宗中提取的部分材料,可能构成对公正审判原则的违反。共和国法院并没有为了认定本案与其所审理的事实无关而排除首次向其提交的这些文件中的内容,因此第四分支是实际上是缺少的。

42. 因此,该抗辩应予驳回。

关于第四项抗辩

抗辩陈述

43. 该项抗辩批评原判决称,针对 ZV 先生成立滥用公司财物罪共犯的有罪判决,没有对侵犯其获得公平审判权和侵犯其辩护权的行为作出裁决。由于案件事实、诉讼程序启动和共和国司法法院的判决之间存在不合理的拖延,而"获得公平审判的权利意味着任何受到刑事指控的人都有权其案件在合理时间内得到判决,以维护当事人的权利;在本案中,由系争判决可知,ZV 先生主张,'由于事实、诉讼开始和法院听证之间存在不合理的拖延',其受公正审判的权利受到了侵害;尽管由此明显侵犯了辩方的权利,但就对 28 年多以前所实施行为作出判决而言,证据不可避免地灭失,尤其是在合同的主要谈判者和许多参与者已经不在人世的情况下,系争判决仅限于宣布 ZV 先生犯有被指控的事实,但未提供任何理由来解释程序明显不合理的持续时间。法院在作此判决时,违反了《欧洲人权公约》第 6 条第 1 款,《刑事诉讼法典》典首条、第 593 条,以及《法院组织法典》第 L.111-3 条的规定"。

法庭回应

44. 适用于共和国司法法院的《刑事诉讼法典》第 385 条规定,任何情况下,都必须在任何实体辩护之前提出无效抗辩。

45. 无论是从判决中的引述,还是从 ZV 先生在诉讼程序开始之前向共和国法院提交的案情提要来看,都看不出后者向法院提出过因程序过长而超过合理期限的无效抗辩。

46. 自 2021 年 2 月 2 日起,ZV 先生由律师代理并协助。律师也没有出于相同目的提出结论,并且根据判决,主要是口头要求释放有关人员,并因事实、程序期待和判决听证之间超过了合理期限,附带主张取消程序。

47. ZV 先生没有理由认为后一请求没有得到答复,因为其律师在实体审理时提出无效抗辩,不应被受理。

48. 无论如何,根据恒定的判例见解(最高法院刑事庭 2013 年 4 月 24 日判决,上诉号 12-82.863),超过《欧洲人权公约》第 6 条第 1 款所定义的合理期限,不影响程序的有效性,不能作为请求取消同一程序的依据。

49. 因此,该抗辩应予驳回。

关于第五项抗辩

抗辩陈述

50. 该项抗辩批评原判决称,针对 ZV 先生成立滥用公司财物罪共犯的有罪判决,是在判定 IT 先生和 E 先生以法国武器系统出口公司和法国造舰总局各自首席执行官的身份滥用公司资产有罪后。因此:

"第一,根据《宪法》①第 68-1 条的规定,共和国司法法院对政府阁员在执行职务中所犯重罪和轻罪行使管辖权。判决 IT、E 两位先生作为法国武器系统出口公司和法国造舰总局首席执行官犯有滥用公司财物罪。ZV 先生被指控为其共犯,应由普通法院审理。共和国司法法院违反上述条款,作出了超出其管辖权的判决;

"第二,宣告 ZV 先生成立滥用公司财物罪共犯,这是 IT 先生作为法国武器系统出口公司首席执行官所犯。系争判决认为,后者是滥用公司财物罪'正犯',其为谋取个人利益,违背公司利益而使用公司财物,损害了法国武器系统出口公司的利益。尽管如此,可以确定,由于 IT 先生于 2011 年某日死亡,因此针对他的公诉已经终止。而且,在司法调查期间,他生前从未在法庭上出庭受审,也从未被判有罪。共和国司法法院在死后判定死者有罪,并因此宣告 ZV 先生成立其共犯,违反了《欧洲人权公约》第 6 条第 1 款和第 2 款公正审判原则(该原则意味着武器平等原则、在各当事人间实现公平的平衡,被告必须有在符合平等原则条件下为自己辩护的手段),也违反了无罪推定原则。"

法庭回应

51. 根据《刑法典》第 121-6 条、第 121-7 条,共犯以存在可罚的主行为为必要。审案法官应确定主行为的全部要素,但不考虑实施主行为人之正犯受追诉的情况(最高

---

① 即法国 1958 年的《第五共和国宪法》。——译者注

法院 1990 年 5 月 28 日判决，上诉号 89-83.826）。

52. 共和国司法法院，依法对移交判决所定义的滥用公司财物的主行为是否可归罪于 IT 先生（已死亡）和 E 先生进行了调查。共和国法院并为此目的审查了法国武器系统出口公司和法国造舰总局的财产或信用，是否被其各自高级管理人员为个人目的、违背公司利益使用，但没有对后两者宣告有罪。

53. 因此，该抗辩应予驳回。

第六项抗辩的前三个分支

抗辩陈述

54. 抗辩批评了针对 ZV 先生损害法国武器系统出口公司和法国造舰总局利益，成立滥用公司财物罪共犯的有罪判决。因此：

"第一，如果不存在公司经理违反公司利益、谋取个人利益而使用公司财产的情形，滥用公司财物罪就不成立。在本案中，从系争判决本身的调查结果可以看出，奥古斯塔型潜艇合同与沙特阿拉伯合同一样，谈判已进行多年但没有成功。在 K 网络中介机构干预后，价值数十亿法郎的协议得以签署，并以他们为"受益人"——尽管 K 网络通过合同约定的佣金支付条款获得了利益并单方面修改。系争判决中没有任何内容表明法国武器系统出口公司和法国造舰总局的高级管理人员如何通过签署这些合同，将其公司的资产用于个人目的。认定损害法国武器系统出口公司和法国造舰总局利益而构成滥用公司财物罪，却既没有证明合同的签署如何能使公司高管获利、如何违背公司利益、谋取个人利益，也没有证明向中介支付的佣金数额是如何异常，并且可能使法国武器系统出口公司和法国造舰总局遭受不利——即使这些佣金是由购买国支付的，合同标的额也得到相应增加。就这一点，共和国司法法院没有说明是否存在滥用公司财物的主行为——这对认定 ZV 先生成立共犯起决定性作用。此判决违反了《刑法典》第 121-6 条、第 121-7 条，当时适用的《商法典》第 L. 242-6 条第 1 款第 3 项及《刑事诉讼法典》第 593 条。

"第二，裁判理由自相矛盾，就等于裁判没有说理。系争判决指出，认定滥用公司财物的理由仅在于'确认上述佣金的支付条件存在异常，并且其对于合同签署的前景毫无助益'（判决书第 53 页，第 248 段）。尽管如此，系争判决仍认定该罪的构成，'与 K 网络是否有作用无关'（判决书第 57 页，第 271 段）。共和国司法法院的说理相互矛盾,同时将网络无用性的证据作为滥用公司资产罪构成的决定性要素和无关要素,未能在法律上证明其合理性。此判决违反了《刑法典》第121-6条、第121-7条,当时适用的《商法典》第L.242-6条第1款第3项及《刑事诉讼法典》第593条。

"第三,举证责任由控方承担,存疑则有利于被告。在本案中,确应由公诉人证明K网络干预合同签署的无用性,以证成滥用公司财物的存在。在无法提供此类证据的情况下,当所有系争合同均是在K网介入后签署的情况下,法院认定滥用公司资产罪的依据是:'B、Q两位先生无法详细说明法国武器系统出口公司为支付佣金获得的对价'(判决书第56页,第267段)。并且,调查不能表明'在1995年1月,第一期付款日期前数日,即奥古斯塔型潜艇合同签署四个月后,可以有促进在干扰已经完成的谈判结果或干扰合同执行监督的事件中找到其正当理由'。基于K网络中介机构没有提供某些证明其在签署和执行合同方面有用的证据,因此证明对ZV先生共谋滥用公司财物的定罪成立。相反,应由检方证明其无实际作用。法院倒置了举证责任,无视无罪推定原则,该原则要求存疑则有利于被告,违反了《刑事诉讼法典》典首条、第427条和第593条以及《欧洲人权公约》第6条第2款的规定。"

法庭回应

55. 为证成可归罪于法国武器系统出口公司经理IT先生的滥用公司财物主行为的存在,判决认定,自1993年起,沙特阿拉伯四份合同中的三份,在U先生被IT先生接替担任公司领导之前都确定了。另外,管理位于ZV先生当选为国民议会议员选区内Isola2000滑雪场的B先生。

56. 判决指出,IT先生在1993年年底至1994年年初期间,与K网络或其关联企业,一方面签署了咨询合同,另一方面又签署了各种附加条款和其他协议。现行做法所带来的过高的财务优势,在程序中被称为"极不平衡"。自1996年以来,法国武器系统出口公司的管理机构认为这是不可接受的。

57. 共和国司法法院推出,完全独立于K网络的有效性问题,仍然存在滥用公司财物损害公司利益的证据。其中IT先生出于个人利益而成为正犯,即在沙特阿拉伯合同最终签署甚至有利的情况下,无法证明在设定和单方面修改佣金支付条件方面给予该网络的优势是合理的,没有对法国武器系统出口公司进行补偿,因此面临现金流不足的风险。

58. 为了证成可归罪于法国造舰总局经理E先生滥用公司财物的主行为,判决认为,1994 年 5 月至 6 月,法国和巴基斯坦之间于 1992 年开始的有关奥古斯塔型潜艇合同的谈判,当时正处于最后阶段。B 和 Q 此时与法国造舰总局取得了联系,而该公司当时已经掌握中介网络。

59. 判决明确指出,B、Q 两位先生的干预,其效果从未得到证明特点是,E 先生与相关方签署了各种合同和补充条款,一方面给予后者丰厚的佣金,另一方面,提前收到佣金之相当部分的条件存在异常。

60. K 网络的使用,是因对时任国防部长 ZV 先生负责的 W 先生的干预。在本案中已指定的通常中间人已在通常情况下获得报酬,特别是通过中长期分摊付款。

61. 此外,Mercor 公司受控于 K 网络成员,并且受益于不正常地给予该网络成员的某些利益——包括通过法律手段将债务转让给一家西班牙银行,被豁免了任何义务。而合同仅在执行的头几个月内,法国造舰总局没有做出任何反应或启动任何程序。

62. 判决最后补充道,无论最终从奥古斯塔型潜艇合同中获得多少利润,在与 Mercor 公司达成协议两个月后签署的合同,都不能证明通过合同规定的佣金支付条款所赋予的利益是合理的。佣金在合同中确定,然后被修改,没有立即对法国造舰总局进行补偿,因此面临军售合同现金流不足的风险。

63. 共和国司法法院推断,E 先生在负有公司职责、取得管理人员薪酬的同时,将法国造舰总局的公司资产用于其明知违背公司利益的用途,以谋取个人利益。

64. 在上述的共和国司法法院职权的调查及其理由中,没有任何矛盾等不足之处。法院在不倒置举证责任的情况下,在全部构成要素中描述了 ZV 先生被指控共谋的滥用公司财物行为,并证明了其判决的合理性。

65. 因此,该抗辩是没有根据的。

关于第六项抗辩第四至第七分支

抗辩陈述

66. 抗辩针对判决提出与上述前三分支同样的申诉。因此:

"第四,为了认定 ZV 先生成立滥用公司财物罪的共犯,判决认定了不利于他的'任命 IT 先生接替 U 先生担任法国武器系统出口公司首席执行官职务'(判决书第 290 段)'在他到达国防部后''通过 U 先生,特别是他的沙特同行苏尔坦亲王建立的网络,就目前正在谈判的 Mouette/Shola/Slbs 和沙瓦里 II 型大型驱逐舰合同,增加与沙特阿拉伯政府的联系'(判决书第 292 段)'参与''军售合同谈判的不同阶段'(判决书第 293 段)'在 1993 年 7 月总理进行仲裁后,对奥古斯塔型潜艇合同事项进行了干预,授权将整个项目高达 50% 作为担保,从而获得了国家保障'(判决书第 294 段)'还多次介入,以促成沙特阿拉伯合同的签订'(判决书第 295 段)并最终'同意'K 网络的介入(判决书第 296 段)。所有上述调查结果,都强调 ZV 先生作为法国时任国防部长,为法国的利益在与沙特阿拉伯和巴基斯坦谈判和签署军售合同方面所发挥的核心和推动作用。判决书未尝以任何方式表述 ZV 先生单方面修改佣金支付条件的共犯行为,却认定其构成滥用公司财产、损害法国武器系统出口公司和法国造舰总局利益的共犯。共和国司法法院的判决,未能证明其在法律上的合理性,违反了《刑法典》第 121-6 条、第 121-7 条,当时适用的《商法典》第 L. 242-6 条第 1 款第 3 项及《刑事诉讼法典》第 593 条;

"第五,为了认定 ZV 先生成立滥用公司财物罪的共犯,判决还进一步认定,其'在所参与的军售合同谈判的不同阶段以及关于法国武器系统出口公司和法国造舰总局向中介网络输送利益的情况都得到汇报,与法国武器系统出口公司建立了个人关系'(判决书第 293 段)。他'被告知向 K 网络输送利益的单一事实'不构成作为的共犯,也不构成不作为的共犯。根据系争判决自相矛盾的陈述,ZV 先生始终都'否认曾就与中间人达成的协议的内容得到汇报,这不属于他关注的事项'(判决书第 289 段)没有得到任何证据支持;法院在作出这一判决时,没有进一步证明其决定的合理性,违反了《刑法典》第 121-6 条、第 121-7 条,当时适用的《商法典》第 L. 242-6 条第 1 款第 3 项款及《刑事诉讼法典》第 593 条;

"第六,对 ZV 先生被指控的共犯行为进行审查,是法官的职权。ZV 先生同意 K 网络介入,以期签署有利于法国的武器合同。这一单一行为除非无视合法性原则,否则不能被解释为事后的滥用公司财物共犯行为(该行为使该网络的成员通过修改合同固定佣金的支付条款而获取利益)。共和国司法法院通过从 ZV 先生同意 K 网络介入后的情况推断所指控事实的构成,不以任何方式根据涉案系争合同签订时法国的经济、法律和政治状况来分析事实,未能证明其判决的合理性,违反了《刑法典》第 112-1 条、第 121-7 条,当时适用的《商法典》第 L. 242-6 条第 1 款第 3 项,《刑事诉讼法典》第 593 条及《欧洲人权公约》第 7 条;

"第七,成立共犯,要求在发出指示或提供协助时故意、有意识地参与正犯所实施的犯罪。注意到 ZV 先生一直否认就与中介签订的协议内容得到汇报之后，共和国司法法院不能满足于仅确认 ZV 先生'发挥了核心作用'并在准备和实行滥用公司财物损害法国造舰总局和法国武器系统出口公司利益的过程中起了推动作用，并且他对此完全了解。"共和国司法法院甚至没有解释其提出这一强制性主张所依据的证据材料，这一点始终受到被告的强烈质疑。共和国司法法院的判决，并未在法律上界定滥用公司财物罪共犯的故意要件，违反了《刑法典》第 121-3、121-6、121-7 条，当时适用的《商法典》第 L.242-6 条第 1 款第 3 项，《刑事诉讼法典》第 593 条以及《欧洲人权公约》第 6 条第 1 款。

法庭回应

67. 为认定 ZV 先生犯有滥用公司财物罪共犯，判决指出，ZV 先生于 1993 年 3 月在 CC 先生领导的政府内任国防部长。其组建了自己的部长办公室，由以下人员组成：他最亲密的同事 W 先生为办公室主任，并由 IT 先生接替 U 先生担任法国武器系统出口公司首席执行官。

68. 判决指出，诉讼中所涉军售合同，是前任政府授权启动、在政府更替时已接近最后阶段谈判的主题。而网络中间人随后继续活跃，并按照与当时有效的惯例一致的条件支付报酬，即按照客户在整个合同期限内的付款率。

69. 判决指出，到国防部任职后，ZV 先生就涉及沙特阿拉伯的合同加强了与沙特阿拉伯政府的接触，并且参与了军售合同的协商，获悉法国武器系统出口公司和法国造舰总局为 K 网络输送了利益。这两家公司因 ZV 先生亲自和通过办公室主任 W 先生过问干预，与相关方进行了接触。

70. 判决又指出，一方面，ZV 先生介入了奥古斯塔型潜艇合同有关事项，以期授权国家为整个项目提供担保。1993 年 7 月总理的仲裁决定提供 50% 的担保。另一方面，1995 年 1 月 13 日，即该合同生效前几天，除法国外贸信贷保险公司承保范围外，国家还特别向 Dcn-1 公司提供 50% 的担保。

71. 判决进一步补充道，ZV 先生多次表达对与沙特阿拉伯签订合同的赞同态度，尤其在 1995 年 3 月，他为此目的对法国武器系统出口公司提出了要求。合同主要承包商 Thomson 公司面临融资困难和被要求承担担保风险的情况，反对履行沙瓦里 II 型大型驱逐舰合同，导致法国武器系统出口公司从自身现金流中提前向中介机构支付报酬。

72. 判决还指出，K 网络的介入只有在 W 先生和 ZV 先生同意的情况下才有可能,他对后者给予了信任,并与 B 先生建立了密切关系。

73. 判决书进一步明确指出,在这种情况下,并且由于 ZV 先生对签署这些军售合同的重视,W 先生没有理由保密或不报告任何信息。他在预审法官面前宣称,他并非单独行动,而是作为 ZV 先生的下属。ZV 先生"实时了解所有情况"。并且,他在轻罪法院声称,其个人没有任何作为法国武器系统出口公司和法国造舰总局领导的权力,而是一直在部长的授权下行事。

74. 共和国司法法院推断,与 ZV 先生一贯的主张相反,他通过以国防部长身份进行的多次干预,在预备和实行滥用公司财物中损害了法国武器系统出口公司和法国造舰总局的利益,他对此完全知情。滥用公司财物罪共犯的事实要素和故意要素,ZV 先生都具备。

75. 鉴于上述调查,共和国司法法院基于其依职权作出的评估,其理由不存在矛盾等不足。判决描述了 ZV 先生被指控的滥用公司资产犯罪的共犯行为,证明了其决定的合理性。

76. 因此,该抗辩没有依据。

关于第七项抗辩

抗辩陈述

77. 抗辩对判处十万欧元罚金的判决提出如下批评:

"第一,在轻罪案件中,法官判处罚金时必须根据犯罪情节、行为人性格和个人情况,并考虑到其收支情况,就其判决的合理性进行说理。对 ZV 先生判处 10 万欧元罚金时,系争判决仅限于确认有关人员提供的唯一内容'含糊不清,没有任何文件支持',却根本没有质疑 ZV 先生信息的真实性。根据 ZV 先生提供的信息,除一辆分期付款赊账购买的汽车外,他没有任何个人资产,只有两个透支的银行账户。他领取两份养老金,一份由法国国民议会发放,另一份由财政稽核总局发放。通过这样的表述,法院在作时出判决时没有说明 ZV 先生提供的材料为何不充分,也没有就法院必须考虑的 ZV 先生的个人情况和收入、支出情况作出解释。法院的判决违反了《刑法典》第 132-1 条和第 132-20 条第 2 款,以及《刑事诉讼法》第 485-1 条和第 593 条的规定。

"第二,欧洲法上的判例承认,程序持续时间之不合理,有违《欧洲人权公约》第 6 条第 1 款,可能对量刑产生影响。将 ZV 先生的罚款金额定为 10 万欧元,甚至没有考虑犯罪的具体情节和 ZV 先生的个人情况。ZV 先生因 28 年前涉嫌犯下的行为而受审,其在合理时间内接受审判的权利被侵犯,并以无法有效行使辩护权为代价。上诉法院违反了《刑法典》第 132-1 条、第 132-20 条第 2 款,《刑事诉讼法典》第 485-1 条、第 593 条,以及《欧洲人权公约》第 6 条第 1 款的规定。"

法庭回应

78. 根据《刑事诉讼法典》第 485-1 条之规定,在轻罪案件中,刑罚的选择必须符合《刑法典》第 132-1 条和 132-20 条之规定,除非遇有法定应当科处的刑罚或没收犯罪所得或犯罪物。因此,罚金的正当性必须考虑到犯罪事实的严重性、行为人的性格及其个人情况,包括他的收支情况。

79. 判处 ZV 先生 10 万欧元罚金的判决,复述了其职业和家庭情况。

80. 判决详细描述了所指控的行为对国有、受国家监管公司的危害性,并指出这些行为源于对公共利益的漠视。

81. 判决明确指出,在被要求证明其社会经济状况的合理性时,ZV 先生出示了一封信,其中声称他不拥有任何不动产,有两个有借方余额的银行账户和两份养老金——其中一份来自国民议会,另一个来自财政稽核总局,但他没有透露具体金额。

82. 判决补充道,当事人没有申报其以地方民选官员身份获得的养老金,也没有提供任何正当理由证明。

83. 判决推断,鉴于当事人提供的唯一内容十分含糊且没有出示任何文件佐证的材料,因此罚金应定为 10 万欧元。

84. 鉴于上述理由,共和国司法法院基于其依职权作出的评估,没有因程序持续时间过长而得出任何要求减轻刑期的结论,证明了其决定的合理性。

85. 因此,该抗辩在第二个分支中涉及新的、事实问题和法律问题混杂的抗辩,因而不应被受理,其余部分则没有依据。

86. 此外,判决的形式合法。

基于以上理由,本院判决如下:

驳回翻案上诉

最高法院大法庭作出了上述判决,并于 2021 年 6 月 4 日宣告。

三、日本裁判文书范例①

日本最高法院

2005年12月7日大法庭判决

判决主文

1. 在附件的上告人②目录1至3中记载的上告人，具有请求撤销在附件项目认可处分③目录1中记载的认可处分④的原告资格。

2. 驳回本案上告请求中的以下各项诉求：

(1) 在附件的上告人目录1中记载的上告人，请求撤销在附件项目认可处分目录2至7中记载的各项认可处分⑤的诉求；

(2) 在附件的上告人目录2中记载的上告人，请求撤销在附件项目认可处分目录2至5以及目录7中记载的各项认可处分的诉求；

(3) 在附件的上告人目录3中记载的上告人，请求撤销在附件项目认可处分目录2至6中记载的各项认可处分的诉求；

(4) 在附件的上告人目录4中记载的上告人的诉求。

3. 前项(1)至(4)的各项诉求的相关上告费用，分别由该项(1)至(4)记载的各位上告人负担。

---

① 该裁判文书系由南京师范大学讲师、日本东北大学博士王明喆翻译，原载于《苏州大学学报（法学版）》2023年第2期。经其同意，予以选登。判决原载于日本最高法院民事判例集第59卷第10号（2005），第2645—2672页。本译稿中的内容摘要、关键词以及判决理由中的一级标题均系译者所加，特此说明。

② 根据日本《民事诉讼法》第311条的规定，"上告"是当事人不服高等法院作出的二审判决或者一审判决而向最高法院提出的上诉，以及不服地方法院作出的二审判决而向高等法院提出的上诉。——译者注

③ 此处的"认可处分"是日本《都市计划法》规定的概念，在日本，实定法上的认可处分与学理上的认可处分并不完全相同。学理上一般认为，一些民事法律行为的生效需要得到行政机关的承认，行政机关作出的使民事法律行为生效的处分即为认可处分。本案中，《都市计划法》中的"认可处分"更接近于通常意义上理解的许可。但我国已有研究在介绍本案时多直接将其翻译为"认可处分"，为保证术语的统一性，本文也采用"认可处分"的概念。——译者注

④ 附件项目认可处分目录1中记载的认可处分，是改造东京都市计划都市高速铁路项目第9号线部分路段的处分。本案中各上告人居住在该项目地的周边区域，他们以项目会给周边地区环境带来不利影响、造成噪声污染等为由，主张认可处分违法。——译者注

⑤ 附件项目认可处分目录2至7中记载的各项认可处分，分别是建设东京都市计划都市高速铁路项目第9号线的附属道路第3、4、5、6、9、10号线的处分。本案中部分上告人在附属道路项地内拥有土地所有权等财产权利，其他上告人均住在附属道路项目地周边区域，但没有具体主张附属道路项目会对自己的何种权利造成影响。——译者注

判决理由

关于上告代理人齐藤骁等人提出的原告资格问题,回应如下。

一、法庭意见

1.原审确定的事实关系概要,如下所示。

(1)建设大臣基于《都市计划法》第59条第2款的规定,于1994年5月19日向东京都作出在附件项目认可处分目录1中记载的都市计划项目的认可处分(以下简称"本案铁路项目认可处分",关于此认可处分的都市计划项目简称为"本案铁路项目"),并于同年6月3日进行公告。该认可处分的内容是将小田急电铁小田原线的喜多见站附近至梅之丘站附近的区间(以下简称"本案区间")进行连续立体交叉化改造。

本案铁路项目认可处分,是以建设大臣于1964年决定、被上告参加人[①]于1993年2月1日变更且公示的东京都市计划高速铁路第9号线(1970年都市计划变更之后的名称为"东京都市计划都市高速铁路第9号线")的相关都市计划为基础作出的。根据变更后的都市计划,本案区间的铁路的构造为高架式(其中部分区间为挖掘式)。

(2)建设大臣以世田谷区于1993年2月1日公告的东京都市计划道路·区划道路都市高速铁路第9号线的附属道路第3、4、5、6、9、10号线的相关都市计划为基础,基于《都市计划法》第59条第2款的规定,于1994年5月19日向东京都作出在附件项目目录2至7中记载的各个都市计划项目的认可处分(以下简称"本案各附属道路项目认可处分",与这些认可处分相关的都市计划项目简称为"本案各附属道路项目"),并于同年6月3日进行公告。这些认可处分的内容是在本案区间内建设相关附属道路。

本案各附属道路项目中的相关附属道路,是在此次小田急电铁小田原线的连续立体交叉化改造之际,考虑到环境要素,为了减轻对沿线的日照影响,以及为了有利于交通处理、灾害时紧急车辆的通行、地域的街道建设而设置的道路。

(3)本案上告人,均在附件上告人目录1至4中记载的本案铁路项目的项目地周边居住,对该项目的项目地内不动产没有权利。此外,在附件上告人目录2记载的上告人之中,上告人冈公一,在附件项目认可处分目录6所记载的认可处分的相关都市计划项目(以下简称"附属道路第9号线项目")的项目地内拥有土地所有权。上告人

[①] 即东京都知事,下同。——译者注

洪悦郎，在同一项目的项目地内的建筑物上拥有共同所有权，拥有该地块的使用权。在附件上告人目录3中记载的上告人，分别在附件项目认可处分目录7所记载的认可处分的相关都市计划项目(以下简称"附属道路第10号线项目")的项目地内拥有土地。除此之外，本案上告人在本案各附属道路项目的项目地内没有不动产。

《东京都环境影响评价条例》(即1980年东京都条例第96号，是1998年东京都第107号条例修改之前的条例，以下简称"本案条例")，将新建或者改良铁路等该条例附表所示的项目中，有可能对环境造成显著影响且符合东京都规章所规定的要件的项目规定为"对象项目"(第2条第3项)，并且规定，被上告参加人应当将"在对象项目实施者意欲实施项目的地域及周边地域，对象项目的实施有可能将给环境带来显著影响的地域"划定为对象项目的相关区域(第2条第5项、第13条第1款)。本案铁路项目的相关区域如附件中的示意图所示，附件上告人目录1至3中记载的上告人均在上述的相关区域内居住。

2.在本案中，当事人认为本案铁路项目的认可处分以及本案各附属道路项目的认可处分均违法，向被上告人①即建设大臣的事务继承者请求撤销这些认可处分。

3.原审判决基于上述事实关系，对上告人的原告资格作出如下判断：

(1)本案中的所有上告人，均在本案铁路项目的项目地的周边地域居住，在项目地内都没有不动产。对于仅在都市计划项目的项目地周边地域内居住而在项目地内没有不动产权利的关系人来说，并没有必然的根据可以认为由于项目的认可处分，关系人的权利或者法律上被保护的利益会受到侵害或者必然被侵害，因而上告人不具备请求撤销本案铁路项目认可处分的原告资格。

(2)①在附件上告人目录2中记载的上告人，在附属道路第9号线项目的项目地内拥有不动产权利，在附件上告人目录3中记载的上告人，在附属道路第10号线项目的项目地内拥有不动产权利。在都市计划项目的项目地内拥有不动产权利的权利人，其权利会由于违法的项目认可处分受到侵害或者必然被侵害，因而在上告人目录2中记载的上告人具有请求撤销附件项目认可处分目录6所记载的认可处分的原告资格，在上告人目录3中记载的上告人具有请求撤销附件项目认可处分目录7所记载的认可处分的原告资格。

---

① 即关东地区整备局长。——译者注

②在本案上告人之中，除了上述①的上告人，其他上告人在本案各附属道路项目的项目地内均没有不动产权利，因而上述①之外的所有上告人，均不具有请求撤销本案各附属道路项目认可处分的原告资格。

4.但是，在原审的判断之中，虽然否定在附件上告人目录4中记载的上告人具有请求撤销本案铁路项目认可处分的原告资格，以及上述第3项第(2)点第②分点的判断在结论上可以被认可，但是对于在附件上告人目录1至3中记载的各上告人，否定其具有请求撤销本案铁路项目认可处分的原告资格，这一判断不能被认可。理由如下。

(1)《行政事件诉讼法》第9条规定了提起撤销诉讼的原告资格。该条第1款规定的具有提起行政处分的撤销诉讼的"法律上的利益者"，是指由于该行政处分导致自己的权利或者法律上被保护的利益受到侵害或者必然被侵害的人。当规定该行政处分的行政法律法规没有将不特定多数人的具体利益吸收消解在一般性公益之中，而是同时将其作为个人的个别性利益进行保护时，这样的利益就属于此处所说的法律上被保护的利益。由于特定处分导致该利益受到侵害或者必然被侵害的个人，具有请求撤销该行政处分的原告资格。

在判断行政处分相对人以外的第三人是否具有上述的法律上被保护的利益时，不应当仅依据该行政处分所依据的法令的文本规定，还应当同时考虑该法令的宗旨和目的，以及在作出该行政处分时应当考虑的利益的内容和性质。此时，在考虑该法令的宗旨和目的时，如果存在与该法令目的相通的其他相关法令，那么也应当参考该相关法令的宗旨和目的。在考虑作出行政处分时应当考虑的利益的内容和性质时，也应当考虑如果该行政处分违反其根据法令时将受到侵害的利益的内容、性质以及被侵害的样态和程度(参考第9条第2款)。

(2)基于以上观点，首先讨论本案上告人是否具有请求撤销本案铁路项目认可处分的原告资格。

①《都市计划法》规定，得到该法第59条规定的认可处分而实施的都市计划设施的整备项目为都市计划项目(第4条第15款)，该法同时规定，项目内容符合都市计划是认可处分的基准之一(第61条第1项)。

观察《都市计划法》中有关都市计划的规定可以发现，该法将寻求都市的健康发展与有序整备以及促进国土的均衡发展和公共福祉的增进作为该法的目的(第1条)，并且将确保健康、文明的都市生活作为都市计划的基本理念之一(第2条)。关于都市计划的基准,该法规定,当该都市已经制定公害防止计划时,都市计划必须符合该都市的公害防止计划(第 13 条第 1 款柱书①),都市设施应当保持良好的都市环境(该款第 5 项)。另外,该法还规定,在准备制定都市计划草案时,如果有必要的话,可以采取召开公听会等能够反映居民意见的必要措施(第 16 条第 1 款),在准备作出都市计划决定时,相关市町村的居民及利害关系人拥有对被公示的都市计划草案提出意见书的权利(第 17 条第 1 款、第 2 款)。

②另外,作为上述公害防止计划的根据法令,《公害对策基本法》将保护国民健康、保全生活环境作为其为基本目的。该法将公害定义为由于项目活动以及其他人为活动产生的相当范围内的大气污染、水质污浊、土壤污染、噪声、震动等造成的对人体健康或者生活环境的损害。该法同时规定,国家以及地方公共团体具有制定和实施公害防止对策的职责,在公害已经十分严重并且不综合实施公害防止相关政策则公害的防止将十分困难的地域,内阁总理大臣应该向相关都道府县知事说明公害防止计划的基本方针,并且指示其制定公害防止对策。相关都道府县知事在接到指示后,应当制定公害防止计划并且得到内阁总理大臣的承认(第 19 条)。由于《环境基本法》的实施,《公害对策基本法》于 1993 年 11 月 19 日被废止,但是新制定的《环境基本法》规定,在上述地域,内阁总理大臣应该指示都道府县知事制定公害防止对策,相关都道府县知事在接到指示后,应当制定公害防止计划并且得到内阁总理大臣的承认(第 17 条)。另外,1999 年第 87 号法律和第 160 号法律再次对该条规定进行修改,修改后的条文规定,环境大臣向都道府县知事作出指示,相关都道府县知事在接到指示后,应当制定公害防止计划,而且必须与环境大臣进行协商,得到环境大臣的同意。

上述与公害防止计划相关的各项规定,它们的宗旨和目的是通过采取综合性措施,防止在可能由于相当范围的噪声、震动等造成健康或者生活环境受到显著危害的地区发生这样的危害。而且,从《都市计划法》第 13 条柱书规定都市计划必须符合公害防止计划这一点来看,都市计划的决定或者变更也必须遵循上述《公害防止计划法》中有关公害防止计划的相关规定的宗旨和目的。

再者,东京都制定的本案条例规定,实施有可能对环境造成显著影响的项目,需要对该项目对环境造成的影响进行事前调查、预测以及评价,并且对结果进行公示,以期

---

① 分项列举的法律条文中,条文的本体部分被称为柱书。以我国《行政诉讼法》第 12 条为例,其中"人民法院受理公民、法人或者其他组织提起的下列诉讼"的部分被称为柱书。——译者注

对项目实施带来的公害进行适当的考虑，确保居民享有健康、舒适的生活。本案条例规定，被上告参加人为了确保居民享有健康、舒适的生活，负有努力使本案条例中规定的程序得到适当且顺利运行的基本职责（第3条）。同时，被上告参加人应当将项目实施者提出的环境影响评价书以及概要的复印件向对象项目的认可处分权限所有者（包括都市计划的决定或者变更的权限所有者，第2条第8项）送达（第24条第2款），并且请求其在作出认可处分决定时充分考虑评价书的内容（第25条）。并且，在对象项目已经根据《都市计划法》的规定制定了都市计划的情况下，被上告参加人在实施本案条例规定的程序时要努力配合都市计划的决定程序（第45条）。可以说，这些规定也包含着这样的目的，即在决定或者变更都市计划时，通过环境影响评价等程序使得公害防治等事项也能够被适当考虑。

③于是，考虑到都市计划项目的认可处分以项目内容符合都市计划为基本条件，再加上如上述①所述《都市计划法》中有关都市计划的规定，同时参考上述②所述《公害防止基本法》的相关规定的宗旨和目的，再考虑到《都市计划法》第66条规定当认可处分被公告时，项目实施者必须向项目地以及附近的居民说明项目的概要并且听取相关意见，必须努力得到这些人对于项目实施的协力。由此可以认为，防止由于项目实施产生的噪声、震动等造成项目地周边地域居民的健康和生活环境受到损害，确保享有健康、文明的都市生活，保全良好的生活环境，也是《都市计划法》中有关都市计划的相关规定的宗旨和目的。

④以违反《都市计划法》以及相关法令的都市计划决定或者变更为基础作出都市计划项目的认可处分时，由于该项目带来的噪声、震动等直接遭受损害的受害人，限于在项目地周边一定范围的地域内居住的居民。遭受损害的程度，会随着居住地与项目地的接近程度而增大。而且，在项目地的周边地域内居住的居民，由于持续居住在该特定区域从而反复、持续受到损害，此时这种损害可能已经变成一种对这些居民的健康和生活环境造成严重影响的损害。于是，鉴于《都市计划法》中有关都市计划的相关规定，可以认为《都市计划法》中有关都市计划的相关规定将项目地周边地域居民免受由于违法项目实施产生的噪声、震动等造成健康或者生活环境上受到损害的利益作为一种具体性利益进行保护，参照上文所述的这种损害的内容、性质、程度等，应当认为将这种具体性利益吸收消解于一般性公益之中是困难的。

⑤考虑到上文所述《都市计划法》中有关都市计划项目认可处分的相关规定的宗

旨和目的,以及这些规定通过都市计划项目认可处分制度意欲保护的利益的内容和性质,可以认为该法包含有这样的宗旨,即通过上述这些规定,在出于都市的健康发展和有序整备的公益目的来规制相关都市计划设施的整备项目的同时,对由于噪声、震动等直接遭受健康或者生活环境上显著损害的个别居民,将其免受这种损害的利益作为一种个人享有的利益进行保护。因此,【要点1】在都市计划项目的项目地周边居住的居民之中,由于该项目实施造成的噪声、震动等直接遭受健康或者生活环境上显著损害的人,属于具有请求撤销该项目认可处分的法律上的利益者,具有提起撤销诉讼的原告资格。①

最高法院 1996 年第 76 号案件,即 1999 年 11 月 25 日第一小法庭判决(最高法院民事裁判集第 195 号,第 387 页以下)中与上述内容抵触的部分,应当予以变更。②

⑥立足于以上见解分析本案铁路项目认可处分撤销诉讼的原告资格可知,基于上述事实关系,在附件上告人目录 1 至 3 中记载的上告人,均居住在本案铁路项目的相关区域内,而且,【要点2】考虑到这些居住地与本案铁路项目的项目地的距离关系,再考虑到本案条例第 2 条第 5 项规定的相关区域,是由被上告参加人决定的在对象项目实施者意欲实施项目的地域及周边地域中对象项目的实施有可能将给环境带来显著影响的地域,因而可以认为,上述上告人等都属于由于本案铁路项目实施产生的噪声、震动等直接遭受健康或者生活环境上显著损害的人,都具有请求撤销本案铁路项目认可处分的原告资格。

与此相对,在附件上告人目录 4 中记载的上告人,均居住在本案铁路项目的相关区域之外,而且基于上述事实关系也可知,很难说他们由于本案铁路项目实施产生的噪声、震动等会直接遭受健康或者生活环境上的显著损害,而且也很难找出其他证明他们具有原告资格的根据,因此不能认为他们具有请求撤销本案铁路项目认可处分的原告资格。

(3)除在附件上告人目录 2 中记载的上告人具有请求撤销附件项目认可处分目录 6 所记载的认可处分的原告资格,以及在附件上告人目录 3 中记载的上告人具有请求撤销附件项目认可处分目录 7 所记载的认可处分的原告资格外,接下来将基于上述第

---

① 此处的"【要点1】"等均为原文所有,下同。——译者注
② 该判决即"环状线 6 号诉讼"判决,该判决认为项目周边地的居民均不具有请求撤销行政处分的原告资格。——译者注

(2)点的见解,分析其他上告人是否属于由于本案附属道路项目实施造成的噪声、震动等直接遭受健康或者生活环境上显著损害的人,是否具有请求撤销该项目认可的原告资格。

【要点3】根据上述事实关系可知,本案各附属道路项目中的附属道路,是为了减轻本案铁路项目对沿线日照的影响,为了有利于交通处理、灾害时紧急车辆的通行,以及地域的街道建设而设置的道路。本案各附属道路项目虽然和本案铁路项目有密切关联,但是它们仍然是彼此独立的都市计划项目,因而关于请求撤销本案各附属道路项目认可处分的原告资格,也应当进行单独判断。

在本案上告人中,除了在附件上告人目录2和3中记载的上告人分别提出在附件项目认可处分目录6以及7所记载项目的项目地内拥有不动产权利,其他人均没有主张由于本案各附属道路项目认可,自己的何种权利或者法律上的利益受到侵害或者将必然被侵害。而且,本案各附属道路项目中的附属道路,是在小田急电铁小田原线的连续立体交叉化改造之际,考虑到环境要素,为了减轻对沿线日照的影响而设置的道路,再考虑到这些附属道路的规模可以发现,在本案各附属道路项目的项目地内没有不动产权利的上告人,不会由于本案各附属道路项目的实施直接遭受健康或者生活环境上的显著的损害。

因此,在本案上告人中,除在附件上告人目录中2记载的上告人具有请求撤销附件项目认可处分目录6所记载的认可处分的原告资格,以及在附件上告人目录3中记载的上告人具有请求撤销附件项目认可处分目录7所记载的认可处分的原告资格之外,其余上告人均没有请求撤销本案各附属道路项目认可处分的原告资格。

5.基于以上分析,在附件上告人目录1至3中记载的上告人具有请求撤销本案铁路项目认可处分的原告资格。关于判决主文第2项第(1)至(4)点记载的各项诉求,其上告人均不具有请求撤销相应认可处分的原告资格,否定这些人原告资格的原审判决,在结论上可以被认可。

因此,除横尾和子、泷井繁男、同泉德治、同岛田仁郎等法官对上述第4项第(3)点有反对意见外,法官全员一致地作出上述主文判决。另外,藤田宙靖法官、町田显法官分别提出了补充意见,今井功法官对第4项第(3)点提出了补充意见。

二、藤田宙靖法官的补充意见

藤田宙靖法官的补充意见如下。

我赞同多数意见所作的判断,但是关于判决理由,在此想把我的想法作进一步的详细说明。

1.本案各项目认可处分,并未对除在本案各项目地内拥有不动产权利的上告人之外的其他上告人的权利义务带来直接变动。而且,上告人主张的健康上的损害等,也并非由行政机关的处分直接带来的,而是由之后产生的都市计划设施的利用行为带来的。既然如此,便存在这样一个问题,即为何可以说本案项目认可处分侵害了上告人的"法律上的利益",换言之,本案处分被撤销之后得到恢复的上告人的"法律上的利益"究竟是以何种形式存在的?关于这个问题,仅仅适用以往判例所采用的定式,即在该处分的根据规定不仅保护相对人的利益而且也同时具有保护第三人的意图时承认"法律上的利益"这一定式(以下简称"以往的定式"),很难在理论上进行充分的说明。

关于这一点,我认为,至少像在本案这样的都市计划设施的项目认可处分案件中,如果承认周边居民具有原告资格,那是因为行政机关被科以对第三人(周边居民)进行保护的法律义务(换言之,居民被赋予享受这种受保护的法律上的利益),即保护其免受由于该设施的使用而带来的损害风险。也就是说,违法作出项目认可,则意味着行政机关违反了这种"风险保护义务",周边居民的法律上的"受风险保护的利益"被侵害。正因如此,居民具有原告资格。

另外,如果周边居民具有的"法律上的利益"是一种如上所述的利益,那么作为其前提的行政机关的法律义务(即风险保护义务)并不必然只能由项目认可处分的根据规定才能设定。根据规定以外的程序规定、目的规定等形形色色的法律规定,乃至对行政机关的权限行使加以制约的其他的一般现行法令,都有可能对作出处分的行政机关科处这样的法律义务。多数意见引用《行政事件诉讼法》第9条第2款作出的上述第4项第(2)点判断,可以说是立足于"以往的定式"得出的判断,我本人并不反对在本案中采用这样的手段进行判断。但是存在一个疑问,即一般而言,关于第9条的解释,坚持法律上的利益也就是根据规定保护的利益这一出发点究竟是否合适或者必要?关于这个问题,我在这里先保留意见。

但是无论如何,在本案之中,在本案各项目认可处分及作为其基础的都市计划的制定的问题上,首先成为问题的是,以《都市计划法》上的根据规定为代表的诸规定究竟是否对行政机关科处如上所述的"风险保护义务"。基于这种认识进行考察可以发现,在人口密集地进行都市计划设施的建造以及制定作为其基础的都市计划时,行政机关在不考虑设施的利用可能给周边地域带来的负面影响即作出判断的做法,本身就不符合"都市的健康发展和有序整备"(《都市计划法》第1条)这一立法目的以及以确保"功能性的都市活动"和"文明的都市生活"为目的的都市计划的理念(《都市计划法》第2条)。因此当然可以认为,行政机关在制定都市计划以及作出项目认可处分时,负有充分调整包含上述负面影响在内的诸利益的义务。此外,再考虑到国民在宪法上被赋予的享受生命和健康的权利(人格权),可以合理推断,行政机关至少对周边居民负有保护上述利益免受重大风险侵害的义务。另外,关于这种被保护的周边居民的利益是一种"一般公益"还是一种"个人利益"这一问题,这里所说的"一般公益"并不是像土地征收那样的与"私益"对立的"公益",而是一种作为"个别利益的集合体或者综合体"的"集体性利益",所以"个人利益"被包含在内是当然的。要否定这一观点,那么则必须提出法律上的明确的根据。换言之,只要没有法律上的明确根据明示行政机关不对个人负有上述的保护义务,那么可以认为,至少对于由于项目认可处分相关的都市计划设施的利用可能遭受生命健康上的重大损害风险的周边居民来说,其原告资格当然应当被认可。在现行法上,不但不存在否定这种义务的明确根据,而且正如多数意见所示,由于《都市计划法》和《公害对策基本法》的紧密结合,法律包含着肯定这种义务的意涵。所以主文第1项记载的上告人具有提起本案铁路项目认可处分撤销诉讼的原告资格的内容,毋宁说是当然之理。

2.另外,关于本案各附属道路项目的认可处分,针对本案多数意见提出的在对象项目地内没有不动产权利的上告人没有提起撤销诉讼的原告资格的观点,存在着以本案各附属道路项目认可处分和铁路项目认可处分实质上是一体的处分为由的反对意见。以下简述我赞成多数意见的理由。

本案各项目,的确如反对意见所述,作为行政上的规划具有一体性,而且从本案纠纷的实际样态来看,针对附属道路项目的纠纷是作为针对铁路项目认可处分的纠纷的一部分而展开的(也就是说,在附属道路项目的纠纷中,上告人完全没有提及由于附属道路的建设导致生命健康遭受损害之类的主张,而仅仅关注铁路项目认可处分的违法性),在此意义上,可以说各项目是一体的。但是另一方面,本案中铁路项目认可处分和附属道路项目认可处分在法律上是不同的事物自不待言(假如二者在法律上的是一体的,那么分别针对二者提起撤销诉讼则会构成重复起诉)。

当行政上的规划或者计划是由多个不同的法律行为构筑而成的时候,是否只能将个别的行为与它们在全体规划中发挥的功能进行切割进而单独加以考察,在行政救济法上是否只能作这样的处理,的确不是没有疑问的。但是,一般而言,法律上进行这样的分割,立法者进行立法选择后的结果,所以即使允许例外情况的存在,也只能限于当国民权利的救济是必要的等具有真正的合理理由的场合。然而在本案中,从上文所述的纷争的实际样态来看也可以发现,对于上告人来说,本案各附属道路项目认可处分的撤销诉讼实质上并不具有保护上告人所主张的权利利益的固有的意义。上告人在这些诉讼中主张的内容,在铁路项目认可处分撤销诉讼中就可以进行充分主张(本案上告人主张且被一审判决采用的"一体论",是为了能够在由本案变更的1999年判决的观点之下也能认定原告资格而设计的,1999年的判决认为,在项目对象地内没有不动产权利的人不具有原告资格。也就是说在本案的语境下,为了认定在附属道路项目对象地内有不动产权利的人具有本案铁路项目认可处分的撤销诉讼的原告资格)。

的确,从规划的一体性来看,将本案铁路项目认可处分和附属道路项目认可处分进行一体化的做法也许是合理的。但是,这种合理性是在铁路项目认可处分被撤销的情况下应当由行政机关进行考虑的事情,仅此足矣。

三、町田显法官的补充意见

町田显法官的补充意见如下。

我赞同藤田宙靖法官提出的补充意见,并且附言如下。

以往,作为行政处分撤销诉讼的原告资格要件的"法律上的利益",被认为是该行政处分的根据法规所保护的利益,即使该处分必然带来权利和利益的侵害,如果它不是根据法规所保护的权利和利益,那么当事人也不具有原告资格。但是在很多情况下,根据法规保护的是何种权利和利益并不是清晰明白的(眼前就有一个例子,由本判决变更的最高法院1996年第76号案件,即1999年11月25日第一小法庭判决,在都市计划项目的根据法规保护的权利和利益这一问题上,就采用了和本判决不同的见解),对其进行分析需要花费时间和工夫,这也是造成诉讼迟延的一个原因。而且在权利和利益被侵害也无法得到救济的情况下,还可能受到撤销诉讼的功能被限制的批判。作为原告资格的要件,只要认定该处分必然造成权利和利益的侵害就足够了。只有在被侵害的权利和利益在实体法上得不到承认,而根据法规对其进行特别保护的情况下,才有必要对根据法规的保护利益的性质进行分析。在本案中,正如法庭意见所述那样,通过上述的分析,原告资格已经得到承认(为此本案对全体关系法令进行了细致的分析,因而当事人意欲证明自己具有原告资格时也要做相应的充分准备),所以对这一问题的讨论可以留给将来的案件。所以我赞成藤田法官的意见,即在本案中先保留对"以往的定式"的反思,在将来的案件中再进行这一工作。

另外,在分析像本案这样的都市计划设施项目认可处分的撤销诉讼中周边居民的原告资格问题时,关于在受害程度强弱各有不同的居民之中如何划定原告资格的范围的基准,可以适用如下标准,即何种范围内的居民是根据法规及相关法规规定的程序的适用对象,换言之,即对何种范围内的居民负有"风险保护义务"。本判决不问个别居民的受害程度,而是以在本案铁路项目的相关区域之内还是之外为基准来判断原告资格,正是基于上述的道理。这就是我同意藤田法官提出的"风险保护义务"这一见解的理由。

四、今井功法官的补充意见

今井功法官提出的关于判决理由中第 4 项第(3)点的补充意见如下。

关于本案各附属道路项目认可处分,我同意多数意见的观点,即除了在附件上告人目录 2 中记载的上告人具有请求撤销附件项目认可处分目录 6 所记载的认可处分的原告资格,以及在附件上告人目录 3 中记载的上告人具有请求撤销附件项目认可处分目录 7 所记载的认可处分的原告资格,其余上告人没有请求撤销本案各附属道路项目认可处分的原告资格。但是鉴于横尾法官及其他 3 名法官提出了反对意见,我也补充说明一下我的见解。

1.在本案各附属道路项目的项目地内拥有不动产权利的上告人具有请求撤销相关附属道路项目认可处分的原告资格,这是没有异议的。问题是,其他的附近居民,也就是由于本案铁路项目产生的噪声、震动等直接遭受健康或者生活环境上的损害,因而具有请求撤销本案铁路项目认可处分的原告资格的上告人,是否具有请求撤销本案各附属道路项目认可处分的原告资格?

原审判决已经确定,本案铁路项目和本案各附属道路项目,分别是以不同的都市计划为基础的都市计划项目,这些项目认可处分也是不同的行政处分。因此,各项目认可处分的撤销诉讼的原告资格也要进行独立判断。本案各附属道路是以减轻由于铁路的高架化而带来的日照损害为目的而设置的道路,道路本身并没有对上告人带来噪声、震动等损害，因而不能以各附属道路项目自身造成上告人受到损害为由认可处分其原告资格，上告人自身也没有提出这样的主张。

2.反对意见认为，本案各附属道路项目是为了保全本案铁路项目的相关环境而实施的，是本案铁路项目的附属项目，不管其外在形式如何，这两个项目的认可处分实质上是一体的行政处分。通过这两个项目的认可处分，项目认可处分的合法性要件，即项目地周边居民的健康或者生活环境免受显著损害，可以得到充分考虑。以此为前提，由于本案铁路项目遭受健康或者生活环境上显著损害的上告人，具有请求撤销本案各附属道路项目认可处分的原告资格。

的确，本案各附属道路项目的目的确实如同反对意见所述，它们属于本案铁路项目的附属项目这一点也没有争议。但是，即使它们是附属项目，在形式上不同的行政处分的撤销诉讼的原告资格这一问题上，也没有进行一体化处理的必要性，而且一体化处理还会带来不容忽视的问题点。

首先，关于一体化处理的必要性，反对意见认为，为了保护上告人的环境利益，有必要对包含附属道路项目在内的铁路项目全体进行探讨。然而，在考虑铁路项目会对周边环境造成怎样的影响时，当然应当考虑为了减少铁路高架化带来的日照损害而设置附属道路。附属道路认可处分和铁路项目认可处分如果不是一体的处分便不会考虑实施附属道路项目这一理由不能成立。

其次，将两者进行一体化处理会带来不合理的结果。也就是说，在原告资格的问题上如果对二者进行一体化处理，那么作为当然的归结，在违法性的判断上二者也必须进行一体化处理。如此一来，当两项目当中的任何一个存在瑕疵时，全体将都会带有瑕疵，将造成全体都违法的结果，这样的结果是无论如何都不能容忍的。立足于本案来看，铁路项目虽然只有一个，但是附属道路项目存在多个，当事人请求撤销的是本案中第3至6号线以及第9、10号线等6个附属道路项目的认可处分（这些项目最西端至祖师之谷大藏站附近，最东端至梅之丘站附近）。在原告资格问题上将铁路项目和各附属道路项目进行一体化处理，意味着在法律层面将这些所有的项目当作一体来进行处理，其结果就是在违法性判断问题上也必须进行一体化处理。因此，假设系争的6个附属道路项目认可处分中任何一个有违法情况，当然应当撤销这个项目认可处分，同时，作为实体上的同一处分的本案铁路项目认可处分以及其他附属道路项目认可处分也全部违法，不得不全部撤销。这样的结论，确实是不恰当的。即便造成这样的结果也要对二者进行一体化处理的必要性并不存在。

　　针对上述见解,可能存在将原告资格的判断和违法性的判断(撤销事由的有无)进行分别处理的反论,即在原告资格的问题上进行一体化判断,而在违法性判断的问题上不进行一体化判断。这种见解一方面承认本案中的各个认可处分在实体上不是一体的,另一方面仅在判断原告资格时进行一体化处理。但是,具有请求撤销行政处分的法律上的利益者才具有原告资格,因而将原告资格和违法性进行分割处理,这并不恰当。

　　3.另外,反对意见认为如果本案铁路项目认可处分和附属道路项目认可处分是不同的行政处分的话,当事人在附属道路项目认可处分的诉讼中进行违法性主张时,就不能主张铁路项目认可处分的违法性。但事实并非如此。附属道路项目是以铁路项目的实施为前提,为了减轻与此相伴的日照损害等而实施的项目,如果作为前提的铁路项目因违法而无法实施,那么以此为前提的附属道路项目也会因欠缺前提而变得违法,所以即使不将两项目的认可处分理解为一体的行政处分,还是可以在附属道路项目认可处分的诉讼中将铁路项目认可处分的违法性作为违法性事由进行主张(与此相对,由于铁路项目和附属道路项目是一种主从关系,在作为主项目的铁路项目认可处分诉讼中,不能将从项目的附属道路项目的违法性作为违法性事由进行主张)。

　　此外,反对意见认为,如果不承认上告人对本案各附属道路项目认可处分具有原告资格,即使上告人在本案铁路项目认可处分的撤销诉讼中胜诉,撤销判决的约束力也不会及于本案各附属项目认可处分,所以无法重新审视连续立体交叉化项目的全体计划内容。但是考虑到如上文所述的附属道路项目与铁路项目的关系,当附属道路项目认可处分的重要前提即铁路项目认可处分被撤销时,作出附属道路项目认可处分的行政机关将会基于这一事实对附属道路项目进行重新审视,因而反对意见的担心并不恰当。

五、横尾和子等四位法官的反对意见

　　横尾和子、泷井繁男、同泉德治、岛田仁郎法官关于裁判理由第 4 项第(3)点的反对意见如下。

　　我们认为,在附件上告人目录 1 至 3 中记载的上告人,具有请求撤销全部本案各附属道路项目认可处分的原告资格。理由如下。

　　1.根据原判决的认定和本案记录,可以认定以下事实。

(1)①关于都市中道路和铁路的连续立体交叉化,建设省和运输省于1969年9月1日缔结并于1992年3月31日修改的《关于都市中道路和铁路的连续立体交叉化的协定》(以下简称《建运协定》)通过规定项目的施行方法、费用负担方法以及其他必要事项的方式,旨在促进连续立体交叉化。它以都市交通的安全化和顺利化、都市的健康发展为目的,规定了以下内容:A.建设大臣或者都道府县知事根据《都市计划法》的规定制定连续立体交叉化的相关都市计划;B.相关都市计划已经被决定的连续立体交叉化的相关项目(以下简称"连续立体交叉化项目")作为都市计划项目由都道府县或者政令指定都市实施;C.作为连续立体交叉化项目费的高架设施费等费用由铁路项目实施者和都市计划项目施行者根据本协定的规定承担;D.运输省和建设省为了确保连续立体交叉化项目的顺利实施对铁路项目实施者和都市计划项目施行者进行指导;E.为了确保本协定的顺利运用,设立由运输省和建设省的职员构成的连续立体交叉化协议会。

②为了保护都市环境,基于修改前的《建运协定》而设立的连续立体交叉化协议会在其1976年4月28日制定的《关于连续立体交叉化项目的处理》中,对在高架建造物沿线居住用地毗连区域内设置的道路(基于《都市计划法》而设置的干线道路除外,以下简称"关联侧道")的幅员以及所需费用的负担等内容进行规定。关联侧道的幅员原则上应为6米,关联侧道所需费用之中,工程费由都市计划项目施行者负担。幅员6米以内区域的用地费根据高架设施费的负担比例由都市计划项目施行者和铁路项目实施者负担,超过6米部分的用地费由都市计划项目施行者负担。

③建设省都市局特定都市交通设施整备室室长于1983年1月6日发布的事务通知《关于连续立体交叉化项目中的侧道的处理》规定,连续立体交叉化项目中侧道整备所需费用的辅助率为二分之一。

④另外,建设省对于受国库辅助而实施连续立体交叉化项目的都道府县,应该在进行项目紧急性分析的同时,为了制定对都市计划决定来说必不可少的简要的项目计划而进行事前调查,并且为了展示调查内容,应当制定连续立体交叉化项目调查纲要。其中,应当"推算项目完成后的日照损害时间,在设计铁路线路、关联侧道时予以考虑",制作包含侧道在内的连续立体交叉化计划的铁路·侧道计划图。

(2)在1993年2月1日公示的东京都市计划都市高速铁路第9号线的相关都市计划变更之前,东京都已经基于上述连续立体交叉化调查纲要进行调查,并且已经完成了基于本案条例实施的环境影响调查、预测评价,并制作了环境影响评价书。该环境影响评价书记载了如下内容:"关于高架建造物影响的日照,根据《建筑基准法》及《东京都日照对中高层建筑物高度限制的条例》,通过对高架建造物产生的相同时间下日照线不满足限制值的地方设置环境空间的方法,可以认为影响较小。""根据《东京都日照对中高层建筑物高度限制的条例》,在线路北侧设置 6 至 12 米的环境空间,尽可能减少对日照的影响。另外,关于环境空间,其中大部分都是作为道路(铁路附属道路),与铁路计划同时期由区决定都市计划,项目实施者将与相关机关协议后,与本项目并行进行用地收购、工程等。"

(3)被上告参加人东京都知事,于 1993 年 1 月 11 日得到建设大臣的认可处分,对 1993 年 2 月 1 日公示的东京都市计划都市高速铁路第 9 号线的相关都市计划作出变更决定。

(4)世田谷区,于 1993 年 1 月 11 日得到被上告参加人东京都知事的承认,作出本案各附属道路项目的相关都市计划的决定,并于同年 2 月 1 日进行公告。

(5)东京都于 1994 年 4 月 19 日,向建设大臣提出本案铁路项目的都市计划项目认可处分申请书,申请理由中有如下记载:"本路线是将都市高速铁路第 9 号线小田急电铁小田原线(世田谷代田至喜多见之间)的既有线路部分进行连续立体交叉化的项目,基于《关于都市中道路和铁路的连续立体交叉化的协定》,由东京都实施。"

(6)东京都于 1994 年 4 月 19 日,向建设大臣提出本案各附属道路项目的都市计划项目认可处分申请书,申请理由中有如下记载:"本线路是伴随都市高速铁路第 9 号线小田急电铁小田原线(世田谷代田至喜多见之间)的连续立体交叉化项目而设置的关联侧道,与本线的项目一起由东京都实施。"在资金计划书的收入部分,记载了国库支出金、一般财源以及铁路负担。

(7)对上述(5)以及(6)的申请,建设大臣于 1994 年 5 月 19 日作出了本案铁路项目认可处分以及本案各附属道路项目认可处分。

2.从上述所述的事实可以看出,本案各附属道路项目是为了应对本案铁路项目带来的伴随着小田急电铁小田原线的高架化而产生的对沿线居民的日照损害,基于《建筑基准法》以及《东京都日照对中高层建筑物高度限制的条例》,旨在对相同时间下日照线不满足规定数值的地域设定环境空间(环境侧道)的项目。它具有在环境保护层面上支持本案铁路项目的性质,是构成建运协定规定的连续立体交叉化项目的一部分。而且,关于本案各附属项目,东京都并不是在事实层面上与本案铁路项目一起实施,而是站在本案铁路项目的实施者的立场上,基于本案条例要求制作的环境影响评价书中的记载而实施的项目,即作为保护环境的措施而设置作为环境空间的铁路附属道路之记载。从《都市计划法》第59条第1项的规定来看,本案各附属道路项目本来应当由世田谷区施行,但是东京都在上述环境影响评价书中载明它将站在本案铁路项目的实施者的立场上自行施行。而且本案各附属道路项目是建运协定规定的由都道府县或者政令指定都市实施的连续立体交叉化项目的一部分,满足该条第2项规定的"有特殊情况时",因而由东京都提出都市计划项目认可处分的申请。建设大臣也认为本案铁路项目和本案各附属项目共同构成建运协定规定的连续立体交叉化项目,对东京都作出都市计划项目认可处分。建运协定自身虽然仅是行政机关内部的协定,但它是关于连续立体交叉化项目的行政指南,正如上述东京都的都市计划项目认可处分申请书所示,它成为基于《都市计划法》的由建设大臣作出的本案铁路项目认可处分和本案各附属道路项目认可处分的处分内容,使这两个行政处分结合为一体。如此一来,本案铁路项目认可处分和本案各附属道路项目认可处分,不管外在形式如何,在实体上是一体的行政处分。

3.而且,正如法庭意见说明的那样,参考《公害对策基本法》和本案条例的宗旨和目的,并且考虑《都市计划法》的宗旨和目的,可以发现,通过都市计划项目认可处分的相关规定,《都市计划法》将都市计划项目的项目地周边居民免受由于都市计划造成的健康或者生活环境上的显著损害的利益作为一种个人的个别性利益进行保护。换言之,《都市计划法》对都市计划项目的认可处分权的行使科处了以下限制,即不能对项目地周边居民的健康或者生活环境带来显著的损害,都市计划项目认可处分的合法性要件之一就是不能带来这种损害。从上述第1项以及第2项的论述可以发现,建设大臣并不仅仅追求本案铁路项目认可处分符合上述合法性要件,而是通过将本案铁路项目和在环境保护方面支持本案铁路项目的本案各附属道路项目的认可处分结合起来,使双方的认可处分都符合上述合法性要件。如此一来,由于本案铁路项目认可处分而遭受健康或者生活环境上显著损害的上告人就具有了请求恢复如下所述的《都市计划法》所保护的利益之利益,即请求撤销本案各附属道路项目认可处分,请求重新审视由本案铁路项目和本案各附属道路项目构成的连续立体交叉化项目的全体计划内容,免受健康或者生活环境上的显著损害的利益。

的确,造成噪声、震动、日照损害的是本案铁路项目,如果本案铁路项目被撤销,上告人的健康或者生活环境遭受显著损害的情况应该就不会发生。但是,正如前文所述,建设大臣通过本案铁路项目认可处分和本案各附属道路项目认可处分二者,使不能对周边居民的健康或者生活环境造成显著损害这一《都市计划法》的合法要件得到满足,本案铁路项目以东京都同时施行本案各附属道路项目为当然前提。本案各附属道路项目也需要用地费等相当额度的项目费,根据都市计划项目认可处分申请书所附的资金计划书,本案各附属道路项目的相关支出占本案铁路项目和本案各附属道路项目合计支出的20%,而且,在本案各附属道路项目的相关收入中记载有前述第1项第(1)点记载的连续立体交叉化项目中的对侧道的国库支出金(补助金)。因此,在判断本案铁路项目认可处分的裁量权行使是否合理时,不能无视作为本案各附属道路项目的环境保护措施的相当性和项目费,在这一方面二者也是紧密结合的。上告人请求的实际上是重新审视包含资金计划在内的本案铁路项目和本案各附属道路项目的全体项目计划,不要让上告人遭受损害。如果仅认可上告人请求撤销本案铁路项目认可处分的原告资格,而不认可各附属道路项目认可处分的原告资格,那么即使上告人在前者的撤销诉讼中胜诉,撤销判决对行政机关的约束力也不会及于本案各附属道路项目认可处分,无法对连续立体交叉化项目的全体计划内容进行重新审视。上告人既然请求对上述项目计划全体进行重新审视以防止对自己的损害,那么也应当承认其请求撤销各附属道路项目认可处分的利益。本案铁路项目认可处分和本案各附属道路项目认可处分,从形式上看是彼此独立的行政处分,但是实体上具有一体性,在上告人请求撤销两个认可处分的本案中,没有理由不认可上告人的原告资格。

4.另外,本案判决认为本案铁路项目认可处分和在附件项目认可处分目录6和7中记载的附属道路项目认可处分是独立不同的处分,如果这样的话,在上述附属道路项目认可处分的诉讼中,就不能将本案铁路项目认可处分的违法性作为上述附属道路项目认可处分的违法事由进行主张。在当事人没有提出上述附属道路项目自身的违法事由的本案中,就不可避免地要驳回对上述道路项目认可处分的撤销请求。但是,上述附属道路项目的都市计划是在本案铁路项目的都市计划中,以小田急电铁小田原线的高架化改造为前提,考虑到环境保护,基于《东京都日照对中高层建筑物高度限制的条例》,以设置环境侧道为主要目的而制定的。如果本案铁路项目的都市计划决定违法,基于该都市计划的都市计划项目无法实施的话,就没有设置侧道的必要性,上述附属道路的都市计划决定也因为没有必要性而违法,其结果是以该决定为基础的上述道路项目认可处分也将违法。本案各附属道路项目认可处分是依存于本案铁路项目认可处分的处分,二者的实体性合法要件是相通的。如此一来,如上文所述,认可本案铁路项目的项目地周边居民具有请求撤销本案各附属道路项目认可处分的原告资格的做法,具有理论上的一贯性。

(审判长:町田显,法官:滨田邦夫、横尾和子、上田丰三、泷井繁男、藤田宙靖、甲斐中辰夫、泉德治、岛田仁郎、津野修、今井功、中川了滋、堀笼幸男、古田佑纪。)

四、德国裁判文书范例①

联邦最高法院

以人民的名义

判决

案号 6 StR 275/22

2023 年 5 月 17 日

以下列人为被告的刑事案件:

1. K;

2. Kr;

3. H。

因强奸等罪

联邦最高法院刑事第六庭于 2023 年 5 月 17 日举行会议。参加会议的人员有:

联邦最高法院审判长 Sander 教授、博士,

联邦最高法院法官 Feilcke 博士,

联邦最高法院法官 Wenske,

联邦最高法院法官 Fritsche,

联邦最高法院法官 von Schmettau 为陪席法官,

联邦法院高级检察官代表检察总长,

T 律师为被告 K 的辩护人,

---

① 该裁判文书系由德国吉森尤斯图斯-李比希大学博士研究生徐澍翻译。经其同意,予以选登。

E 律师为被告 Kr 的辩护人，

P 律师为被告 H 的辩护人，

Er 律师代表从属告诉人，

司法职员为书记官。

会议依法判决如下：

一、应检察机关和被告的法律审上诉，费尔登州法院 2021 年 10 月 21 日的判决被改判如下：

a. 被告 K 犯加重强迫卖淫罪，与强奸罪属行为单数，并犯强奸未遂、性强制未遂和不作为的危险伤害罪；

b. 被告 Kr 犯加重强迫卖淫罪（帮助犯），与强奸（帮助犯）、性强制未遂（帮助犯）属行为单数，并犯强奸未遂（帮助犯）和不作为的危险伤害罪；

c. 被告 H 犯加重强迫卖淫罪（帮助犯），与强奸（帮助犯）、性强制未遂（帮助犯）属行为单数，并犯强奸未遂（帮助犯）、提供可供立即施用的麻醉品、不作为的危险伤害罪。

二、应检察官的法律审上诉，撤销上述判决的以下部分：

a. 判处被告 K 加重强迫卖淫、强奸罪的刑罚和总和刑；

b. 判处被告 Kr 和 H 的刑罚，但对提供可供立即施用的麻醉品和不作为危险伤害的刑罚除外。

在撤销的范围内，外加检察机关上诉费用，发回州法院普通刑事庭重审。

三、应被告的法律审上诉，撤销上述判决的以下部分：

a. 应被告 K 的法律审上诉，撤销其因强奸罪被判处的刑罚；

b. 应被告 Kr 和 H 的法律审上诉，撤销他们因帮助强奸、帮助性强制未遂被判处的刑罚。

四、驳回检察机关、各被告的其余法律审上诉和从属告诉人的法律审上诉。

五、上诉费用应由各被告和从属告诉人承担，不予报销。

理由：

州法院以加重强迫卖淫、强奸未遂、性强制未遂、不作为的危险伤害罪，对被告 K 决定执行八年自由刑。被告 Kr 和 H 均被判犯有帮助强迫卖淫、帮助强奸、帮助强奸未遂、帮助性强制未遂和不作为的危险伤害罪。被告 H 另被判犯有非法交付麻醉品罪。被告 Kr 被决定执行三年九个月自由刑，H 被决定执行二年九个月自由刑。对于共同实施谋杀的指控，各被告被宣告无罪。对于共同实施性侵害的指控，被告 K 和 Kr 被宣告无罪。

如主文，针对由检察机关（仅部分由检察总长代表）提起的关于该判决违反程序法和实体法的异议，以及各被告的事实异议获支持。他们的其余上诉和从属告诉人的法律审上诉于法无据。

一、

1. 州法院认定如下犯罪事实：

被害人在犯罪行为实施时 19 周岁，患有偏执型精神分裂症，正在接受照护。其自 2020 年起从事卖淫活动，媒介人为 D（另案处理）。

a. 2020 年 3 月下旬，被告 K 与一身份未查明的第三人，接受被害人的有偿性服务（行为 1）。

b. 不久后，媒介人 D 将被害人的年龄和精神状况告知被告 K，并因此称希望将被害人转卖给另一媒介人。K 表示对此有兴趣，并于 2020 年 4 月 4 日至 5 日的周末要求被害人先行为其提供服务。他希望收买被害人，并通过其更为频密的卖淫活动为自己取得可观的收入。他将此计划及被害人的健康状况及年龄告知了被告 Kr 和其同居女友被告 H。两人皆表示支持，但未获得任何经济利益或有关承诺。

尽管被害人从未明示或暗示同意与他人进行性交或容忍此类行为，但被告 K 仍租下了一间宾馆房间，并在互联网平台上发布提供该类服务的信息。被害人因患病，无法对他人言语作出反应，常有不合时宜的表现，无缘由地发笑或哭泣。因此，与感兴趣的嫖客所进行的协商（至少在 2020 年 4 月 4 日晚）由 K 和 H 出面。K 告知在 Kr 的公寓中等待的被害人，其应在证人 Ka 的汽车中与之会面并提供性服务。两被告随后陪同她前往约定的会面地点，并在提供服务后接她（行为 2、行为 3）。

c. 至 2020 年 4 月 5 日晚，他们再次与不明身份的嫖客在该酒店会面。同样地，K 要求被害人立即向相关人员提供性服务，但具体情况不明。州法院无法确定此行为是否真实发生（行为 4）。

d. 尽管被害人的精神状况糟糕，K 和 D 仍然达成了支付 2000 欧元、免除 900 欧元支付义务的最终转卖协议。K 将此事通知了共同被告，并让 Kr 在 2020 年 4 月 6 日晚移交被害人时陪同。

无论如何,2020年4月6日晚,被害人和各被告都在Kr的公寓中。K在H(在电话中冒充被害人)的支持下,与证人B进行了协商。他告知被害人,她必须与B进行无保护的性交。按照指示,被害人等待嫖客,上了他的车。B当即注意到被害人无法根据情况作出正常反应,因此未接受性服务,就将被害人送回(行为5)。

e. 最迟从2020年4月7日晚起,被害人又一次在K和H家中。负责照顾被害人的H为了使被害人安静,给了她一支含大麻的烟卷(行为6)。

f. 两人发生肢体冲突后,被告于2020年4月8日凌晨致电其伴侣寻求帮助。他们一起把被害人带到车库,被害人一直留在那里直到死亡。K多次离开车库去抽烟,H频繁回到住所。Kr有几小时不在此处,后又多次返回。各被告都认识到,被害人因急性精神病而有危险,需要专业医疗救助。但是,为了维持K所谓的"收入来源",各被告共同决定不组织医疗救助,自行照顾被害人。他们知道被害人的痛苦会延长,而这种痛苦可以通过使用药物在短时间内得到缓解。由于被害人患有急性精神病,多次大声尖叫、小便失禁、呕吐、抽搐,因此Kr建议H将数量不明的盐溶解在一杯水中,让被害人喝下。他们还给被害人使用了大麻。被害人至少有一次被噎并被捂住嘴。这些行为是由谁实施,实施时哪些人在场,已无法查明。被害人于2020年4月9日晚在车库内死亡,具体时间不详。死亡原因为:窒息或过量摄入盐分。刑事庭无法确定是谁造成了她的死亡(行为7)。

g. 为了处理尸体,K用缆绳将其捆绑于一个重20千克的混凝土板,并用车带至威悉河上的船闸运河,从一座桥上扔入水中(行为8)。

2. 州法院对被告K和Kr与行为1相关的共同实施性侵害指控,宣告无罪。

关于行为2,州法院依《刑法典》第232条a第1款第1项中的第2选项和第4款,以及第232条第3款第3项中的第一选项(即"职业性地"从事此类行为),宣告K构成加重强迫卖淫罪。就指示被害人与嫖客进行性行为,从而至少该当《刑法典》第177条第2款第2项、第5款第3项之未遂犯的构成要件,这些行为(行为3至行为5)构成行为复数。与起诉书的意见不同,州法院认为,K和Kr两被告的行为构成四项行为复数帮助行为。

对于发生在房屋和车库内的情形,各被告依《刑法典》第223条第1款、第224条第1款第4项、第13条(行为7)被宣告犯有不作为的危险伤害罪。此外,H依《麻醉品交易法》第29条第1款第1项,还犯有非法交付麻醉品罪(行为6)。就被告被控同一犯行中的共同剥夺他人自由和不作为的杀人未遂而言,州法院无法相信这些犯罪构成要件的实现。

各被告还因将被害人投入威悉河,以摆脱被害人并逃避对此前犯罪行为的追诉(行为8)被控犯有共同谋杀罪。州法院针对这一构成行为复数的指控,宣告各被告无罪。

二、检察机关的法律审上诉

1.检察总长上诉书中所述理由中的程序异议,不能成立。

2.事实异议所引起的针对原判的实体法审查,导致有罪判决的改变,以及对部分刑罚与总和刑的撤销。只有如下问题需要讨论:

(1)行为2和行为3(被告K)

A.刑事庭的调查没有法律错误:其行为成立《刑法典》第232条a第1款第1项的强迫卖淫。"职业性"行为的认定也是正确的(《刑法典》第232条a第4项以及第232条第3款第1句第3项第1选项)。

与州法院的观点相反,"职业性"只有行为人通过促使他人卖淫获得持续性的收入来源这一点尚不能成立,还需要有通过犯罪行为的重复持续获得收入的意图(参见联邦最高法院2022年6月1日和9月14日裁定,案号为1 StR 65/22和4 StR 55/22),仅引入新客户对于再次实现意图重复实施的构成要件是不够的。如果妓女同时产生了结束卖淫的意愿,情况就有所不同(参见联邦最高法院2000年6月14日裁定,案号3 StR 178/00,依据修正前《刑法典》第180条b;Schönke/Schröder/Eisele《刑法典评注》第30版,第232条a部分第11段)或将发生质变(参见联邦最高法院1996年7月16日的判决,案号为1 StR 221/96,《德国联邦最高法院刑事裁判集》BGHst 42, 179, 184 f,依据修正前《刑法典》第180条b;2004年5月27日的判决,案号3 StR 500/03,载《刑法新杂志》2004年,第682—683页,依据修正前《刑法典》第181条)。然而,"职业性"行为并不要求实际实施复数行为。应当认为,如果基于反复实施的意图,实际上单一行为就足够了(参见联邦最高法院2021年11月10日的判决,案号为2 StR 433/20,第22段;2011年2月2日裁定,案号为2 StR 511/10,《刑法新杂志》2011年,第515—516页)。

本案案情即如此。经调查,被告K自始便以加强卖淫活动的目的实施行为,以便未来获得可观的收入。他罔顾被害人病笃,无限期利用被害人卖淫,并且有在被害人不愿继续卖淫时促使她继续卖淫的决意(关于意图多次实施犯罪,参见联邦最高法院

2022年6月1日裁定,案号1 StR 65/22)。

B.然而,按竞合论观点,有罪判决应予改判。

强迫卖淫不是延伸到总时间范围内的继续犯,而是结果犯(参见联邦最高法院2020年11月10日裁定,案号为2 StR 486/19,依据修正前《刑法典》第232条,Schönke/Schröder/Eisele《刑法典评注》,同前引边码2)。当从事卖淫活动时,本罪就告既遂。由于无法期待继续调查取得成果,本庭认为,这只是为证人Ka提供性服务时的情况。因此,加重强迫卖淫罪的实行行为与强奸罪的实行行为重合,应属行为单数(参见联邦最高法院1993年11月9日判决,案号5 StR 539/93,《刑法新杂志》1994年,第1015页,依修正前《刑法典》第181条;1999年2月11日裁定,案号3 StR 607/98,《刑法新杂志》1999年,第311页,依修正前《刑法典》第180条b;2020年7月22日裁定,案号2 StR 92/20,依修正前《刑法典》第232条),但后来实施的性犯罪不含于内。

C.本庭依《刑事诉讼法典》第354条第1款之规定,对有罪判决予以改判,不违反《刑事诉讼法典》第265条。此改判撤销了强奸罪的刑罚(自由刑三年六个月)和加重强迫卖淫的刑罚(五年自由刑)。本庭对州法院针对行为2所判处的刑罚,不予维持。因为无法排除,州法院以正确的竞合法律评价对这一单一行为判处更高的刑罚。刑罚的撤销也消除了总和刑的基础。调查的结果没有法律错误,予以保留。事实审法院得作出与这些内容不相抵触的补充判决。

(2)行为2至行为5(被告Kr和H)

A.州法院关于被告Kr和H只是帮助这些犯罪行为的观点,没有法律错误。

在总体评价的框架中,州法院没有矛盾、没有漏洞地审查了证据,否定了他们自己的犯行利益。州法院既没有误解各被告间个人关系的重要性,也没有误解支持行为的范围和重要性,尤其没有误解Kr对他自己的行为所赋予的意义。毫无疑问,两名被告对犯罪行为没有决定性影响。至于上诉人希望通过H自身获经济利益、Kr希望该行为满足自己的性欲,来证明他们的犯行利益,这一事实与判决无关,不能作为事实异议的一部分在上诉程序中审理。

B.然而,认为四个帮助行为实质竞合的观点,存在法律错误。

a.成立行为单数还是行为复数,取决于主行为与帮助行为的数量。如果帮助者对正犯的全部或几个行为有帮助作用,并且仅单独支持每个行为,应就这些行为认定为行为复数。参与者超过这一点的对后续行为的进一步参与,在法律上不适合与这些单独的促进行为一同视为《刑法典》第 52 条下的"行为单数"。如果缺少"单独行为支持",帮助犯在犯罪前和犯罪进程中同时促进,对正犯的全部或者多个单独行为作出贡献,则应认定为行为单数(参见联邦最高法院 2004 年 6 月 17 日判决,案号 3 StR 344/03,《联邦最高法院刑事裁判集》BGHSt 49,177,182 f.;2019 年 12 月 18 日裁定,案号 4 StR 582/19,第 3 段;2022 年 10 月 11 日裁定,案号 2 StR 101/22,第 10 段)。

b. 由于 K 的从属性质,对其有罪判决的改判意味着只能认定为对三项独立的主行为的帮助。

c. 然而,对两名被告的调查结果仅支持两项独立的帮助行为。第一个涉及支持强迫卖淫、与 Ka 和一个身份不明的嫖客接触,第二个涉及为证人 B 提供性服务的活动。H 于 2020 年 4 月 4 日进行的协商无法具体地归为嫖客 Ka 或者不知名的利害关系人,州法院也没有发现其他单独促进这些行为的帮助。Kr 的情况也是如此。当被害人被转让给证人 B 时,情况有所不同。被告通过电话联系证人 B,并为被害人提供鞋子。他就像为被害人提供自己的住处供逗留,并在见到 B 之后将他们带回那里的 Kr 一样,独立提供帮助。

d. 由于无法通过补充事实调查得到其他评估,本庭相应改判。这不违反《刑事诉讼法典》第 265 条。基于这一改判,两项刑罚被取消。为了使州法院可以基于有罪判决的改变进行合乎实际情况的量刑,必须取消对这一犯罪行为过程所施加的其他刑罚,同时也就消除了总和刑的基础。不过,没有必要撤销调查结果,而是可以用与改判不相抵触的内容来补充。

(3)行为 6(被告 H)

就州法院认定 H 犯非法交付麻醉品罪部分,调查没有法律错误,但不支持这一有罪判决,而是支持提供可供立即施用的麻醉品罪(《麻醉品交易法》第 29 条第 1 款第 6 项 b 目)。该法第 29 条第 1 款第 1 项中的"交付",要求向另一人转移支配权,以供另一人自由支配。如果麻醉药品是(如本案中)供当场立即施用的,则不满足这一要求(参见联邦最高法院 2021 年 3 月 23 日裁定,案号 3 StR 19/21,《刑法新杂志》2022 年,第 301 页;2022 年 12 月 14 日裁定,案号 6 StR 403/22,两份判决皆依《麻醉品交易法》第 29 条第 1 款第 1 项作出)。

本庭相应对有罪判决进行改判。这不违反《刑事诉讼法典》第 265 条。鉴于法定刑幅度没有变化以及总体情况,即便州法院作出正确的法律评价,也不会判处不同的刑罚。

(4)行为7(全体被告)

A.对行为7的有罪判决,应被上诉法院维持。各被告作为共同正犯,以不作为方式该当了《刑法典》第224条第1款第4项的构成要件(关于不作为的保证人情况下正犯与帮助犯的界限,参见联邦最高法院2018年10月18日裁定,案号3 StR 126/18)。

a.根据《刑法典》第224条第1款第4项之规定,与他人共同伤害他人身体(《刑法典》第223条第1款)即属犯罪。由于该条把伤害罪的法定最高刑加倍,因此该条的定性以在具体情况下参与会导致对被害人身体伤害的抽象危险增加为前提(参见联邦最高法院2002年9月3日判决,案号5 StR 210/02,《联邦最高法院刑事裁判集》BGHSt 47, 383, 386;2017年1月24日裁定,案号2 StR 188/16,《新法学周刊》2017年,第1894页),尤其当至少有两名侵害者采取行动,因此可能造成更大伤害时(参见2012年3月20日判决,案号1 StR 447/11第12段,《慕尼黑刑法评注》第4版,第224条部分第36段),或者因此使被害人的防卫可能性实际上或者在观念上受到参与者人数众多这一因素的限制(参见联邦最高法院2002年9月3日判决,案号5 StR 210/02,同前引;2015年6月30日判决,案号3 StR 171/15,《联邦最高法院判例》刑法典第224条第1款第4、5项),或者直接实施身体伤害的行为人的决意得到其他参与者的加强(参见联邦最高法院1986年2月5日判决,案号2 StR 640/85,《刑事辩护律师》1986年,第190页)。

b.《刑法典》第224条第1款第4项的危险伤害罪,得由不作为形式构成。

法条文没有任何限制,因此适用《刑法典》第13条关于不作为犯罪的一般规定。该法规的含义和目的尤其鼓励对规范的这种理解。1998年1月26日第六次刑法修改法的新版本,首先考虑加强人身安全的保护(《联邦议院文件》13/8587,第1、19、35页;《慕尼黑刑法评注》,同前引,第223条之前部分,第3段,以及更多参考文献)。考虑到对法益有效保护的追求,在适用《刑法典》第224条第1款第4项时必须考虑到,通过不作为参与犯罪(取决于具体案件的情况)也会导致风险,即严重伤害风险增加或防御选择的限制。然而,这种与另一名积极作为者共同实施犯罪行为时的危险增加,仅有不作为者的在场是不足以证成的(参见联邦最高法院2012年3月20日判决,案号1 StR 447/11,第12段)。例如,各参与人在同一地点同时行动,而各被害人只受一个侵害者的侵害时,就不成立共同实施伤害(参见联邦最高法院2015年6月30日裁定,案号 3 StR 171/15，同前引）。因此，仅有数个保证人的同时不作为，只构成同时正犯，并不该当该构成要件。此处要求的更高危险通常在有救助义务的保证人明示或者暗示同意不采取任何行动时会发生（如：Satzger/Schluckebier/Widmaier/Momsen-Pflanz/Momsen《刑法典评注》第 5 版，第 224 条之评注边码 39；SK-StGB《刑法典评注》第 9 版，第 224 条之评注边码 35；倾向于此的，还有 NK-StGB/Paeffgen/Böse《刑法典评注》第 5 版，第 224 条之评注边码 26。反对以不作为该当本罪构成要件，或者认为本罪构成要件以不作为者与两名以上作为者结合为限的观点，BeckOK-StGB/Eschelbach《刑法典评注》第 56 版，第 224 条之评注边码 39；LK-StGB/Grünewald《刑法典评注》第 12 版，第 224 条之评注边码 33；Schönke/Schröder/Sternberg-Lieben《刑法典评注》，同前引，第 224 条之评注边码 11b；MüKo-StGB/Hardtung《慕尼黑刑法评注》，同前引，第 224 条之评注边码 38、48）以及至少两名有行为义务的保证人至少暂时地出现在犯罪现场。所达成的合意和由此产生的相互关联，相互强化了彼此的不提供救助之行为决意——除危险增加的群体动态效应之外，这还降低了担保人之一履行其义务的可能性。

本案案情即如此。调查结果显示，各被告于 2020 年 4 月 8 日上午明确同意自行照顾被害人病情，不寻求医疗救助。从判决理由的上下文亦可得，各被告都自感受该合意约束，这意味着尽管证人 N 和 V 特别敦促被告 H 寻求专业帮助，但他们直到最后都未曾寻求。该合意坚定了各被告的决心，从而对犯罪事件产生决定性影响。

基于法律审查，亦应驳回关于不作为杀人未遂和剥夺人身自由成立一行为（行为单数）的观点。

州法院充分审酌了被害人的身体情况和各被告的设想。各被告相信被害人没有生命危险。被害人在被带入车库之前，仍可大声、强烈喊叫，法医鉴定也未发现被害人有身体疾病的任何证据。判决还详细讨论了被告 H 对证人 N 和 V 的陈述，即"他们试图救活她"，并将其引向上诉法院可接受的可能解释（参见联邦最高法院 2005 年 1 月 11 日判决，案号 1 StR 478/04）。由于信息相互矛盾，州法院无法澄清 Kr 于 2020 年 4 月 8 日晚向证人 Dr 发送短信（"我要跟你解释大问题，请务必认真对待"）以及其要求此后几日待在她那里的背景情况。证明被告 Kr 故意杀人成立的上诉，也提到了 2020 年 4 月 7 日的语音信息，这些内容在判决中没有得到支持，也无法在事实异议中予以考虑。

（5）行为 8（各被告）

针对故意杀人未定罪的（此部分未由检察总长代表）上诉，受限于到上诉法规定的审查标准,未发现任何法律错误。

A. 有关死因的陈述并无重要疑问。对此,州法院认为,由于被害人无器质性病变,因此排除自然死亡。与起诉书和上诉相反,它还确信被害人没有溺水。这在法律上无可疑虑。

州法院调查考虑了支持后一种死因的全部因素:肺部过度充气、呼吸道内异物、蝶窦内液体、肺部外层斑片状出血,以及单个组织样本中硅藻浓度的增加。在此过程中,不仅考虑了它们因在水中时间过长、与其他死因共同作用以及不符合特定检查标准的情况的指示值,还进行了必要的总体评估(关于这一要求,参见联邦最高法院2012年7月7日判决,案号5 StR 322/12,边码10、12;2022年11月30日判决,案号6 StR 243/22)。毫无疑问,没有任何防御伤,是认定被害人未溺水的决定性根据。在州法院看来,腿和脚没有绑在混凝土板上的部分,在溺水时本应发生因典型的四肢防御或痉挛引起的防御伤。至于上诉认为州法院没有考虑H在被害人死亡前已经研究过"溺水死亡"这一事实,此情节与判决无关,不应在事实异议的框架内听取。此外,这些反对意见最终实际上是试图以自己对证据的评估来取代对证据的司法评估,这在上诉法上是无效的。

B. 州法院在这一点上的考量也没有问题:无论具体死因如何,都无法确定是谁造成了受害人的死亡。

a. 主要问题是,无法查明哪名被告何时在车库中逗留,而且除他们之外可能有其他行为人,因为在被害人尸体中发现了两名身份不明男性的精液痕迹,被害人在死亡前不久与他们发生过性行为。

b. 这些考量无可置疑。州法院审查了所收集的证据,并没有对确信的形成提出过高的要求。特别是,它意识到不需要绝对确定、必然排除相反情况并且任何人都无法怀疑的确定性(为此,参见联邦最高法院2005年2月3日判决,案号4 StR 540/04)。

三、各被告的上诉

被告就有罪判决提出的上诉与检察机关的上诉,在同样范围内获得支持。

因竞合理论产生的改判,导致撤销被告K因强奸而被判处的三年六个月自由刑,以及被告Kr及H因帮助强奸(Kr一年,H九个月)和帮助性强制未遂而被判处的自由刑(Kr六个月,H六个月)。此外,由于不法和罪责的程度没有变化,本庭排除降低剩余处罚和总和刑的可能性(《刑事诉讼法典》第337条第1款)。

四、从属告诉人的上诉

从属告诉人的上诉,依《刑事诉讼法典》第 400 条第 1 款、第 401 条第 1 款第 1 句和第 2 款的规定,予以驳回。他们对被告未能被认定共同实施谋杀,因而对被害人不利提出的异议不能成立,原因如在检察机关上诉中所述。

五、由于陪审法庭没有管辖权,本庭依《刑事诉讼法典》第 354 条第 3 款,将本案发回刑事庭。

(五法官签名)

前审法院:

费尔登州法院,2021 年 10 月 21 日,案号 1 Ks 147 Js 20912/20(113/20)

无罪判决的不利再审①

裁判要旨

第二审判庭 2023 年 10 月 31 日判决

−2 BvR 900/22

无罪判决的不利再审

1.《基本法》第 103 条第 3 款蕴含了与基本权利相同的权利(grundrechtsgleiche Recht),不仅禁止重复施加刑罚,还禁止重复追诉,平等地保护被定罪之人和被宣告无罪之人。

2.如果立法机关通过再审制度为重新追诉创造了新的法律条件,则《基本法》第 103 条第 3 款的效力也约束立法机关。

3.《基本法》第 103 条第 3 款规定的禁止重复追诉作出了法安定性优先于实体正义的判断。这一优先性判断不能通过权衡具有宪法地位的其他法益来使禁令相对化,因

---

① 该裁判文书系由中国人民大学博士研究生赵常成翻译。经其同意,予以选登。

而，在设计再审制度时，立法机关对此没有裁量权。

4.《基本法》第 103 条第 3 款的保护范围存在限制，仅在终局的个案裁判中保护信赖利益。只有当德国法院已经对同一犯罪事实作出终局的刑事判决之后，该条款才保护个人免于根据一般刑法而重新追诉。

5.在这种有限的保护内容框架内，《基本法》第 103 条第 3 款并不全面禁止不利于基本权利持有者的再审，但禁止根据新的事实或证据而再审。

6.被宣告无罪的人可以信赖的是，无罪判决的既判力只能根据既判力产生之时的法律而被推翻。一事不再理原则承认，在宣告无罪的刑事判决中，信赖利益值得保护，并且《基本法》第 103 条第 3 款赋予了这种信赖保护以宪法地位。

联邦宪法法院

宣判

2023 年 10 月 31 日

菲施伯克

公职检查员

作为办公室书记员

-2 BvR 900/22-

以人民的名义

在宪法申诉的程序中

……先生，

全权委托：施文·克鲁斯·格奥尔格律师事务所，

皮克胡本 2，20457 汉堡

1.直接质疑

(1)策勒州高等法院 2022 年 4 月 20 日裁定-2 Ws 62/22，2 Ws 86/22-，

(2)费尔登州法院 2022 年 2 月 25 日裁定-1 Ks 148 Js 1066/22 (102/22)-，

2.间接质疑

《刑事诉讼法》第362条第5项

并申请暂停执行令

联邦宪法法院第二审判庭
参与法官如下

柯尼希副主席,

穆勒,

凯萨尔-沃尔夫,

迈多夫斯基,

朗根费尔德,

瓦拉宾施泰因,

费策,

奥芬洛赫

基于2023年5月24日的听证会

判决

依法认定:

1.刑事诉讼法修正案——2021年12月21日《扩大〈刑事诉讼法〉第362条不利于已宣判之人的再审可能性并改变民法上的时效》(《建立实体正义法案》)(《联邦法律公报》第一期,第5252页)——增设了《刑事诉讼法》第362条第5项,这与《基本法》第103条第3款以及信赖保护的宪法原则(《基本法》第20条第3款)不相容且无效。

2.策勒州高等法院2022年4月20日的裁定(2 Ws 62/22, 2 Ws 86/22)以及费尔登州法院2022年2月25日的裁定[1 Ks 148 Js 1066/22(102/22)]侵犯了申诉人根据《基本法》第103条第3款享有的与基本权利相同的权利,也违反了信赖保护的宪法原则(《基本法》第20条第3款)。法院撤销上述裁定,并将本案发回费尔登州法院。

3.2022年7月14日作出的暂停执行令(审判庭于2023年6月16日再次作出了裁定)不再必要。

4.德意志联邦共和国和下萨克森州应当均等偿还申诉人在宪法申诉程序和申请暂停执行令程序中的必要费用。

理由

本宪法申诉涉及以下问题:根据新的事实或证据重新提起不利于已终局宣告无罪之人的刑事诉讼,是否符合《基本法》第103条第3款,以及新规定是否具有溯及力。

A.

I.

1.《刑事诉讼法》第362条规定了不利于被告人的再审。刑事诉讼法修正案——2021年12月21日《扩大〈刑事诉讼法〉第362条不利于已宣判之人的再审可能性并改变民法上的时效》(《建立实体正义法案》)①——扩大了该规定的适用情形(第5项)。从那时起,该条款规定如下:

下列情形,为被告人之不利益,得对经由确定判决所终结之程序申请再审:

1.在审理程序中,为被告人之利益作为真实书证出示之书证,系伪造或变造;

2.证人或鉴定人在提供对被告人有利之证言或鉴定意见时,故意或过失违反宣誓义务,或有责地故意作出虚伪而未经宣誓之陈述;

3.参与判决之法官或陪审员,违反与案件有关的违反职务义务的可罚行为;

4.被宣告无罪之人,在法庭中或法庭外就犯罪作出可信供述时;

5.如果提出新的事实或证据,这些事实或证据单独或与先前收集的证据相结合,有重大理由足以认为,被宣告无罪之人应当被判处谋杀罪(《刑法》第211条)、种族灭绝罪(《国际刑法》第6条第1款)、危害人类罪(《国际刑法》第7条第1款和第2款)或对个人的战争罪(《国际刑法》第8条第1款第1项)。

2.前四项再审事由以及先前版本的《刑事诉讼法》第362条可以追溯到1877年2月1日的《帝国刑事诉讼法》。②

a)在19世纪,德国各州的法律状况并不一致,在此背景下,《帝国刑事诉讼法》的

---

① BGBl I S. 5252.
② RGBl S. 253 ff..

规定确立了在纠问制与对抗制刑事诉讼的中间道路。①

一事不再理原则可追溯到罗马法中的弹劾制诉讼（kontradiktorische Verfahren）。与此相对，根据普通法的和部分法典化的纠问制诉讼，刑事追诉的任务完全由国家承担，国家必须为了公众和正义的利益发现并贯彻真相。纠问制诉讼的目的是达致客观真相，为达此目的，如果出现了新的怀疑理由或证据，国家在诉讼终结后仍可以对同一行为再次进行调查，并在必要时再次施加刑罚。这是通过所谓的"存疑终止诉讼"制度（Lossprechung von der Instanz, absolutio ab instantia）实现的；根据当时纠问制诉讼的法定证据规则，如果案件既不能确定有罪，也不能确定无罪，则可以作出存疑终止诉讼的裁判。②

1791年法国大革命后，法国引入了对抗制刑事诉讼，德国许多州也都接受了控诉程序（Anklageprozess），1849年《法兰克福保罗教堂宪法》第179条第1款也规定了控诉程序。控诉程序的核心是，无论当事人不提出诉讼材料系有意抑或无意，都必须由其收集并提交诉讼材料。与此同时，法官对争端的裁判产生既判力的思想也进入了刑事诉讼。如果指控无法得到证实，仅导致诉讼暂时结束的"存疑终止诉讼"被"无罪判决"所取代，后者是终结诉讼的实体判决。③ 不得根据新的事实或证据进行再审。

在魏玛共和国时期，这一刑事诉讼的规定在内容上没有变化。④ 在1931年的德国法学家大会上，人们对扩大不利于被告人的再审事由（基于新的事实或证据）存在争议，扩大的建议最终遭到拒绝。⑤

b）在国家社会主义统治下，1943年5月29日《简化刑事司法第三法令》⑥统一了有利于与不利于被告人的再审事由。前一份草案的理由指出，比形式的既判力（主要

---

① vgl. Motive zu dem Entwurf einer Deutschen Strafprozessordnung nach den Beschlüssen der von dem Bundesrath eingesetzten Kommission, 1873, S. 173 f.; Motive zum Entwurf einer Strafprozessordnung von 1874, abgedruckt in: Hahn, Die gesammten Materialien zu den Reichs-Justizgesetzen, Bd. 3, Erste Abteilung, 1880, S. 264 f..

② vgl. Grünewald, ZStW 120 , S. 545 ; Frank, Die Wiederaufnahme zuungunsten des Angeklagten im Strafverfahren, 2022, S. 11 ff. m.w.N..

③ vgl. Grünewald, ZStW 120 , S. 545 m.w.N.; Frank, Die Wiederaufnahme zuungunsten des Angeklagten im Strafverfahren, 2022, S. 19 ff..

④ vgl. Verordnung vom 4. Januar 1924 zur (Neu-)Bekanntmachung der Reichsstrafprozessordnung, RGBl I S. 299 ff..

⑤ vgl. Verhandlungen des 36. Deutschen Juristentages, Bd. 1, 4. Lieferung, 1931, S. 1141 ff.; Bd. 2, 1932, S. 222 ff..

⑥ RGBl I S. 342 ff..

是为了保护被告人)更重要的是国家共同体实现实体正义的需求。这种正义是统一且不可分割的,对有利于和不利于被告人的裁判应当等而视之。① 此外,在判决与"国家共同体利益"相抵触的案件中,所谓的补充判决(Urteilsergänzung)使打破既判力成为可能。②

c)第二次世界大战结束后,占领区的法律状况基本上恢复到了1924年公布的《帝国刑事诉讼法》版本③。

德意志联邦共和国成立后,在全德国统一适用1950年9月20日《恢复法院组织、民事司法、刑事诉讼和费用法领域的法律统一法》。④ 其后,文献探讨了再审制度改革⑤,但法律上没有作出不利于被告人的变更。

与此相反,德意志民主共和国对有利于被宣判之人的再审与不利于被告人的再审设定了相同的理由;只是不利再审限定在判决产生既判力后的五年内。⑥

在《刑事诉讼法》第362条第5项出台之前,曾出现过数次由个别案件引发的改革尝试。

a)记者卡尔·冯·奥西茨基(Carl von Ossietzky)于1931年被帝国法院判处叛国罪,并于1938年在集中营死亡,1992年年底,其女儿请求再审但未获支持。之后,社会民主党联邦议会党团于1993年与1996年提出了一项全面改革再审制度的法律草案。针对不利于被告人的再审,建议"以外国法秩序为蓝本理解'一事不再理'的宪法原则(《基本法》第103条第3款)","如果提出新的事实或证据,单独或结合先前收集的证据,足以在新的审判中排除任何合理怀疑地证明被告人犯有谋杀罪(《刑法》第211条)或种族灭绝罪(《刑法》第220a条)",则应当允许再审。⑦ 经激烈辩论,第13届德

---

① vgl. Begründung des Entwurfs einer Strafverfahrensordnung vom 1. Mai 1939, abgedruckt in: Schubert/Regge/Rieß/Schmid, Quellen zur Reform des Straf-und Strafprozessrechts, Abteilung III, Bd. 1, 1991, S. 541.

② vgl. Schulze-Fielitz, in: Dreier, GG, Bd. 3, 3. Aufl. 2018, Art. 103 Abs. 3 Rn. 4.

③ vgl. im Einzelnen Ziemba, Die Wiederaufnahme des Verfahrens zuungunsten des Freigesprochenen oder Verurteilten, 1974, S. 71 und 143; Bohn, Die Wiederaufnahme des Strafverfahrens zuungunsten des Angeklagten vor dem Hintergrund neuer Beweise, 2016, S. 87 f..

④ BGBl S. 455.

⑤ vgl. nur Peters, Fehlerquellen im Strafprozeß, Bd. 2, 1972, S. 321; Ziemba, Die Wiederaufnahme des Verfahrens zuungunsten des Freigesprochenen oder Verurteilten, 1974; BRAK, Denkschrift zur Reform des Rechtsmittelrechts und der Wiederaufnahme des Verfahrens im Strafprozess, 1971, S. 76; Meyer, Wiederaufnahmereform, 1977, S. 158; Deml, Zur Reform der Wiederaufnahme des Strafverfahrens, 1979, S. 142.

⑥ § 328 der Strafprozessordnung vom 12. Januar 1968 <BGl DDR 1968 I S. 49>.

⑦ vgl. BTDrucks 12/6219, S. 1, 3.

国联邦议会法律事务委员会认为没有必要进行全面改革①,因此《刑事诉讼法》第362条保持不变。

b)2007年9月,北莱茵-威斯特法伦州和汉堡自由汉萨同盟市将一项法律提案提交到德国联邦参议院,提议对于谋杀罪和一些国际刑法定义的犯罪,"如果根据新的、科学公认的技术调查方法,提出了当时还未掌握的新事实或证据",可以进行不利于被告人的再审。② 提案起因于一起案件:1993年,一家音像店的雇员在一次抢劫中被杀;2004年,警方发现,通过检验物证而查获的皮肤微粒有可能属于以前因缺乏证据而被无罪释放的人。③ 然而,法律最终仍未修改。④

c)2021年12月21日《建立实体正义法》引入了《刑事诉讼法》第362条第5项,修法同样起因于一则具体案例(本案诉讼标的)。⑤ 立法理由中指出⑥:

如果谋杀罪或《国际刑法》所列罪行的无罪判决已经证实有误,其影响程度至少与对无辜被告人的定罪一样严重。即使是在第一次审判中宣告无罪,例如在连环杀人案中,后来由于新的技术调查方法证明原判是错误的,这也可能永久地扰乱法和平以及对刑事司法系统的信心。弗雷德里克·冯·莫尔曼(Frederike von Möhlmann)被谋杀的案件也表明了这一点,这已成为请愿改革再审制度的契机。近18万人已经签署了这份请愿书。

3. 根据联邦统计局的分析,在州法院2020年完结的13819起案件中,有19起是基于不利于被告人的再审申请。⑦

近年来,每年都有近10起案件对谋杀罪指控宣告无罪并终结诉讼。⑧ 在2011年,有1起案件对种族灭绝罪指控宣告无罪。⑨

---

① vgl. BTDrucks 13/10333, S. 4.
② vgl. BRDrucks 655/07, S. 1; BTDrucks 16/7957, S. 5.
③ vgl. BRPlenProt 837, S. 341 <C>-<D>.
④ vgl. Mitteilung des Rechtsausschusses des Deutschen Bundestages vom 12. März 2009 zur 130. Sitzung; BRDrucks 222/10 und BRPlenProt 869, S. 123 <A>, 156 <D>; BMJV, Abschlussbericht der StPO-Expertenkommission, 2015, S. 168 und hierzu Anlagenband I, Gutachten, S. 660; BRPlenProt 967, S. 131 <C> und 138 <A>.
⑤ vgl. BVerfGE 162, 358 <361 Rn. 7>–Wiederaufnahme zuungunsten des Freigesprochenen-eA.
⑥ vgl. BTDrucks 19/30399, S. 9 f.
⑦ Statistisches Bundesamt, Fachserie 10, Reihe 2.3, 2020, S. 62.
⑧ vgl. für 2003 und 2004: BT-Drucks 16/7957, S. 2; für 2010-2019: BTDrucks 19/30798, S. 47 f.; für 2020: Statistisches Bundesamt, Fachserie 10, Reihe 3, 2020, S. 24, 50 f. und 71.
⑨ BTDrucks 19/30798, S. 47 f.

4.《欧洲人权公约》第七附加议定书(7. ZP-EMRK)第 4 条规定了一事不再理原则（德意志联邦共和国尚未批准该议定书），该原则仅适用于一国境内的刑事诉讼，而不适用于不同国家的刑事诉讼。① 根据该条文第 2 款的规定，这一条文并不排除，如果存在新的事实或新发现的事实，或者先前诉讼程序存在影响诉讼结果的严重缺陷，可能根据有关国家的法律和刑事诉讼法重启诉讼。同样地，1966 年 12 月 19 日《公民权利和政治权利国际公约》第 14 条第 7 款②规定，任何人已依一国的法律及刑事诉讼法被终局定罪或宣告无罪者，不得因同一可罚行为而再次受到追诉或刑罚。《国际刑事法院罗马规约》第 20 条③禁止在刑事法院进行或将要进行的诉讼中重复进行刑事追诉。

就欧盟而言，《申根执行协定》第 54 条规定的禁止双重处罚④具有跨国效力。《欧盟基本权利宪章》第 50 条也作出规定，禁止对受干预人在欧盟已被终局宣告无罪或被定罪的行为进行重新追诉或刑罚⑤。

5. 联邦宪法法院向欧洲法律民主委员会（威尼斯委员会）就一事不再理原则和重启刑事诉讼的法律情况进行了询问，答复显示，在提交意见的大多数国家中，根据《欧洲人权公约》第七附加议定书第 4 条，一事不再理原则至少已载入宪法。关于再审的可受理性问题，答复所显示的情况参差不齐，这尤其是因为，在不同的法秩序中，刑事制裁与秩序制裁、纪律制裁或各种诉讼终结的方式存在差别。此外，再审的时间限制也不同，这或者是由于被追诉罪行的时效经过，或者是在判决产生既判力之后；如果有可能根据新的事实或证据进行再审，在某些国家也需要在知晓之日起的一段期限内提起。

在被考察国家中⑥，有 7 个国家不允许不利于受干预人的再审。另有 7 个国家的

---

① vgl. EGMR, Amrollahi v. Denmark, Entscheidung vom 28. Juni 2001, Nr. 56811/00, § 1; Trabelsi v. Belgium, Urteil vom 4. September 2014, Nr. 140/10, § 164.

② BGBl II 1973 S. 1553.

③ BGBl I 2002 S. 2144.

④ vom 19. Juni 1990, ABl EU Nr. L 239 vom 22. September 2000, S. 19, zuletzt geändert durch Art. 64 ÄndVO <EU> 2018/1861 vom 28. November 2018, ABl EU Nr. L 312 vom 7. Dezember 2018, S. 14; nachfolgend: SDÜ.

⑤ vgl. EuGH, Urteil vom 26. Februar 2013, Åkerberg Fransson, C-617/10, EU:C:2013:105, Rn. 33 f.; Urteil vom 5. Juni 2014, M, C-398/12, EU:C:2014:1057, Rn. 35; Urteil vom 28. Oktober 2022, PPU, C-435/ 22, EU:C: 2022:852, Rn. 64 ff.; BVerfG, Beschluss der 1. Kammer des Zweiten Senats vom 19. Mai 2022-2 BvR 1110/21-, Rn. 40 ff..

⑥ vgl. auch Wissenschaftliche Dienste des Bundestages, WD 7-3000-262/18 und WD 7-3000-007/22.

再审仅限于伪造证据、虚假陈述或其他程序错误,如腐败、贿赂或滥用职权(propter falsa)。在17个国家中,可以基于新的事实或证据(propter nova)进行不利再审,但细节上存在差异。

II.

1. 1983年5月13日,州法院判决宣告申诉人强奸与谋杀罪名不成立,该判决于1983年5月21日成为终局判决。在《刑事诉讼法》第362条第5项出台后,负责该案的检察机关于2022年2月向费尔登州法院(以下简称"州法院")提出申请,要求根据该条款重启刑事诉讼并签发逮捕令。根据2022年2月25日的裁定,州法院宣布再审申请可予受理,并下令对申诉人进行审前羁押。根据2022年4月20日的裁定,策勒州高等法院驳回了对该裁定的抗告。①

2. 申诉人的宪法申诉直接针对州高等法院和州法院的裁定,间接针对《刑事诉讼法》第362条第5项,并诉称,根据《基本法》第103条第3款和《基本法》第2条第1款,其权利受到侵犯。

《刑事诉讼法》第362条第5项违宪,并且无法作出合宪性解释。该条文不只是对《基本法》第103条第3款的边界修正。新规定与此前的再审事由存在本质区别。引入它的动机并不是对此前的某一再审事由产生了怀疑。新规定也并非延续了《刑事诉讼法》第362条此前的再审事由;此前的事由涉及操纵证据(第1—3项)或者源于行为人自己的行为(第4项),并通过其供述放弃了禁止双重追诉的保护。

立法机关的评价是,已经证实的、不合理的无罪判决对法和平和人民正义感的损害至少与对无辜被告人的定罪一样严重②;这一评价无视了刑事诉讼的功能。(正是为了防范立法上进行相等的评价),程序法上规定,只有被定罪的人才能根据《刑事诉讼法》第359条第5项以新的事实或证据为由再审。这种区别对待是宪法所要求的,并且不允许将纠正两类判决的权重等而视之来实现国家的刑罚权。立法资料中使用的"不可容忍"概念是情绪化的、含糊不清的,因此不适合作为编纂一事不再理原则之例外的适当标准。不利再审的新规定要求定罪具有重大理由(dringenden Gründe),立法机关认为这一限制是"非常高的门槛",可以确保整个规则符合比例原则;然而,这与再

---

① vgl. im Einzelnen BVerfGE 162, 358 <360 ff. Rn. 2 ff.>.
② vgl. BTDrucks 19/30399, S. 9 f..

审应当达到的怀疑程度不相符。理由在于，所有判决都基于开启审判程序的裁定（Eröffnungsbeschluss），因而建立在对犯罪事实具有充分怀疑（hinreichende Tatverdacht）的假设之上。再审的新规定所要求的怀疑程度与《刑事诉讼法》第114条第2款第4项规定的对犯罪事实的重大怀疑（dringende Tatverdacht）程度相同，但低于充分怀疑程度，这并不合理。因此，不能确保定罪将具有高度盖然性。最后，打破无罪判决的既判力违反了法治国原则所衍生的禁止溯及既往原则。

III.

针对申诉人提出的暂停执行申请，审判庭于2022年7月14日裁定[①]，暂停执行州法院2022年2月25日的逮捕令，而后，于2022年12月20日再次裁定附条件暂停执行，于2023年6月16日裁定无条件延长暂停执行。

IV.

联邦议院、联邦参议院、联邦总理府、联邦内政和社区部、联邦司法部、州政府、联邦最高法院、专门法院诉讼的共同原告、联邦最高法院联邦总检察长、弗莱堡马克斯·普朗克犯罪、安全与法律研究所刑法所所长、联邦律师协会、德国律师协会、德国法官协会、新法官协会，刑事辩护律师协会组织办公室，以及德国、奥地利和瑞士刑法专家学者团队（专家建议草案）均有机会发表意见。

1. 在德国联邦议院层面，联盟90/绿党与自民党议会党团(a)、社民党(b)与基民盟/基社盟(c)议会党团分别提交了声明。

a)根据联盟90/绿党和自民党议会党团的联合声明，《刑事诉讼法》第362条第5款违宪，其违反了《基本法》第103条第3款，以及《基本法》第2条第1款和第20条第3款共同要求的禁止溯及既往。

《基本法》第103条第3款保障刑事诉讼的一次性，并对与刑事诉讼相关的重大负担给予补偿。在《刑事诉讼法》第362条第5项的情形中，重启诉讼的相关负担甚至更为严重，尤其是可能重新进行审前羁押。为了矫正刑事诉讼中被告人与检察机关之间固有的不平衡，不利于被告人的再审条件必须比有利再审要高得多。这与普通法的纠

[①] BVerfGE 162, 358.

问制诉讼有本质区别,普通法的纠问制诉讼将实体正义置于既判力之上,特别是实行"存疑终止诉讼"制度,对证据不足的案件暂时结束刑事诉讼。《帝国刑事诉讼法》刻意放弃根据新的事实或证据进行不利再审,一方面,是为了贯彻既判力的理念;另一方面,是因为作为侦查程序主导者的检察机关现在被要求在证据不充分的情况下直接终止程序。①

从《基本法》第103条第3款的历史背景来看,立法机关不得将不利于被告人的再审扩大到以"新的事实或证据"作为再审事由。刑事司法受到宪法的保障,作为对国家社会主义专断统治时期经验的回应,制宪者旨在防止司法被滥用于实现司法以外之目的的可能性。从战后时期的法学视角看,国家社会主义时期确立的再审可能性,尽管其边界的判断标准不明,但却导致了"法官的无罪宣告不再使被无罪释放者重获自由"②的效果。这一缺陷同样适用于《刑事诉讼法》第362条第5项。

新规定亦不仅仅是对《基本法》第103条第3款边缘领域的边界修正。联邦宪法法院此前的裁判(BVerfGE 56, 22)并未允许立法机关依其意愿扩大再审事由。在诉讼法学与文献中,新的事实或证据也不是新出现的观点(Gesichtspunkt)。新的犯罪调查方法同样如此。再审制度并不旨在弥补法律程序本身所固有的结构性缺陷。然而,(弥补程序本身的结构性缺陷)正是《刑事诉讼法》第362条第5项的意图,因为任何刑事诉讼都必然是与特定时间相绑定的,每个法院只能依靠诉讼当时可运用的认知手段。此外,《刑事诉讼法》第362条第5项对于既有的不利再审制度来说是一种"异物";传统上认为,重新追诉绝非为了实体正义的利益本身,而是因为人的行为侵犯了实体正义③而再审。此外,《刑事诉讼法》第362条第5项并未对什么是足以再审的新事实或证据进行限定。这将使被宣告无罪的人面临着被重复追诉的危险。无罪判决将失去其权威性,无法实现其创造法和平的功能,因为它们在公众眼中将不再是"一锤定音"(das letzte Wort)的。

再审有助于实现实体正义,但无法就此得出实体正义是再审的正当理由。当然,只有在重新进行刑事诉讼之后,才能回答此前的无罪判决是否正当。在此之前,只存在对无罪判决的重大怀疑,即使是达到高度怀疑的程度也无法改变这一点。特别

---

① vgl. § 170 Abs. 2 StPO.
② unter Verweis auf Bader, Die deutschen Juristen, 1947, S. 14.
③ 如伪造证据、贿赂法官等。——译者注

是，在涉嫌谋杀的案件中，无罪判决率明显高于受到审前羁押的各类罪行总和的无罪判决率。此外，即使进行再审程序，案件也往往以无罪判决告终，因为随着时间的流逝，除了新的事实或证据，其他必要的认知手段已经因证明价值降低或不再具有可使用性而丧失。立法机关也未能澄清《刑事诉讼法》第362条第5项与《刑事诉讼法》第373条第1款之间的矛盾，因而仍不清楚的是，在重新审判后，法院的定罪是否仅限于《刑事诉讼法》第362条第5项所列举的罪行。

b) 社民党议会党团认为，宪法申诉毫无根据。《刑事诉讼法》第362条第5项符合宪法。

新规定没有违反《基本法》第103条第3款。根据基本法的明确措辞，该条款并不包含禁止重复追诉，而只禁止重复施加刑罚。该条款不适用于《刑事诉讼法》第362条第5项，因为被宣告无罪的人在第一次诉讼中没有被施加刑罚。从（《基本法》的）立法历史中也可以推断出这一点。在当时国会参议院（Parlamentarischen Rat）的审议中，没有迹象表明，该条款除了重复施加刑罚，还应包括重新追诉。联邦最高法院的相反观点建立在了一个根本错误的前提之上，因为禁止重复追诉宪法基础与禁止双重处罚的法治国基础并不同一。禁止重复追诉是《基本法》第20条第3款法治国原则的组成部分。由此，禁止重复追诉可以与实体正义等法治国的其他原则相权衡。

此外，《基本法》第103条第3款也不是免受权衡的，而只要求再审具有例外性。宪法上仅排除了对终局的无罪判决进行一般性审查，或在现有证据不变的情况下对终局的无罪判决进行重新评价。相反，在判决之既判力不再蕴含法和平功能的个别案件中，《刑事诉讼法》第362条第5项的规范作出有利于实体正义的例外保留。

新规定也符合比例原则，因为这一规定包含大量的实体性与程序性限制，从而确保了再审的例外性；特别是定罪的重大理由限制以及对特别严重罪行的限制。不断趋近实质真实是德国刑事诉讼法的本质特征之一。与对抗制诉讼模式不同，德国刑事诉讼没有竞技的元素，同时也不蕴含国家只有证明行为人有罪的一次机会的观念。反对新规定的"大坝决口"论点并未基于有效的风险评估。

新规定也没有违反禁止溯及既往原则。立法机关在《刑事诉讼法》第362条第5项中以追求公共利益作为首要目的，只有该条款同时适用于生效之前受干预人已被终局宣告无罪的案件时，这一目的才能实现。1999年，联邦宪法法院认定，如果法律变更是正义的核心要求,则真正的溯及力也是可以接受的。① 2021 年,联邦宪法法院认定,在事后的财产剥夺案件中,为了确证法秩序的正义性和不可侵犯性,真正的溯及力是正当的;该判决承认,必须消除执法严重不足的印象,这不利于民众忠实于法律,这是一项压倒性的公共利益需要。② 上述认定同样应当适用于在某一谋杀案件中出现了重大的新证据但未能再审的情形。

c)基民盟/基社盟议会党团也认为宪法申诉是没有根据的,《刑事诉讼法》第 362 条第 5 款是符合宪法的。

制宪者选择对《基本法》第 103 条第 3 款进行狭义理解。其核心保障是禁止双重处罚以及以双重处罚为目的的追诉。然而,这一条款不包括对重复追诉的一般性禁止。从事实和基本权利教义的角度来看,双重处罚与重新追诉有很大不同。前者涉及对《基本法》第 2 条第 2 款第 2 句、第 14 条第 1 款、第 1 条第 1 款,以及第 2 条第 1 款的侵犯,而后者本身则涉及法安定性的丧失以及对个人法和平的保护。

由于在刑事诉讼法与宪法上存在承认重新追诉的理由,《基本法》第 103 条第 3 款不能绝对禁止重复追诉。《基本法》第 103 条第 3 款的保护范围也与前宪法的法律状况不符,因此,《刑事诉讼法》第 362 条的适用范围可以扩大到除供述(《刑事诉讼法》第 362 条第 4 项)以外的事实或证据。诚然,《基本法》第 103 条第 3 款的核心保障是免于权衡的,然而,无论是从宪法抑或从联邦宪法法院的判例中,都不能直接推断出《基本法》第 103 条第 3 款的核心保障所禁止的国家行为包括以新的事实进行再审。

比例原则检验不存在特别的判断标准,例如边界修正的限制或不可容忍性的要求。在构建宪法性判断标准时需要保持克制;特别是,联邦宪法法院不应当对尚无定论的刑事诉讼法教义学问题做出判断。公众(特别是被害人)对有效刑事追诉的利益是公认的、合法的宪法目的,其本身并不随着既判力的产生而消灭。更准确地说,除《刑事诉讼法》(先前版本)第 362 条规定的打破既判力的条件外,新的事实或证据也可能使无罪判决丧失效力,并由此恢复对有效刑事追诉的利益。《刑事诉讼法》第 362 条第 5 项仅限于具有例外性的不法内容,并确保刑法的法和平功能不会因未能查清犯罪的重大嫌疑而受到损害。此外,《刑事诉讼法》第 362 条第 5 项是适当、必要以及合比例的。

---

① unter Verweis auf BVerfGE 101, 239 <268 f.>.
② unter Verweis auf BVerfGE 156, 354 <410 f. Rn. 151 f.>.

《刑事诉讼法》第 362 条第 5 项的溯及适用也是合法的。与事实相近的判例(即关于财产剥夺的裁判①)相比较,再审与禁止溯及既往并不冲突。

2.下萨克森州、巴伐利亚自由州以及勃兰登堡州和黑森州的州政府认为,《刑事诉讼法》第 362 条第 5 项符合宪法,宪法申诉是没有根据的。图林根州自由州政府认为《刑事诉讼法》第 362 条第 5 项因违反《基本法》第 103 条第 3 款而违宪。

3.在专家建议草案(a)、德国律师协会和刑事辩护律师协会组织办公室(b)以及弗莱堡马克斯·普朗克犯罪、安全和法律研究所所长(c)的意见中,支持和反对新规定的观点得到了确认和深化。

a)对于《刑事诉讼法》第 362 条第 5 项的解释,专家建议草案指出,先前指控不必限于条文中列举的犯罪或者危害生命的犯罪。对于何时成立"新的"事实或证据,尽管《刑事诉讼法》第 359 条第 5 项与第 373a 条采用了相同的措辞,但二者的判断标准不必相同;同时,《刑事诉讼法》第 362 条第 5 项的界定应当比《刑事诉讼法》第 359 条第 5 项更为狭窄。与立法草案理由相反,"重大理由"的标准不必与作为签发羁押命令之条件的"重大嫌疑"等而视之,而应当解释为"定罪的高度盖然性",尽管这仍然难以量化。存在疑问的是,犯罪是否只涵盖既遂行为和正犯行为,特别是考虑到教唆行为与未遂行为的追诉时效更短。新规定所选择的五项犯罪在这一问题上似乎不应作出一致处理,因为追诉时效并不能明确表明不法行为的严重性。对于谋杀罪而言,在法律变更的时点,纳粹谋杀行为的追诉时效已经经过;在非大规模犯罪背景下的"普通"谋杀行为的无限追诉时效反而产生了意想不到的副作用。② 就国际犯罪而言,无限的追诉时效以国际习惯法为基础,并且根据《国际刑法》第 5 条一致适用于不法程度完全不同的行为。同样存在疑问的是,为避免无法容忍的结果而对国际罪行再审,这是否具有现实必要性。因为,在各个国际刑事法院的程序规定中,基于新的事实或证据对核心罪行进行不利再审,要么限制在既判力产生之日起一年内,那么如同国际刑事法院一般根本否定再审的可能。在法律后果方面,应当指出,如果欠缺限制性条件,理论上,只要对条文所列举的犯罪存在怀疑,《刑事诉讼法》第 362 条第 5 项可能导致任一无罪判决被撤销并再次以任一罪名被定罪。

立法机关认为,《刑事诉讼法》第 362 条的扩张是合宪的,并且符合主流观点,但这

---

① mit Verweis auf BVerfGE 156, 354.
② 1979 年 7 月 3 日,德国联邦议院立法决定谋杀罪不再受追诉时效限制。——译者注

种假设是不正确的。从联邦宪法法院的判例出发,新规定与《基本法》第 103 条第 3 款的兼容性存疑。在法律状况发生变化或出现新的事实或证据的情况下仍然禁止重启诉讼,这并不是既判力的附带后果,而是主要目的。考察罗马法在既判力制度上的发展,可以清楚地看出,既判力既适用于有罪判决,也适用于无罪判决。德国在法国大革命期间引入以英国为蓝本的控诉程序,这一事实对德国法的发展也具有重要意义。自 1849 年《保罗教堂宪法》确认了控诉程序以来,这一程序逐渐占据上风,即使各州法律在制定《帝国刑事诉讼法》之际尚不一致。

由于限定在无罪判决与特定罪名的情形,《刑事诉讼法》第 362 条第 5 项作为整体也违反了《基本法》第 3 条第 1 款。

b) 德国律师协会和刑事辩护律师协会组织办公室认为,新规定违反了《基本法》第 103 条第 3 款和一般性的禁止溯及既往。联邦宪法法院在此前裁判(BVerfGE 2, 380; BVerfGE 3, 248)中明确指出,前宪法的、不利于被告人的再审事由是一种封闭性的教义,扩张新的再审事由违反《基本法》第 103 条第 3 款。另一裁判(BVerfGE 56, 22)也没有质疑这一点。在该案中,联邦宪法法院只探讨了犯罪事实概念,并再次明确表示,只有在再审事由的现有教义内才允许进行边界修正。裁判(BVerfGE 65, 377)也没有得出不同的结论。在该案中,法院仅依据前宪法见解,允许打破处罚令的既判力。

c) 根据马克斯·普朗克犯罪、安全和法律研究所所长的意见,《刑事诉讼法》第 362 条第 5 项是符合宪法的。法律必须更加强调对被害人的权利保护。因此,在比例原则检验中,个人权利具有两面性,根据实践协调原则(Prinzip der praktischen Konkordanz)的要求,必须充分考虑这一点。在这种背景下,绝对的、全面禁止权衡的论点绝不能令人信服。《基本法》第 103 条第 3 款可以对《刑事诉讼法》第 362 条第 5 项施加三重合理限制:其一,通过将再审限定在谋杀和国际罪行的范围内,确保实际上只在(被告人与被害人)双方的主观权利之间进行权衡。其二,"重大理由"的要求应当作合宪性解释,即必须达到应当承担刑事责任的高度盖然性;只有新的事实或证据从根本上改变了事实构建或证据情况时,才能达到这一要求。第三,应当减轻最终被定罪的行为人的刑罚,以补偿其必须忍受两次刑事诉讼的事实。

V.

2023 年 5 月 24 日,审判庭举行了听证会,各诉讼参与人在听证会上补充并深化了此前的意见。以下人士作为鉴定证人(sachkundige Auskunftsperson)作证：弗莱堡马克斯·普朗克犯罪、安全和法律研究所所长……教授博士，奥格斯堡大学……教授博士，刑事辩护律师协会组织办公室……律师以及 WEISSER RING e.V.①联邦理事会成员……教授博士。

B.

宪法申诉是可以受理的。对此请参阅法庭于2022年7月14日就申请人申请暂停执行作出裁定的理由。②

C.

宪法申诉也是有充分根据的。对申请人重新提起刑事诉讼是违宪的。其法律依据是《刑事诉讼法》第362条第5项，该条受到违反《基本法》第103条第3款的间接质疑（Ⅰ）。此外，在2021年12月30日该条款生效时，相关无罪判决已经产生既判力，对该无罪判决适用该条款违反了《基本法》第103条第3款和第20条第3款的禁止溯及既往的规定（Ⅱ）。

I.

《刑事诉讼法》第362条第5项违反了《基本法》第103条第3款。这项与基本权利相同的权利禁止立法机关规定，以新的事实或证据为由重新提起不利于基本权利持有者的刑事诉讼(1)。《刑事诉讼法》第362条第5项与此要求不符(2)。

1.《基本法》第103条第3款禁止重复起诉，这也约束立法机关(a)。这一有利于法安定性而非实体正义的宪法性决断不受权衡，并且没有给立法机关在制定再审规定方面提供任何裁量空间(b)。作为一种不受权衡的禁令，《基本法》第103条第3款必须进行严格解释；就其保护内容而言，该禁令禁止立法机关根据新的事实或证据重启不利于基本权利持有者的再审的可能性(c)。

a)《基本法》第103条第3款赋予了被定罪之人或被宣告无罪之人一项与基本权利相同的主观权利，该权利最初直接约束刑事法院和检察机关(aa)。如果立法机关通

---

① 德国一家支持犯罪被害人与犯罪预防的非营利性协会。——译者注
② vgl. BVerfGE 162, 358 Rn. 31 ff. = NJW 2022, 2389.

过再审制度立法为重新追诉创造法律条件,《基本法》第 103 条第 3 款对立法机关也具有同等效力(bb)。

aa)任何人不得因同一罪行受到多次刑罚的基本原则(一事不再理)描述了刑事诉权耗尽原理,刑事法院和检察机关必须在刑事诉讼的各个阶段加以注意,并依职权认定为诉讼障碍事由。① 根据一般刑法规定重新追诉将触犯这项基本原则,《基本法》第 103 条第 3 款已将其提升为宪法性禁止。② 由此,《基本法》第 103 条第 3 款首次将刑事诉权耗尽的抽象原理设定为与基本权利相同的权利。该条款为个人提供保护,具有个人的权利地位。③

这一保护同时适用于被定罪之人与被宣告无罪之人(1),并且阻碍重复追诉(2)。

(1)根据《基本法》第 103 条第 3 款的基本权利持有者既包括被定罪之人,也包括被宣告无罪之人。④

诚然,根据《基本法》第 103 条第 3 款的措辞,可以将该条款解释为仅适用于先前的有罪判决。然而,在历史上,制宪者并没有将该条款限制理解为被定罪人的基本权利(a);在实践中,刑事法院和检察机关也没有从这一意义上理解《基本法》第 103 条第 3 款(b)。这一理解也与基本权利的目的相矛盾(c)。

(a)该规范的立法历史同样支持将无罪判决纳入《基本法》第 103 条第 3 款的保护内容之中。

史料显示,国会参议院达成了以下共识,即在《基本法》中确立一事不再理原则意在提供基本法保护,使个人免于重复追诉,在无罪释放后同样如此。这与国会参议院最终决定采取禁止"重复处罚"的措辞并不矛盾。

在宪法法院和司法委员会第八次会议审议结束时,委员会主席津恩(Zinn)表示不赞成先前提案中"任何人不得受到多次刑事追诉"的措辞。然而,"惩罚"和"追诉"之间的区别在提议和答复中都没有涉及。相反,津恩只反对使用"刑事"一词,他认为"刑

---

① vgl. BVerfGE 56, 22 (32) = NJW 1981, 1433; BVerfGE 162, 358 Rn. 46 = NJW 2022, 2389.
② vgl. BVerfGE 3, 248 (251 f.) = NJW 1954, 69; BVerfGE 12, 62 (66) = NJW 1961, 867; BVerfGE 23, 191 (202) = NJW 1968, 982; BVerfGE 56, 22 (32) = NJW 1981, 1433.
③ vgl. BVerfGE 56, 22 (32) = NJW 1981, 1433; BVerfGE 162, 358 Rn. 46 = NJW 2022, 2389; BVerfGK 13, 7 (11) = BeckRS 2007, 32414; vgl. auch bereits BVerfGE 3, 248 (252) = NJW 1954, 69.
④ vgl. BVerfGE 12, 62 (66) = NJW 1961, 867; BVerfGE 162, 358 (371) Rn. 46 = NJW 2022, 2389; BVerfGK 9, 22 (26) = BeckRS 2006, 25342.

事"一词过于宽泛,而应限定在"基于一般刑法"。① 他指的是先前辩论过的对刑事处罚的宪法性禁止的边界,并试图找到一种更适当的表述,据此可以继续允许根据纪律惩戒法、秩序法、警察法或税法实施其他处罚。② 甚至在委员会第八次会议开始时,津恩也没有区分"惩罚"和"追诉",而是强调——就此未被答复———事不再理原则的基本思想是"任何人不得因同一罪行而被重复追诉"。③ 在《基本法》第103条第3款的禁止中纳入无罪判决,也得到了上一次会议即第七次委员会会议讨论的支持。为了阐明在刑事处罚(宪法性禁止应当涵盖的)与其他惩罚(应当保留再追究之可能)之间的众多问题,会议还构想了一个无罪判决的案例。④

国家社会主义统治结束后的历史背景也支持了这种理解。在《基本法》中加入"一事不再理"原则,意在抵制国家社会主义时期无限制地打破既判力原则的行为。⑤ 这些打破既判力的行为(也)针对那些被无罪释放的人。国家社会主义专横统治的特点之一正是"法官的无罪宣告不再使被无罪释放者重获自由"⑥。即使在国会参议院的审议中只明确提到了所谓的补充判决⑦,也没有迹象表明,打破既判力的宪法性禁止应限定于(补充判决)这一变体。⑧

更准确地说,制宪者所支持是广义的、由此前的帝国法院(RG)所形塑的一事不再

---

① vgl. Wortprotokoll der 8. Sitzung des Ausschusses für Verfassungsgerichtshof und Rechtspflege v. 7.12. 1948, abgedruckt in Büttner/Wettengel Der Parlamentarische Rat, Bd. 13/2, 2002, S. 1449 (1472).

② vgl. Wortprotokolle der 7. und 8. Sitzung des Ausschusses für Verfassungsgerichtshof und Rechtspflege v. 6. und 7.12.1948, abgedruckt in Büttner/Wettengel Der Parlamentarische Rat, Bd. 13/2, S. 1347 (1433 ff.) und S. 1449 (1465 f.).

③ Wortprotokoll der 8. Sitzung des Ausschusses für Verfassungsgerichtshof und Rechtspflege vom 7.12.1948, abgedruckt in Büttner/Wettengel Der Parlamentarische Rat, Bd. 13/2, S. 1449 (1465).

④ vgl. Wortprotokoll der 7. Sitzung des Ausschusses für Verfassungsgerichtshof und Rechtspflege v. 6.12. 1948, abgedruckt in Büttner/Wettengel Der Parlamentarische Rat, Bd. 13/2, S. 1347 (1436).

⑤ vgl. Entwurf eines Grundgesetzes des Verfassungskonvents der Ministerpräsidentenkonferenz der westlichen Besatzungszonen auf Herrenchiemsee vom 10. bis 23.8.1948–Darstellender Teil, S. 56; Wortprotokoll der 8. Sitzung des Ausschusses für Verfassungsgerichtshof und Rechtspflege v. 7.12.1948, abgedruckt in Büttner/Wettengel Der Parlamentarische Rat, Bd. 13/2, S. 1449 (1465 ff.); BVerfGE 56, 22 (32) = NJW 1981, 1433; BGHSt 5, 323 (329 f.) = NJW 1954, 609.

⑥ vgl. Bader Die deutschen Juristen, 1947, S. 14.

⑦ vgl. Wortprotokoll der 8. Sitzung des Ausschusses für Verfassungsgerichtshof und Rechtspflege v. 7.12. 1948, abgedruckt in Büttner/Wettengel Der Parlamentarische Rat, Bd. 13/2, S. 1449 (1472).

⑧ vgl. BGHSt 5, 323 (330) = NJW 1954, 609.

理原则。① 1877 年《帝国刑事诉讼法》以及《魏玛宪法》均未明确规定一事不再理原则,但帝国法院认为这一原则的存在是理所应当的。② 因此,帝国法院从一开始就以这一基本原则确实有效为基础,并将其理解为禁止重复追诉。③ 对《基本法》第 103 条第 3 款的理解,与宪法制定前的程序法状况以及主流判例对此的解释息息相关。就此而言,一事不再理原则的内容不应当因写入了《基本法》第 103 条第 3 款而改变。④

最后,在国会参议院审议之际,大多数州宪法都已纳入了一事不再理原则,并以类似的方式加以表述。⑤ 没有迹象表明无罪判决被排除出了考量范围。因此,也不能假定国会参议院的意图是将基本法的保护仅限制在被定罪之人上。

(b) 基本法之下的刑法实践将《基本法》第 103 条第 3 款理解为一事不再理原则的宪法基础,并将其平等地适用于有罪判决和无罪判决,甚至从未有过质疑。宪法领域的文献也将这一理解作为《基本法》第 103 条第 3 款的保护内容。

《基本法》第 103 条第 3 款所确立的一事不再理原则,与刑法史上的无罪推定密切相关。⑥ 在启蒙运动中,一事不再理原则被视作对抗普通法时期纠问制诉讼的原则。⑦ 纠问制的特点是,一方面绝对追求事实真相,另一方面将个人置于纯粹的被纠问者地位。这在当时程序法上的存疑终止诉讼(absolutio ab instantia)设置中尤为明显,(如果纠问法官作出这一裁判),这仅意味着暂时结束诉讼,原则上允许在出现新认知时随时重启诉讼。与此相对,对抗制诉讼的一个核心意义是,取代普通法时期原则上无法终结的纠问制诉讼,使刑事诉讼得以绝对终结。特别是在无法证明有罪的情况

---

① vgl. BVerfGE 3, 248 (252) = NJW 1954, 69; BVerfGE 9, 89 (95 f.) = NJW 1959, 427; BVerfGE 12, 62 (66) = NJW 1961, 867; BVerfGE 56, 22 (27 f., 34) = NJW 1981, 1433.

② vgl. BVerfGE 3, 248 (251) = NJW 1954, 69; BGHSt 5, 323 (328) = NJW 1954, 609.

③ vgl. RGSt 2, 347 (348); RGSt 56, 161 (166); RGSt 70, 26 (30); RGSt 72, 99 (102); BVerfGE 3, 248 (251) = NJW 1954, 69) und auch nach Freisprüchen anwandte (vgl. RGSt 2, 347 (348).

④ vgl. BVerfGE 3, 248 (252) = NJW 1954, 69; BVerfGE 9, 89 (96) = NJW 1959, 427; BVerfGE 12, 62 (66) = NJW 1961, 867; BVerfGE 23, 191 (202 f.) = NJW 1968, 982; BVerfGE 56, 22 (27 f., 34) = NJW 1981, 1433.

⑤ vgl. Art. 104 II der Verfassung des Freistaats Bayern v. 2.12.1946; Art. 4 III der Verfassung für Württemberg-Baden v. 28.11.1946; Art. 17 III der Verfassung für Württemberg-Hohenzollern v. 18.5.1947; Art. 7 II der Verfassung der Freien Hansestadt Bremen v. 21.10.1947; Art. 22 III der Verfassung des Landes Hessen v. 1.12.1946; Art. 6 IV 1 der Verfassung für Rheinland-Pfalz v. 18.5.1947.

⑥ vgl. v. Mangoldt/Klein/Starck/Nolte/Aust GG, III, 7. Aufl. 2018, GG Art. 103 Rn. 176 f. und 231; Merten/Papier Grundrechte-HdB/Nolte, HGR, V, 2013, § 135 Rn. 4 f; Dreier/Schulze-Fielitz GG, III, 3. Aufl. 2018, GG Art. 103 III Rn. 1.

⑦ vgl. Dreier/Schulze-Fielitz III, GG Art. 103 III Rn. 1.

下,刑事诉讼不仅应当暂时结束,而且应当永久终结。无罪判决通过"确认"无罪推定没有在程序上被推翻,从而蕴含着实体性内容。因此,一事不再理原则尤其旨在保护因证据不足而被宣告无罪之人。这一原则是为保障法治国所作出的"基本决断"①,即在对罪责产生不可消除的怀疑时,根据疑罪从无原则行事,以免冤枉无辜,即使这可能对事实上有罪的人同样有利。② 因此,在刑法实践中,一事不再理原则一直适用于无罪判决。③

(c)对《基本法》第103条第3款的理解(包含无罪判决)应当与其与基本权利相同的性质相称。每一次刑事诉讼,无论结果如何,对个人来说都是相当大的负担。这一与基本权利相同的权利,其保护目的在于,确保每个人因同一行为仅应当承受一次这些负担。④《基本法》第103条第3款旨在防止刑事诉讼侵犯基本权利,即确保"刑事追诉的一次性"⑤,而不仅是"赎罪的一次性"。个人应该能够信赖,其不会因为具体的个别事实再次受到国家的指控,也不会再背负刑事诉讼的负担⑥。

(2)从《基本法》第103条第3款的立法历史和目的定位中也可以清楚地看出,《基本法》第103条第3款超越了文字表述,不仅保护个人免受再次定罪,也保护个人免受一切在目的上具有定罪可能的举措。⑦《基本法》第103条第3款包含了禁止重复追诉的含义,而不仅仅是禁止重复施加刑罚。

刑事诉讼的任务之一是贯彻国家刑罚权,从而在司法进程中保护个人和公共法益,并实现罪责相适。⑧ 然而,如果犯罪人可能不受到惩罚,则所进行的刑事诉讼仍然不能实现这一功能。没有惩罚的可能性,将使得再次强加刑事诉讼的负担给个人的做法丧失合法性基础。为了进行刑事诉讼而进行刑事诉讼,但终了却无法定罪,这将

---

① vgl. Leitmeier StV 2021, 341 (343).
② vgl. Leitmeier StV 2021, 341 (343); Swoboda HRRS 2009, 188 (196 f.).
③ vgl. BGHSt 5, 323 (330) = NJW 1954, 609; BGHSt 38, 37 (42 f.) = NJW 1991, 3227; BGH NStZ-RR 2004, 238 (240); NStZ RR 2016, 47 (49).
④ vgl. BVerfGE 56, 22 (31) = NJW 1981, 1433; BVerfGK 4, 49 (53) = BeckRS 2004, 30344308.
⑤ vgl. BGHSt 38, 54 (57) = NJW 1991, 2779; Appel Verfassung und Strafe, 1998, S. 133; Dürig/Herzog/Scholz/Schmidt-Aßmann GG Art. 103 III Rn. 301 (Dez. 1992).
⑥ vgl. BVerfGE 56, 22 (31) = NJW 1981, 1433.
⑦ vgl. BVerfGE 12, 62 (66) = NJW 1961, 867; BVerfGE 23, 191 (202) = NJW 1968, 982; BVerfGE 65, 377 (381) = NJW 1984, 604; BVerfGE 162, 358 (371) Rn. 46 = NJW 2022, 2389; BVerfGK 4, 49 (52) = BeckRS 2004, 30344308; BVerfGK 13, 7 (11) = BeckRS 2007, 32414.
⑧ vgl. BVerfGE 133, 168 Rn. 55 f. = NJW 2013, 1058.

使个人沦为纯粹的追诉客体。① 因此,在刑事诉讼法上,《基本法》第 103 条第 3 款构成一项诉讼障碍事由,由此排除了重新提起刑事诉讼的可能性。②

bb) 如果立法机关通过再审制度为重新追诉创造法律条件,则《基本法》第 103 条第 3 款对立法机关的约束效力并无不同。③

在决议通过《基本法》第 103 条第 3 款时,国会参议院不仅考虑了国家社会主义专断统治时的判决和追诉举措,还明确规定了法律救济措施,以打破刑事判决的既判力。④ 因此,《基本法》第 103 条第 3 款作为一项与基本权利相同的权利,就像《基本法》第 1 条第 3 款第 1 句规定的基本权利一样,应当对立法机关具有直接的约束力。

如果通过对再审程序进行简单的立法设置,就可以使重新追诉与定罪成为可能,则《基本法》第 103 条第 3 款针对刑事追诉机关的禁止重复追诉要求在实践中将毫无意义。⑤ 无论刑事诉讼法上如何界定(是否判决已经被对再审申请的裁判所撤销,或者第一次判决的刑事诉权耗尽效果已被消除)⑥,再审的法律制度均允许对同一行为重新追诉,从而打破了先前判决的既判力。作为一项与基本权利相同的个人权利,如果《基本法》第 103 条第 3 款旨在防止重新定罪以及防止重新追诉所带来的负担,该条款的约束力还必须涵盖在刑事诉讼中使之成为可能的立法规定。⑦

b)《基本法》第 103 条第 3 款的禁止重复追诉蕴含了一项优先性判断(Vorrangentscheidung),即法安定性优先于实体正义(aa)。不能通过权衡其他具有宪法地位的法益而使禁令相对化(bb),因此立法机关在设计再审制度时对此没有自由裁量权(cc)。

aa)《基本法》第 103 条第 3 款保护法安定性原则优先于实体正义原则。

---

① vgl. BVerfGE 133, 168 Rn. 53 ff. = NJW 2013, 1058.
② vgl. BVerfGE 56, 22 (32) = NJW 1981, 1433; BVerfGE 162, 358 Rn. 46 = NJW 2022, 2389; BVerfGK 13, 7 (11) = BeckRS 2007, 32414.
③ vgl. BVerfGE 15, 303 (307) = NJW 1963, 757.
④ vgl. Entwurf eines Grundgesetzes des Verfassungskonvents der Ministerpräsidentenkonferenz der westlichen Besatzungszonen auf Herrenchiemsee v. 10. bis 23.8.1948–Darstellender Teil, S. 56; Wortprotokoll der 8. Sitzung des Ausschusses für Verfassungsgerichtshof und Rechtspflege v. 7.12.1948, abgedruckt in Büttner/Wettengel Der Parlamentarische Rat, Bd. 13/2, S. 1449 (1465 ff.); BVerfGE 56, 22 (32) = NJW 1981, 1433.
⑤ vgl. BVerfGE 15, 303 (307) = NJW 1963, 757; BGHSt 5, 323 (331) = NJW 1954, 609; Dürig/Herzog/Scholz/Remmert GG Art. 103 III Rn. 44 (Nov. 2018).
⑥ vgl. hierzu etwa Löwe/Rosenberg/Schuster, StPO, Bd. 9/1, 27. Aufl. 2022, StPO § 370 Rn. 31 ff..
⑦ vgl. BGHSt 5, 323 (331) = NJW 1954, 609.

既判力的形态受到所有法治国相关判断的影响。① 当实体裁判在实体法上是错误的,或者由于事实基础改变而发现是错误的情况下,这一点尤为突出。② 就行政决定而言,后续可能进行不同程度的撤销或变更,以便(重新)保持行政决定与法律基础相一致。③ 然而,为了维护法和平性和法安定性的利益,国家行为的确定力,特别是法院裁判的既判力,原则上不能再被打破,无论其内容是否正确。④ 如果一项裁判的既判力有利于接受者,则在信赖保护方面强化了裁判的重要性。⑤ 在这些情况下,裁判将与实体正确性和正义性存在紧张关系。⑥

由于实体正义原则和法安定性原则都具有宪法地位,因此原则上应当由立法机关判断在具体案件中优先考虑这两项原则中的哪一项。⑦ 但是,如果《基本法》本身已经作出了这一判断,情况就不同了。⑧《基本法》第103条第3款蕴含了这一判断。《基本法》第103条第3款规定,不得对同一行为施加新的刑罚,这确定了在这一基本原则的适用范围内,即刑事法官的判决范围内,法安定性原则优先于实体正义原则。

bb)在《基本法》第103条第3款中,有利于法安定性的优先性判断是绝对的。因此,《基本法》第103条第3款的与基本权利相同的权利不受权衡。诚然,这并不一定来自其文字表述(1)或立法历史(2)。然而,从该条文的体系(3)以及该条文的含义和目的(4)可以看出,《基本法》的这项判断理应具有严格的效力。根据联邦宪法法院迄今的判例也可以得出这一点(5)。

(1)首先需要简要地阐明,《基本法》第103条第3款所给予的保障是绝对的。⑨ 诚然,其他某些基本权利和与基本权利相同的权利并没有进行明确的保留或限制。然

---

① vgl. BVerfGE 2, 380 (392 ff., 403 ff.) = NJW 1953, 1137; BVerfGE 60, 253 (269 ff.) = NJW 1982, 2425.
② vgl. BVerfGE 2, 380 (403 ff.) = NJW 1953, 1137; BVerfGE 20, 230 (235) = NJW 1966, 2351; BVerfGE 35, 41 (58) = NJW 1973, 1315; BVerfGE 117, 302 (315) = LKV 2007, 366.
③ vgl. etwa §§ 48 ff., § 51 VwVfG; §§ 44 ff. SGB X: Sozialverwaltungsverfahren und Sozialdatenschutz.
④ vgl. BVerfGE 2, 380 (403 ff.) = NJW 1953, 1137.
⑤ vgl. v. Mangoldt/Klein/Starck/Sommermann II GG Art. 20 Rn. 304.
⑥ vgl. BVerfGE 22, 322 (329) = NJW 1968, 147; BVerfG (2. Kammer des Zweiten Senats) NJW 2007, 207 Rn. 17; (3. Kammer des Zweiten Senats) NJW 2019, 1590 Rn. 20.
⑦ vgl. BVerfGE 3, 225 (237) = NJW 1954, 65; BVerfGE 15, 313 (319) = NJW 1963, 851; BVerfGE 22, 322 (329) = NJW 1968, 147; BVerfGE 131, 20 (46 f.) = NVwZ 2012, 876 mwN.
⑧ vgl. für Art. 117 I GG BVerfGE 3, 225 (238 f.) = NJW 1954, 65.
⑨ vgl. Sodan/Sodan GG, 4. Aufl. 2018, GG Art. 103 Rn. 31; Neumann FS Jung, 2007, 655 (661).

而,人们普遍认为,它们仍受到宪法的内在限制。

(2)考察其立法历史,可能得出不同的结论。一方面,《基本法》第103条第3款明确规定了一事不再理原则,作为对国家社会主义时期既判力屈从于其他目的的回应。① 另一方面,《基本法》第103条第3款的含义与《基本法》颁布时有效的程序法状况以及当时主流判例对程序法的解释息息相关。② 在帝国法院的判例中,一事不再理原则已经在具体程序规范的解释中发挥作用。一事不再理原则被认为已经在不同程度上得到了实现或受到了限制。③

(3)然而,从体系的角度来看,《基本法》第103条第3款不受权衡。

《基本法》第103条第3款特别体现了源于法治国原则的信赖保护,这一原则只适用于刑事诉讼。《基本法》第103条第3款作为一项具有独立内容的特别规定,其保护内容超越了(信赖保护的)一般原则,旨在保护对终局裁判的信赖,防止了对个人利益的过度损害。这种更为深远的信赖保护是基于这样一个事实,即它绝对优先于原则上同样正当的纠错利益(Korrekturinteressen),立法机关本来可以像在其他领域一样考虑这些利益。④

《基本法》第103条第3款与《基本法》第103条第2款的绝对性相一致。这项规定也是关于一般宪法原则在刑法领域的特别规定。《基本法》第103条第2款作为一般禁止溯及既往的特别情况,毫无例外地禁止立法机关制定溯及既往的刑法。因此,这种对溯及既往的特别禁止是绝对的,免受权衡。⑤ 同时将《基本法》第103条第3款理解为一项不受权衡的权利,是在程序法层面对个人的实体法保护所作的补充。

《基本法》第103条第2款和第3款接近于自由权,不仅必须在刑事诉讼中得到尊重,还必须保护基本权利持有者免受刑事诉讼,这种对基本权利的保护无须通过转换为法律的方式实现。就此而言,《基本法》第103条第2款和第3款条与《基本法》第103条第1款等旨在为权利保护提供保障的权利不同。听审权适用于所有诉讼程序类

---

① vgl. oben Rn. 64.
② vgl. oben Rn. 65.
③ vgl. RGSt 2, 211 (2, 347 ff.); RGSt 4, 243 ff.; RGSt 9, 344 ff.; RGSt 51, 241 ff.; RGSt 72, 99 ff..
④ vgl. oben Rn. 77.
⑤ vgl. BVerfGE 30, 367 (385) = BeckRS 1971, 103601; BVerfGE 95, 96 (132) = NJW 1997, 929; BVerfGE 109, 133 (171 f.) = NJW 2004, 739.

型,并且需要立法机关在程序法上进行具体设计。①

这同样适用于植根于宪法的其他刑事诉讼权利;与《基本法》第103条第3款不同,这些权利在基本法上没有明确规定。这些权利尤其包括无罪推定②、公正程序权利③及其组成部分,如不得强迫自证其罪④、疑罪从无的证明规则⑤与武器平等原则⑥。这些权利在诉讼程序中旨在确保被告人的主体地位,因此其适用范围自然取决于诉讼程序本身的设计。因此,这些权利并不包含详尽且特定的命令或禁令,其对程序法的效果需要根据客观情况加以具体化,并主要由立法机关加以具体化。⑦ 另一方面,《基本法》第103条第3款旨在防止受干预人再次承受此类诉讼的负担,并在诉讼进程最终结束后告别被告人的角色。

(4)《基本法》第103条第3款的含义和目的也表明,该规范具有绝对效力。无论是出于个人抑或社会的目的定位,《基本法》第103条第3款都要求作出具有约束力的裁判,以有利于法安定性。这不允许将其保护相对化。

《基本法》第103条第3款作为一项个人权利,其目的首先是为了个人的法安定性而限制国家的刑罚权。⑧ 个人应该能够信赖,由于案件已经判决,其在判决后不会再次被指控。⑨ 因此,就像《基本法》第103条第2款一样⑩,与基本权利相同的权利事关受

---

① vgl. BVerfGE 75, 302 (313 f.) = NJW 1987, 2733; BVerfGE 89, 28 (35 f.) = NJW 1993, 2229; BVerfGE 119, 292 (296) = NZA 2008, 1201.

② vgl. BVerfGE 38, 105 (111) = NJW 1975, 103; BVerfGE 122, 248 (271 f.) = NJW 2009, 1469; BVerfGE 133, 168 Rn. 59 = NJW 2013, 1058.

③ vgl. BVerfGE 38, 105 (111) = NJW 1975, 103; BVerfGE 122, 248 (271 f.) = NJW 2009, 1469; BVerfGE 133, 168 Rn. 59 = NJW 2013, 1058.

④ vgl. BVerfGE 38, 105 (113 f.) = NJW 1975, 103; BVerfGE 55, 144 (150 f.) = NJW 1981, 1087; BVerfGE 56, 37 (43) = NJW 1981, 1431; BVerfGE 110, 1 (31) = NJW 2004, 2073; BVerfGE 133, 168 Rn. 30 = NJW 2013, 1058; BVerfG (3. Kammer des Zweiten Senats) NJOZ 2022, 373 Rn. 50 ff. = NJW 2022, 1086 Ls..

⑤ vgl. BVerfGK 1, 145 (149) = NJW 2003, 2444; BVerfG (1. Kammer des Zweiten Senats) 20.6.2007 - 2 BvR 965/07, BeckRS 2007, 24671 Rn. 3; vgl. auch BVerfGE 9, 167 (169) = NJW 1959, 619; BVerfGE 35, 311 (320) = NJW 1974, 26; BVerfGE 74, 358 (371) = NJW 1987, 2427; BVerfGE 133, 168 Rn. 56 = NJW 2013, 1058; BVerfGE 140, 317 Rn. 57 = NJW 2016, 1149.

⑥ vgl. BVerfGE 110, 226 (253) = NJW 2004, 1305; BVerfGE 133, 168 Rn. 59 = NJW 2013, 1058; BVerfG (3. Kammer des Zweiten Senats) NJW 2021, 455 Rn. 32.

⑦ vgl. BVerfGE 74, 358 (371 f.) = NJW 1987, 2427; BVerfGE 133, 168 Rn. 61 = NJW 2013, 1058 mwN.

⑧ vgl. BVerfGE 56, 22 (31 f.) = NJW 1981, 1433; vgl. auch bereits BVerfGE 3, 248 (253 f.) = NJW 1954, 69.

⑨ vgl. BVerfGE 56, 22 (31) = NJW 1981, 1433.

⑩ (vgl. BVerfGE 109, 133 (171 f.) = NJW 2004, 739.

干预人的自由和人之尊严,防止个人处于永不终结的程序之中①,降格为调查事实真相的纯粹客体。因此,刑事追诉必须服膺于规则化的程序,通过实体判决得出结论将排除对同一罪行的再次追诉。由此,《基本法》第 103 条第 3 款限制了起诉法定原则的贯彻。② 国家的这种自我约束遵循法治国的基本原则,即通过裁判的既判力为个人创造法安定性,并具体化到了刑法这一国家权力最密集的领域之一。如果立法机关保留了以不同方式权衡法安定性和国家刑罚权的权力,《基本法》第 103 条第 3 款本身就可能会削弱被告人对其刑事判决存续性(Bestand)的信赖,从而无法作为个人法安定性的基础。

此外,裁判的既判力也有助于维护法和平。③ 在独立于个人的社会需求意义上,法律状态同样需要终局确定。④ 出于这一原因,现代的法治国家秩序反对实现绝对真实的理想,而赞成在法律程序中确定真实,并且通常仅是相对真实。刑法也不要求"不惜一切代价"发现事实真相。⑤ 就此而言,既判力确保了对法院判决存续性的要求。考虑到任何决定都可能是错误的因此需要纠正,因而法律也设立了救济制度;这进一步保证了判决的正确性。然而,通过救济制度而不断继续诉讼的可能性,或重新开始诉讼的可能性,都会使人对判决的正确性产生持续的怀疑,从而削弱通过司法解决争端之有效性的信赖。

(5)联邦宪法法院先前的判例也确认了对《基本法》第 103 条第 3 款的理解,即绝对且不受权衡的禁止(absolutes und abwägungsfestes Verbot)。

迄今为止,联邦宪法法院尚未将《基本法》第 103 条第 3 款与其他宪法价值进行权衡,也没有表示可以将《基本法》第 103 条第 3 款的受保护利益与其他宪法利益进行权衡。更确切地说,就该宪法规范作出的裁决已经包含了保护内容的确定。确定保护内容的出发点是刑事诉讼法的整体状况⑥,并自始不排斥刑法教义学说的进一步发展。联邦宪法法院曾经以此为契机,对《基本法》第 103 条第 3 款的保护内容进行了相应的

---

① (vgl. Marxen/Tiemann ZIS 2008, 188 (190); Arnemann NJW-Spezial 2021, 440.
② vgl. BVerfGE 56, 22 (31 f.) = NJW 1981, 1433.
③ vgl. BVerfGE 2, 380 (403) = NJW 1953, 1137; BVerfGE 56, 22 (31) = NJW 1981, 1433; BVerfGE 115, 51 (62) = DStR 2006, 108.
④ vgl. Greco Strafprozesstheorie und materielle Rechtskraft, 2015, S. 346 ff. mwN.
⑤ vgl. BGHSt 14, 358 (365) = NJW 1960, 1580; BGHSt 31, 304 (309) = NJW 1983, 1570.
⑥ vgl. BVerfGE 3, 248 (252) = NJW 1954, 69; BVerfGE 9, 89 (96) = NJW 1959, 427; BVerfGE 12, 62 (66) = NJW 1961, 867; BVerfGE 65, 377 (384) = NJW 1984, 604.

"边界修正"(Grenzkorrekturen)①。这一边界修正使其自身可以根据《基本法》第103条第3款对受到质疑的裁判进行全面的宪法审查。②

对一事不再理的前宪法解释③应当被视作《基本法》第103条第3款的"内在界限"④,这些解释也不否认该规范的绝对效力准确地说,这些解释表达了这样一个事实,即《基本法》第103条第3款在基本法中纳入一项主要由帝国法院判例在规范上预先确定的程序性保障,因此可以从先前的认定中推断出该条款的内容。⑤ 反对意见认为,这有可能"石化"《基本法》第103条第3款的保护内容⑥;作为回应,第二分庭对《基本法》第103条第3款的保护内容进行了狭义理解,并认为该条款只允许在边缘领域进行边界修正⑦。

cc)《基本法》第103条第3款对立法机关也构成绝对和免于权衡的禁止,与检察机关一样,立法机关在设计再审制度时同样受《基本法》第103条第3款规范性命令的约束⑧。诚然,立法机关原则上有义务对法治国原则所派生的原则进行具体设计。通常,立法机关可以权衡实体正义和法安定性这两项原则。但是,在再审制度的设计中,只有在不涉及《基本法》第103条第3款的免受权衡之禁止的情况下,立法机关才享有自由裁量权。

c)作为免受权衡的禁止,《基本法》第103条第3款与基本权利相同的权利应当与法治国的一般性保障相区别,并进行狭义解释(aa)。在其保护内容涵盖的范围内,立法机关不得根据新的事实或证据进行不利于基本权利持有者的再审(bb)。

aa)《基本法》第103条第3款所涵盖的范围被严格限制在终局裁判中特别蕴含的信赖保护(1)。它只保护个人免于根据一般刑法(2)重新追诉,如果同一行为(3)已经由德国法院(4)作出了终局刑事判决(5)。

(1)就其狭义的保护内容而言,《基本法》第103条第3款的规定也与《基本法》第103条第2款相当。《基本法》第103条第2款同样包含了一项绝对的、严格的、免于权

---

① vgl. BVerfGE 56, 22 (34) = NJW 1981, 1433.
② vgl. BVerfGE 56, 22 (27 ff.) = NJW 1981, 1433.
③ 主要系此前帝国法院的主流判例。——译者注
④ vgl. BVerfGE 3, 248 (252 f.) = NJW 1954, 69.
⑤ vgl. BVerfGE 3, 248 (251) = NJW 1954, 69.
⑥ vgl. Zehetgruber JR 2020, 157 (160).
⑦ vgl. BVerfGE 56, 22 (34) = NJW 1981, 1433.
⑧ vgl. oben Rn. 72 ff..

衡的禁止。① 在实体刑法领域,《基本法》第 103 条第 2 款对这一法治国原则的特别表达作了较为严格的界定。这尤其适用于法律保留②、明确性要求③与溯及既往禁止④。《基本法》第 103 条第 2 款正是在绝对禁止溯及既往的情况下,通过严格的形式化以实现法治国和基本权利的保障功能。⑤ 这同样适用于《基本法》第 103 条第 3 款。通过维持终局裁判的存续性,这一权利所蕴含的信赖保护是法治国原则的体现,并且仅仅是法治国原则在刑法领域的特别体现,而非其他法律领域。《基本法》第 103 条第 3 款与《基本法》第 103 条第 2 款一样,通过严格的形式化履行其保障功能。

(2)《基本法》第 103 条第 3 款的禁止重复追诉,所禁止的只是依一般刑法追诉,即禁止再次适用刑法。⑥

《基本法》第 103 条第 3 款针对的刑罚,涉及由权威作出的、对侵害一般受保护法益与搅扰一般法和平的违法有责判断。⑦ 这一保障(一事不再理)适用于那些系国家主权对违法有责行为作出否定性回应的措施,并且这些措施所宣告的恶害旨在使行为人偿还其行为的罪责。⑧ 因此,刑罚执行措施不包括在内⑨,恢复与保安处分同样不包括在内。⑩

---

① vgl. BVerfGE 30, 367 (385) = BeckRS 1971, 103601; BVerfGE 95, 96 (132) = NJW 1997, 929; BVerfGE 109, 133 (171 f.) = NJW 2004, 739.

② vgl. BVerfGE 47, 109 (120) = NJW 1978, 933; BVerfGE 75, 329 (340 ff.) = NJW 1987, 3175; BVerfGE 78, 374 (381 f.) = NJW 1989, 1663; BVerfGE 87, 399 (411) = NJW 1993, 581; BVerfGE 126, 170 (194 f.) = NJW 2010, 3209.

③ vgl. BVerfGE 25, 269 (285) = NJW 1969, 1059; BVerfGE 78, 374 (382) = NJW 1989, 1663; BVerfGE 126, 170 (194 ff.) = NJW 2010, 3209; BVerfGE 143, 38 Rn. 38 = NJW 2016, 3648; BVerfGE 159, 223 Rn. 152 ff. = NJW 2022, 139–Bundesnotbremse I (Ausgangs- und Kontaktbeschränkungen).

④ vgl. BVerfGE 25, 269 (286) = NJW 1969, 1059; BVerfGE 30, 367 (385) = BeckRS 1971, 103601; BVerfGE 46, 188 (192 f.) = BeckRS 1977, 105980; BVerfGE 81, 132 (135) = NJW 1990, 1103; BVerfGE 95, 96 (131) = NJW 1997, 929; BVerfGE 109, 133 (172) = NJW 2004, 739; BVerfGE 156, 354 Rn. 104 f. = NJW 2021, 1222-Vermögensabschöpfung.

⑤ vgl. BVerfGE 95, 96 (96, 131) = NJW 1997, 929.

⑥ vgl. BVerfGE 21, 378 (383 f.) = NJW 1967, 1651; BVerfGE 21, 391 (401 f.) = NJW 1967, 1654; BVerfGE 27, 180 (185) = NJW 1970, 507; BVerfGE 43, 101 (105) = NJW 1977, 293; BVerfGE 66, 337 (356 f.) = NJW 1984, 2341.

⑦ vgl. BVerfGE 21, 391 (403) = NJW 1967, 1654; BVerfGE 43, 101 (105) = NJW 1977, 293.

⑧ vgl. BVerfGK 14, 357 (364) = NJW 2009, 980; BVerfGK 16, 98 (107) = NJW 2010, 1514.

⑨ vgl. BVerfGE 117, 71 (115) = NJW 2007, 1933.

⑩ vgl. BVerfGE 55, 28 (30) = NJW 1981, 165; BVerfGK 14, 357 (364) = NJW 2009, 980; BVerfGK 16, 98 (107) = NJW 2010, 1514.

然而,《基本法》第 103 条第 3 款并未引申至刑罚(Strafe)概念所涵盖的所有制裁,而明确只适用于根据一般刑法实施的制裁。① 根据制宪者记录下来的意图②,这只能被理解为《刑法》及其附属法律所指的"真正的"刑法,而不包括职务、纪律、秩序、警察和职业刑法。③ 因此,尤其是对秩序违反等行为的追诉被排除在《基本法》第 103 条第 3 款的禁止范围之外。④ 尽管如此,由于通过罚款方式对这些行为进行惩处仍具有刑罚特征,因而《基本法》第 103 条第 2 款仍然适用。⑤

(3)根据《基本法》第 103 条第 3 款,禁止重复追诉的对象限于刑事判决已审理的同一罪行,即起诉书与开启审判程序裁定所概述的、指控被告人作为正犯或帮助犯实现某一犯罪构成要件的历史经过(因而在时间和事实上受到限制)。⑥

(4)只有德国法院作出的刑事判决才触发《基本法》第 103 条第 3 款的保护。⑦ 在跨国案件中,需要根据国际法或欧盟法判断在何种程度上应当阻止重复追诉。⑧

(5)只有当刑事诉讼作出终局的实体判决后,《基本法》第 103 条第 3 款才发挥效力(a)。如果是其他导致刑事诉讼终结的裁判,其信赖保护不属于《基本法》第 103 条第 3 款狭义的保护内容,而是根据一般原则而存在(b)。

(a)只有在审判的基础上就案件作出刑事判决时,才会触发《基本法》第 103 条第 3

---

① vgl. auch Dürig/Herzog/Scholz/Remmert, GG Art. 103 III Rn. 57 (Nov. 2018).
② vgl. Wortprotokoll der 8. Sitzung des Ausschusses für Verfassungsgerichtshof und Rechtspflege v. 7.12. 1948, abgedruckt in Büttner/Wettengel Der Parlamentarische Rat, Bd. 13/2, S. 1449 (1465 f. und 1472).
③ vgl. BVerfGE 21, 378 (383 f.) = NJW 1967, 1651; BVerfGE 21, 391 (401, 403 f.) = NJW 1967, 1654; BVerfGE 27, 180 (185) = NJW 1970, 507; BVerfGE 28, 264 (276 f.) = NJW 1970, 1731; BVerfGE 43, 101 (105) = NJW 1977, 293; BVerfGE 66, 337 (357) = BVerfGE 63, 266 = NJW 1983, 1535.
④ vgl. BVerfGE 21, 378 (388) = NJW 1967, 1651; BVerfGE 43, 101 (105) = NJW 1977, 293; BVerfG (2. Kammer des Zweiten Senats) 31.5.1990-2 BvR 1722/89; vgl. zum Streitstand im Schrifttum Dürig/Herzog/Scholz/Remmert GG Art. 103 III Rn. 58 mwN (Nov. 2018).
⑤ vgl. BVerfGE 81, 132 (135) = NJW 1990, 1103; BVerfGE 87, 399 (411) = NJW 1993, 581; BVerfGK 11, 337 (349) = NVwZ 2007, 1172). Ebenso wenig erstreckt sich Art. 103 III GG auf verwaltungsrechtliche Sanktionen (vgl. BVerfGE 20, 365 (372) = NJW 1967, 29.
⑥ vgl. BVerfGE 23, 191 (202) = NJW 1968, 982; BVerfGE 45, 434 (435) = NJW 1978, 414; BVerfGE 56, 22 (28) = NJW 1981, 1433; BVerfGK 5, 7 (8) = BeckRS 2005, 22553; BVerfGK 7, 417 (418) = BeckRS 2006, 22726; BVerfG (2. Kammer des Zweiten Senats) NJW 2015, 44 Rn. 26.
⑦ vgl. BVerfGE 12, 62 (66) = NJW 1961, 867; BVerfGE 75, 1 (15 f.) = NJW 1987, 2155; BVerfGK 13, 7 (11 f.) = BeckRS 2007, 32414; BVerfGK 19, 265 (273) = NJW 2012, 1202.
⑧ vgl. insoweit etwa BVerfGK 13, 7 (11 f.) = BeckRS 2007, 32414; BVerfGK 19, 265 (273) = NJW 2012, 1202.

款的禁止重复追诉。这一保护内容上的限制源于刑事审判程序的功能①,并且可以在该条款的立法历史中得到证实。

刑事审判的核心问题是确定案件的事实真相。② 审判程序是刑事诉讼的核心。它旨在终局地澄清和确定案件事实。根据《刑事诉讼法》第 244 条第 2 款,法院必须主动将证据调查范围扩大到与判决有关的所有事实和证据。根据一般程序经验,审判程序为调查事实真相提供了最大程度的保障,同时也为被告人提供了最好的辩护机会,从而得出公正的判决。③ 它为作出有罪认定以及在必要时推翻无罪推定创造了程序前提。④ 法院正是从审判中对已经证实并据以判决的事实形成确信。⑤ 为了保护个人和公众的法益,刑事诉讼程序被设计为司法程序。⑥ 这一(通过审判程序的)事实发现以法律为指导,是最大限度地根据法治国要求进行事实调查与判决的程序形式。在正当程序的要求下,诉讼必须证明至可以推翻无罪推定。只有在此基础上才能作出有罪认定。⑦ 在这一宪法框架内,国家在宪法上有义务确保刑事司法系统的正常运作,否则正义就无法实现。⑧ 刑事审判程序这一特殊设置为在此基础上作出的判决提供了合法性,这是既判力的基础,并说明了由此导致的刑事诉权耗尽(《基本法》第 103 条第 3 款意义上)的正当性⑨。

基于这些理由,制宪者在制定《基本法》第 103 条第 3 款时所遵循的、由帝国法院形塑的一事不再理原则,只适用于刑事判决。⑩

(b)终结刑事诉讼的其他裁判形式也蕴含值得保护的信赖。然而,这种保护并非

---

① vgl. BVerfGE 3, 248 (251 f.) = NJW 1954, 69; BVerfGE 65, 377 (383) = NJW 1984, 604.
② vgl. BVerfGE 57, 250 (275) = NJW 1981, 1719; BVerfGE 118, 212 (231) = NJW 2007, 2977; BVerfGE 122, 248 (270) = NJW 2009, 1469; BVerfGE 130, 1 (26) = NJW 2012, 907; BVerfGE 133, 168 Rn. 56 = NJW 2013, 1058.
③ vgl. BVerfGE 65, 377 (383) = NJW 1984, 604).
④ vgl. BVerfGE 74, 358 (372 f.) = NJW 1987, 2427.
⑤ vgl. §§ 261, 264 I, 267 I StPO.
⑥ vgl. BVerfGE 133, 168 Rn. 56 = NJW 2013, 1058.
⑦ vgl. BVerfGE 74, 358 (371) = NJW 1987, 2427.
⑧ vgl. BVerfGE 33, 367 (383) = NJW 1972, 2214; BVerfGE 46, 214 (222) = NJW 1977, 2355; BVerfGE 122, 248 (272) = NJW 2009, 1469; BVerfGE 130, 1 (26) = NJW 2012, 907; BVerfGE 133, 168 Rn. 57 = NJW 2013, 1058.
⑨ vgl. BVerfGE 3, 248 (253 f.) = NJW 1954, 69; BVerfGE 65, 377 (383) = NJW 1984, 604; vgl. auch BVerfGE 23, 191 (202) = NJW 1968, 982.
⑩ vgl. BVerfGE 3, 248 (251) = NJW 1954, 69 mwN; BVerfGE 65, 377 (382 f.) = NJW 1984, 604.

直接来自《基本法》第 103 条第 3 款,而是植根于宪法上对信赖保护的一般法治国要求。这适用于处罚令(aa)以及检察机关的程序终止决定(bb)与法院的终止诉讼裁判(cc)。

(aa)处罚令不受《基本法》第 103 条第 3 款的保护。更准确地说,作为法治国之下信赖保护原则的反映,普通法律规定(特别是《刑事诉讼法》第 373a 条)蕴含了一事不再理的一般程序原则。

处罚令程序(《刑事诉讼法》第 407 条及以下各条)主要旨在简化和加快刑事诉讼程序。与判决程序相比,法院无法自由且全面地调查行为的违法和有责内容,无法在公正的裁判中充分维护公共利益。① 在此基础上,帝国法院已指出,处罚令只有限消耗刑事诉权,如果刑罚所依据的法律要点在原处罚令中尚未被评价并且将导致刑事责任的升高,就允许在普通程序中对已受处罚令处罚的罪行再次定罪处罚。② 考虑该条款的立法历史,联邦宪法法院认为,这一前宪法的判例应当视作《基本法》第 103 条第 3 款的内在限制。③

(bb)根据法治国的一般原则,检察机关的终止决定向受干预人传达了以下值得保护的信赖,即所作决定将持久有效,但并不导致《基本法》第 103 条第 3 款意义上的全面刑事诉权耗尽。④《基本法》第 103 条第 3 款仅涵盖《基本法》第 92 条所称的国家法院的裁判,这从该条文在《基本法》中所处的位置"第九章 司法"即可得出。检察机关的终止决定也不包含任何最终认定受干预人罪责的既判力。

这并不排斥《欧盟基本权利宪章》第 50 条和《申根执行协定》第 54 条等欧盟法中规定的一事不再理原则在特定条件下同样可能适用于检察机关作出的终止决定。⑤《基本法》第 103 条第 3 款并未全面规范一事不再理原则的保护内容,而是将禁止重复追诉的范围限制在德国法院以实体判决而终结的刑事诉讼之中。因此,这里没有理由

---

① vgl. BVerfGE 3, 248 (253) = NJW 1954, 69; BVerfGE 65, 377 (383) = NJW 1984, 604). Insoweit steht ein Strafbefehl, gegen den nicht rechtzeitig Einspruch erhoben worden ist, einem Urteil nicht iSd § 410 III StPO gleich (vgl. bereits BVerfGE 3, 248 (254) = NJW 1954, 69.

② vgl. BVerfGE 3, 248 (251) = NJW 1954, 69 mwN.

③ vgl. BVerfGE 3, 248 (252 f.) = NJW 1954, 69; BVerfGE 65, 377 (382 ff.) = NJW 1984, 604.

④ vgl. BVerfG (1. Kammer des Zweiten Senats) 19.5.2022–2 BvR 1110/21, BeckRS 2022, 17795 Rn. 50; BGHSt 54, 1 Rn. 14 ff. = NJW 2009, 2548.

⑤ vgl. BVerfG (1. Kammer des Zweiten Senats) 19.5.2022–2 BvR 1110/21, BeckRS 2022, 17795 Rn. 37 ff. mwN zur Rechtsprechung des EuGH.

根据《欧盟基本权利宪章》来解释《基本法》第 103 条第 3 款中与基本权利相同的权利。① 更准确地说,《欧盟基本权利宪章》第 50 条和《基本法》第 103 条第 3 款分别在各自的适用范围内规定了这一一般原则的具体表现;这一原则除在《基本法》中得以贯彻外,还可以通过信赖保护的一般法治国要求得以实现。因此,整体而言,一事不再理原则可以对检察机关的终止决定施加充分的保护。

(cc)《基本法》第 103 条第 3 款的保护内容也不涵盖法官作出的终止裁判,亦即不包括以程序判决②或裁定③的形式对受干预人的罪责作出最终认定。因此,尽管根据一事不再理的一般原则,人们对于这些程序终止裁判的存续性具有合理的信赖,但并不能从《基本法》第 103 条中推导出绝对的阻却效力。④

因欠缺充分犯罪嫌疑而终结诉讼的法院驳回裁定⑤也不会引发《基本法》第 103 条第 3 款的禁止重复起诉。这一裁定也不包含任何终局的有罪认定,而只是在正式审理之外通过书面程序对犯罪嫌疑进行的审查。⑥ 因此,这不会导致《基本法》第 103 条第 3 款规制的全面刑事诉权耗尽效果,而只是对司法裁判的存续性赋予值得保护的信赖。就此而言,《刑事诉讼法》中可能根据新的事实或证据重启诉讼的某些规定⑦,应当根据一事不再理的一般程序原则而非《基本法》第 103 条第 3 款来考量。

联邦宪法法院在两个分庭裁定中曾认定,不开启审判程序的裁定(《刑事诉讼法》第 204 条)⑧受到免于重新追诉的保护,并且体现了"《基本法》第 103 条第 3 款的保障功能"⑨。这与本裁判并不矛盾。因为两庭在其裁判内容中都仅援引了一事不再理的一般原则,并假定系争的法院裁定只会在有限的范围内消耗刑事诉权。违反《基本法》第 103 条第 3 款本身并不是相关裁判的对象。

bb)在这种严格限制的保护内容的框架内,《基本法》第 103 条第 3 款一般不禁止

---

① vgl. BVerfGE 152, 152 Rn. 60 ff. = NJW 2020, 275-Recht auf Vergessen I.
② vgl. § 260 III StPO.
③ vgl. §§ 153 II 1, 153a II 1, 206a I, 206b S. 1 StPO.
④ vgl. BGHSt 48, 331 (334 ff.) = NJW 2004, 375.
⑤ vgl. §§ 174 I, 204 StPO.
⑥ vgl. BGHSt 48, 331 (336) = NJW 2004, 375.
⑦ vgl. §§ 211, 174 II StPO.
⑧ vgl. BVerfGK 4, 49 (52 f.) = BeckRS 2004, 30344308) bzw. ein Verwerfungsbeschluss gem. § 174 II StPO (vgl. BVerfGK 9, 22 (25 f.) = BeckRS 2006, 25342.
⑨ BVerfGK 9, 22 (25) = BeckRS 2006, 25342) bzw. auf dessen „Ausstrahlungswirkung" (BVerfGK 4, 49 (52) = BeckRS 2004, 30344308.

立法机关重启不利于基本权利持有者的刑事诉讼(1)，但无论如何不得以"新的事实或证据"作为再审事由(2)。

(1)再审也可能仅旨在撤销不符合法治国原则的判决，而不以改变实体结果作为主要目标。这一情况不触及《基本法》第103条第3款(a)。《基本法》第103条第3款亦不禁止以其他理由撤销刑事判决(b)。

(a)如果判决重启旨在纠正但不改变判决的实质内容，这并不触及《基本法》第103条第3款的保护内容。因此，如果联邦宪法法院宣告原法律依据无效，后续重启刑事诉讼仅限于变更原刑事判决的实体法律依据，这也不违反《基本法》第103条第3款，判决的所有其他组成部分不受影响。① 根据《刑事诉讼法》和《联邦宪法法院法》第79条的规定，联邦宪法法院无权直接审查这种有限重启刑事诉讼的程序，即通过一项裁定改变原判决，而不重新进行审判程序，也不对被定罪人进行听证。② 如果根据普通法律中的现行规定进行这种有限的再审，判决的事实认定、犯罪其他方面的法律评价、刑罚的性质和程度以及执行条件都保持不变，则不构成《基本法》第103条第3款所禁止的重复处罚。③

(b)如果再审规定不以改变判决的实质内容为主要目的，而是以撤销刑事判决为主要目的，这也不在《基本法》第103条第3款的禁止范围内。

这尤其关涉根据《刑事诉讼法》第362条第1—4项进行的再审。④ 这些规定体现了《基本法》第103条第3款的内在限制。⑤ 这些规定在多大程度上符合一般宪法要求，特别是相称性原则⑥，这里尚不需要作出裁判。

---

① vgl. BVerfGE 15, 303 (307) = NJW 1963, 757.

② vgl. BVerfGE 15, 303 (306) = NJW 1963, 757 mwN.

③ vgl. BVerfGE 15, 303 (308) = NJW 1963, 757.

④ vgl. Dreier/Schulze-Fielitz III GG Art. 103 III Rn. 32 u. 35; v. Mangoldt/Klein/Starck/Nolte/Aust III GG Art. 103 Rn. 222 f.; vgl. auch v. Münch/Kunig/Kunig/Saliger II, 7. Aufl. 2021, GG Art. 103 Rn. 78; Sachs/Degenhart GG, 9. Aufl. 2021, GG Art. 103 Rn. 84; BeckOK GG/Radtke GG Art. 103 Rn. 47 f. (Aug. 2022); aA Sodan/Sodan GG Art. 103 Rn. 31 f.; Brade AöR 146 (2021), 130 (167, 170); zweifelnd Neumann FS Jung, 2007, 655 (666); Friauf/Höfling/Höfling/Burkiczak V GG Art. 103 Rn. 173 ff. (IV/09); Dürig/Herzog/Scholz/Remmert GG Art. 103 III Rn. 62 (Nov. 2018).

⑤ vgl. BVerfGE 3, 248 (252 f.) = NJW 1954, 69; BVerfGE 65, 377 (384) = NJW 1984, 604.

⑥ zu § 362 Nrn. 1-2 StPO vgl. Grünewald ZStW 120 (2008), 545 (574 f.); Greco S. 985 ff.; zu § 362 Nr. 4 StPO vgl. Knoche DRiZ 1971, 299 (299); Loos FS Schreiber, 2003, 277 (280 f.); Bohn Die Wiederaufnahme des Strafverfahrens zuungunsten des Angeklagten vor dem Hintergrund neuer Beweise, 2016, S. 51; KMR StPO/Eschelbach StPO § 362 Rn. 84 ff. (Aug. 2005).

《刑事诉讼法》第 362 条第 1—3 项规定,如果经另一判决(《刑事诉讼法》第 364 条)确定,原审判中存在伪造书证、证人或鉴定人作虚假陈述,以及法官或陪审员违反职责等行为,则允许再审。如果发生违反职责的情况(《刑事诉讼法》第 362 条第 3 项),无论判决内容是否正确,案件都将重新审理。即使在证据已被证明系虚假的情况下(《刑事诉讼法》第 362 条第 1 项和第 2 项),对结果的纠正也不是主要目标。对于后一情况,只有当排除相关行为对判决存在影响时,才免于再审(《刑事诉讼法》第 370 条第 1 款)。在所有这些案件中,再审的目的不必是最终作出不同的判决,而主要是重新进行此前存在错误的诉讼程序。

因此,再审可能性也将对原本的刑事诉讼产生预先影响。在强化惩罚的同时,司法程序中的真实义务和法律义务也由此得到加强。通过达成终局判决(可能对被告人有利)来操纵程序并不可取。1873 年《德意志刑事诉讼法》草案中已经对现行《刑事诉讼法》第 362 条第 1—3 项的再审事由作出了规定,其立法理由是,任何人都不应"享受其犯罪行为的成果"。无论何人,只要允许"犯罪人通过犯新罪而免受原本应受的刑罚",都将违反刑法的基本原则。①

存在如此严重缺陷的判决不符合正当程序的要求。遵守这些要求是公正的有罪判决所不可或缺的法治国前提。② 创设以上述缺陷为由撤销判决并重启诉讼的可能,保障了判决的有效性以及刑事诉讼的法治国权威。

《刑事诉讼法》第 362 条第 4 项真正的首要目的也不是变更无罪判决。相反,该条文的目的是阻止那些致使法治国刑事诉讼的权威性遭受质疑的行为。③ 自 1877 年,《刑事诉讼法》就确立了这一再审事由的正当性,因为,如果一个被宣告无罪的人可以公开吹嘘自己的罪行而不承担后果,将很容易误导一般正义观念。④ 不应允许被宣告无罪的人在公开场合讲述自己的犯罪行为,讥讽受害者及其亲属,吹嘘无罪判决并嘲

---

① vgl. Motive zu dem Entwurf einer Deutschen Strafprozessordnung nach den Beschlüssen der von dem Bundesrath eingesetzten Kommission, 1873, S. 174; vgl. auch Frank Die Wiederaufnahme zuungunsten des Angeklagten im Strafverfahren, 2022, S. 177 f..

② vgl. BVerfGE 133, 168 Rn. 56 ff. = NJW 2013, 1058.

③ vgl. SK-StPO/Frister, 5. Aufl. 2018, StPO § 362 Rn. 1; KK-StPO/Tiemann, 9. Aufl. 2023, StPO § 362 Rn. 1a, 26; Satzger/Schluckebier/Widmaier StPO/Kaspar, 5. Aufl. 2023, StPO § 362 Rn. 7; HK GS/Weiler, 5. Aufl. 2022, StPO § 362 Rn. 6; aA Kubiciel GA 2021, 380 (392); Schöch FS Maiwald, 2010, 769 (779 f.).

④ vgl. Motive zum Entwurf einer StStPO von 1874, abgedruckt in Hahn Die gesammtten Materialien zu den Reichs-Justizgesetzen, III, Erste Abteilung, 1880, S. 265.

笑国家。① 如果因未推翻无罪推定而以无罪判决终结案件,而后却又允许被宣告无罪的人在其社会交往中声称自己是犯罪人而不是无辜者,这将是对对抗制刑事诉讼原则的误解。

(2)与此相对,《基本法》第103条第3款禁止立法机关根据新的事实或证据,以在内容上作出"更正确裁判"为首要目的而重启诉讼(a)。无论是对在此期间的宪法理解发生变化(b),还是考虑到受基本权利保护的被害人及其亲属的利益(c),都不会导致不同的结果。

(a)为了作出在内容上"更正确"、在实体上更公正的裁判而纠正原刑事判决,这与《基本法》第103第3款作出的"法安定性优先于实体正义"的绝对优先性判断无法协调一致。

帝国法院(前已提及有关《基本法》第103条第3款一事不再理原则的判例内容②)曾认定,即使事实或证据"是在判决产生既判力后才被发现,此前未被知悉且没有被提出,且足以证明从不同法律角度评价该行为具有可罚性"的情况下也不应当重新追诉。③ 这一认定承继了作为1877年《帝国刑事诉讼法》之基础的立法材料,该立法材料强调,"但是,草案不允许在任何情况下根据新的事实重新作出不利于被告人的判决"。④

根据新的事实或证据进行再审,其目的主要是消除刑事判决的内容与随后显现的实体真实之间的可能矛盾。在拟定这样的再审事由时,立法机关优先考虑的是实体正义而非法安定性。这与《基本法》第103条第3款相抵触。

经由公正程序作出的判决,其创造的法安定性包括了这一含义,即判决不会因出现新的事实或证据而受到质疑。⑤ 更准确地说,为了法安定性,法治国接受在个别案件中可能存在的不正确裁判⑥,特别是这种不正确性来自事后才发现的情况⑦。这些情况不是对先前刑事诉讼的合法性和法治国属性的质疑,因此不属于原裁判的严重缺

---

① vgl. Marxen/Tiemann ZIS 2008, 188 (189) mwN; KK-StPO/Tiemann, StPO § 362 Rn. 1a, 11.
② vgl. oben Rn. 65.
③ vgl. RGSt 2, 347 (348).
④ vgl. Motive zu dem Entwurf einer Deutschen Strafprozessordnung nach den Beschlüssen der von dem Bundesrath eingesetzten Kommission, 1873, S. 174.
⑤ vgl. auch BVerfGE 56, 22 (31) = NJW 1981, 1433; BVerfGE 65, 377 (383 und 385) = NJW 1984, 604.
⑥ vgl. BVerfGE 2, 380 (403) = NJW 1953, 1137.
⑦ vgl. BVerfGE 56, 22 (31) = NJW 1981, 1433.

陷。因此,根据新的事实或证据的再审,并不是为了强化原裁判的有效性,相反是为了重新处理。然而,恰恰是无罪判决的情况需要诉诸终局判决的权威。判决及其既判力的任务和功能是,通过确认判决内容的法律效力,有约束力地在对法院具有决定性的时间点上确定法律状态,从而创造法安定和法和平。①

(b)《基本法》第103条第3款也没有因宪法现实(Verfassungswirklichkeit)的改变而改变其含义,立法机关仍然不得根据新的事实或证据自由地设计(狭义界定下的)再审制度。

诚然,刑法和刑事诉讼法是不断变化的。特别是,接受协商制度也对刑事诉讼发现真相的功能产生了影响。② 然而,这些或其他事态发展均不足以改变宪法对刑事诉讼的要求。③

这同样适用于侦查技术手段和事实澄清可能性的进一步发展。这些发展可能产生出基本权利保护需求的新样态。④ 然而,这并不意味着撤回了抵御国家干预的宪法保护。

此外,宪法对立法机关的要求并没有减少,因为,随着德意志联邦共和国在民主和法治上的稳步发展,人们更加没有理由担忧国家将抛弃或削弱宪法性原则。⑤《基本法》所保障的基本权利旨在不遗余力地抵御"对自由民主的基本秩序的真正威胁"⑥。

(c)不能为了维护被害人及其亲属的利益而扩大立法机关在制定再审制度方面的自由裁量权。

诚然,分庭的判例已经认定,根据《基本法》第2条第2款第1、2句及第1条第1款第2句,如果个人无法抵御侵犯其高度个人法益的严重犯罪行为,则国家的保护义务使得个人有权要求国家提出有效追诉;并且,放弃对此类行为的有效追诉可能会动摇

---

① vgl. BVerfGE 47, 146 (161) = NJW 1978, 1151.
② vgl. BVerfGE 133, 168 Rn. 65 ff. = NJW 2013, 1058.
③ vgl. BVerfGE 133, 168 Rn. 100 ff. = NJW 2013, 1058.
④ vgl. BVerfGE 65, 1 (42) = NJW 1984, 419; BVerfGE 109, 279 (309) = NJW 2004, 999; BVerfGE 112, 304 (316) = NJW 2005, 1338; BVerfGE 113, 29 (45 f.) = NJW 2005, 1917; BVerfGE 120, 274 (305 f.) = NJW 2008, 822; BVerfGE 120, 378 (398 f.) = NJW 2008, 1505; BVerfGE 154, 152 Rn. 87 ff. = NJW 2020, 2235–BND-Ausland-Ausland Fernmeldeaufklärung; BVerfG NJW 2023, 1196 Rn. 52 ff.–Automatisierte Datenanalyse.
⑤ vgl. dagegen Hoven JZ 2021, 1154 (1160).
⑥ vgl. Pohlreich HRRS 2023, 140 (143).

人们对国家垄断暴力的信赖,产生法律不安定与暴力的普遍氛围。① 然而,原则上,有效追诉的权利只是要求追诉机关采取(有效)行动,而不能担保特定结果。② 根据新的事实或证据提起不利于被告人的再审,其理由并非基于追诉本身的严重缺陷,特别是在不予追诉的情形下。更准确地说,无罪判决终结了刑事诉讼,不是暂时结束诉讼,而是已经将诉讼进行到底了。因此,原则上,无罪判决并不足以动摇被害人及其亲属对于国家合法且有效之追诉的信赖。

特别是,侦查手段的不断改进不足以质疑先前追诉的法治国属性。如果可以借助此前不具备的认知手段来澄清尚未解决的案件,这反而证明了,尽管先前案件的结果并不充分,但在法治国意义上不存在疑问。技术进步使得后来可以借助更现代的手段更好地认知并澄清事实。然而,在某些情况下,再次诉讼也未必就能实现更好的认知:在再次诉讼中,未必所有在初次诉讼中的相关证据仍然可用,或者与在初次诉讼中一样富有证明力。(更好认知的目标)被迅速调查和定罪这一更重要的目标所抵消。后者不仅符合被告人和公众的利益,而且尤其符合被害人及其亲属的利益。WEISSER RING e.V.③的代表在听证中也解释道,根据新的事实或证据而进行全面再审,并不符合被害人保护组织的关切。由于原则上总是有可能出现新的事实或证据,刑事审判实际上永远不会终结,这将给被害人或其幸存的被抚养人带来相当大的心理负担;在犯罪后经过的时间越长,正确澄清事实并判决的需求就越小。

无论如何,有效刑事追诉的权利只能支撑强制起诉制度和附加诉讼人的诉讼权利。这一权利不涵盖对刑事判决内容的纠正,尤其是以有罪判决取代无罪判决。④ 国家负有追诉的义务,但不负有确保调查结果符合绝对真实的义务,自然也不负有通过重启已终局之诉讼来确保发现真实的义务。

2. 因此,《刑事诉讼法》第 362 条第 5 项的规定违反了《基本法》第 103 条第 3 款。这一规定允许在刑法领域(a)对已经作出终局刑事判决的同一行为重新追诉(b),其主要目

---

① vgl. BVerfG (1. Kammer des Zweiten Senats) BeckRS 2014, 59593 Rn. 10 = NStZ-RR 2015, 117 Ls.; (3. Kammer des Zweiten Senats) NJW 2015, 150 Rn. 11; NJW 2015, 3500 Rn. 20; (2. Kammer des Zweiten Senats) NJW 2020, 675 Rn. 35 f.; NJW 2023, 1277 Rn. 53.

② vgl. BVerfG (2. Kammer des Zweiten Senats) NJW 2023, 1277 Rn. 56.

③ 德国一家支持犯罪被害人与犯罪预防的非营利性协会。——译者注

④ vgl. BVerfG (1. Kammer des Zweiten Senats) BeckRS 2014, 59593 Rn. 14 = NStZ RR 2015, 117 Ls.; (3. Kammer des Zweiten Senats) NJW 2015, 150 Rn. 15; NJW 2015, 150 Rn. 24; (2. Kammer des Zweiten Senats) NJW 2020, 675 Rn. 42; NJW 2023, 1277 Rn. 56 f..

的是纠正判决的内容(c),因此与《基本法》第103条第3款的保护内容相违背(d)。

a)《刑事诉讼法》第362条第5项的规定涉及了刑法。《刑事诉讼法》第362条第5项不但涵盖《刑法》第211条规定的谋杀罪,而且所涵盖的《国际刑法》中的罪行都是《基本法》第103条第3款所指的一般刑法。①

《国际刑法》对其中规定的罪行设定了刑事处罚,对普遍保障之法益的有责侵犯以及对普遍之法和平的干扰作出了权威的违法性判断。《国际刑法》不存在任何足以证明应当与其他刑法规定区别对待的特殊性。相反,两套规则之间在体系与内容上是相近的,因而无须在阻却效力方面区别对待根据不同规则作出的判决。《国际刑法》基本上放弃了总则部分,因此在《国际刑法》第2条中援引了《刑法》的一般规定。在2002年《国际刑法》第6条对种族灭绝罪进行修正前,早在1954年,这一罪名就被引入并规定在了《刑法》第220a条中。② 根据《国际刑法》第1条第1款规定的普遍管辖原则,德国刑法也可补充适用。根据联邦最高法院的判例,在杀人与伤害案件中,这属于附带权能(Annexkompetenz)。因此,根据同样适用于这些案件的一般竞合规则③,在对《国际刑法》第6条种族灭绝罪的判决中,也可以处理《刑法》第211条规定的谋杀罪(行为单数)。④

b)《刑事诉讼法》第362条第5项涉及德国法院的终局刑事判决,其中也包括无罪判决。该规定允许对同一行为(已判决)重新追诉并进行不利于宣告无罪之人的再审。

c)根据《刑事诉讼法》第362条第5项,以新的事实或证据为理由启动再审。这一再审首要目的是纠正无罪判决的内容。实施法的标题《建立实体正义法案》已经指明了设立这一新的再审事由的目的。⑤ 立法理由中仅指出了以下目的,即纠正那些因为不允许根据新的事实或证据再审而产生的"不令人满意"或"完全不能容忍"的结果。⑥ 如果"在法院诉讼终结后发现了新的有罪证据,足以高度盖然地证明先前被宣告无罪之人有罪",则无罪判决不应当再存续。⑦ "既判力与实体正义的矛盾(应)得到解决"⑧。这

---

① vgl. idS zu Art. 103 II GG BVerfG (4. Kammer des Zweiten Senats) NJW 2001, 1848 Rn. 18 ff..
② vgl. BGBl. 1954 II 729 und BGBl. 2002 I 2254.
③ vgl. BGHSt 55, 157 Rn. 50 = NJOZ 2010, 1736; BGHSt 64, 89 Rn.70= NJW 2019, 2627.
④ vgl. BGHSt 45, 64 (69 f.) = NJW 2000, 2517; BGHSt 64, 89 Rn. 71 = NJW 2019, 2627.
⑤ BGBl. 2021 I 5252.
⑥ vgl. BT-Drs. 19/30399, 1, 9.
⑦ vgl. BT-Drs. 19/30399, 1 und ähnlich 9 f..
⑧ vgl. BT-Drs. 19/30399, 2 und ähnlich 9 f..

一立法的目的就是建立根据新的事实或证据而再审的可能性。①

d) 因此,《刑事诉讼法》第362条第5项破坏了《基本法》第103条第3款已经作出的法安定性优先于实体正义的(免于权衡的)判断。新规定与《基本法》第103条第3款禁止重复追诉的要求无法协调一致。

II.

此外,《刑事诉讼法》第362条第5项还适用于在该条款生效之前已经以无罪判决终结的诉讼程序,这违反了《基本法》第103条第3款与第20条第3款禁止溯及既往的要求。

1. 如果法律变更涉及过去的事实,同时新的法律后果也延伸适用于过去,判断这一法律变更是否合法的首要宪法标准是《基本法》第20条第3款的法治国原则(因为该条款强调法律后果方面),以及与法律后果规定相关的基本权利或与基本权利相同的权利。②

a) 联邦宪法法院一贯区分法律"真正的"和"不真正的"溯及力。如果一项规定的法律后果旨在对其颁布之前已经确定的事实施加不利效果,这是法律后果的溯及力,是"真正"的溯及力;相反,如果一项规定对当前尚未确定的事实和未来的法律关系生效,进而使相关法律地位遭到贬低,这是事实构成的溯及联系,是"不真正"的溯及力。③ 例如,如果某项规定仅在颁布之后才施加不利的法律后果,但实际上现行法的事实已经触发了该后果。④

b) 法律后果的溯及力("真正的"溯及力)原则上是违宪的。⑤ 原则上禁止法律后果的溯及力,保护了人们对由《基本法》所创建的法秩序与所赋予的权利的可靠性和可

---

① vgl. BT-Drs. 19/30399, 6.
② vgl. BVerfGE 72, 200 (257) = NJW 1987, 1749; BVerfGE 156, 354 Rn. 139 = NJW 2021, 1222.
③ vgl. BVerfGE 101, 239 (263) = NJW 2000, 413; BVerfGE 123, 186 (257) = NJW 2009, 2033; BVerfGE 148, 217 Rn. 136 = NJW 2018, 1379.
④ vgl. BVerfGE 63, 343 (356) = NJW 1983, 2757; BVerfGE 72, 200 (242) = NJW 1987, 1749; BVerfGE 97, 67 (79) = NJW 1998, 1547; BVerfGE 105, 17 (37 f.) = NJW 2002, 3009; BVerfGE 127, 1 (17) = NJW 2010, 3629; BVerfGE 132, 302 Rn. 43 = NJW 2013, 145; BVerfGE 148, 217 Rn. 136 = NJW 2018, 1379.
⑤ vgl. BVerfGE 13, 261 (271) = NJW 1962, 291; BVerfGE 95, 64 (87) = NJW 1997, 722; BVerfGE 122, 374 (394); BVerfGE 131, 20 (39) = NVwZ 2012, 876; BVerfGE 141, 56 Rn. 43 = NVwZ 2016, 682; BVerfGE 156, 354 Rn. 140 mwN = NJW 2021, 1222.

预测性的信赖。① 禁止"真正的"溯及力类型(也被理解为法律后果对已决事实的时间溯及力)之所以合理,是因为它识别了一类情形,在这类情形中,信赖保护通常处于优先地位;法律已经在特定程度上将过去的事实排除在新的法律后果之外,除非有特别重大的理由,立法机关不得再行推翻。②

然而,信赖保护原则不仅是禁止溯及既往的理由,同时也是其界限。③ 广为认可的是,禁止真正溯及力的原则存在例外,即如果在与溯及力相关的时间点已经不允许受干预人信赖现行法律规定的持续性,而必须考虑变更。④ 特别是,如果法律状态如此混乱不明,以至于必须等待进一步解释时⑤,或者,如果先前法律与法律体系相抵触且不公平,以至于对其合宪性存在严重怀疑时⑥,信赖保护理由就不能够成立。如果随着时间的流逝(由于判例的发展),出现了普遍且严重的法的不安定情况,并且许多受干预人都不清楚什么是合法的,则信赖保护同样不成立。⑦ 此外,如果存在一种优先于法安定性原则的强大公共利益要求溯及既往,则信赖保护必须退居二线。⑧ 如果公民不能信赖一个由无效规范所创造的法律外观⑨,或者如果溯及既往的法律变更

---

① vgl. BVerfGE 101, 239 (262) = NJW 2000, 413; BVerfGE 132, 302 Rn. 41 = NJW 2013, 145; BVerfGE 135, 1 Rn. 60 = NVwZ 2014, 577 = NJW 2014, 1581 Ls.; BVerfGE 156, 354 Rn. 140 = NJW 2021, 1222.

② vgl. BVerfGE 127, 1 (19) = NJW 2010, 3629; BVerfGE 156, 354 Rn. 142 = NJW 2021, 1222.

③ vgl. BVerfGE 13, 261 (271 f.) = NJW 1962, 291; BVerfGE 101, 239 (266) = NJW 2000, 413; BVerfGE 126, 369 (393) = BeckRS 2010, 141668 = NJW 2010, 3705 Ls.; BVerfGE 135, 1 Rn. 61 = NVwZ 2014, 577 = NJW 2014, 1581 Ls.; BVerfGE 156, 354 Rn. 142 mwN = NJW 2021, 1222.

④ vgl. BVerfGE 13, 261 (272) = NJW 1962, 291; BVerfGE 30, 367 (387) = BeckRS 1971, 103601; BVerfGE 88, 384 (404) = VIZ 1993, 351; BVerfGE 95, 64 (86 f.) = NJW 1997, 722; BVerfGE 122, 374 = NVwZ 2009, 1025; BVerfGE 135, 1 (22) = NVwZ 2014, 577 = NJW 2014, 1581 Ls.; BVerfGE 156, 354 Rn. 143 mwN = NJW 2021, 1222.

⑤ vgl. BVerfGE 13, 261 (272) = NJW 1962, 291; BVerfGE 30, 367 (388) = BeckRS 1971, 103601; BVerfGE 88, 384 (404) = VIZ 1993, 351; BVerfGE 122, 374 (394) = NVwZ 2009, 1025; BVerfGE 135, 1 Rn. 62 = NVwZ 2014, 577 = NJW 2014, 1581 Ls.; BVerfGE 156, 354 Rn. 143 mwN = NJW 2021, 1222.

⑥ vgl. BVerfGE 13, 215 (224) = NJW 1962, 729; BVerfGE 30, 367 (388) = BeckRS 1971, 103601; BVerfGE 135, 1 Rn. 62 = NVwZ 2014, 577 = NJW 2014, 1581 Ls.; BVerfGE 156, 354 Rn. 143 = NJW 2021, 1222.

⑦ vgl. BVerfGE 72, 302 (325 f.) = NJW 1986, 2817; BVerfGE 131, 20 (41) = NVwZ 2012, 876; BVerfGE 156, 354 Rn. 143 = NJW 2021, 1222.

⑧ vgl. BVerfGE 13, 261 (272) = NJW 1962, 291; BVerfGE 18, 429 (439) = NJW 1965, 1267; BVerfGE 88, 384 (404) = VIZ 1993, 351; BVerfGE 101, 239 (263 f.) = NJW 2000, 413; BVerfGE 122, 374 (394 f.) = NVwZ 2009, 1025; BVerfGE 135, 1 Rn. 62 = NVwZ 2014, 577 = NJW 2014, 1581 Ls.; BVerfGE 156, 354 Rn. 143 = NJW 2021, 1222.

⑨ vgl. BVerfGE 13, 261 (272) = NJW 1962, 291; BVerfGE 18, 429 (439) = NJW 1965, 1267; BVerfGE 50, 177 (193 f.) = BeckRS 1979, 106449 = NJW 1979, 1649 Ls.; BVerfGE 101, 239 (263 f.) = NJW 2000, 413; BVerfGE 135, 1 Rn. 62 = NVwZ 2014, 577 = NJW 2014, 1581 Ls.; BVerfGE 156, 354 Rn. 143 = NJW 2021, 1222.

是客观合理的,并且不会造成任何损害或仅将造成非常微小的损害(,信赖保护也可能让步)。①

2. 如果《刑事诉讼法》第 362 条第 5 项在生效后可能重启已经终结的诉讼(a),这将构成"真正的"溯及力(b),并且不属于例外情况(c)。

a)《刑事诉讼法》第 362 第 5 条的规定也涵盖了在 2021 年 12 月 30 日生效之前已经产生既判力的无罪判决。鉴于立法机关具有明确且可识别的立法意图,因而对欠缺过渡性条款的事实不存在其他解释。特别是,立法理由中明确提到了系争案件和被害人父亲共同向德国联邦议院提出的请愿书。② 此外,立法理由中特别设想了一种"无法容忍"的情况,即新的技术侦查方法能够证明过去被宣告无罪的人有罪,并且立法旨在消除这种情况。③ 特别是,立法草案中提到了 DNA 痕迹检测。④ 这首先包括了在这些分析方法尚未达到如今的质量之前所作出的无罪判决。

b)将法律效力延伸至《刑事诉讼法》第 362 条第 5 项生效前已经终局的无罪判决,构成了法律后果意义上的"真正的"溯及力。

既判力原则恰恰旨在赋予一项裁判以终结性质,并防止其再次受到质疑。特别是在刑事诉讼中,无罪判决包含了"刑事诉讼依据的犯罪嫌疑未得到证实"的结论性陈述。再审的新规定试图将已规制的事实与法律后果相关联,然而,这一事实是刑事诉讼本身,而不是作为诉讼基础(诉讼标的)的客观事实。⑤ 再审将依据事后生效的规范来改变无罪判决的法律后果。在先前存在的保留(体现在迄今为止的再审事由中)之外,新规定进一步增加了保留。⑥

此外,既判力产生的休止效果(Zäsurwirkung)并不比追诉时效经过小。根据联邦宪法法院的判例,在刑事追诉前,如果追诉时效经过导致相关事实经过走向终结,由此将产生值得保护的信赖;因此,对时效规定的追溯性变更将属于"真正的"溯及力。⑦ 终

---

① sog. Bagatellvorbehalt; vgl. BVerfGE 30, 367 (389) = BeckRS 1971, 103601; BVerfGE 72, 200 (258) = NJW 1987, 1749; BVerfGE 95, 64 (87) = NJW 1997, 722; BVerfGE 101, 239 (263 f.) = NJW 2000, 413; BVerfGE 135, 1 Rn. 62 = NVwZ 2014, 577 = NJW 2014, 1581 Ls.; BVerfGE 156, 354 Rn. 143 = NJW 2021, 1222.
② vgl. BT-Drs. 19/30399, 10; s. insoweit auch BVerfGE 162, 358 Rn. 56 = NJW 2022, 2389.
③ vgl. BT Drs. 19/30399, 2, 10.
④ vgl. BT-Drs. 19/30399, 1 f., 9 f.
⑤ vgl. BVerfGE 63, 343 (360) = NJW 1983, 2757.
⑥ vgl. auch BVerfGE 2, 380 (403) = NJW 1953, 1137; Kaspar GA 2022, 21 (34).
⑦ vgl. BVerfGE 156, 354 Rn. 135 f. = NJW 2021, 1222; vgl. auch bereits BVerfGE 25, 269 (286 ff.) = NJW 1969, 1059; BVerfGE 63, 343 (359 f.) = NJW 1983, 2757.

结刑事诉讼并产生既判力的情况更是如此。

c) 与《刑事诉讼法》第 362 条第 5 项的新规定相关的"真正的"溯及力,并不属于宪法上的例外。这并没有满足联邦宪法法院判例所承认的例外要求。被宣告无罪的人可以信赖判决的既判力并信赖旧法对打破既判力的限制(aa)。公共利益的强制性理由并不成立;特别是,分庭为了评价财产剥夺(Vermögensabschöpfung)的溯及性规定而提出的标准①不能移植到不利于被告人的新再审事由问题上(bb)。

aa) 被宣告无罪的人可以信赖的是,无罪判决的既判力只能根据先前的法律而打破。一事不再理原则承认,对无罪判决的信赖值得保护,《基本法》第 103 条第 3 款赋予这种信赖保护以宪法地位。

《刑事诉讼法》第 362 条第 5 项也无法解释法律上的质疑。相反,无罪判决的既判力(尤其是在新的事实或证据情况下)是完全明确的。推进立法进程的改革努力正是建立在这一理解的基础上。

无须赘言,《刑事诉讼法》第 362 条第 5 项所涵盖的罪行是无追诉时效的罪行。对于无追诉时效的罪行,只有无罪判决才能排除进一步的追诉。与追诉时效制度并不相同②,国家对此作出了明确的判断,即如果惩罚某一特定行为的前提条件并未实现,则禁止再行追诉。因此,无罪判决比追诉时效经过具有更强大的休止效果。③

受干预人在被宣告无罪时是否明知判决是错判,这无关紧要。作为疑罪从无原则的延续,一事不再理原则与《基本法》第 103 条第 3 款保护被宣告无罪的人,无论其事实上是否有罪。④ 鉴于免于自证其罪的自由和保持沉默的权利,不得事后对被宣告无罪的人进行归罪,亦即,不能纠正不正确但有利于该人的判决。

bb) 公共利益的强大理由可以优先于法安定性原则并要求溯及既往,但这里的信赖保护并不属于这种情况。

立法机关试图借《刑事诉讼法》第 362 条第 5 项的规定从整体上实现实体正义原则,但这无法取代法安定性对于法治国的核心意义。对可能有罪之人宣告无罪,并且

---

① BVerfGE 156, 354 = NJW 2021, 1222.
② vgl. BVerfGE 25, 269 (286 f.) = NJW 1969, 1059; BVerfGE 156, 354 Rn. 158 f. = NJW 2021, 1222.
③ vgl. Gerson StV 2022, 124 (128 f.).
④ vgl. Kaspar GA 2022, 21 (35).

又在被宣告无罪之人很可能有罪的情况下仍然维持无罪判决,这在公共利益的视角下也并不是"不可容忍的",更确切地说,这是以疑罪从无原则为核心的法治国刑法秩序下应当接受的结果。

法庭在溯及既往的财产剥夺①裁判中提出的标准不能移植适用于本案情形。法庭认为,在诉讼时效经过而使国家放弃追究犯罪人的情况下,存在令人信服的理由支持这一"真正的"溯及力的正当性。否则,这一执行上的重大缺陷将伤害民众对法律的忠诚。财产剥夺"以一种强化规范的方式向犯罪人和法律共同体表明……,违反刑法的财产增加不为法秩序所承认,因此不能存续"②。禁止溯及既往原则的例外只有在以下情形中才存在空间:财产剥夺不构成受罪责原则约束的附加刑,而是一种有条件的、预防性—管制性的独立措施种类。在这种情形下,受干预人的信赖保护将退居二线,因为对"某一特定行为系犯罪行为"的评价本身不会因追诉时效经过而改变,因此,继续享有因不正当手段而获得的权利,这一信赖原则上不值得保护。③

重启已经判决并终结的刑事诉讼(与溯及既往的财产剥夺)存在本质差异。再审旨在根据罪责原则重新施加刑罚。在此情况下,信赖不是因诉讼时效经过而发生,而是因判决产生既判力而发生。无罪判决的情况与违法性判断无关,更准确地说,信赖受到宪法保护。再审意在重新追诉并以犯罪嫌疑为依据,而不是以对违法行为的认定为依据。④(与溯及既往的财产剥夺相比,)不能认为《刑事诉讼法》第362条第5项的溯及力对于社会的规范稳定化(Normstabilisierung)是必要的;也不能认为,无罪判决的存续将使人产生一种执行不足的印象。

D.

I.

根据《德国联邦宪法法院法》第95条第3款,《刑事诉讼法》第362条第5项应被宣布无效。

---

① BVerfGE 156, 354 = NJW 2021, 1222.
② BVerfGE 156, 354 Rn. 151 = NJW 2021, 1222.
③ vgl. BVerfGE 156, 354 Rn. 152, 155, 157, 161 = NJW 2021, 1222.
④ vgl. § 73a StGB.

根据《德国联邦宪法法院法》第 95 第 2 款,德国联邦宪法法院将州地方法院和州高等法院的裁判撤销,并将案件发回州地方法院。

II.

根据《德国联邦宪法法院法》第 34a 条第 2 款、第 3 款,作出报销在宪法申诉以及申请暂停执行令的独立程序中所产生费用的裁判。① 申诉人的费用应由下萨克森州和德意志联邦共和国平均分摊,理由是,被撤销的裁判是由下萨克森州法院作出的,但撤销所依据的理由是一项联邦法律规定违宪。②

E.

裁判 C I 部分以 6 票对 2 票通过,其余一致通过。

德国联邦宪法法院对背信罪判决的合宪性审查③

引导语

2010 年 6 月 23 日第二合议庭决议

1.《刑法典》第 266 条背信罪构成要件与《基本法》第 103 条第 2 款的精确性诫命相一致。

2. 司法判决坚持认为:对于刑法条款适用范围存在不明确之处,需要通过法律解释尽可能予以精确化和具体化(精确性诫命)。

3.《基本法》第 103 条第 2 款明确表示的严格法律保留提高了宪法法院的审查密度。

---

① vgl. BVerfGE 89, 91; 141, 56 <81 Rn. 65>.
② vgl. BVerfGE 101, 106 <132>; 131, 239 <267>.
③ 该裁判文书系由北京大学副教授、博士高尚翻译,原载于《人民法院案例选》2017 年第 10 辑(总第 116 辑)。经其同意,予以选登。判决节选自:BVerfGE126,170。

以人民的名义

行宪法诉愿之程序

联邦宪法法院第二审判庭在下列法官

Voßkuhle 主席,

Broß,

Osterloh,

Di Fabio

Mellinghoff,

Lübbe - Wolff,

Gerhardt,

Landau 的共同决定下,于 2010 年 6 月 23 日作出判决:

联邦最高法院 2009 年 2 月 4 日 - 5StR260/08 号决议以及柏林州法院 2007 年 5 月 21 日 - (536) 2StB Js 215/01(13/04)号判决侵害了案件 3 诉请人 1、2、3、4、5 由《基本法》第 103 条第 2 款保障的基本权利。撤销原判决,发回柏林州法院重审。

其他案件驳回诉请人申请。

德意志联邦共和国和柏林州将退还案件 3 五位当事人诉讼费用的一半。

判决理由

A

诉请人由于背信罪被判处监禁。当事人辩称法院判决侵害了其依据《基本法》第 103 条第 2 款享有的基本权利。

I

1.《刑法典》第 266 条的最后一次修改是 1998 年 11 月 13 日。①《民法典》第 266 条背信罪:

---

① BGBl I S. 3322.

（1）行为人滥用其依据法律、官方委托或法律行为所取得的处分他人财产或使他人负有义务的权限，或者违反其依据法律、官方委托、法律行为及因信托关系而负有的管理他人财产利益的义务，致委托人财产的利益遭受损失的，处五年以下自由刑或罚金刑。

（2）第243条2款、第247条、第248a条和第263条第3款相应适用。

2.（1）背信罪的构成要件是在19世纪以后逐步被吸收为财产类犯罪的。[①] 1851年颁布的《普鲁士刑法典》第246条中对于背信罪的构成要件进行了界定，涵盖了犯罪主体范围和犯罪行为。1870年5月31日颁布的《北德意志联邦刑法典》将该罪的构成要件进行了扩展。以上构成要件要素被吸收在1871年5月15日颁布的《德意志帝国刑法典》中。

对该条款的法律解释存在一个核心的争议：关于背信罪是否有一个公认的"不正义的内核"，如果答案是肯定的，那么这个内核究竟是基于第2款的滥用行为（所谓"滥用理论"），还是基于第1款和第3款的背叛关系（所谓"背叛理论"）进行解释。前者认为背信罪构成要件中的不正义核心在于超越授权，通过具有法律效力的行为损害他人财产；与之相对应，帝国法院的判决则倾向于背叛理论。[②]

（2）1909年刑法改革草案出台[③]，1933年5月26日又进行修改。[④]

3.（1）现行《刑法典》第266条第1款包含两个构成要件，一般称为滥用要件和背叛要件。[⑤] 司法判例和学说的相关观点表明，在该款表述中，"由此，而对他应当照管的财产利益造成损害的"这句话涉及对两方面构成要件的变化和检视。[⑥]

从1972年的信用卡判决开始，滥用要件和背叛要件都开始有同一个前提，即必须存在财产照料的义务。[⑦] 这种要件"一元论"观点引发了很多学术讨论。立法者通过在

[①] 参见 Kindhauser, in:Nomos- Kommentar Strafgesetzbuch, Bd. 2, 2. Aufl. 2005, § 266 Rn. 4 f. Maurach/Schroeder/Maiwald, Strafrecht Besonderer Teil, Teilbd. 1, 9. Aufl. 2003, S. 577; Schunemann, in: Leipziger Kommentar zum Strafgesetzbuch, Bd. 7, 11. Aufl. 1998, § 266 vor Rn.1。

[②] 参见 Kindhauser, a. a. O, § 266 Rn. 12 ff; Maurach/Schroeder/Maiwald, a. a. O, S. 577 f; eingchend Schunemann, a. a. O, § 266 Rn. 6。

[③] 具体情况参见 Schunemann, a. a. O, vor Rn. 1。

[④] RGB1 I S. 295.

[⑤] 参见 Schunemann, in: Leipziger Kommentar zum Strafgesetzbuch, Bd. 7, 11. Aufl. 1998, § 266 Rn.1。

[⑥] RCSt 69, 58 <59>; vgl. Dunkel, GA 1977, S. 328 <331>; Mayer,in: Materialien zurStrafrechtsreform, Bd. 1, 1954, S. 333 <353>; Wegenast, Missbrauch und Treubruch, 1994, S. 11.

[⑦] BGHSt 24, 386 <387>; 33, 244; 其他文献请参考 Fischer,Strafgesetzbuch, 57. Aufl. 2010 § 266 Rn.6。

《刑法典》中增加第 266a 条(扣留、侵吞劳动报酬)和第 266b 条(滥用信用卡)来对 1986 年联邦最高法院的判决作出回应①,进一步打击经济犯罪。自此之后,滥用要件也要以财产照顾义务为前提。

(2)在司法实践中,对于背信罪条款的解释难点不仅在于对犯罪主体的确定,也即哪些人负有照料财产的义务②;在近期的判决中,难点还体现在对涉及损害社会义务,如发放贷款、小金库、公共财政以及与损害相等的财产危险或危险损害的行为的认定方面。

(3)背信罪构成要件的主体范围不清晰受到了学界的反复批评。③在此背景下滥用理论的合宪性也经常遭到质疑,或者被限制作出司法解释。④

II

本案各诉请人在原审判决中因背信罪被判处监禁。

1.(1)案件 1 的诉请人在 1991 年至 2004 年期间是 S 公司的商业董事,该公司在行政级别上直接受西门子董事会管辖。诉请人在职期间私自设立了小金库和贿金。证据表明诉请人从其前任处接管了该笔款项,由其共同被告人负责对账户进行管理。通过使用该小金库中的贿金进行商业贿赂,西门子公司获得了 1999 和 2000 两个项目(项目 L、项目 R),在此期间共向意大利的康采恩转账高达百万欧元,而诉请人本人和其后来的共犯都从中获得了私人利益。

(2)达姆施达特州法院认为诉请人属于一行为触犯了两个罪名(法条竞合),判处有期徒刑二年;二审中联邦最高法院第二刑庭进行了改判,认为诉请人在两个案件中都构成不作为的背信罪。

(3)根据联邦最高法院的观点,两个案件的诉请人都以不作为的方式满足了背信罪的背叛要件,属于刑事有责。

---

① BGB1 I S. 721.
② 参见 BGHSt1, 186; 3, 289; 4, 170; 13, 315; 41, 224; 49, 147 <155>; Dierlamm, a. a. O, § 266 Rn. 30 ff; Lenckner/Perron, a. a. 0, § 266 Rn. 23 ff; Schünemann, a. a. 0, § 266 Rn. 58 ff, 103 ff.。
③ 参见 Mayer, in: Materialien zur Strafrechtsreform, Bd. 1, 1954, S. 333 <337>.。
④ 参见 Dierlamm, a. a. 0, § 266 Rn. 3 f; Hamm, NJW 2001, S. 1694 <1696>; Kargl, ZStW 113 <2001>, S. 565 <589>; Labsch, Untreue < § 266 StGB>, 1983, S. 348; Lesch, DRiZ 2004, S. 135; vgl. auch Kiethe, WM 2003, S. 861 <867>; Albrecht, in: Festschrift für Rainer Hamm, 2008, S. 1 ff; Dierlamm, a. a. 0, § 266 Rn. 6, 186, 195; Saliger, HRRS 2006, S.10 ff; ders, ZStW 112 <2000>, S. 563 ff; Sax, JZ 1977, S. 663 ff.。

在财产的照料义务方面,诉请人应当向雇主披露该资产的公开状况。诉请人在隐藏资金时隐瞒了资产被用于贿赂的事实,虽然其动机可能是为了委托人的间接经济利益,但并不能排除其侵权的事实;无论如何,设立小金库的行为缺乏主管机构的有效同意。

案件1的诉请人通过将其所在的S公司的资金转移至小金库,使得该资金最终脱离了其雇主的控制,从而导致了实际上的损失。在确定损害时也应当注意对法律规范进行考量。

(1)案件2的诉请人是某公司的董事,他为两位职员(后来的共同被告)多年来违规发放报酬,金额是其实际应得工资的两倍。州法院认定两名共同被告各自所得超出其各自实际应得收入10万欧元。诉请人本人未从该行为中获得经济利益。

(2)卡塞尔州法院认为诉请人发放奖金的行为违背了《德国社会福利法》第4条的节约与经济原则,并且同时满足了滥用和背叛的构成要件,构成了背信罪。

(3)联邦总检察长认为原上诉判决无法律适用错误。诉请人超发奖金的行为超越了其职权。其发放奖金的权限应当控制在确定的范围内,并且根据劳动的情况进行发放。联邦最高法院采纳了联邦总检察长的意见,依据《刑事诉讼法》第349条第2款,于2008年12月17日裁定驳回诉请人的请求。

2.(1)案件3的五位诉请人原是B银行的股东,自20世纪90年代起负责向A公司发放贷款。经营模式是由A的物业公司在其他州购买、修复和兑换板材住宅,这些公司从B银行获得贷款,截至1997年贷款总计达8.1亿欧元。

1996柏林州法院判决中的标的是P……Ⅱ号房产,诉请人先后于1996年5月、12月和1997年7月分三次审批了A公司购买该房产的贷款,总价值为1958.9万马克。

(2)刑庭认为对P……Ⅱ号房产的贷款审批满足了背信罪中的滥用要件。应对五位涉案人员分别处以一年零四个月和一年的自由刑。

对于诉请人是否违反财产照料的义务应结合下列要素综合判断:第一,诉请人在很大意义上违反了《商业银行法》第18条的依规检验商业信誉的义务,对于贷款方的个人和商业关系没有完整检验;对于当前企业中个人和经济关系则完全没有检验。第二,应当将与项目相关的风险向银行的贷款委员会报告。第三,没有依照规定对可能的机会和风险进行权衡,忽略了可能的"肿块危险",因为A公司在经济上可能无力偿还。第四,一个涉及贷款承诺不可控的重要证据被忽视了。

案件3的五位当事人批准和拨付了1958.9万马克的贷款,此时"财产损失"实际上是以与损失相等的财产危险(302.9万马克,合1548703.1欧元)为表现形式的。其中的差额1656万马克有土地费用足以担保的。刑事法庭对于其他担保,特别是对于可期待的租金等均未予以认定。借出额与不动产担保之间的差价被认定为损失金额。

(3)诉请人不满意柏林州政府对于背信罪构成要件的解释和适用。

III

三个案件的诉请人都认为原审判决违反了《基本法》第103条第2款,其中案件2的诉请人认为原判决还违反了《基本法》第3条第1款;案件3的五位诉请人认为原判决还违反了《基本法》第101条第1款第2句。

1. 案件1诉请人认为联邦最高法院在案件中对于"不利"(Nachteils-merkmal)要件的解释存在问题。根据联邦最高法院的观点,成立并且维持一个小金库就已经满足了背信罪的构成要件。但当事人认为这种类推是不能成立的,因为如果根据联邦最高法院的观点,设立小金库就已经构成了背信罪,那么诉请人可能只是因为没有对损失进行补救而被追责。但是对于利益的不作为的出让,与日常用语中以及持续性的司法判例中对于不利的理解有所不同。在大多数学说以及联邦法院的持续性判例中,不是财产增加的缺席,而只是损害财产价值的才被视为财产的不利。只有这样在总的结算中才能认定行为造成了损失。

诉请人主张对于不利要件的解释应当在文义范围内,不应作类推解释,因此要依据宪法上的确定性原则来解释《刑法典》第266条这一棘手条款。通过司法判决,我们已经将"不利"推及与损害相等同的财产危险了。但问题在于如果依据这种观点,设立小金库就会随之导致最终的财产损失。由此产生一个与其他案例的教义学矛盾:依照主流观点认为犯罪未遂不触犯刑法。

2. 案件2的诉请人反对"违反财产监管义务"这一要件的解释。当事人认为州法院在"是否违背经济和节约原则"的认定方面存在错误,并且违反了联邦社会法院此前的判决,且没有转让评估权限。州法院忽略了所谓"节约之诫命"只是一个外在框架,它本身不能作为独立的标准;与此同时,州法院可能也忽略了"经济与节约的基本原则"与由此衍生的刑法上的财产照料义务之间的区别。

3.(1)案件3的五位诉请人对于原审法院在违反财产照料义务和造成财产损失这两个要件的解释提出反对意见。

①有关提供银行贷款的案例群在背信罪的认定中有特别重要的意义。但由联邦最高法院判决①中发展出的判断行为是否违反刑法的基本原则,特别是在确定何谓"严重"违反义务的必要性方面,并没有提出确定的意见。

柏林州法院对于诉请人行为的认定没有依据联邦最高法院在判决中发展出来的评价标准,而是在最终结算的框架内采取了其他标准。这会导致一个方法论上的问题:这些重要的法律义务的内容不是从法律中获得,而是从法官的基本判断中间接得到的,而且是通过一个个案中的事实情况的讨论得到。这种推论不符合《基本法》103条第2款的要求,因为法庭的此种总体判断是不可预知的(违反了法治原则)。因此,也无法认定诉请人的行为已违反法律规定的义务。

②关于"损害"的解释。法院作出的"与损害相等的财产危险"的理解违反了禁止类推原则,尤其是其中的"与损害等同"(schadensgleich)一词的表述。对于本案而言,未来的损失危险何时能够转变为当下的损失,在过去一百多年来的法治传统中都没有可依据的标准。在经济生活中对于计划的标准也完全不能与损失的危险相提并论。此外,《刑法典》第266条处罚的是背信罪的犯罪既遂,本案中由审批贷款引发的纯粹是一种损害可能性,只能构成未遂犯罪。

在本案中,刑庭认为不能构成财产照料义务的违反。除此之外,对于损害的确定也有错误,在计算土地担保的价值时缺少了两年的房屋利息价值,该利息并没有被计入担保的总额中。

(2)根据《基本法》第101条第1款第1句,诉请人的权利受到两方面的侵犯。

IV

1.联邦总检察长对于诉请人提出的宪法诉愿发表了意见,但是联邦政府未予以采纳。联邦最高法院的主席转达了刑法庭的意见。

---

① BGHSt 46, 30; 47,148.

2. 联邦总检察长认为《刑法典》第 266 条合宪,宪法诉愿应不予支持。观点如下:

(1)根据长期持续的司法判决,违法行为的前提需要有确切的限制。背信罪条款的法律规范有一个重要的保护财产的功能,该条款的适用范围不存在确定性问题,只存在条款的规范意图和规则内容的问题。在判断背信罪中财产照料义务时,已形成了历史、文义、保护、多样化、结构等理论,形成了充足的确定性构成要件,并且多次通过合宪性解释。对于法律空白的部分,立法者要求司法机关在确定的范围内作出法律解释,使条款得以具体化。

(2)案件 1 的诉请人所反对的由专业法庭提出的"财产损失"之解释并不违反《基本法》第 103 条第 2 款的规定。诉请人挪用小金库的资金并没有获得董事会的预先同意,因此对财产的损害已经构成,原判决并不违宪;

至于所谓的小金库到底是损害还是与损害相等的财产危险,以及是否要考虑到结账时的最终财产损害,这完全是法律的解释和适用问题,与宪法审查无关。

(3)同理,案件 2 中的法律解释也没有超越语义的界限。对于违反义务这一构成要件,已经有足够多的单行法条款对其进行形塑和勾勒。对于考察违反义务是否必须有特殊的性质,法规文义中未规定,诸如此类,都是法律没有明文规定予以禁止的。刑庭没有超越文义作出解释。

(4)①在案件 3 中,根据联邦法院的判例,作为传统的风险行为,贷款出借后未获得偿还,不构成对风险审查义务的违反;然而当未获得财产所有人的同意实施代表他人的经济行为,就涉及与刑法相关的忠诚义务的违反。联邦宪法法院使用的标准是根据《商业银行法》第 18 条"严重违反义务"来判断的,而非运用主观色彩来评价一个行为对义务的违反是否达到了某种"程度"。这种对于《刑法典》第 266 条的合宪性解释是法院在裁决诉请人的案件时是应当遵循的。

② 司法中也发展出了大量清晰的标准来判断符合构成要件的"与损害相当的财产危险"(其名称易有歧义,因为它以未来的损失为前提)和纯粹抽象的危险情况相区分,也即仅仅通过借出债务而造成的财产危险的案件群。最后可能的漏洞就是证据评价方面的法律漏洞,已经被联邦法院确定,诉请人不能再主张。

③最后,案件 1 中五位诉请人对原审判决违反《基本法》第 101 条第 1 款第 2 句的申诉也无法律依据。联邦宪法法院在其职权内根据《刑事诉讼法》第 337 条坚持认为州法院判决中对损失的确定无错误。柏林州法院法官的理由有法律依据。

V

案件1以及案件3的诉请人提出了答辩,并各自对诉愿有所深化。

B

本院依法受理案件1、案件2和案件3中诉请人提起的宪法诉愿。

C

案件1和案件2的宪法诉请人提出的理由并无法律依据。案件3中五位诉请人的诉愿有法律依据,原判决违反了《基本法》第103条第2款。

I

1.《基本法》第103条第2款规定了罪刑法定原则,即行为发生之前应有明确的法律依据。该条款包含了立法中严格的精确性诫命,以及一个与它相呼应的在司法中所禁止的刑法类推。①这一保障有双重目的:一方面,保证立法者本身对于刑法的决定是抽象一般的。第103条第2款有一个严格的法律保留,限制行政和司法权力来设置一个规范性的刑罚前提。②立法者通过对违法行为的决定来表现主权行为的民主合法;它也作为一个基础性的决定来判断范围,一个政治实体恰好是刑罚作为社会控制的工具。③另一方面,它涉及对规范相对者的法治保护:每个人都应能够预见哪种行为被刑法禁止和反对。因此,103条第2款具有保障自由的功能。④

2.(1)《基本法》第103条的精确性诫命对立法者的要求在于赋予其一种义务,对于违反刑法的重要问题或者民主议会的意思建构程序中的刑法自由要进行清晰的解释,并且对于构成要件的前提要有具体的描述,其有效射程和适用范围要清楚并且通过解释能获得。⑤这条一般性的法治原则要求立法者要在基本权利的范围内对所有重要问题独立作出决定,并且必须将法律规范总结得非常准确,以便可以据此将生活事

---

① 参见联邦宪法法院一直以来的判决 BVerfGE 14, 174 <185>; 73, 206 <234>; 75, 329 <340>.。
② 参见 BVerfGE 75, 329 <341> m. w. N.。
③ 参见 BVerfGE 123, 267 <408>.。
④ 参见 BVerfGE 75, 329 <341> m. w. N.。
⑤ 参见 BVerfGE 75, 329 <340 f.>.。

实和规范的目的相对应①,这在与基本权利密切联系的实体刑法方面的要求是特别严格的。因此,精确性诫命要求,对于刑法规范的文义解释标准要达到使公民仅依据法律规范的文义就可提前预知和判断其行为是否违反了刑法。②

(2)立法者在制定刑法时必须能够使之做到在面对多样变化的生活时仍能进行主导。如果立法者在每个构成要件方面都要穷尽描述,具体到对于前提、要件和方式进行限制,则会造成一个危险:使法律太过僵硬和诡辩,无法适应个案中不断变化的法律关系和特殊性。虽然法律规定的一般性和抽象性将不可避免地导致个案中某一行为是否构成法律要件是有疑问的。依照精确性诫命,立法者并不必然通过直接描述的方式作出法律解释。③但是由于法律规定往往具有一般性和抽象性,在对具体刑法条款的理解方面难免出现争议。

(3)对于一个特定的刑法构成要件需要达到何种程度的法律确定性是很难一概回答的。④此时要考虑法官在对可能的规则进行选择时是否完成了《基本法》第103条第2款赋予他在个案中的义务。然而当立法者越精确地确定刑法的前提时,法律的惩处往往会越重。⑤

3. 关于"法无明文规定不为罪"要从多方面来理解。

(1)刑法的制定者是立法者而非法官⑥,因此,需要由立法者来规定是否以及在什么范围内对一个法益予以保护,法院则不得修改其规定。⑦ 对于法律没有明文规定的部分应当作无罪解释。因此,判断是否存在刑法的漏洞是立法者的权限。⑧由法律的确定性要求就推导出了禁止类推或习惯法。在此的"类推"不能作技术上的严格理解;从客观角度来看,对于一个法律制裁的内容的法律适用,不能超过法官可以解释的范围。⑨

---

① 规范的清晰原则,参见 BVerfGE 93, 213<238>.。
② 参见 BVerfGE 48, 48 <56 f.>; 92, 1 <12>.。
③ 参见 BVerfGE 14, 245 <251>.。
④ BVerfGE 28, 175 <183>.
⑤ BVerfGE 75, 329 <342>.
⑥ 参见 BVerfGE 71, 108 <116>; 92, 1 <19>.。
⑦ BVerfGE 92, 1 <13>.
⑧ BVerfGE 92, 1 <13>.
⑨ 参见联邦宪法法院一直以来的判决 BVerfGE 71, 108 <115>; 82, 236 <269>; 92, 1<12>.。

(2)与此相对应的是对于概念的解释(立法者只有通过概念才能定义行为),不能导致由此产生的界限在结果时又被提出。一个构成要件在其可能的文义范围内不应被过宽解释。①

(3)但是也要考虑到一个行为在方法论的解释中不会被刑法加重,即便它在文义上能被刑法所涵盖。而且在这个情况下,如果根据立法者的意愿看是不违反刑法的情况,也不会因为法院的判决而被判刑。②法院应当尊重法律规范,并且对规范作出严格的限制解释。③

(4)《基本法》第103条要求构成要件需提前规定和明确。法院不能通过一个过于遥远的解释或者对规范的理解来解释条款,从而导致法律规范适用范围的不确定性,进而违反《基本法》第103条第2款所追求的目标。④ 另一方面,司法有义务通过对规范的精细化和具体化解释来限缩规范的适用范围(精确性诫命)。这一义务有特殊的意义,能够对一般条款(General-klauseln)的适用进行合比例的概括。此时对于法律规范的解释和适用,需要确定性的判例共同配合。⑤

(5)在对刑法条款进行合宪性审查时(判断刑法条款是否符合《基本法》第103条第2款),联邦宪法法院不能限制"可替代性控制"。《基本法》第103条第2款明确规定的严格立法保留提高了宪法的审查密度,尽管超越宪法界限以及对内容的勾勒和明确化将涉及对刑法以及对司法和立法界限的确定。对以上问题予以明确化是宪法法院的管辖范围。

如果某一法院将其对刑法规范的解释和适用运用到一个构成要件的理解上,则联邦宪法法院要对这一理解进行全方位的审查。⑥联邦宪法法院对已经形成的规范的理解予以审查的限度在于该判决对规范的理解不应有明确的不合适之处。⑦

II

根据上述标准,背信罪构成要件的解释应当与《基本法》第103条第2款的精确性

---

① 参见 BVefGE 87, 209 <229>; 92, 1 <16 f.>.。
② 参见 BVerfGE 87, 209 <224> m. w. N.。
③ 参见 BVerfGE 82, 236 <270 f.>; 87, 399 <411>.。
④ 参见 BVerfCE 71, 108 <121>; 87, 209 <224 ff,229>; 92, 1 <19>.。
⑤ 参见 BVerfGE 26, 41 <43>; 45, 363 <371 f.>.。
⑥ 参见 BVerfGE 92, 1 <18>; 92, 1 <23 f.> - abw. M.。
⑦ 参见 BVerfGE 26, 41 <43>.。

诚命保持一致。在《刑法典》第 266 条第 1 款中，刑法所保护的法益很清楚，即避免一种特殊的危险。在这种背景下，构成要件尽管宽泛和相对不确定，但是仍然能够为确定的判断作出限缩、精确的解释。

1.(1)《刑法典》第 266 条第 1 款保护的财产指的是一个人的金钱性利益的整体①，因此法益相对清晰。个别观点认为在法律和经济交往中的这种信任也应当受到保护，即构成要件中的"Nachteil"是否只保护财产，还是也保护信任？如果信任也是背信罪所保护的法益，那么就出现了背叛要件。

(2) Schünemann 教授指出，背信罪与其他财产类犯罪的区别在于前者从"内部"保护财产所有者；背信罪的构成要件主要涉及委托者财产的损害。②

(3) 立法者的目的旨在针对现代经济中财产所有权与委托支配权在更高的和现实意义上的分离。相似的法律规定也常见于欧洲各国法律之中。③

(4) 在这一背景下，考虑到背信罪要件在 1933 年之前的历史④，也使得背信罪的存在价值并非与纳粹利益相关。德国联邦议会在 1949 年之后对于背信罪的多次总结都表明，民主立法者已经在规范中对这一条款的性质作出了可适用的调整。

2. 立法者对规范的概念作出了一个广泛而相对不精确的规定。

(1) 立法者放弃了对于个别的信任行为设置特殊构成要件，就像此前对《证券法》294 条的规定。最重要的例外是《刑法典》第 266a 条和第 266b 条，是立法者对于司法判决的回应。背信罪的构成要件在今天已经可以适用于很多不同的领域，比如通过银行董事会的信贷审批⑤、通过公有或私有公司董事会的奖金发放⑥、违反财政使用公共工具⑦、对党派规定的违反⑧或者腐败的特定表现形式⑨。背信罪成为了很多特别法律规定的补充。

---

① 参见联邦最高法院一直以来的判决 BGHSt 43, 293 <297>; BCH, Urteil vom 20. Juli 1999 - 1 StR 668/98 - , NJW 2000, S. 154 <155> 等。

② Schünemann, NStZ 2005, S. 473 <474>.

③ 参见 Cappel, Grenzen auf dem Weg zu einem europäischen Untreuestrafrecht, 2009, S. 187 ff.

④ 参见 Mayer, Die Untreue im Zusammenhang der Vermdgensvetbrechen, 1926.。

⑤ BGHSt 46, 30; 47, 148.

⑥ 参见 BGHSt 50, 331.。

⑦ 参见 BGHSt 43, 293.。

⑧ 参见 BCHSt 51, 100.。

⑨ BGHSt 52, 323 - BGH.

（2）在上述观念的影响下，背信罪构成要件在两个变体下都非常抽象，相应地也就有特别重要的解释可能和解释必要。

①现行刑法对于背叛要件的受众范围方面的规定与1871年的构成要件相反，目前采用高度抽象的定义：重点在于判断是否存在对他人财产利益的"保管"或者"照料"的义务。

《刑法典》第266条第1款第1项滥用要件的前提是行为人有对他人财产予以处置的权限或者对他人的财产负有义务，这涉及法律用语的精细确定[①]，而且也要使得不懂法律者能够理解相关的概念。由此划定出的该罪的犯罪主体范围较宽，包含了譬如支票持有者与银行，或信用卡持有者与信用卡公司之间的关系。

②在理解"违反对他人财产利益进行照管的义务"时，不能仅从自身的角度出发，而是要从法外综合考察财产所有者和财产的管理者之间的关系。由民法或者公法规范引出的违反义务的行为可以作为背信要件的必要前提。然而这种规定在个案中不会带来轻微的不确定性。违反义务的要件并没有通过空白要件而获得进一步准确的含义[②]；它毋宁是关于一个复杂的规范性要件。[③]

法官面临的首要问题是需要依据哪种刑法之外的对于义务违反的评价标准。从而依据相关的法律解释来回答：应如何确定那些特别抽象和模糊的条款之含义。随着裁决空间的不确定，法律解释也愈发困难。[④]当难以在确定范围内回答义务人的裁决空间有多大时，对于该条款的法律解释就更困难。[⑤]

③背信罪构成要件的另一个前提是"不利"。[⑥]这一概念对于财产而言虽然有一个大致可以确定的内涵[⑦]，但是它表现在《刑法典》第266条中就有了这样特殊的解释困难。

---

① 参见 Fischer, Strafgesetzbuch, 57. Aufl. 2010, § 266 Rn. 10 ff; eingehend Schünemann, in: Leipziger Kommentar zum Strafgesetzbuch, Bd. 7, 11.Aufl. 1998, § 266 Rn. 37 ff, 4.。
② 参见 BVerfGE 75, 329.。
③ BVerfGE 78, 205 <213>.
④ 比如《证券法》第76、93、111、116条以及相关判决 BGHSt 47, 187 <192>; 50, 331 <336>.。
⑤ 参见《证券法》第93条第1款第1句、第2句以及相关判决 BGHSt 47, 187 <193 ff.>; vgl. auch BGHZ 135, 244; Hüffer, Aktiengesetz, 9. Aufl. 2010, § 93 Rn.1, 4a.。
⑥ Nachteil, 此处译为不利。——译者注
⑦ BVerfG, Beschluss der 2.Kammer des Zweiten Senats vom 10.Marz 2009- 2 BvR 1980/07 - , juris, Rn. 24.

IV

对于案件 3 的五位宪法诉请人提出的对《基本法》第 101 条第 1 款第 2 句的检验,不再需要进行。

D

依据《联邦宪法法院法》第 34a 条第 2 款判决偿还诉讼费用。

附录五 案例与法宝引证码、二维码对照索引表[①]

编号	案例名称	法宝引证码	法宝二维码	页码
案例 2.3.1	指导案例23号:孙银山诉南京欧尚超市有限公司江宁店买卖合同纠纷案	CLI.C.2125099		40
案例 3.2.1	何某与王能干、中国平安财产保险股份有限公司广东分公司机动车交通事故责任纠纷一审民事判决书	CLI.C.120338464		47
案例 3.2.2	中国太平洋财产保险股份有限公司阜阳中心支公司、翁秀衡机动车交通事故责任纠纷二审民事判决书	CLI.C.108601511		47
案例 3.2.3	许霆盗窃案	CLI.C.103818		51
案例 3.2.4	沈某某等与刘某某等监管权和处置权纠纷上诉案	CLI.C.3315009		53

---

① 本表由北京北大英华科技有限公司智能型法律信息一站式检索平台"北大法宝"提供技术支持。手机扫描二维码,或者在北大法宝引证码查询系统 https://www.pkulaw.com/fbm 输入"法宝引证码",均可阅读案例全文。在数据库重大调整之前,均可使用。

(续表)

编号	案例名称	法宝引证码	法宝二维码	页码
案例5.2.2	中华联合财产保险股份有限公司北京分公司诉曹文等机动车交通事故责任纠纷案	CLI.C.10904989		88
案例7.4.1	商龙合同纠纷申诉、申请民事裁定书	CLI.C.66766776		142
案例9.2.1	指导案例15号：徐工集团工程机械股份有限公司诉成都川交工贸有限责任公司等买卖合同纠纷案	CLI.C.1181159		175
案例9.2.2	内蒙古铁达煤炭物流有限公司等诉包头城建集团股份有限公司建设工程施工合同纠纷再审案	CLI.C.11205682		176
案例9.2.3	南昌华夏艺术谷文化产业发展有限公司与南昌华夏艺术谷民俗村艺术有限公司等民间借贷纠纷二审民事判决书	CLI.C.95512885		176
案例9.2.4	高金英等与山东省垦利县气象局等机动车交通事故责任纠纷案	CLI.C.16675812		178
案例9.2.5	周新翠与袁某某机动车交通事故责任纠纷案	CLI.C.9493495		178
案例9.2.6	指导案例32号：张某某、金某危险驾驶案	CLI.C.3705402		179

(续表)

编号	案例名称	法宝引证码	法宝二维码	页码
案例 9.2.7	指导案例 4 号:王志才故意杀人案	CLI.C.514016		181
案例 9.2.8	指导案例 93 号:于欢故意伤害案	CLI.C.11292326		181
案例 9.2.9	检例第 1 号:施某某等 17 人聚众斗殴案	CLI.C.350803		182
案例 9.2.10	检例第 24 号:马乐利用未公开信息交易案	CLI.C.8334778		182
案例 9.2.11	指导案例 60 号:盐城市奥康食品有限公司东台分公司诉盐城市东台工商行政管理局工商行政处罚案	CLI.C.8334777		183
案例 9.2.12	指导案例 5 号:鲁潍(福建)盐业进出口有限公司苏州分公司诉江苏省苏州市盐务管理局盐业行政处罚案	CLI.C.831060		183
案例 9.2.13	指导案例 69 号:王明德诉乐山市人力资源和社会保障局工伤认定案	CLI.C.35108717		184

（续表）

编号	案例名称	法宝引证码	法宝二维码	页码
案例 9.3.1	华泰财产保险有限公司深圳分公司、冯秋玲财产保险合同纠纷上诉案	CLI.C.408003268		187
案例 9.3.2	黄猛等诉史带财产保险股份有限公司人身保险合同纠纷案	CLI.C.42342013		187
案例 10.3.1	指导案例 17 号：张莉诉北京合力华通汽车服务有限公司买卖合同纠纷案	CLI.C.1792567		198
案例 11.2.1	指导案例 24 号：荣宝英诉王阳、永诚财产保险股份有限公司江阴支公司机动车交通事故责任纠纷案	CLI.C.2125100		223
案例 11.3.1	中华联合财产保险股份有限公司东营中心支公司与毛海艳等机动车交通事故责任纠纷上诉案	CLI.C.4042325		231

附录六 关于健全改革完善案例指导制度促进严格公正司法的研究报告①

习近平总书记强调:"一个案例胜过一打文件。"2010年11月,最高人民法院出台的《关于案例指导工作的规定》,标志着人民法院案例指导制度正式确立。2014年10月,党的十八届四中全会提出"加强和规范司法解释和案例指导,统一法律适用标准",为案例指导制度的新发展提供了遵循与动力。2024年3月8日,张军院长在第十四届全国人民代表大会第二次会议上所做的《最高人民法院工作报告》特别强调:创建"人民法院案例库",经最高人民法院审核入库案例,法官办案必须参考;同时向社会开放,供当事人诉讼、律师办案、学者科研、群众学法使用。立足于审判工作现代化支撑和服务中国式现代化的新时代背景,最高人民法院这一围绕"人民法院案例库"建设推出的系列案例指导工作举措,必将为案例指导制度向中国特色案例制度的发展提供坚实的基础。为此,我们有必要在全面总结既有案例指导制度实践与运行经验的基础上,秉持守正创新、循序渐进的原则,研拟出"三步走"的改革完善方案。

一、人民法院案例指导制度的运行现状

自2011年12月发布第一批指导性案例以来,截至2023年12月,最高人民法院发布指导性案例总计39批224个(其中2个被废止),涵盖民商、刑事、行政和国家赔偿、知识产权、环境资源、涉外和海商海事、执行等领域,对于统一法律适用、提高裁判质量、促进公正司法和提升司法公信力发挥了重要作用。

伴随着指导性案例发布的提速、案例总量的增加以及案例运用方式的成熟,人民法院对指导性案例的应用已经开启了良好的局面。一些最新的实证调研数据显示,截至2022年12月31日,最高人民法院发布的211个指导性案例中已有149个被各级法院应用,占比约为71%;总共被应用10371次,其中民事指导性案例被应用7939次,次数最多;应用200次以上的指导性案例有10个,其中指导性案例24号和指导性案

---

① 本报告由刘树德、孙海波、肖毅于2024年3月29日完成并呈报最高人民法院领导。

15号应用次数,分别达到2155次和1399次。

人民法院案例指导制度虽然已经取得良好成效,但在实践发展中也面临着三重困境:

第一,至今公布的指导性案例数量仍偏少,"供不应求"。现有的224个指导性案例与众多的法律规范、大量的法律适用疑难、庞大的案件数量不成比例,难以有效回应各级人民法院通过参照指导性案例释法用法、统一裁判尺度的现实需求。

第二,指导性案例没有明确的法律效力。一方面,导致各级法院应用指导性案例的积极性不高,指导性案例的整体应用率低于预期、每个指导性案例平均被应用不足50次,将近30%的指导性案例甚至从未被应用;另一方面,法官即便应用指导性案例,也多采取隐性适用的方式,而不是在判决文书中明确援引所参照的指导性案例。

第三,法官大多尚不能熟练应用指导性案例。我国各级法院的法官多局限于从成文法出发的演绎思维,对如何判断案件之间相似性,进而对先前案例参照适用、区分或背离的案例法思维较为陌生,进而对应用指导性案例存在畏难情绪,部分法官即便尝试应用也常常不得其法、效果不佳。

二、第一步:案例指导制度的"小改"方案

人民法院在第一阶段可以立足现有制度资源,建立指导性案例全链条培育机制和常态化遴选机制、贯彻落实法官的类案检索和参照适用义务、强化应用案例思维方法的业务指导,有效提升新时代人民法院案例指导制度的实践运行效果。

(一)健全指导性案例的全链条培育机制

在全国各级法院办案平台一体化("一张网")建成之前,应当充分发挥各级法院积极性和高级人民法院承上启下的作用,并与当前的阅核制改革相互配合,建立指导性案例的全链条培育机制。

第一,立案阶段。立案庭配置资深法官,负责确认当前案件是否具有法律统一适用意义,并在办案系统上作肯定性标记,同时向院庭长报告;院庭长应当为该案件配备专业方向对口、业务水平较高的审判团队组成合议庭,具体负责该案件的审理工作。

第二,审理阶段。该案件应当适用普通程序,不得适用简易程序或速裁程序;承办法官应当给予双方当事人及律师充分的庭前准备和举证质证时间,并在庭审过程中进行充分的举证质证和法庭辩论,进而通过高质量的庭审说理为裁判文书说理奠定基础。

第三,裁判文书撰写阶段。承办法官在文书撰写之前应当展开充分的合议庭讨论,必要时可以提交法官业务会议或审委会展开进一步讨论;在文书撰写过程中,应当从审查判断证据、认定案件事实、适用法律、行使裁量权等方面展开论证说理。

第四,全流程业务指导阶段。省、自治区、直辖市高级人民法院可考虑建立三级法院资深法官、专家学者共同研讨论证文书撰写机制,必要时为承办法官提供文书撰写业务指导。

(二)健全指导性案例的常态化遴选机制

短期来看,人民法院可以将最高人民法院(本院及巡回法庭)已作出的典型案例、《最高人民公报》已刊载的典型案例,经由各庭初步筛选、研究室把关确认,直接纳入指导性案例库。长期来看,人民法院有必要从报送程序、遴选周期、绩效激励和丛书编纂四个方面进行系统性优化,建立指导性案例的常态化遴选机制。

第一,报送程序。建议由层层报送改为双层报送。即基层人民法院和中级人民法院直接向高级人民法院报送,高级人民法院向最高人民法院报送。承办法官在审判工作中认为当前案件具有被遴选为指导性案例的价值时,可以在各省审判系统上作"备选"标记,高级人民法院可以通过该标记直接检索各级法院相关案件、时刻关注审判进展,做好向最高人民法院的报送工作。

第二,遴选周期。建议从不定期遴选改为定期遴选,每两个月公布一批指导性案例,且每批数量相对固定。这样一方面能够加快指导性案例的遴选速度,积累丰富的案例资源;另一方面能够形成稳定可预期的遴选周期和建立常态化机制。

第三,绩效考核。报送案件被遴选为指导性案例之后,最高人民法院为承办法官授予收录证书,并计入相关绩效考核,使其在评奖评优、职级职务晋升等方面占据优势;承办案件被遴选为指导性案例较多的法院,最高人民法院也授予其相关荣誉称号,强化制度激励。

第四,丛书编纂。借鉴德国、日本等国家的做法,由权威出版社定期出版"指导性案例汇编丛书",建议分为两类:第一类为年份卷,收录当年公布的指导性案例,按照时间顺序排列;第二类为体系卷,按照部门法体系、裁判要点构成的规则体系进行编排,每两年更新出版一次,便于读者进行查询使用。

(三)健全贯彻落实法官类案检索和参照适用义务机制

根据《最高人民法院关于统一法律适用加强类案检索的指导意见(试行)》,面对四类情形的案件,法官负有类案检索义务,检索到的类案为指导性案例的,人民法院应当参照作出裁判。"应当参照"是最高人民法院在当前阶段对指导性案例效力问题作出的权威界定,应当得到司法实践的进一步贯彻落实,并赋予相应的制度效果。

第一,面对四类情形案件,承办法官应当主动检索类案,制作类案检索报告,并参照适用其中构成类案的指导性案例。如果未制作类案检索报告或对构成类案的指导性案例不予参照,应当由院内给予管理性惩戒和消极考评。

第二,公诉机关、案件当事人及其辩护人、诉讼代理人等提交指导性案例作为控(诉)辩理由的,承办法官应当在裁判文书说理中回应是否参照并说明理由。承办法官未予回应或未进行充分说理的,院庭长应当在案件阅核中予以指出,并监督修改裁判文书。

第三,各级人民法院应当定期制作和公布高频案件、典型案件和地方特色案件的类案检索报告,总结提炼类案的审判经验和裁判规则。一方面为本院法官审理类似案件提供审判参考、提高司法效率;另一方面便于公众进行事前查阅,评估诉讼风险、深化诉源治理。

(四)健全应用案例思维方法的业务指导机制

中国特色案例制度的有效运行,离不开具有案例法思维的法官。案例法思维的培养,有赖于最高人民法院出台更为细致的指南性规定,并定期开展以案例应用为主题的业务培训。

第一,建议制定《最高人民法院关于参照适用指导性案例的指导意见》,对指导性案例的构成与类型、类似案件的判断方法、类案参照、区分和背离、裁判文书援引指导性案例的样式等问题作出详细规定,为各级人民法院的法官应用指导性案例提供具体的方法指南。

第二,建议国家法官学院、各地方法官学院以上述规定为基础,定期针对各级人民法院的业务骨干开展应用指导性案例的业务培训。同时,各级人民法院也应自行开展全院范围的业务培训和自主学习,培育案例法思维,提升指导性案例参照适用能力。

三、第二步:案例指导制度"中改"方案

基于第一步"小改"方案,人民法院案例指导制度的数量难题、效力难题和应用难题得到一定程度的缓解,最高人民法院可以进一步推出第二步"中改"方案:建立"全国法院一张网"的指导性案例直接遴选机制;改革指导性案例备选案件的裁判文书样式;

构建指导性案例的偏离报告制度;加快建设智慧审判系统,辅助法官参照适用。

(一)建立"全国法院一张网"的指导性案例直接遴选机制

在全国法院办案平台一体化("一张网")建成之前,受限于硬件条件,只得实施指导性案例的双层报送机制。在一体化平台建成之后,基于全国法院"一张网"可以实现地方各级人民法院向最高人民法院直接报送备选案例,然后由最高人民法院直接进行遴选。各级人民法院的承办法官在审判工作中认为当前案件具有被遴选为指导性案例的价值时,可以在全国法院审判系统上作"备选"标记,最高人民法院可以通过该标记直接检索各级法院相关案件、时刻关注审判进展,做好案例培育和遴选工作。

后续遴选环节,同第一步"小改"的相关措施。

(二)适当调整指导性案例备选案件的裁判文书样式

申请将当前案件报送为指导性案例的承办法官,应当采取不同于普通案件的裁判文书撰写方式,实现普通案件与指导性案例备选案件裁判文书样式的二元区分。因为后者通常为具有法律争议的疑难案件,可以通过提炼裁判要点为后续类似案件提供规则参考,保障法律统一适用和公正高效司法。改革要点在于,承办法官自行提炼备选案件的关键词和裁判要点,置于裁判文书其他内容之前,并在法律适用部分突出对案件争点的法律论证和回应说理。这样一方面能够充分发挥承办法官熟悉具体案件的优势,另一方面便于最高人民法院开展后续的遴选工作,提高遴选效率。(具体样式参见附件一)

(三)建立指导性案例偏离报告制度

为进一步巩固和落实指导性案例的效力地位,有必要在人民法院系统内建立指导性案例的偏离报告制度。最高人民法院出台规范性文件,要求承办法官计划在当前裁判中偏离指导性案例的,应当事先将案件提交审判委员会讨论,并撰写偏离论证报告;经后者表决通过后,方可作出偏离指导性案例的判决;判决作出后,应当将判决文书报送最高人民法院备案。

偏离报告制度基于人民法院系统的审判管理程序,赋予指导性案例一定的法律效力,是探索指导性案例正式入法的改革尝试,同时能够发挥各级法院的积极性,推动指导性案例在司法实践中更新完善。

(四)加快建设智慧审判系统,辅助法官参照适用

公正与效率是人民法院审判工作的永恒主题。智慧法院建设能够服务于参照适

用指导性案例过程中的公正与效率有机统一。

第一，建议继续开发相应的智慧审判辅助系统。当前人民法院案例库分为指导性案例和参考案例，已然实现指导性案例的信息化，便于法官查找和参阅。下一步要开发"管用""好用"的审判辅助系统，通过要素索引方法提供当前案件和指导性案例之间类似性的初步判断，为法官参照适用指导性案例提供智能支持。智慧辅助系统的相似性判断对法官不具有约束力，但能够作为类案判断的初步参考、提高法官的参照效率。

第二，建议将各级法院参照指导性案例作出的优秀裁判文书、基于偏离报告制度作出的典型裁判文书，经由报送和遴选，同步收入人民法院案例库。由此，从单一的指导性案例库发展为"指导性案例—优秀参照案例—典型偏离案例"的三级案例体系，既能为各级法官参照适用指导性案例提供模范文书，又能为指导性案例的动态发展提供制度空间。

四、第三步：案例指导制度的"大改"方案

人民法院推动案例指导制度向中国特色的案例制度不断发展，需要进一步理顺指导性案例与审级体制、上诉和再审制度、人民法院案例库参考案例之间的关系，形成"具有法律统一适用意义的案件由最高人民法院和高级人民法院裁判、最高人民法院和高级人民法院典型裁判成为指导性案例、指导性案例具有法律效力"的融贯体系。

（一）探索构建飞跃上诉机制

当前指导性案例来自全国各级人民法院，特别是以中级人民法院、基层人民法院作出的裁判居多，经由最高人民法院遴选和公布，产生约束各级人民法院的效力。指导性案例的上述生成机制，将产生"下级人民法院的既往判决约束上级人民法院"（尤其是最高人民法院法官去参照基层人民法院作出的案例）的制度效果，与司法体系中的"审级原理"相悖，并且难以保障指导性案例的生成质量。

为了理顺指导性案例与审级制度的关系，建议探索构建飞跃上诉机制，由最高人民法院和高级人民法院裁判具有法律统一适用意义的案件，然后从中遴选出指导性案例。具体方案是适时推动立法机关修改《民事诉讼法》《刑事诉讼法》《行政诉讼法》相关条文，允许当事人在一定条件下可以越过二审法院，直接向高级人民法院或最高人民法院提请上诉，由后者作出是否准许飞跃上诉的裁定。（具体条文建议参见附件二）

（二）修改诉讼法，明确指导性案例的法律地位

明确指导性案例的法律效力，是激活案例指导制度有效运转的关键。借鉴德国和

日本的立法例,最高人民法院适时推动立法机关启动《民事诉讼法》《刑事诉讼法》《行政诉讼法》相关条文的修改工作,将"作出与指导性案例相反判断的"纳入二审法院予以改判、撤销或者变更的情形和再审法院应当再审的情形。上述诉讼法的修改,能够在法律层面和实质意义上赋予指导性案例以法律效力。

以《民事诉讼法》为例,建议将第一百七十七条第一款第(二)项由"原判决、裁定认定事实错误或者适用法律错误的,以判决、裁定方式依法改判、撤销或者变更"修改为"原判决、裁定认定事实错误、适用法律错误或者作出与指导性案例相反判断的,以判决、裁定方式依法改判、撤销或者变更";建议为第二百零七条增添第(七)项"原判决、裁定作出与指导性案例相反判断的",原第(七)项及后项依次顺延。(具体内容详见附件三)

(三)建立指导性案例与参考案例的二元效力体系

在人民法院案例指导制度"大改"方案中,已然建立以最高人民法院和高级人民法院主导的飞跃上诉机制,作为指导性案例的生成来源;同时基于诉讼法的修改,赋予指导性案例正式的法律效力。除此之外,中级人民法院和基层人民法院作出的典型裁判,可以被遴选为人民法院案例库的参考案例,具有事实上的说服力,由此形成"指导性案例与参考案例的二元效力(法律效力/说服效力)体系"。

表1 指导性案例与参考案例的二元效力体系

指导性案例	最高人民法院作出	在全国范围内具有法律效力
	高级人民法院作出	在本省范围内具有法律效力
(人民法院案例库)参考案例	中级/基层人民法院作出	具有事实上的说服效力

第一,全国性和地方性指导性案例的二元区分。根据作出机关的不同,最高人民法院作出的裁判被遴选为指导性案例的,应当在全国范围内具有法律效力,各级人民法院审判类似案件时都应当予以参照;高级人民法院作出的裁判被遴选为指导性案例的,应当仅在本省范围内具有法律效力,省内人民法院应当予以参照。

第二,指导性案例与参照案例的二元区分。中级人民法院、基层人民法院作出的裁判不得被遴选为指导性案例,但能够被最高人民法院收录为人民法院案例库的参考案例,具有事实上的说服效力,可以作为同级人民法院和下级人民法院审判类似案件的参考。

在上述二元效力体系下,人民法院案例库中的指导性案例和参考案例各司其职,共同发挥促进法律统一适用、保障严格公正司法的案例法效能。

附件一　指导性案例备选案件裁判文书样式(建议稿)

1. 关键词

2. 裁判要点

3. 案号

4. 基本案情(包括当事人简况、案件发生的简要情况和已经过的诉讼程序)

5. 当事人的诉讼请求或上诉请求及相应理由

6. 对方当事人的答辩意见及相应理由

7. 法院认定的案件事实

8. 案件争点

9. 法官对自己法律自己意见的正面论证(包括事实依据和规范依据)

10. 法官对当事方法律意见的回应(赞同可简单回应,反驳须从事实和规范两方面进行充分说理)

11. 判决结果

12. 附件:证据列表;裁判依据原文等

普通案件裁判文书样式(对照)

1. 案号

2. 基本案情(包括当事人简况、案件发生的简要情况和已经过的诉讼程序)

3. 当事人的诉讼请求或上诉请求及相应理由

4. 对方当事人的答辩意见及相应理由

5. 法院认定的案件事实

6. 法律适用("本院认为"部分)

7. 判决结果

8. 附件:证据列表;裁判依据原文等

附件二 飞跃上诉机制的立法建议和立法例借鉴

一、飞跃上诉机制的立法建议(以民事诉讼为例)

《民事诉讼法》第一百七十六条(立法建议稿)

(第一款)当事人不服基层人民法院或中级人民法院作出的一审裁判,同时满足下列条件的,可以在判决书或裁定书送达之日起十五日内分别向高级人民法院或最高人民法院提起飞跃上诉:

(一)对方当事人同意提起飞跃上诉;

(二)一审判决已经基本查清案件事实,双方当事人对案件事实不存在较大争议;

(三)案件具有统一法律适用或法律续造的原则性意义。

(第二款)高级人民法院或最高人民法院对飞跃上诉请求进行实质性审查,并在一个月内作出是否准许飞跃上诉的裁定:

(一)高级人民法院或最高人民法院裁定准许飞跃上诉请求的,由本院直接审理该案件,作出二审判决、裁定;

(二)高级人民法院或最高人民法院裁定驳回飞跃上诉请求的,当事人在裁定书送达之日起十五日内仍有权向上一级人民法院提起普通上诉。

《刑事诉讼法》《行政诉讼法》相关条文的立法建议同上。

二、德国飞跃上诉机制的立法例借鉴

《德国民事诉讼法》第五百六十六条 飞跃上诉

(第一款)依申请,对法院作出的可以上诉的第一审终局判决,同时满足下列条件的,可以越过二审上诉,直接提起三审上诉:

(一)对方当事人同意越过二审上诉;

(二)三审上诉法院许可。

申请飞跃上诉和表明同意,视为舍弃二审上诉。

(第四款)满足下列条件之一的,方准许飞跃上诉:

(一)案件具有原则性意义;

(二)为法律续造或保障司法统一需要三审上诉法院作出裁判。

程序瑕疵不得作为飞跃上诉的基础。

附件三 赋予指导性案例法律效力的立法建议和立法例借鉴

一、推动修改《民事诉讼法》《刑事诉讼法》《行政诉讼法》相关条文

《民事诉讼法》第一百七十七条(立法建议稿)

第二审人民法院对上诉案件,经过审理,按照下列情形,分别处理:

(一)原判决、裁定认定事实清楚,适用法律正确的,以判决、裁定方式驳回上诉,维持原判决、裁定;

(二)原判决、裁定认定事实错误、适用法律错误或者作出与指导性案例相反判断的,以判决、裁定方式依法改判、撤销或者变更;

(三)原判决认定基本事实不清的,裁定撤销原判决,发回原审人民法院重审,或者查清事实后改判;

(四)原判决遗漏当事人或者违法缺席判决等严重违反法定程序的,裁定撤销原判决,发回原审人民法院重审。

原审人民法院对发回重审的案件作出判决后,当事人提起上诉的,第二审人民法院不得再次发回重审。

《民事诉讼法》第二百零七条(立法建议稿)

当事人的申请符合下列情形之一的,人民法院应当再审:

(一)有新的证据,足以推翻原判决、裁定的;

(二)原判决、裁定认定的基本事实缺乏证据证明的;

(三)原判决、裁定认定事实的主要证据是伪造的;

(四)原判决、裁定认定事实的主要证据未经质证的;

(五)对审理案件需要的主要证据,当事人因客观原因不能自行收集,书面申请人民法院调查收集,人民法院未调查收集的;

(六)原判决、裁定适用法律确有错误的;

(七)原判决、裁定作出与指导性案例相反判断的;

(八)审判组织的组成不合法或者依法应当回避的审判人员没有回避的;

(九)无诉讼行为能力人未经法定代理人代为诉讼或者应当参加诉讼的当事人,因不能归责于本人或者其诉讼代理人的事由,未参加诉讼的;

(十)违反法律规定,剥夺当事人辩论权利的;

(十一)未经传票传唤,缺席判决的;

(十二)原判决、裁定遗漏或者超出诉讼请求的;

(十三)据以作出原判决、裁定的法律文书被撤销或者变更的;

(十四)审判人员审理该案件时有贪污受贿,徇私舞弊,枉法裁判行为的。

《刑事诉讼法》《行政诉讼法》相关条文的立法建议同上。

二、日本、德国相关条文的立法例借鉴

《日本民事诉讼法》第三百一十八条　受理上告的申请

(第一款)上告法院为最高法院时,最高法院对于其认为原判决中的判断存在与最高法院判例(也包括大审院判例,以及作为上告或控诉法院的高等法院判例)相反的判断的案件,以及判决中含有与法令解释相关的重要事项的案件,可依申请,以决定的形式,作为上告审受理该案件。

《日本刑事诉讼法》第四百零五条　准许上告的判决和申请上告的理由

对高等法院所作出的第一审或者第二审的判决,可以以下列事由为理由,提出上告申请:

(一)违反宪法或者对宪法的解释有错误的;

(二)作出与最高法院的判例相反的判断的;

(三)在没有最高法院的判例时,作出与大审院或作为上告法院的高等法院的判例或者本法施行后作为控诉法院的高等法院的判例相反的判断的。

《德国民事诉讼法》第五百一十一条　二审上诉的要件

(第四款)一审法院在下列情形下准许二审上诉:

(一)法律问题具有原则性意义或对法律续造具有意义,或为保障司法统一需要二审上诉法院作出裁判;

(二)判决对当事人产生的不利的价额不超过600欧元。

许可裁判对二审上诉法院有约束力。

《德国民事诉讼法》第五百四十三条　三审上诉的准许

(第一款)只有在下列情形下可以三审上诉:

(一)二审上诉法院在判决中许可三审上诉;

(二)三审上诉法院基于对不许可三审上诉的二审上诉而许可三审上诉。

(第二款)在下列情形下,许可三审上诉:

(一)法律问题具有原则性意义;

(二)为法律续造或者保障司法统一需要三审上诉法院作出裁判。

二审上诉法院的许可裁判对三审上诉法院具有约束力。

《德国行政法院法》第一百二十四条　二审上诉的适法性

(第一款)在得到初级行政法院或高级行政法院许可的情况下,当事人可以针对终局判决以及第一百一十条规定的部分判决、第一百零九条与第一百一十一条规定的中间判决提起二审上诉。

(第二款)仅在符合下列条件时才可以提起二审上诉:

(一)对判决的正确性确有疑问;

(二)法律事务中包含有事实上或法律上的特别困难;

(三)法律事务具有基本权利上的意义;

(四)判决偏离高级行政法院、联邦行政法院、联邦最高法院大审判庭或联邦宪法法院的一个判决,且系基于该偏离作出的;

(五)诉称原审裁判系基于程序错误作出的并指出了该程序错误,上诉法院可对之进行审查。

《德国行政法院法》第一百三十二条　允许三审上诉

(第一款)对高级行政法院作出的判决(第四十九条第一款)与根据第四十七条第五款第一句作出的裁定,如果高级行政法院予以允许,或联邦行政法院对不予允许提出的抗告予以允许,则当事人有权向联邦行政法院提起三审上诉。

(第二款)符合下列条件才可提起三审上诉:

(一)法律事务具有基本原则上的意义;

(二)判决偏离联邦行政法院、联邦最高法院大审判庭或联邦宪法法院的一个判决,且是基于该偏离而作出的;

(三)诉称原审裁判可能是基于程序错误作出的并指出了该程序错误。

联邦行政法院受该许可的约束。

后　记

伴随着人们使用案例意识的觉醒,案例在司法实践中开始发挥日益重要的作用。尤其是 2010 年最高人民法院正式确立案例指导制度以来,各级人民法院越来越重视对各类典型性案例的参照,并且这种案例使用活动也渐渐迈向了制度化和规范化的轨道。

从字义上来分析,"案例"虽来源于案件,但"案件"并不直接等同于"案例"。只有当案件中凝结了对某类特定问题的解决方案时,才能妥当地将其看作一个"案例"。所谓"判案成规"讲的就是这个道理,这里的"规"其实就是一种作为法律规则具体化的裁判规则。最高人民法院通过特定程序遴选、编纂和发布的指导性案例,具有较强的代表性,其所蕴含的裁判要点代表了最高人民法院在解决这类问题上的基本立场,对下级人民法院处理类似问题能够发挥普遍的指导性效力。伴随着指导性案例数量的增多,法官、当事人、代理律师以及检察院等多方主体已经开启了使用案例的良好局面。

为了更好地推进案例制度的稳健发展,解决实践中"同案不同判"的顽疾,最高人民法院于 2020 年 7 月发布了《关于统一法律适用加强类案检索的指导意见(试行)》,要求案件承办法官在特定情形下应检索类案并制作检索报告。该意见发布之后,不少省(自治区、直辖市)高级人民法院陆续出台了相应的实施细则,就类案检索中的一些具体制度进行了细化。

该意见的内容相对丰富,明确了类案的定义及判断标准、类案强制检索的具体情形、类案检索的平台及信息化建设、类案检索的范围及顺序、类案检索报告的制作、诉讼参与人提交类案及法官回应、类案的参照和类案裁判冲突的协调等。以上部分内容规定得仍较为笼统,比如类案的判断标准,在司法裁判过程中具体如何操作有待进一步的解释和研究,《类案检索实用指南》就是在这种背景下完成的。

2024 年 2 月 27 日,人民法院案例库正式上线并面向社会开放,这标志着我国案例制度的发展又进入了新局面。随后,最高人民法院出台了《人民法院案例库建设运行工作规程》,该文件中很重要的一部分内容就涉及类案的检索与参照,对此需要放置在整个类案检索制度的背景下来理解和运用。

本书第一版出版之后，受到了理论界与实务界的关注，加印数次。此次修订，主要聚焦于以下三个方面：其一，增强了两大法系关于案例制度方面的理论介绍；其二，结合人民法院案例库的相关规定，对类案检索平台、类案参照等内容进行了更新；其三，附录部分增加了国外法院的判决文书，让读者直观地感受和观察国外法院如何在裁判过程中运用案例或判例。

感谢北京大学出版社提供的宝贵平台，感谢陆建华老师的策划和责任编辑费悦女士的付出。本书是合作成果，由刘树德、孙海波、高尚、赵英男、孙跃、雷槟硕共同完成。写作过程中，北大法宝提供了很多帮助和支持，在此表示感谢！

对于中国法律工作者而言，类案检索是一个全新的问题，本书是一种探索性的尝试。作者们能力有限，书中错误之处在所难免，请读者诸君不吝赐教，以便将来再版时进一步修订和完善。

孙海波
2024 年 7 月 31 日
京郊昌平寓所